公共经济与管理专业系列教材

中国税制

陈明艺　主编

上海财经大学出版社

图书在版编目(CIP)数据

中国税制/陈明艺主编．—上海：上海财经大学出版社，2015.11
(公共经济与管理专业系列教材)
ISBN 978-7-5642-2247-5/F·2247

Ⅰ.①中…　Ⅱ.①陈…　Ⅲ.①税收制度-中国-高等学校-教材　Ⅳ.①F812.422

中国版本图书馆 CIP 数据核字(2015)第 201415 号

□ 责任编辑　刘光本
□ 封面设计　周卫民
□ 责任校对　王从远

ZHONGGUO SHUIZHI
中　国　税　制

陈明艺　主编

上海财经大学出版社出版发行
(上海市武东路 321 号乙　邮编 200434)
网　　址：http://www.sufep.com
电子邮箱：webmaster @ sufep.com
全国新华书店经销
上海市崇明县裕安印刷厂印刷装订
2015 年 11 月第 1 版　2015 年 11 月第 1 次印刷

787mm×960mm　1/16　22 印张　454 千字
印数：0 001—4 000　定价：39.00 元

前　言

《中国税制》是编者对我国现行税收制度进行梳理和解释的一本教科书。本书是为高等院校财政学、金融学、会计学、工商管理等专业编写的教材，可供国家税收、中国税制、税法、税收学等课程做教学用书。

本书根据高等院校财经本科教育层级及培养目标要求，围绕本课程实务性较强的特点，从税收基础理论、中国税收制度、税收管理三个方面展示课程教学内容与必要的知识点。在税收基础理论部分，重点阐释税收制度概念、税制特征、税制构成要素、税收原则、税制分类等基本理论知识。在中国现行税制部分，以税制要素为逻辑主线，全面系统地介绍了我国现行税收体系中各税种的主要内容及应纳税额的计算等具体规定。该部分内容为税制类课程的重点，所以在编写中力求"新"与"实"。"新"，即现行各税种介绍和引用的规定都是截至 2015 年 3 月的税收法律法规，体现我国税制改革的新内容；"实"，即突出课程的应用性，在编写中以较大篇幅重点介绍实际工作中大量涉及的流转税、所得税等主要税种。为加强学生对本课程的理解和掌握，章末大多附有思考题与计算题。在税收管理实务的阐述上，力求资料权威、最新，论述系统、实用，所引用的法律文件截至 2014 年年底，均以 1994 年税制改革后正式公布以及过去正式公布仍有法律效力的税法、条例、实施细则、征税办法等为依据。

本书还可作为纳税人的纳税指南，也可作为财政、税务、海关、审计、司法等系统干部和企业人员的业务手册。

本书由上海理工大学管理学院副教授陈明艺担任主编，山东财经大学申亮副教授，新疆财经大学罗红云副教授、童疆明副教授为主要参编者。具体分工如下：

陈明艺：第一章；

陈明艺、张双胜：第二章；

陈明艺、裴晓东：第三章；

赵健、陈飞：第四章；

陈明艺、裴晓东：第五章；

陈飞、陈明艺：第六章；

罗红云：第七章、第九章、十章；

童疆明：第八章、第十一章；

申亮：第十二章(其中第四节由李珺编写)、十三章；

张双胜:第一、二、六、八、九、十章部分;

陈坤:第三、五章部分;

李珺:第四、七、十一章部分;

申亮:第十二、十三章部分。

全书由陈明艺副教授总纂定稿。陈静雯、李倩协助校稿,在此表示感谢。

目前,我国进入了新一轮税制改革的重要时期。营业税改征增值税的步伐在不断加快,预计到2016年初将全面完成:消费税征税范围将扩大,关税税率将进一步下调,企业所得税的优惠政策在不断调整,个人所得税起征点不断提高,征收方法将改为分类综合方式等。本教材获上海理工大学2015年度"精品本科"教学改革项目资助。本教材在力求紧跟我国税制改革的基础上,仍然会有部分内容难以及时反映;加之主观上能力有限等原因,书中疏漏和不足在所难免,恳请同行专家、读者批评指正。

编　者

2015年11月

目　录

第一章 税收概论

税收是一个古老的经济范畴，也称为税、租税、赋税或捐税，是在人类社会出现了生产资料私有制、阶级和国家之后的产物。

现代国家的财政收入主要包括税收、收费和公债。其中，税收是最重要的一种方式，首先需要明确税收的概念、特征和税收制度。

第一节 税收的定义与特征

一、税收的定义

税收是政府为了满足社会公共需要，凭借政治权利，按法定标准向社会成员强制、无偿地征收而取得的一种财政收入。这一定义包含以下内容：

（一）税收是财政收入的一种形式

国家向社会提供公共产品，必须掌握一定的财政收入作为基础。在现代社会，国家取得财政收入的手段多种多样，如税收、国债、收费等，而税收则是主要形式，是各国财政的主要收入来源。

（二）行使征税权的主体是国家

税收是国家通过征税将一部分社会产品由纳税人所有转变为国家所有，然后由国家向社会提供公共产品，因此行使征税权的主体必然是国家；而国家是凭借政治权力进行征税的，这就意味着税收法律由国家制定，征税活动由国家组织进行，税收收入由国家支配管理。

（三）征税的目的是为社会提供公共产品

所谓公共产品，是指公众共同受益的产品，该产品在消费过程中具有非竞争性和非排斥性[①]。公共产品的特性决定了只能由政府提供而非私人提供。因此，国家在履行其公共职能的过程中必然要有一定的公共支出，这些支出只能采用由国家（政府）强制征税的方式，由经济组织、单位和个人来负担。国家征税的目的是满足国家提供公共产品的需

① 蒋洪主编：《公共经济学（财政学）》（第三版），上海财经大学出版社 2011 年版。

要，其中包括政府弥补市场失灵、促进公共分配等的需要。同时，国家征税也要受到所提供公共产品规模和质量的制约。

二、税收的特征

（一）无偿性

税收的无偿性，是指国家征税以后不向纳税人直接支付等价物或报酬，纳税人从政府支出所获利益通常与其支付的税款不完全成一一对应的比例关系。无偿性是税收的关键特征，它使税收明显地区别于国债等财政收入形式，决定了税收是国家筹集财政收入的主要手段，并成为调节经济和矫正社会分配不公的有力工具。

国家取得的税款转化为财政支出用于设立各种公共物品、满足社会公共需要，单个纳税人或多或少从中获得利益，但其所获利益与所纳税款之间并不相等，纳税多者之所获不一定较多，纳税少甚至不纳税的人却可能获得较多的公共需要利益。

（二）强制性

税收的强制性，是指税收是国家凭借政治权力，以法律形式强制要求纳税人缴纳税款，而非纳税人自愿缴纳，纳税人必须依法纳税，否则会受到法律制裁。因为政府向社会成员提供的公共产品的非排斥性特征决定了分享公共产品的消费者不可能自愿出价，因而只能采取强制征收的方式，通过税收立法协调征税主体与纳税主体的利益冲突。

强制性是国家权力在税收上的法律体现，是国家取得税收收入的根本前提。税法一经颁布，就体现国家意志。税法是国家法律体系的重要组成部分，是规范征税主体和纳税主体的行为准则。征纳双方均须依法办事，不能讨价还价、以情代法、以权代法，违反税法要受处罚，这就是税收的强制性。这一特征使税收有别于公债、国有资产股息红利、上缴利润等财政收入形式。它也是与税收的无偿性特征相联系的一个特征。

（三）固定性

税收的固定性也称确定性或规范性，是指国家通过法律形式事先确定标准，规定了对什么征税及其征收比例等税制要素，并保持相对的连续性和稳定性。

税收是国家对纳税人财富所有权或占有权的一种“侵犯”，是利益的分配，征税过程始终贯穿着公共利益与个体（集团）利益的矛盾。为了使这种矛盾减至最低限度，税款的征收应是确定或固定的，对什么人征、对什么客体征、征多少、征税办法、征税的时间和地点、征税机关的权利与义务都要通过税法明确规定。

税收固定性对国家和纳税人都具有十分重要的意义。对国家来说，可以保证及时、稳定和可靠地获得财政收入，可以防止国家不顾客观经济条件和纳税人的负担能力，滥用征税权力；对于纳税人来说，可以保护其合法权益不受侵犯，增强其依法纳税的法律意识，同时也有利于纳税人通过税收筹划选择合理的经营规模、经营方式和经营结构等，降低经营成本。

三、税收制度

国家以法律形式确定对什么征税、怎么征收等具体问题，则形成了税收制度。税收制度是指国家以法律或法令形式规定的各种课税制度的总和，包括各种税收法律法规、征收管理制度、税务行政法制和税务代理制度等。一国税收制度反映了国家与纳税人之间的经济关系，是国家财政制度的主要内容。税收制度是税收本质特征及税收职能所要求的。因此，这里的税收制度包括实体税制和程序税制。

（一）实体税制与程序税制

1. 实体税制

实体税制是指有关政府对谁征税、按什么征税以及征多少税这三个基本问题的税收制度，是有关税种的税收规范。例如，我国现行的增值税、消费税、营业税、企业所得税、个人所得税等都属于实体税制。

2. 程序税制

程序税制是有关政府如何征税或纳税人如何缴税方面的税收规范。我国现行的税收征收管理法、发票管理办法、税务行政复议规则等都属于程序税制。

实体税制是一国税制中的基本部分，程序税制是为实体税制服务的。

（二）商品劳务税制、所得税制与财产税制

基于对什么征税的角度考察税制，可以将税制分为商品劳务税制、所得税制和财产税制。

1. 商品劳务税

商品劳务税是以商品与劳务的交易金额或数量为课税对象的一类税收，也称为商品税。在我国，将商品劳务税称为流转税。商品劳务税有多种形式，主要分为一般商品劳务税和特别商品劳务税。

一般商品劳务税是对所有商品劳务的交易额征税，可进一步分为周转税和增值税两种形式。周转税是以所有流转环节的交易金额为课税依据的税收，又称“多环节全额交易税”。增值税是以所有流转环节的增值额为课税依据的税收，又称“多环节增值额交易税”。

特别商品劳务税是对某些特别商品或劳务的流转或交易在某一特定的课税环节征收的税收。首先，一般选择某些特殊商品作为课税对象，如烟草、酒类制品、小汽车、珠宝玉石等。其次，只选择某一特定的课税环节，这些课税环节通常是商品劳务流转的起始环节，如我国现行消费税所选择的课税环节有货物的进口环节、自产自销环节、零售环节等。

2. 所得税

所得税是指以纳税人一定时期取得的净所得为课税对象的一类税。净所得是指纳税人取得的应税毛收入减去税法规定的扣除项目金额后的余额，在税法中称为“应纳税所得额”。

(1)法人所得税和个人所得税

法人所得税是对法人企业在一定时期内取得的净收益征收的税收。企业有三种基本组织形式:独资企业、合伙企业和公司。独资企业和合伙企业的所有者是自然人,因此对独资企业和合伙企业征收个人所得税。法人所得税就是针对公司征收的一类税收,也称为企业所得税。

个人所得税是以个人在一定时期内取得净收益为征税对象的税收。

(2)综合所得税和分类所得税

综合所得税是以纳税人取得的所有所得的总和为征税对象的所得税,也称一般所得税。法人所得税一般属于综合所得税,而个人所得税既可以综合征收,也可以分类征收。

分类所得税是指按照各种不同性质的所得分别计征的所得税。我国现行的个人所得税就是分类所得税。

3. 财产税

财产税是指以财产的价值或数量为计税依据的一种税。

(1)一般财产税和特殊财产税

一般财产税是指以纳税人持有的所有应税财产的净额为计税依据的一种税。一般财产税通常以居民个人、非居民个人和在本国拥有财产或财产收益权的外国法人公司为纳税义务人。

特殊财产税又称选择性财产税,是指对纳税人拥有或支配的某些特定财产分别课征的税收。特别财产税的课税对象通常是房地产,有时也涉及个人或公司持有的股本或其他财产。

(2)静态财产税和动态财产税

静态财产税是指以纳税人在一定时点所拥有或支配的财产占用额为征税对象的税收。

动态财产税是指以纳税人财产所有权或使用权等其他权益发生转移时,以纳税人的财产或财产权益的转移额或增值额为征税对象的税收。动态财产税以遗产税和赠与税为主要代表。

第二节　税收要素

税收要素是指构成税收制度的基本因素,它指明谁征税、向谁征、征多少以及如何征等问题。税收要素也是税收理论分析、政策制定、制度设计的基本工具。

一、纳税人

(一)概念

纳税人是税法规定的直接负有纳税义务的单位或个人。这明确了对谁征税或由谁纳税的问题。纳税人一般分为自然人和法人。

1. 自然人纳税人

在法律上，自然人是指享有民事权利、承担民事义务的个体，包括本国公民和居住在所在国的外国公民。在税收上，自然人也可以进一步分为自然人个人和自然人企业。自然人个人是指个人，是一般意义上的自然人。自然人作为纳税人，必须具备属于本国公民或在所在国居住或从事经济活动的外国公民这一条件。自然人企业是指不具备法人资格的企业。例如，独资企业和合伙企业虽属企业，但不具备法人资格，以个人名义直接行使企业权利，并由个人承担义务，企业不独立纳税，而是由财产所有者作为自然人纳税。

2. 法人纳税人

法人是自然人的对称，是指依法成立并能以自己名义独立参与民事活动，享有民事权利和承担民事义务的社会组织。它具有以下基本特征：必须是经国家认可的组织；能够独立取得和处理财产；能够独立地承担民事上的财产义务；能以自己的名义参加民事活动和诉讼。法人包括从事生产经营、取得利润的营利性企业以及非营利性的公益组织。

（二）负税人和纳税人的关系

负税人是与纳税人相关的一个概念，纳税人是税法上规定的纳税主体；负税人是从经济角度而言，是实际承担了税负的主体。纳税人与负税人之间的关系取决于税收负担能否转嫁。若税收负担能转嫁，纳税人与负税人分离；若税收负担不能转嫁，纳税人与负税人合一。

例如我国的消费税，纳税人是生产、批发消费品的企业，但是企业不会自己承担这笔税收，而是作为成本转嫁给销售者，销售者再转嫁给最终购买这件消费品的消费者，所以消费者成为最终承担这笔税款的人，即负税人。

（三）代扣代缴义务人和代收代缴义务人

代扣代缴义务人也称为“扣缴义务人”，是指依照税法规定，在向纳税人支付收入、结算货款、收取费用时有义务代扣代缴其应纳税款的单位和个人。如果代扣代缴义务人按规定履行了代扣代缴义务，税务机关将支付一定的手续费。之所以规定代扣代缴义务人，是由于直接纳税义务的组织或个人在缴纳税款方面存在一些不利因素，如出版社代扣作者稿酬的个人所得税等。确定代扣代缴义务人，有利于加强税收的源泉控制、简化征税手续、减少税款流失。

代收代缴义务人是指虽不承担纳税义务，但依照税法规定，在向纳税人收取商品或劳务收入时，有义务代收代缴其应纳税款的单位和个人。如消费税条例规定，委托加工的应税消费品，由受托方在向委托方交货时代收代缴委托方应该缴纳的消费税。

与此同时，按照我国《税收征管法》的规定，如果代扣代缴或代收代缴义务人未按规定代扣代缴税款，造成应纳税款流失或将已扣缴的税款私自截留挪用、不按时缴入国库，一经税务机关发现，将承担相应的法律责任。

二、税基

税基是征税的客观基础，表明对什么征税。税基是一个宽泛的概念，需要从以下三个层面理解，才能弄清楚税种类型、明确课税对象、确定税收依据。

（一）理论上的税基

理论上的税基是指潜在的或可能的税基。从理论上看，税基主要有三类：一是收入，如各种所得税；二是消费，如各种商品税；三是财产，如各种财产税。但是，理论上的税基并不一定能成为税法中的课税对象。

（二）法律上的税基

法律上的税基是指由税法明确规定的具体税种的课税基础，又称课税对象或征税对象。征税对象规定了对什么征税，是征纳税双方权利与义务共同指向的客体或标的物，是区别一种税与另一种税的重要标志。如消费税的征税对象是消费税条例所列举的应税消费品，房产税的征税对象是房产等。征税对象是税法最基本的要素，因为它体现着征税的最基本界限，决定着某一种税的基本征税范围，也决定了各个不同税种的名称。如消费税、土地增值税、个人所得税等，这些税种因征税对象不同、性质不同，税名也就不同。

征税对象按其性质的不同，通常划分为流转额、所得额、财产、资源、特定行为五大类，也因此将税收分为相应的五大类，即流转税（或称商品和劳务税）、所得税、财产税、资源税和特定行为税。

（三）计税上的税基

计税上的税基是计算税额的课税基础，称为计税依据，是据以计算征税对象应纳税款的直接数量依据，它解决对征税对象课税的计算问题，是对课税对象的量的规定。如企业所得税应纳税额的基本计算方法是应纳税所得额乘以适用税率，其中，应纳税所得额是据以计算所得税应纳税额的数量基础，为所得税的税基。在现实经济中，计税依据的范围和数量往往与课税对象不完全一致，前者通常比后者少。例如个人所得税中的工资薪金所得的课税对象是工资薪金，但计税依据是扣除免征额后的应税所得。

计税依据按照计量单位的性质划分，有两种基本形态：价值形态和物理形态。价值形态包括应纳税所得额、销售收入、营业收入等，物理形态包括面积、体积、容积、重量等。以价值形态作为税基又称为从价计征，即按征税对象的货币价值计算，如生产销售化妆品应纳消费税税额是由化妆品的销售收入乘以适用税率计算产生，其税基为销售收入，属于从价计征的方法。另一种是从量计征，即直接按征税对象的自然单位计算，如城镇土地使用税应纳税额是由占用土地面积乘以每单位面积应纳税额计算产生，其税基为占用土地的面积，属于从量计征的方法。

与税基相联系的另一个概念是税源。税基是征税的客观基础，税源是税收收入的最终来源。有的税种的税基与税源一致，如所得税的税基与税源皆为纳税人的所得，而有的税种的税基与税源则不一致，如消费税的税基是商品的销售收入，税源可能是生产的利润、消费者收入，或两者兼而有之。

三、税率

税率是应纳税额与课税对象之间的比例，说明征多少税的问题。税率的高低关系到政府财政收入与纳税人的负担，体现了国家一定时期的财政税收政策，是税收制度的中心环节，也是衡量税负轻重与否的重要标志。

（一）税率形式

比例税率，即对同一征税对象，不分数额大小，规定相同的征收比例。我国的增值税、营业税、消费税、城市维护建设税、企业所得税等采用的是比例税率。比例税率在适用中又可分为：

(1)单一比例税率，是指对同一征税对象的所有纳税人都适用同一比例税率。不论纳税人的纳税能力强或弱，受益程度大或小，不论征税对象的多少，均适用无差别比例。

(2)差别比例税率，是指对同一税种设置两个或两个以上的比例税率，不同的纳税人根据不同情况按不同税率计算纳税。我国现行税法又分别按产品、行业和地区的不同，将差别比例税率划分为以下三种类型：

一是产品差别比例税率，即对不同产品分别适用不同的比例税率，同一产品采用同一比例税率，如消费税、关税等；

二是行业差别比例税率，即对不同行业分别适用不同的比例税率，同一行业采用同一比例税率，如营业税等；

三是地区差别比例税率，即区分不同的地区分别适用不同的比例税率，同一地区采用同一比例税率，如我国的土地使用税等。

（二）累进税率

累进税率是将课税对象按一定标准划分为若干级距并且从低到高分别规定逐渐递增的税率。其特点是课税对象数额较大，税率越高。实行累进税率，可以有效地调节纳税人的收入，正确处理税收负担的纵向公平问题，故一般适用于所得税的征税。累进税率可进一步分为全额累进税率、超额累进税率和超率累进税率。

1. 全额累进税率与超额累进税率

(1)全额累进税率，是把征税对象的数额划分为若干等级，对每个等级分别规定相应税率，当税基超过某个级距时，课税对象的全部数额都按照提高后级距的相应税率征税。下面以我国个人所得税为例，说明全额和超额累进税率的计算方法(见表1.1)。我国个人所得税中工资薪金所得税适用7级超额累进所得税税率，此处仅选取前三级税率为例分析全额累进税率与超额累进税率的区别与联系。

表 1.1　　工资薪金所得额累进税率

级　数	全月应纳税所得额	税率(%)
1	不超过 1 500 元的	3
2	1 500～4 500 元	10
3	4 500～9 000 元	20

运用全额累进税率的关键是查找每一纳税人应税收入在税率表中所属的级次，找到了收入级次，与其对应的税率便是该纳税人所适用的税率，全部税基乘以适用税率即可计算出应缴税额。例如，纳税人李某 2014 年 10 月的工资收入为10 000元，根据现行税法规定，扣除费用标准为3 500元，则应纳税所得额为6 500元。如果按照全额累进所得税税率征税，根据表 1.1 的税率，可适用第二级次，其应纳税额为6 500×20%=1 300(元)。

(2)超额累进税率，即把征税对象按数额的大小分成若干等级，每一等级规定一个税率，税率依次提高，但每一纳税人的征税对象则依所属等级同时适用几个税率分别计算，将计算结果相加后得出应纳税款。

表 1.2　　工资薪金所得的超额累进税率

级数	全月应纳税所得额	税率(%)	速算扣除数
1	不超过 1 500 元的	3	0
2	1 500～4 500 元	10	105
3	4 500～9 000 元	20	555

注：本表所称全月应纳税所得额是指依照税法的规定以每月收入额减除费用 3 500 元后的余额或者减除附加减除费用后的余额。

按照超额累进所得税，用表 1. 2 所列税率，其应纳税额分步计算如下：

第一级距的1 500元适用 3%税率，则应纳税额为1 500×3%=45(元)

第二级距的3 000元(1 500～4 500元)适用 10%的税率，应纳税额为3 000×10%=300(元)

第三级距的2 000元(4 500～9 000元)适用 20%的税率，应纳税额为2 000×20%=400(元)

则其该月应纳税额=1 500×3%+3 000×10%+2 000×20%=745(元)。因此，根据全额累进所得税计算的应纳税额比超额累进所得税的计算结果多出 555 元(1 300－745)。

目前我国采用超额累进所得税税率的税种主要是个人所得税。

(3)速算扣除数。超额累进所得税所适用的级数较多，分级计算、然后相加的方法比较烦琐。为了简化计算，也可采用速算法。速算法的原理是，基于全额累进计算的方法比较简单，可将超额累进计算的方法转化为全额累进计算的方法。对于同样的课税对象数量，按全额累进方法计算出的税额比按超额累进方法计算出的税额多，即有重复计算的部分，这个多征的常数称为速算扣除数。用公式表示为：

速算扣除数＝按全额累进方法计算的税额－按超额累进方法计算的税额

公式移项后得：

按超额累进方法计算的应纳税额＝按全额累进方法计算的税额－速算扣除数

上例某人某月应纳税所得额为6 500元，如果直接用6 500元乘以所对应级次的税率20％，则对于第一级次的1 500元应纳税所得额就出现了 255 元，即1 500×（20％－3％）的重复计算部分；因为1 500元仅适用 3％的税率，而现在全部用 20％的税率来计算，故多算了 17％；同样，第二级次的应纳税额就多出了 300 元，即3 000×（20％－10％）的重复计算部分，因为第二级次的3 000元应该适用 10％的税率，而在全额累进税率的情况下，全部适用 20％的税率，因此多出了 10％的应纳税额。对于李某月应纳税所得额6 500元，则一共多出 555 元，这就是所谓的速算扣除数。每一级速算扣除数的计算原理相同，不再一一举例。具体详见个人所得税中工资薪金相关内容。

如果用简化的计算，则：

6 500元/月应纳税所得额的应纳所得税＝6 500×20％－555＝745（元）

2. 全额累进税率与超额累进税率的关系

（1）全额累进税率计算方法简便，但税收负担不合理，特别是在划分级距的临界点附近，税负呈跳跃式递增，甚至出现税额增加超过课税对象数额增加的不合理现象，不利于纳税人增加收入。

（2）超额累进所得税有利于合理分担税负，但在个人收入较高的情况下所承担的税负占其收入的比率更高，一定程度也会抑制纳税人增加收入。因此，它具有较强的收入再分配效果。

3. 超率累进税率

超率累进税率，即以征税对象数额的相对率划分若干级距，分别规定相应的差别税率，相对率每超过一个级距的，对超过的部分按高一级的税率计算征税。目前我国税收体系中采用这种税率的是土地增值税。其设计原理与超额累进税率相同，只是计算基础由金额改为比率。具体计算和解释详见第十一章第四节。

（三）定额税率

定额税率是按征税对象的实物量计算税额的一种税率形式和税额计算方法，如每吨××元、每辆车××元、每平方米××元等。目前采用定额税率的有消费税中的啤酒和黄酒、资源税、城镇土地使用税、车船税等。

采用定额税率主要有两个原因：一是按实物量征税可以保证税收收入的稳定性，主要是考虑价格波动对税收收入的影响。二是定额税率有利于货物包装的改进。因为对于同样性质和功能的货物,如果采用比率税率,会产生货物因包装质量差别导致较大的税额差异。

需要强调的是,定额税率的采用是有条件和限制的,即货物的价格波动幅度必须非常小,且在计量方面施行标准化。近年来,由于煤炭价格、石油价格的波动幅度越来越大,因此我国已将煤炭、石油的计税方式由定额税率改为比例税率。

(四)税率分析方法

累进税率、比例税率和定额税率是税制中的基本因素,是设计税制、计算税额和缴纳税款的基本工具,在税收管理的实际工作中被广泛使用。此外,从税收理论研究和实证分析要求出发,还需要掌握累进税率与累退税率、边际税率与平均税率、名义税率和实际税率的概念。

1. 累进税率与累退税率

累进税率与累退税率是分析税收收入再分配效果的主要工具。累进税率的特点是纳税人的收入越高,所承担的税负占其收入的比率越高。因此,它具有较强的收入再分配效果。而累退税率则相反,纳税人的收入越低,所承担的税负占其收入的比率越高。因此,它对收入再分配具有反向调节作用。在我国现行税制中并不存在累退税率,但是其作为一种分析税收收入再分配效果的方法已被广泛使用。因为一些使用比例税率或定额税率的税种可能具有累退性。例如,对生活必需品征收的商品税一般采用比例税率,由于穷人与富人在必需品消费方面需求变动的程度小于收入变动的程度,故两者所承担的税额差异不是太大,但相对于穷人与富人的收入而言,却呈现出累退性。不仅如此,针对高档消费品或奢侈品等课征的消费税也存在类似情况,参见表1.3。再如,采用定额税率的人头税、盐税也是具有累退性质的税种。

表 1.3 **比例消费税的累退性**①

收入级距(元)	边际消费倾向	消费支出(元)	税率(%)	消费税(元)	消费税占收入比率(%)
0~1 000	0.9	900	10	90	9
1 000~2 000	0.8	1 700	10	170	8.5
2 000~3 000	0.7	2 400	10	240	8
3 000~4 000	0.6	3 000	10	300	7.5
4 000~5 000	0.5	3 500	10	350	7

注:消费支出为收入乘以边际消费倾向,当收入为5 000元时,消费支出=1 000×0.9+1 000×0.8+1 000×0.7+1 000×0.6+1 000×0.5=3 500(元);在消费税税率为10%时,消费税=3 500×10%=350(元)。

① 胡怡建:《税收学》(第三版),上海财经大学出版社 2011 年版,第 7 页。

2. 边际税率与平均税率

边际税率与平均税率是分析税率变动对纳税人(负税人)经济决策影响的重要工具。边际税率是指最后一个课税对象所适用的税率。平均税率是指全部税额与课税对象之间的比例。边际税率与平均税率之间具有密切的内在联系。在累进税制的情况下,平均税率随边际税率提高而上升,但平均税率低于边际税率。在比例税制的情况下,边际税率与平均税率相等;如果存在对部分课税对象免税的情况,则平均税率与边际税率存在差异。在对税率变动的经济影响分析中,边际税率着重分析税率变动的替代效应,平均税率主要用于分析税率变动的收入效应(见表 1.4)。

表 1.4　　边际税率和平均税率①

收入级距(元)	累进税			累退税		
	边际税率	应纳税额(元)	平均税率(%)	边际税率(%)	应纳税额(元)	平均税率(%)
0～1 000	10	100	10	50	500	50
1 000～2 000	20	300	15	40	900	45
2 000～3 000	30	600	20	30	1 200	40
3 000～4 000	40	1 000	25	20	1 400	35
4 000～5 000	50	1 500	30	10	1 500	30

注:平均税率是收入乘以相应的边际税率,再除以收入总额。如收入为5 000元时,累进税率下:
应纳税额=1 000×10%+1 000×20%+1 000×30%+1 000×40%+1 000×50%=1 500(元);
平均税率=1 500/5 000=30%。

替代效应和收入效应对纳税人经济行为的影响往往存在相反的效应。例如,政府试图通过降低工资薪金所得税率来刺激劳动供给,从替代效应出发,由于休闲的机会成本上升,人们就可能多工作少休闲;但是从收入效应出发,由于减税后收入增加,有人就可能少工作。因此,当政府试图通过变动税率来调节纳税人的经济行为时,往往尽可能保持平均税率不变(通过降低起征点、减少税收优惠等措施扩大税基),变动边际税率。

3. 名义税率与实际税率

名义税率与实际税率是分析税收负担的重要工具。名义税率是税法所规定的税率。实际税率是指纳税人实际缴纳的税额占课税对象的比例,它反映纳税人的实际负担率。在某些情况下,名义税率与实际税率存在差异。差异形成的原因主要有:税收减免规定,税收征管上的漏洞,通货膨胀因素(累进税制下)。前两个因素导致名义税率高于实际税率;第三个因素在实行累进税率的情况下,会因“档次爬升”(名义收入因通货膨胀而增长,从而适用较高税率)而产生实际负担率高于名义税率的状况。

① 胡怡建:《税收学》(第三版),上海财经大学出版社 2011 年版,第 8 页。

四、纳税环节

（一）概念

纳税环节是税法中规定的纳税人履行纳税义务的环节，它规定了征纳行为在什么阶段发生以及是单一环节课征还是多环节课征。纳税环节的选择主要依据：保证税款及时入库，正确发挥税收调节作用，尽可能减少征纳成本。一般来讲，所得税的课征可以在所得形成时，也可在所得分配时；流转税的课征可以分别在产制环节、批发环节以及零售环节，也可以集中在某一环节课征，如流转税在生产和流通环节纳税、所得税在分配环节纳税等。

（二）纳税环节的分类与联系

考虑到税收对经济的影响、财政收入的需要以及税收征管的能力等因素，国家常常对在商品流转过程中所征税种规定不同的纳税环节。按照征税环节的多少，可以将税种划分为一次课征制或多次课征制。单一环节的税收是指仅在某一环节进行课征的税。如我国现行的消费税，主要在产制环节征一道税。多环节的税收是指在商品流转或收入形成和分配过程中对两个或两个以上的环节进行课征的税收，如我国现行的增值税。多环节的税收较易造成重复课税，因此如何避免重复课税是税制设计的重要课题。

合理选择纳税环节，对加强税收征管，有效控制税源，保证国家财政收入的及时、稳定、可靠，方便纳税人生产经营活动和财务核算，灵活机动地发挥税收调节经济的作用，具有十分重要的理论和实践意义。

五、纳税期限

纳税期限是指税法规定的纳税人在缴纳税款的时间方面的限定，包括纳税间隔期、纳税义务发生时点和纳税申报期三种纳税时间概念。

（一）纳税间隔期

纳税间隔期又称为纳税计算期，是指纳税人每次缴纳税款的间隔期，也表示税款缴纳的频度。计算纳税间隔期有两种基本方法：一是按期计税，二是按次纳税。报缴税款的间隔期通常与计算税款的间隔期相同。

不同税制，由于课税对象不同，纳税间隔期就有所不同。就商品税而言，既可以按次征税，也可以按期课税；就所得税制而言，也是既可以按次征税，也可以按期征税。由于企业利润是按年计算，因此企业所得税通常是按年计征的。对于纳税人按次取得的所得，也可以按次征税。

（二）纳税义务发生时间

纳税义务发生时间，是指纳税人就其应税行为承担纳税义务的具体法定时间，是确定纳税间隔期的起点。不同类型的税收制度，纳税义务发生时点的确定有不同的处理方法。

1. 商品劳务税的纳税义务发生时点

因为商品劳务税既有卖方税，也有买方税，两种税的纳税义务发生时点并不相同。就卖方税而言，纳税义务发生时点至少有三种选择：一是收取价款的时点；二是发出货物或提供劳务的时点；三是签订合同的时点。选择不同的时点，对于征纳双方具有不同的意义。从总体上看，三种选择各有利弊。我国规定，是以货款的结算方式的不同来分别确定的。

买方税的纳税义务发生时点也有三种选择：一是购入货物或接受劳务的时点；二是支付价款的时点；三是办理交易确认的法定手续的时点。一般以第三种方式为主，因为买方必须办理法定手续，便于征收机关根据法定手续确认纳税义务的产生。我国现行契税就规定，纳税人应在签订房地产转让合同的当日，承担纳税义务。

2.所得税的纳税义务发生时点

在企业所得税中，应纳税收入的确认，基本上遵循权责发生制原则，以应当收到货款的时点为纳税义务发生时点。在个人所得税中，有时为了便于课税，一般将支付所得的时点看作是纳税人产生纳税义务的时点，这种情况在分类所得税制中表现得特别明显。在综合个人所得税制中，纳税义务通常是税法规定的某个时期的终点，如月末、年末。

3. 财产税的纳税义务发生时点

财产税有静态财产税和动态财产税之分，两者的纳税义务发生时点有所不同。静态财产税通常定期征收，类似于个人综合所得税制，其纳税义务通常是税法规定的某个时期的终点，如月末、年末。而动态财产税的纳税义务发生时点通常是财产产权发生转移的时点。

（三）纳税申报期

纳税申报期，是指税法规定的纳税期满后，纳税人将应纳税款缴入国库的期限。由于纳税人、扣缴义务人对纳税义务间隔期内所取得的应税收入、应纳税款、代扣代收税款需要一定时间进行结算和办理缴税手续，所以税法规定了税款的入库期限，即纳税申报期。《增值税暂行条例》规定，纳税人以 1 个月或者 1 个季度为 1 个纳税期的，自期满之日起 15 日内申报纳税；以 1 日、3 日、5 日、10 日或者 15 日为 1 个纳税期的，自期满之日起 5 日内预缴税款，于次月 1 日起 15 日内申报纳税并结清上月应纳税款。

六、税收优惠

税收优惠是一国政府为了实现某种特定的社会、经济或政治目标而在税收法律中规定的照顾和鼓励政策。纳税人税负的轻重通常通过税率的高低来调节，除此之外，附加、加成和减免也是对纳税人税收负担的调整措施，统称为税收优惠。

减轻纳税人负担的措施有减税、免税以及规定起征点和免征额。减税是对应纳税额减征一部分，免税是对应纳税额全部免征，从而起到照顾专门纳税人以及调节经济的作用。起征点是税法规定的课税对象达到一定数额才开始征税的数量标准:在此数量之下,纳税人无义务纳税;超过这一数量,按课税对象全额计税。免征额是税法规定的课税对象数额中免于征税的数额,即只就其超过免征额的部分征税。

加重纳税人负担的措施有附加和加成。附加是地方附加的简称,是地方政府在正税以外附加征收的一部分税款。一般来说,附加收入是为解决地方机动财力的需要,留给地方使用。加成是加成征税的简称,是对特定纳税人的一种加税措施,主要是为了实现某种限制政策以调节经济。加一成即加征正税税额的10%,其余以此类推。

1. 税基式减免

税基式减免是通过直接缩小计税依据的方式来实现减税免税,具体包括起征点、免征额、项目扣除以及跨期结转等。

2. 税率式减免

税率式减免是通过直接降低税率的方式实行的减税免税。如在企业所得税中,对于符合小型微利条件的企业可以适用20%的税率,而对于国家重点扶持的高新技术企业,则给予15%的企业所得税税率,因此20%和15%的企业所得税税率相对于25%的基本税率就是税率式减免。这种方法的特点是不改变税基,而通过降低应纳税额与税基的比率来减轻纳税义务,因此在实施中比较简便而有效。

3. 税额式减免

税额式减免是指在税基和税率保持不变的情况下直接减少应纳税额的优惠方式,包括全部免征、减半征收、核定减免率、税收抵免和税收饶让抵免等方式。

第三节　税收分类与税制结构

一、税收分类

现代国家的税收都是由多种税组成的所谓复合税制。为了研究各类税的特点,建立合理的税制结构和加强征收管理,就需要将复杂的税种按一定的标准进行归类。

(一)按税负能否转嫁为标准进行分类

以税负能否转嫁为标准,可以把税收分为直接税和间接税。凡由纳税人自己承担税负,不易发生转嫁关系的税称为直接税,一般认为所得税和财产税为直接税。凡纳税人有可能将税负转嫁给他人,由他人负担的税称为间接税,一般认为流转税为间接税。划分直接税和间接税的意义主要在于分析税收负担和税负归宿。

(二)按课税对象的性质进行分类

按课税对象的性质对我国现有税种分类,一般分为流转税、所得税、财产税、资源税和行为税五大类。

(1)流转税是以商品流转额和非商品流转额(如服务业的营业额)为课税对象的税收统称。若以商品和非商品的交易额为课税对象则称为周转税;若以商品和非商品在每一流转环节的增值额为课税对象,则称为增值税。根据课税对象范围的大小,可将商品流转税分为一般商品税和特定商品税。

(2)所得税是指以纳税人一定时期取得的净所得为课税对象的一类税。关于所得税的分类在第一节已有详细描述。需要指出的是,在西方国家,社会保障税、资本利得税也归入所得税类。

(3)财产税是以各类动产和不动产的数量或价值为课税对象的税收统称。由于财产既可被持有,也可被转让,因此可进一步分为对财产持有的课征和对财产转让的课征。对财产持有的课征,即以一定时期的纳税人所拥有或支配的财产数量或价值为课税对象,包括一般财产税与特殊财产税。前者对所有财产进行课征,后者仅对某一特定类别的财产进行课征。对财产转让的课征,即当财产所有权发生变更时,以被转让财产的数量或价值进行的课征,如赠与税、遗产税等。

(4)资源税是以资源的绝对收益和级差收益为课税对象的税收统称。

(5)行为税是以特定行为为课税对象的税收统称。

按课税对象性质分类的主要意义在于分析各类税种的性质和经济作用,为合理设计税制提供前提条件。

(三)按税收的管理权限分类

税收的管理权限包括立法权、征管权、所有权。由于各国的政策和财政管理体制的不同,各国在实行分税制、划分中央税与地方税时的具体做法也有所不同。通常将税收分为中央税、地方税和中央地方共享税三类。中央税收入归中央,立法权归属中央,并由代表中央的国家税务局进行征收和管理;地方税收入归地方,由中央或地方立法,并由代表地方的地方税务局进行征收和管理;中央与地方共享税的征管权一般属中央,税收收入由中央与地方按一定比例分成。按税收管理权限进行分类的主要意义在于帮助分析中央和地方收入的来源和责权关系。

(四)按税收的计量标准分类

按税收的计量标准分类,可以将税收划分为从价税和从量税。从价税是以课税对象的价格为计税依据的税类,从量税是以课税对象的自然单位为计税依据的税类。从价税的应纳税额随课税对象价格的变化而变化,能够贯彻负担合理的税收政策,因而是现代税收的基本计税方法。从量税的应纳税额以课税对象实物数量的变化而变化,虽然计税简便,但税收负担不能随价格高低而增减,不尽合理,因而仅有少数税种采用这一计税方法,如车船使用税、资源税、屠宰税。

(五)按税收与价格的关系分类

按税收与价格的关系分类,可将税收分为价内税与价外税。价内税是指税金包含在商品或劳务价格中的税，故其计税价格被称为含税价格。价外税是指税金附加在商品或劳务价格之外的税，故其计税价格被称为不含税价格。西方国家的消费税大多采用价外税的方式。我国的流转税以价内税为主，但现行的增值税采用价外税方式。

（六）其他税收分类方法

1. 国内税制和外国税制

按照税收征管权行使的地理范围不同，可以将税收制度划分为国内税制和外国税制。

2. 经常税和临时税

按照税收的征收期限可划分为经常税和临时税。经常税是为保证一国经常性费用支出而长期、连续课征的税收制度；临时税是为实现某种特殊目的或国家处于非常时期而在一段时间内开征的税收制度。

3. 对人税和对物税

对人税是指考虑纳税人的不同经济情况，按照其纳税能力的不同而设计的税收制度。对物税是指以课税物体为基础，不考虑纳税人的纳税能力或经济情况而设计的税收制度。

4. 独立税和附加税

按照课税对象是否具有依附性，可分为独立税和附加税。独立税也称为主税，是指仅根据课税依据独立课征的税收，大多数税种属于独立税，如增值税、消费税、企业所得税、个人所得税等。附加税是指需要附加于其他税种之上课征的税收，即以其他税种的课税额作为自己的课税依据的税收。我国的附加税主要有城乡维护建设税、教育费附加等。

二、税制结构的概念及分类

（一）税制结构的概念

税制结构是指在实行多种税同时并存的复合税制的国家中各类税收在整个税制中的相对地位。以税种多少为标准，税制结构可分为单一税制结构和复合税制结构。

（二）单一税制与复合税制

单一税制是指以某一类税收构成的税制结构。例如单一消费税、单一财产税或单一所得税，它们的基本特征是将某一类税收作为整个税收体系的基础。复合税制结构是指多种税同时存在且主次有序、互相配合、相辅相成的税收体系。

复合税制结构一般根据主体税种确定，大体上分为以所得税为主体的税制结构、以流转税为主体的税制结构、以财产税为主体的税制结构和所得税、流转税双主体的税制结构等。所谓主体税种，是指在一国税收中所占比重最大、在政府调节经济中发挥着首要作用的税种，它决定一国税制的基本特征。选择主体税种时应考虑的因素主要有：国家经济发展水平，税收政策目标（以效率目标为主还是以公平目标为主），一国的经济管理水平（企业的会计水平、政府的征管水平）。

在现代社会，各国的税制结构都采用复合税制。其原因在于：税制结构要具备一定功能，而具备一定功能依据必须本国制定的多项税收原则，而任何一个税种不可能满足所有税收原则的要求，因此必然要求多税种并存以互相补充，使税制结构既能保证筹集到足额的财政收入，又能促进经济稳定地向前发展；既能促进资源的合理配置、节约征收成本，又能符合按能力负担原则，并调节收入分配关系、促进社会公平。只有复合税制结构才能满足这些要求。因此，合理的税制结构是复合的而不是单一的。

三、税制结构模式

税制结构模式是指由主体税特征所决定的税制结构类型。由于各国的经济条件、历史传统和政策目标不同，在税种设置上不完全相同，从而形成了各具特点的税制结构模式。

(一)以流转税为主体的税制结构

以流转税为主体的税制结构模式，是指在整个税制体系中，流转税作为主体税种，占最大比例并起主导作用。就流转税的内部主体税特征而言，又称以间接税为主的税制结构模式，还可以进一步分为以下两种类型：

1. 以一般商品和劳务税为主体

这是对全部商品和劳务在产制、批发、零售及劳务服务等各个环节实行普遍征税。一般商品税具有普遍征收、收入稳定、调节中性等特点。一般商品税在课税对象确定上，既可以对收入全额征税，也可以对增值额征税。前者称为周转税，征收简便，但重复课税，不利于专业化协作；后者称为增值税，可避免重复征税，但对征管有较高要求。

2. 以选择性商品和劳务税为主体

这是对部分商品和劳务在产制、批发、零售及劳务服务等环节选择性征税。选择性商品税具有个别征收、收入较少、特定调节的特点。

一般来讲，发展中国家大多以流转税为主体税种，主要是因为：

(1)发展中国家经济发展水平低下，企业与个人的收益额均较少，若以所得税为主体税种，则难以保证国家财政收入；而流转税则不论企业、个人收入水平如何，只要发生一笔流转额就要征税，故对保证国家财政收入具有重要意义。

(2)流转税征收简便，较适合企业会计水平和政府征管水平均较低的发展中国家。

(3)流转税由于不涉及对储蓄收益征税的问题，与等量所得税相比更有助于提高国民储蓄，因此对于急需资金、加快经济增长速度的发展中国家较合适。

但是，由于流转税在收入分配方面具有累退性，并且对消费者的选择和资源配置的干扰较大，因此在逐步具备条件的情况下，发展中国家也注重提高所得税在复合税制中的比重。

(二)以所得税为主体的税制结构

以所得税为主体的税制结构是指在整个税制体系中，所得税作为主体税，占最大比例

并起主导作用。一般来讲,发达国家大多选择所得税为主体税种。其原因主要是:

(1)发达国家经济发展水平高,企业与个人的收益额均较高,故拥有丰富的税源。

(2)由于发达国家基本上是以生产资料私有制为主的市场经济国家,因此国民收入中相当大的比重归个人所有;同时在市场经济中价格由市场机制形成,一般不需要流转税对价格进行再调节,而更多的是需要通过所得税对收入分配进行调节。

(3)累进制的所得税具有较大弹性,作为财政自动稳定器的组成部分,可促进宏观经济稳定。

(4)由于所得税不改变商品的相对价格,对消费者的选择和资源配置的干扰相对要小。

(5)发达国家的企业会计水平、政府的税收征管水平均较高,故较能适应征管相对复杂的所得税。

以所得税为主体的税制结构模式又分为以下三种:

(1)以企业所得税为主体的税制结构,是指对企业课征的企业所得税或法人所得税为主体税种。在经济比较发达又实行公有制经济的国家,在由间接税制向直接税制转换的过程中,有可能选择以企业所得税而不是个人所得税为主体税。

(2)以个人所得税为主体。一般是在经济比较发达的国家,个人收入水平较高,收入差异较大,需运用个人所得税来稳定财税收入,促进个人收入的公平分配。

(3)以社会保障税为主体。在部分福利国家,政府为实现社会福利经济政策,税制结构已由个人所得税为主体转向以社会保障税为主体。

(三)流转税和所得税双主体的税制结构

双主体税制结构模式,是指在整个税制体系中,商品劳务税和所得税占有相近比重,在财政收入和调节经济方面共同起着主导作用。选择流转税与所得税并重的税制结构模式,既能确保财政收入的稳定可靠,又能促使税收的刚性和弹性相结合,充分发挥税收的宏观调控作用。从发展的角度看,这种税制模式是一种过渡性税制结构模式,最终会被其中一种主体税取代其双主体地位。

表 1.5 是我国 2013 年与 2005 年的税收收入结构。2005 年,我国流转税占总收入的比重为 62.16%,所得税为 25.85%,其他税为 12%,这表明我国是以流转税为主体的税制结构;2013 年的流转税比例为 54.64%,所得税为 26.2%,其他税为 19.16%,这说明我国仍旧是以流转税为主体的税制结构,所得税在缓慢上升,而其他税种增长较快,其中土地增值税增加幅度最大。

表 1.5　　**我国的税种与税收收入结构**　　单位:亿元

项　目	2013 年	占税收(%)	2005 年	占税收(%)
一、流转税	60 390.79	54.64	17 887.39	62.16

续表

项　目	2013 年	占税收(%)	2005 年	占税收(%)
1. 增值税	28 810.13	26.07	10 792.11	37.50
2. 消费税	8 231.32	7.45	1 633.81	5.68
3. 营业税	17 233.02	15.59	4 232.46	14.71
4. 关税	2 630.61	2.38	1 066.17	3.70
5. 进口增值税、消费税	14 004.56	12.67	4 211.78	14.64
6. 出口退增值税、消费税	—10 518.85	—9.52	—4 048.94	—14.07
二、所得税	28 958.73	26.20	7 438.83	25.85
7. 企业所得税	22 427.20	20.29	5 343.92	18.57
8. 个人所得税	6 531.53	5.91	2 094.91	7.28
三、其他税	21 181.18	19.16	3 452.32	12.00
9. 资源税	1 005.65	0.91	142.20	0.49
10. 城市维护建设税	3 419.90	3.09	795.68	2.76
11. 房产税	1 581.50	1.43	435.90	1.51
12. 印花税	1 244.36	1.13	226.75	0.79
13. 城镇土地使用税	1 718.77	1.56	137.34	0.48
14. 土地增值税	3 293.91	2.98	140.02	0.49
15. 车船税	473.96	0.43	38.89	0.14
16. 船舶吨税	43 55	0.04	13.81	0.05
17. 车辆购置税	2 596.34	2.35	583.26	2.03
18. 耕地占用税	1 808.23	1.64	141.85	0.49
19. 契税	3 844.02	3.48	735.14	2.55
20. 其他税收	150.99	0.14	61.48	0.21
四、税收收入	110 530.70	100.00	28 778.54	100.00

注:计算时流转税收入扣除了出口退税。

资料来源:国家统计局网站。

我国在实行计划经济体制和经济转型初期,都选择了以流转税为主体税的税制结构模式。随着市场经济体制的不断完善、经济发展水平的提高、非公经济的发展以及个人收入差距的扩大,目前我国正逐步提高所得税在复合税制中的地位,从而使我国税制结构模

 式从以流转税为主体转向流转税和所得税双主体的税制结构模式。但是,税制结构模式的转变需要一个较长的时期。

第四节　税收原则

税收原则是国家设计、建立税收制度以及指导税收政策和税收征管等一系列税收活动的行为准则,是税务行政和管理应遵循的理论标准。

一、古典课税原则

(一)斯密的课税原则

亚当·斯密(Adam Smith,1723～1790 年),英国古典政治经济学派的代表人物,是将税收原则明确化、系统化的第一人。他在《国民财富的性质和原因的研究》一书中,极力主张自由放任和自由竞争,政府应减少干预或不干预经济,提出了平等、确实、便利、最少征收费用四大课税原则。

(1)平等原则,是指国民应依其在国家的保护下所得收入的多少为比例,作为衡量税收是否合理的标准,从而确定向国家缴纳租税的金额。

(2)确实原则,是指税收要具有可预测性,即国民所纳税目与条例应该是确实的,而且纳税的时间、地点、手续、数额等都要明确规定,使纳税人明了。

(3)便利原则,是指政府对国民征税的时间、地点、方法等,应尽量使国民感到方便。①

(4)最少征收费用原则亦称征收经济原则,是指在征税过程中税务部门征税时所耗费的费用应减少到最低程度。

从斯密的上述四大原则来看,他提出了按比例纳税思想、税制效率思想,并初步认识到税收与收入再分配、税收与经济活动的关系。

(二)瓦格纳的课税原则

继斯密之后,英、法、德等国家的经济学家如西斯蒙第(Sismondi)、穆勒(Mill)、萨伊(Say)、赫尔德(Held)、诺曼(Neumann)等又提出了许多课税原则,从不同角度对斯密的课税原则予以补充和发展,其中发展得最为完备的当属瓦格纳提出的四大原则。

阿道夫·瓦格纳(Adolf Wagner,1835～1917 年)是德国社会政策学派的代表人物。他的代表作《财政学》提出了社会政策的财政理论。他主张国家对经济活动具有积极的干预作用,应该通过税收制度调节收入分配不公,以解决社会问题。

1. 财政政策原则

所谓财政政策原则,即课税能充足而灵活地保证国家经费开支需要的原则,也称为财

① 李九龙、於鼎丞:《外国税制》,东北财经大学出版社 1987 年版,第 28 页。

政收入原则。该项原则包含收入充分原则和收入弹性原则。

(1)收入充分原则是指赋税必须能够满足国家的财政需要。瓦格纳认为，收入充分原则包含两个内容：① 赋税是为满足国家经费的开支；② 赋税以外的财源不能支付国家经费时，必须增加赋税。前者旨在说明筹集国家财政收入是税收的基本目标，后者在于说明赋税要随着财政需要的增加而能以适当的方法增加。

(2)收入弹性原则是指税收收入能随着经济增长而自动增加。依据这项原则，瓦格纳认为，可以把间接税作为主要税种，因为它能随着人口的增加、课税商品的增多而使税收收入增加。

2. 国民经济原则

所谓国民经济原则，即国家征税不能阻碍国民经济的发展，以免危及税源，在可能的范围内应尽量有助于资本形成，促进国民经济的发展。该项原则包含税源选择原则和税种选择原则。

(1)税源选择原则是指要正确选择税源。他指出，正确的税源选择应以国民所得为税源，不能以资本所得和财产所得作为税源，否则就会侵蚀国民经济力的基础。

(2)税种选择原则是指要考虑税负转嫁的作用。瓦格纳提出，课税除了对国民经济有影响与作用外，还有一个赋税负担是否合适的问题。因此，在选择税种时，必须考虑税收负担的转嫁问题，将税负归之于应该负担税收的人；应尽量选择难以转嫁或转嫁方向明确的税种。

3. 社会公正原则

所谓社会公正原则，即税收负担应普遍和平等地分配给各个阶级、阶层和纳税人。该项原则包含普遍原则和平等原则。

(1)普遍原则是指课税应毫无遗漏地遍及社会上的每个人，不能因身份、地位等而有所区别。平等原则是指社会上的所有人应当按其能力的大小纳税，能力大的多纳税，能力小的少纳税，无能力的(贫困者)不纳税，实行累进税率。

(2)平等原则又要求对有些人免税，这表面上似乎有些抵触。但从瓦格纳的分析来看，这两项原则并没有矛盾。平等原则要求税制中要有最低课税限度标准、低所得者免税等规定，主要是从纳税人的经济状况或负担能力来说的；而普遍原则要求不能从纳税人的非经济因素来袒护某类人。

4. 税务行政原则

所谓税务行政原则，即税法的制定与实施都应当便于纳税人履行纳税义务。该项原则包含确实原则、便利原则、最少征收费用原则。这三项原则与斯密的相应原则含义相同，只不过瓦格纳的最少征收费用原则不仅要求税务部门的稽征费用要小，而且纳税人因服从税法、履行纳税义务所发生的费用也应尽可能小。

可以看出，瓦格纳的课税原则要比斯密的课税原则完善得多。首先，与斯密的消极财政原则不同，瓦格纳的财政原则要求税收收入既要充分，而且要根据收入体系、经济发展的变化而富有弹性。其次，瓦格纳首先明确提出以国民经济作为课税原则，要求政府在课税的过程中注意保护税本，培植税源。

此外，瓦格纳在其课税原则中阐明的一些思想为以后的税收理论发展奠定了基础：收入弹性原则为建立弹性税制奠定了理论基础；平等原则为建立累进税率制度奠定了理论基础；最少征税费用原则为后人发展为纳税成本理论。

二、现代课税原则

现代经济学家提出的税收原则可概括为：效率原则、公平原则。现代税收原则是在资本主义社会进入垄断时期、市场失灵现象日益严重的情况下产生的，充分体现了国家运用税收手段干预经济的思潮和政策主张[①]。

（一）效率原则

税收效率原则，是指税收征收所引起的资源在公共品和私人品之间的配置，以及资源在私人品之间的配置（因税收影响相对价格所致）均要求达到资源配置的效率准则。税收的效率原则具体体现在以下三方面：

1. 充分且有弹性

充分是指税收在为公共产品提供筹集资金过程中，要使资源在公共产品与私人产品之间的配置达到最优，符合产品组合效率，即税收应满足提供适当规模公共产品的资金需要，或者说税收应能为政府的有效规模提供充裕的资金。

有弹性是指税制设计应能使税收收入随着国民经济的增长而增长，以满足长期的公共产品与私人产品组合效率的要求。

税收的弹性原则不仅是为了满足财政支出增长的要求，而且在促进宏观经济稳定方面具有重要作用。尤其是累进制的所得税作为财政自动稳定器的组成部分，能够自动地对宏观经济进行逆向调控。

2. 节约与便利

税收就是通过强制手段将一部分资源从私人部门转移到政府部门。在这一转移过程中，不可避免地造成资源的损耗，即形成税收筹资成本。税收成本包括两部分：一是因税收对资源配置的影响而产生的超额负担；二是税收的征收成本。

节约与便利即是要求在税制设计中将税收的征收成本降到最低限度。税收的征收成本包括两个方面：从政府方面来说，税收的课征需要设立一定的机构，耗费一定人力、物力、财力，形成征管成本；从纳税人方面看，为履行纳税义务，需要保持一定的簿籍记录，需要进行法律和税务方面的咨询，需要花费一定的精力按时足额交税，形成缴纳成本。具体

① 蒋洪：《公共经济学（财政学）》（第二版），上海财经大学出版社 2011 年版。

来讲，节约与便利就是要求通过简化税制、合理设置税务机构、提高征管人员素质、改进征管手段等措施，降低征纳双方的成本。

3. 中性与校正性

中性与校正性是从税收对纳税人经济行为影响的角度出发，考虑如何维护和提高私人品之间资源配置效率的问题。

（1）中性税收是指不干预市场经济的决策，不会因征税而改变产品、服务以及要素的相对价格，从而不影响纳税人的经济决策，能够维护市场资源有效配置状态的税收。非中性税收的含义则与中性税收相反。显然，中性税收既能起到为政府筹集收入的作用，又不会破坏市场资源配置的有效状态。

（2）维护中性税收的前提是市场在私人品之间的资源配置处于有效状态。如果市场在私人品的配置方面存在缺陷，就需要通过区别对待的税收政策对市场缺陷进行校正，即税收具有校正性作用。例如，通过对污染制造者征税将其外部成本内在化，而对生产和提供具有外部效益产品的生产者则给予税收优惠或补贴，使其外部效益内在化。

（3）在市场经济体制下，资源配置的主角是市场。不可否认，市场也存在缺陷，在市场经济体制不完善的情况下更是如此。税收中性原则是为了维护市场资源配置的有效性，而校正性原则则是为了校正市场资源配置的低效率，两者都是为了实现税收的效率目标。因此，在税制和税收政策的制定过程中两者的协调配合十分重要。如何合理划定中性原则与校正性原则的适当范围，需视市场的完善程度而定。

（二）公平原则

税收公平原则是关于税收负担公平地分配于纳税人的原则，即征税要使每个纳税人的负担与其经济状况相适应，并使纳税人之间的负担水平保持平衡。

税收公平原则包括横向公平和纵向公平。所谓横向公平，是指税收应使相同境遇的人承担相同的税负；所谓纵向公平，是指税收应使境遇不同的人承担不同的税负。然而，横向公平与纵向公平并没有明确“相同境遇”和“不同境遇”的确切含义，也没有明确用什么标准去衡量境遇的好坏，以及境遇不同的人所承担的税负应怎样不同等问题。因此，人们仍可以对税收公平原则做出多种解释。根据以上对税收公平原则的理解，可以将税收的公平原则具体化为平等竞争原则、受益原则、能力原则。

1. 平等竞争原则

该原则着眼于收入分配的前提条件，是通过税收为市场经济的行为主体——企业与个人——创造平等竞争的环境。具体来说，就是通过税收将那些因竞争规则不规范（如行政垄断、国家定价过高）和客观（或者说先天）条件优越（如企业资源条件优越、个人的遗产继承等）给行为主体带来的高收入征收到国家手中，从而使行为主体收入水平的高低取决于其后天的主观努力。一般来讲，在市场经济体制不完善（竞争规则不健全）的情况下，税制设计中需较多地体现平等竞争原则；反之，在市场已为行为主体提供相对平等竞争环境的情况下，税收应少干预经济活动。

2. 受益原则

受益原则认为应根据市场经济所确立的等价交换规则来确定个人应承担的税负，即各人所承担的税负应与他从政府公共提供中的受益相一致。根据受益原则，横向公平即为受益相同者承担相同的税负，纵向公平即为受益多者承担较多的税负。

根据受益原则，税收好像是个人从政府公共提供中受益的价格。它要求每个人都能像对待私人品那样根据自己的偏好来评价政府提供的服务，并按边际效用付款购买。显然，受益原则在收入分配方面是中性的。这里的问题是公共品在消费中所特有的非竞争性和非排斥性决定了公共品的消费者一般不仅不会主动显露其对政府公共服务的偏好，而且为了少缴税还会竭力隐瞒自己的偏好。因此，对于政府提供的产品或服务绝大部分是无法通过受益原则来筹措资金的；只有那些具有排斥性的准公共品因其受益对象与受益程度均可确认，才可能适用受益原则为其筹措资金。此外，贯彻受益原则还要求专款专用。在实践中，以受益原则为政府提供筹措资金的方式若采用税收形式，就称为特定受益税。

3. 能力原则

能力原则认为应根据各人的纳税能力来确定各人应承担的税收。根据能力原则，横向公平即为能力相同者应承担同等税负；纵向公平即为能力不同者承担不同的税负，能力强的人多缴税。问题是用什么标准来衡量个人的纳税能力，通常采用的客观标准是收入、消费、财富。

(1)以收入作为衡量纳税能力的指标

一般认为，个人收入能够反映个人的纳税能力。因为收入的增加使支付能力的提高最为显著，而且收入的增加也使支出增加和增加财产成为可能。但是，对于收入的内涵以及具体的计量标准仍存在不同意见。主要分歧在于，由于同等能力的个人因偏好不同，从而导致同样收入的纳税人因偏好(如工作与休闲的偏好)不同而收入水平不同，因而对如何确定纳税能力，存在一定的分歧。

(2)以消费作为衡量纳税能力的依据

在规范的市场经济中，收入多者意味着其对社会贡献大，高收入是其勤奋工作、努力储蓄、积极投资的结果，因此要求多收入者多纳税不利于鼓励工作、储蓄与投资。而消费则标志着个人对社会的索取，索取越多者说明其支付能力越强，应多缴税，这样做在客观上能起到抑制消费、鼓励储蓄与投资的作用，反之越小。

(3)以财产作为衡量纳税能力的指标

一般来讲，个人财产的增加是其储蓄、投资的结果，因此以纳税人个人财产的多少作为衡量纳税能力的依据符合量能负担的原则。而问题是，对财产征税意味着对储蓄和投资征税，因此不利于鼓励储蓄与投资，从而不利于国民经济的长远发展。因此，现代国家很少将财产税作为主要税种，而是将其作为取得财政收入方面的补充，同时发挥其缩小收入差距的作用。

思考题

1. 如何理解税收的定义？
2. 如何理解税收的三个特征？
3. 简述什么是征税对象、纳税人？
4. 简述税率的概念和分类。
5. 纳税期限如何确定和分类？
6. 减免税的基本形式有哪些？
7. 何谓税制结构？目前有哪些税制结构模式？
8. 如何理解瓦格纳的税收原则？
9. 如何理解现代课税原则中的效率原则？
10. 如何理解现代课税原则中的公平原则？

第二章 我国现行税制体系的建立与发展

自中华人民共和国成立至今,我国的税制建设已走过60多年的历程。随着国家政治经济形势的发展变化,税收制度基本适应了从计划经济向有计划的商品经济最终向社会主义市场经济体制过渡的要求,税收体系逐步趋于合理、完善。

第一节 税制的建立与修正

一、1950年建立新税制

(一)建立新税制的背景

1949年中华人民共和国成立初期,我国各地税收制度不统一,税种、税目、税率和征收办法不一致,这与全国统一的政治经济形势、与迅速恢复国民经济的中心任务、与国家财政的迫切需要很不适应。当时面临两个问题:一是如何对待旧政权所遗留的旧税制;二是如何处理革命根据地时期各自制定的征税制度。

1949年11月,中央人民政府财政部在北京召开了首届税务会议,会议明确"国家的税收政策应以保障革命战争的供给、照顾生产的恢复和发展及国家建设的需要为原则,简化税制,实行合理负担"。1950年1月,政务院公布实施《全国税收实施要则》《工商税暂行条例》和《货物税暂行条例》,统一全国税政,建立新税制,初步确立社会主义税收体系。

(二)建立新税制的内容

1. 统一立法

凡全国性的税收法令条例,由政务院统一颁布实施;凡全国性的税收条例施行细则,由中央税务机关统一制定,经财政部批准后施行;各地区根据中央颁布的税法精神所制定的稽征办法,报经大行政区财政部批准;全国性税种的实施细则和解释权,均归财政部;有关地方性税收的立法,应由县人民政府拟议,报省人民政府核,转大行政区人民政府批准,并报中央备案。

2. 建立工商税制

《全国税政实施要则》规定工商税收为14种,即货物税、工商业税、盐税、关税、薪给报酬所得税、存款利息所得税、印花税、遗产税、交易税、屠宰税、房产税、地产税、特种消费行为税和车船使用牌照税。此后，中央人民政府相继公布了各种税(除薪给报酬所得税和遗产税外)的暂行条例。1950 年 4 月公布《契税暂行条例》，开征契税。

3. 建立关税制度

1950 年 3 月 7 日，政务院根据《全国税政实施要则》颁布《关于关税政策和海关规定的决定》，以“海关税则必须保护国内生产，必须保护国内生产品与外国商品的竞争”为方针，制定新税制的 6 项基本原则。1951 年，政务院颁布《暂行海关法》《海关进出口税则》及其实施细则，自 1951 年 5 月 16 日起施行。这是我国第一部独立自主的关税法规。

4. 初步建立农业税制度

1950 年 9 月，中央政府根据《全国税政实施要则》精神，制定并公布《新解放区农业税暂行条例》，规定新解放区的农业税以户为单位，按照人均农业收入计征。每户全年平均农业收入不超过 150 斤主粮者免征，超过者按照 3%～42%的 40 级全额累进税率征收。此外，政务院和财政部陆续公布了《农业税灾歉减免办法》《农业税查田定产工作实施纲要》等一系列农业税相关配套规定。

二、1950 年 6 月工商税制的调整

(一)工商税制调整的原因

中华人民共和国成立初期，政府采取了整顿财政收支、建立新税制、加强税收工作等一系列积极有效的措施，国家财政经济情况开始好转。但同时也暴露出新的问题：在税制方面存在税目过细、征税规定不明确、计征手续烦琐、税负孰轻孰重等问题。为扭转这种状况，1950 年 6 月中央决定以“巩固财政收支平衡”和“照顾生产的恢复与发展”为原则，“调整工商业，调整公私关系，调整税收，以酌量减轻民负”，对工商税制进行调整。

(二) 工商税制调整的主要内容

1. 简并税种

将房产税和地产税合并为城市房地产税，决定暂不开征薪给报酬所得税和遗产税，从而使我国的工商税收体系由原来 14 个税种减少到 11 个税种。

2. 简化税目

将货物税税目由原来的1 136个减、并为 358 个，将印花税税目由原来的 30 个减、并为 25 个。

3. 降低部分税率

盐税按原税额减半征收，利息所得税税率由 10%降为 5%，调低纸烟、毛纺织品、火柴的货物税税率。所得税由 14 级全额累进税率改为 21 级全额累进税率。

4. 开征棉纱统销税

1951 年 4 月，为配合棉纱统购统销政策，保证财政收入，开征棉纱统销税。

此次工商税制的调整，减轻了企业税收负担，加强了复合税制体系的建设，完善了新

税制。根据以上调整内容，1950 年 12 月，政务院重新修订并公布工商业税、货物税、印花税、屠宰税、利息所得税的暂行条例，财政部也相应公布了实施细则。

三、1953 年工商税制的修正

（一）工商税制修正的原因

新税制建立后，随着国民经济的恢复和发展，社会主义经济在整个国民经济中的比重不断提高，工商业的经营方式和商品流通渠道也发生了很大变化。但经济的变化使原有税制同经济发展要求不相适应，出现了"经济日渐繁荣，税收相对下降"的不合理现象。1953 年，为使税收制度适应新的政治经济形势并满足国家财政需要，根据中央"公私区别对待，繁简不同"的政策，以"简化税制，保证税收"为原则，国家对工商税制进行修正。

（二）工商税制修正的主要内容

1. 试行商品流通税

从征收货物税品目中，选择酒、麦、粉、水泥等 22 种由国营经济控制的产品，将原在生产环节、流通环节缴纳的货物税、营业税及其附加、印花税合并，只征收商品流通税。已缴纳商品流通税的商品，在以后的各个流转环节上不再征收其他流转税。商品流通税税率从 7%到 66%不等（啤酒采用定额税率）。实行商品流通税是这次税制修正的最重要内容。

2. 调整货物税

除上述 22 种征收货物税的产品改征商品流通税外，对其中征收货物税的产品将原来缴纳的工业营业税、商业营业税及其附加、印花税并入货物税征收，并调整了税率。将货物税税目由原来的 358 目改为 36 项 174 目。对粮食、土布征收的交易税改征货物税。

3. 修正工商业税

将工商企业应纳的营业税、印花税以及营业税附加并入工商营业税内征收，并相应调整税率。规定除缴纳商品流通税的商品不再缴纳营业税外，其他商品、货物在商品批发或零售时均需缴纳营业税。

4. 调整屠宰税

将屠宰商原缴纳的营业税及其附加、印花税并入屠宰税征收。

5. 取消特种消费行为税

取消特种消费行为税，将电影、戏剧及娱乐部分的税目改征文化娱乐税，其余税目并入营业税内征收。

6. 简化交易税

停征药材交易税，只保留对牲畜交易征税。

1953 年的税制修订适应当时的经济发展，保证了国家财政收入。但由于当时多种所有制并存，过分地强调简并税种、集中税收负担，也给经济发展和税收监督管理带来负面影响。

第二节　税制的全面改革

一、1958年的税制改革

随着社会主义三大改造的基本完成，中华人民共和国已基本形成单一的公有制格局，经济结构发生根本性变化，原税收制度已不适应新的经济形势需要。1958年，税收制度进行了一次较大改革，其总体思路是“简化税制”，即全方位简化税种、纳税环节、征收方法。

（一）试行工商统一税

1958年9月，全国人大常委会审议通过《中华人民共和国工商统一税条例（草案）》，由国务院公布实施。其具体内容如下：

1. 合并税种

把原来的商品流通税、货物税、营业税、印花税加以合并，试行按商品销售收入金额、购入商品支付金额和业务收入金额征收工商统一税。将原工商业税中的所得税改为一个独立税种，称为工商所得税。

2. 改变纳税环节

实行从产到销两次课征制。工业产品在工业销售环节征税，农产品在采购环节征税，进口货物在进口环节征税。上述产品在商业零售环节再征一道税，取消批发环节的征税。

3. 简化征税办法

简化计税价格，把原来按国家规定调拨价和国营商业批发牌价计税改为一律按实际销售价格计税，扭转了税负与实际销售收入脱节的现象。

减少对中间产品的征税，由原来的26种产品减少为只对棉纱、酒、皮革3种产品继续征收中间产品税。

4. 适当调整税率

对钢材、电力、呢绒等利润水平较高的产品，适当提高税率；对化肥、塑料、罐头食品等利润水平较低且需鼓励发展的产品，适当降低税率。

此外，1959年因国家降低银行存款利率而停征利息所得税；1962年为适应农村集贸市场开放而开征集市交易税（1964年保留税种，暂停征收）。

1958年的工商税制改革在保证财政收入方面做出了重要贡献，但由于片面强调简化税制，削弱了税收的经济杠杆作用，产生了一些不良影响。

（二）统一全国农业税制

1958年6月，全国人大常委会审议通过《农业税条例》，决定废除原有的农业税制，在全国范围内实行统一的农业税制。

《农业税条例》的主要内容是：以农业合作社为主要纳税人，实行地区差别比例税率，全国平均税率为常年产量的15.5%，各省、直辖市、自治区实行差别税率；恢复和保留地方附加；继续采取“稳定负担，增产不增税”的政策，以常年产量为计税标准；统一规定征收时间及以实物为主的征收形式。

1958年的税制改革，除农业税外，中国实际开征的有工商统一税、工商所得税、关税、盐税、牲畜交易税、城市房地产税、车船使用牌照税、屠宰税9个税种。改革后的税种和纳税环节都大幅减少，税制进一步简化。

二、1973年简并工商税制

（一）简并工商税制的背景

在“文化大革命”这一特定历史时期，受“税收无用论”的影响，认为税制越简单越好，而工商税制税种太多，税目税率过于复杂，征收办法烦琐，我国税制需要再次简化合并。1972年3月，国务院发布《工商税条例（草案）》，决定从1973年1月起，在“基本保持原税负的前提下合并税种，简化征税办法”的原则指导下全面试行工商税。

（二）简并工商税制的主要内容

1. 合并税种

企业原来缴纳的工商统一税及其附加、城市房地产税、车船使用牌照税、盐税、屠宰税等合并统一征收工商税。城市房地产税、车船使用牌照税和屠宰税只对个人和外侨继续征收。

2. 简化税目、税率

实行工商税后，税目由原工商统一税的108个减、并为44个，税率由141个减少为82个，实际上不同税率仅为17个。多数企业简化到只适用一个税率。

3. 调整部分行业税率

农业机械、农药、化肥、水泥的税率略有降低，印染、缝纫机的税率略有提高。

1973年的税制改革由于过分强调简并税种和简化征收，大幅削弱了我国的复税制基础，使工商税制成为事实上的单一税制，弱化了税收的财政功能和调节功能。

三、20世纪80年代的税制改革

1978年在“对外开放、对内搞活”的方针指引下，经济体制改革不断深入，客观上要求对税制进行全面改革。1981年9月国务院税制改革的指导思想是：认真贯彻执行“调整、改革、整顿、提高”的方针，合理调节各方面经济利益，正确处理国家、企业、个人之间的关系，正确处理中央与地方的关系，充分发挥税收作用，促进国民经济的发展。在这一思想指导下，我国税制进行了一系列改革。

（一）实行利改税

中华人民共和国成立以来，国家对国营企业实现的利润长期采用“企业利润统统上缴国家，支出由国家拨付，亏损由国家拨补”的办法。这种“统收统支”的财政分配方式严重束缚了企业的积极性和主动性。1979 年起国家在部分地区开始“以税代利”试点，1983 年起在全国范围内开展“利改税”改革。

“利改税”是指把国有企业向国家上缴利润的分配形式，改为由企业按照国家规定的税种及税率缴纳税金，税后利润完全归企业支配，从而把国家与国有企业的分配关系用税收形式固定下来。利改税分两步进行：

1. 第一步利改税

1983 年 4 月，国务院公布《关于国营企业利改税试行办法》，实行第一步利改税，采用税利两种形式上缴企业利润。对有盈利的国营大中型企业，根据实现的利润按 55％的税率缴纳所得税，税后利润一部分上缴国家，一部分按照国家核定的留利水平留给企业；对有盈利的国有小型企业，根据实现的利润按 8 级超额累进税率缴纳所得税，税后利润由企业支配；营业性的宾馆、饭馆、招待所和饮食服务公司缴纳 15％的所得税。

2. 第二步利改税

1984 年 9 月，国务院公布《国营企业第二步利改税试行办法》，于 10 月 1 日起实施。第二步利改税是在第一步利改税的基础上，对国有企业税利两种缴纳形式并存逐步向完全的以税代利过渡，最终实现采用税收一种形式对企业利润进行分配的过程。大中型国营企业所得税税率仍为 55％，征收所得税后，利润超过核定留利水平的缴纳调节税；小型国营企业实行新的 8 级超额累进税率（提高累进起点，拉大级距），税后利润归企业支配，实行自负盈亏。

（二）工商税制的全面改革

1984 年 10 月工商税制的全面改革，把原工商税分为产品税、增值税、营业税、盐税，建立以产品税为中心的流转税体系；将第一步利改税设置的国营企业所得税和调节税加以改进；开征资源税及其他辅助税种，初步实现了由单一税制向以流转税为主、其他税种配合的复合税制体系的转变。

1. 改革流转税制体系

1984 年国务院发布了产品税、增值税、营业税、盐税条例（草案），将原工商税一分为四，规定从 10 月 1 日起实施。1984 年起国家根据经济发展需要扩大增值税实施范围，到 1988 年底增值税的征税范围已扩大到机械、冶金、电子、纺织、轻工、有色金属、建材等行业。

2. 建立健全所得税制体系

1985 年 4 月，国务院发布《集体企业所得税暂行条例》，调整原工商所得税税率，使集体企业与国营小型企业所得税负担水平基本一致。

为适应改革开放以来个人收入来源变化的情况，合理调节居民之间的收入差别，1986年1月国务院颁布《城乡个体工商业户所得税暂行条例》。1986年9月国务院颁布《个人收入调节税暂行条例》，对中国居民个人开征个人收入调节税，使个人所得税成为只适用于对外籍来华个人所得征收的税种。

3. 其他工商税制的改革和调整

1982年4月起对锅炉及工业窑炉燃烧用的原油、重油征税，由用油单位缴纳烧油特别税。1984年10月起对煤炭、原油、天然气等部分矿产资源开征资源税。1985年起国家先后开征奖金税和工资调节税。1987年6月国务院发布《建筑税暂行条例》，对使用预算外资金、各种自筹资金进行基本建设投资的行为征收建筑税。

为适应商品经济的发展，完善地方税体系，国务院于1982年12月发布《牲畜交易税暂行条例》，1985年12月发布《城市维护建设税暂行条例》和《房产税暂行条例》，1988年9月发布《筵席税暂行条例》，同年10月发布《印花税暂行条例》。

（三）建立涉外税收

1980年和1981年，国家先后颁布了《中外合资经营企业所得税法》《个人所得税法》《外国企业所得税法》以及这三部税法的实施细则，初步建立了我国的涉外税制体系。

为适应扩大对外开放的战略，1991年我国将中外合资经营企业所得税和外国企业所得税合并，颁布《外商投资企业和外国企业所得税法》，自同年7月1日起实施。此后，公布了该税法的实施细则，进一步完善了涉外所得税制。

我国的涉外流转税制沿用1958年的《工商统一税条例（草案）》，涉外财产税制沿用中华人民共和国建立初期制定的城市房地产税、车船使用牌照税。

（四）关税制度的修订和调整

1984年国家对关税制度进行全面修订，颁布《进出口关税条例》及《海关进出口税则》，从1985年3月10日起实施。新修订的关税制度改变了商品分类目录，采用当时国际上通用的《海关合作理事商品分类目录》，将商品分为21类99章1 011个税目，并根据中国进出口商品的实际情况，在税目下加列子目，大幅度调整关税税率，降低了税率水平。

国务院于1985年6月发布《关于若干商品开征进口调节税的通知》，决定对进口的轿车、摩托车、复印机等8类商品征收进口调节税。

1987年1月，我国颁布新的《海关法》，确定海关依法征税权，对关税的要素及海关征税有关行政行为做出具体规定。

（五）农业税制的完善

为平衡农村各种农作物的税收负担，促进农村生产的全面发展，1983年11月国务院发布《关于对农林特产收入征收农业税的若干规定》，统一全国农林特产税制度，并将过去比照粮田评定常年产量征税的办法改为分产品制定税率、按产品收入征收农林特产税的办法。

为加强农用耕地管理，保护农用土地资源，1987 年 4 月国务院发布《耕地占用税暂行条例》，决定对非农业建设占用耕地征税。

经过 20 世纪 80 年代税制的全面改革与不断完善，初步建立了适应有计划的社会主义商品经济要求的、内外有别的新税制体系。

第三节　1994 年工商税制的全面改革

20 世纪 90 年代，我国经济体制改革的目标是建立和完善社会主义市场经济体制。在税收领域，1994 年依据“统一税政、合并税种、扩大税基、降低税率、减少优惠、加强征管”的原则，实行全面性、结构性的税制改革。1994 年的工商税制改革是中华人民共和国成立以来规模最大、范围最广、内容最深刻、力度最强的结构性改革。

一、流转税制改革

流转税是我国税制结构的主体，其收入多、涉及面广、政策性强，是改革的关键。流转税改革的模式是形成以增值税为主体的增值税、消费税、营业税三税并立，双层调节的新流转税制格局。其改革的目标是按照公平、中性、透明、普遍的原则，形成有利于资源优化配置的税收分配机制。新的流转税统一适用于内资企业、外商投资企业和外国企业，取消对外国企业征收的工商统一税。

（一）增值税改革

1993 年 12 月 13 日，国务院发布《增值税暂行条例》，规定从 1994 年 1 月 1 日起对销售、进口货物以及提供加工、修理修配劳务征收增值税，并全面完善和规范了增值税的计算征收办法。

改革的主要内容有：由原来仅对部分工业品在生产环节征收增值税，扩大到对全部商品在生产制造、商品批发和零售环节普遍征收增值税；由多档次税率改为相对单一的税率；由价内税改为价外税；由出口按退税率退税改为按零税率退税；由依据法定扣除项目计算扣除税额，改为依据法定扣除项目发票扣除税额；对小规模纳税人简化计征办法。

（二）营业税改革

1993 年 4 月 2 日，财政部通知，自 1993 年 5 月 1 日起调整营业税起征点的幅度：经营商品零售业务的起征点为月销售收入额 600～2 000元；经营其他业务的起征点为月营业收入额 200～800 元；从事临时经营的起征点为每次（日）营业收入额 15～30 元。1993 年 12 月 13 日，国务院发布《营业税暂行条例》，自 1994 年 1 月 1 日起对不实行增值税的劳务、转让无形资产和销售不动产征收营业税，主要在第三产业中征收；重新规定了营业税的纳税人和纳税范围，合理调整了税目，共设置 9 个税目和 3 档税率。

（三）开征消费税

为了正确引导消费方向，限制某些特殊消费品的生产，调节生产、消费结构和社会供求关系，体现国家的宏观调节政策及保证国家财政收入，1993 年 12 月 13 日国务院发布《中华人民共和国消费税暂行条例》，于 1994 年 1 月 1 日起实施。自此，我国正式实行消费税。

消费税是在对商品的生产、流通环节普遍征收增值税的基础上，对某些工业消费品加征的一道税。消费税调节的范围主要是一些特殊消费品、奢侈品、高耗能消费品、不可再生的稀缺资源消费品，也包括税基宽、消费普遍、有一定财政意义的普通消费品，共有 14 个税目，分别采取从价定率和从量定额征收办法。

二、所得税制改革

所得税制改革主要包括统一税制、扩大税基、降低税率、控制减免优惠。

（一）统一内资企业所得税

1993 年 12 月 13 日，国务院发布《企业所得税暂行条例》（于 1994 年 1 月 1 日起施行），实行统一的内资企业所得税。改革的目标是规范国家与企业的分配关系，促进企业经营机制的转换，实现公平竞争。改革的主要内容包括：将国营企业所得税、集体企业所得税与私营企业所得税合并为统一的企业所得税，实行 33％的比例税率；废止适用于国有大中型企业的国营企业调节税和各种利润承包办法；取消国有企业税前还贷的优惠政策，建立新的规范化的企业还贷制度。

（二）统一外资企业所得税

1991 年 4 月 9 日全国人大通过《外商投资企业和外国企业所得税法》，1991 年 6 月 30 日国务院发布《外商投资企业和外国企业所得税法实施条例》，1993 年 12 月 13 日国务院发布《企业所得税暂行条例》（于 1994 年 1 月 1 日起施行），实行统一的外资企业所得税：由原来对中外合资经营企业、其他外商投资企业、外国企业生产经营所得和其他所得分别征收中外合资经营企业所得税和外国企业所得税，改为统一征收外商投资企业和外国企业所得税。

（三）统一个人所得税

1993 年 10 月 31 日第八届全国人民代表大会常务委员会第四次会议通过《关于修改〈中华人民共和国个人所得税法〉的决定》，1994 年 1 月 28 日国务院发布《中华人民共和国个人所得税法实施条例》（自发布之日起施行）。统一个人所得税：将对外国来华个人征收的个人所得税和对中国公民征收的个人收入调节税、城乡个体工商户所得税合并为统一的个人所得税，实现中外个人按照同一部税法缴纳个人所得税；扩大免税额，提高费用扣除标准，拉大征税级距和降低税率，使工资、薪金所得的税负普遍减轻，达到调节高收入，对中、低收入者少征或不征个人所得税的目的；对非法人的个体工商户按国际规范征收个人所得税，不征企业所得税。

三、其他税制改革

其他税制改革的宗旨是简化和规范税制结构，并为分税制的财政管理体制的实施创造条件。

（一）资源税制改革

1993年12月25日，国务院发布《资源税暂行条例》（于1994年1月1日起施行），进一步扩大资源税征收范围，完善对资源产品征税，将盐税并入资源税，在现行对煤、天然气和石油征收的基础上，进一步扩大对金属矿产品和非金属矿产品征税。1994年3月26日，国务院发布《矿产资源法实施细则》，规定采矿权人应当依法缴纳资源税和矿产资源补偿费。

1993年12月13日，国务院为限制房地产交易中产生的过高利润，发布《土地增值税暂行条例》，开征土地增值税，于1994年1月1日起施行。

（二）财产税制改革

1991年1月23日，财政部发布《关于对外国企业、外国人及华侨、港、澳、台同胞征收契税的通知》，规定：凡取得房屋所有权的外国企业和外国人，应依法缴纳契税；华侨、港、澳、台同胞用侨汇（或外汇）购买房屋，给予减半征收契税的优惠。

1992年11月4日，为防止房地产增值收益过多流向企业和个人，国务院发布《关于发展房地产业若干问题的通知》，逐步开征房地产增值税，把房地产增值收益中归国家所得部分，以税收形式收归国有。

1994年2月25日，交通部、国家计委、财政部、海关总署发布《关于调整船舶吨税税率的通知》，决定自1994年3月15日起将船舶吨税税率提高50%。

（三）行为税制改革

1991年4月16日，国务院发布《固定资产投资方向调节税暂行条例》，同时废止《建筑税暂行条例》。

1994年1月23日，国务院发布《关于取消集市交易税、牲畜交易税、烧油特别税、奖金税、工资调节税和将屠宰税、筵席税下放给地方管理的通知》，废止集市交易税、牲畜交易税、烧油特别税、奖金税和工资调节税等税收法规；下放屠宰税和筵席税管理权限，由各省、自治区、直辖市人民政府根据本地区经济发展的实际情况，自行决定继续征收或者停止征收。

1994年结构性的工商税制改革，适应了改革开放和市场经济发展的要求，在实施宏观经济调控、保证中央与地方财政收入方面发挥了积极的作用，使我国初步建立起适应市场经济要求和符合国际惯例的较为规范、科学、合理的税制新体系，是我国税制建设的一次飞跃。

第四节　21世纪税制改革的进程与趋势

一、21世纪的税制改革

新时期的税制改革依据“总体设计、统筹安排、分步实施”的原则，国家根据社会和经济发展需要及税制存在的不足，不断调整修正税收政策，改革完善税收制度。

（一）工商税制改革

1. 流转税制改革

（1）增值税转型

增值税转型是指将购入固定资产所含增值税不允许抵扣的生产型增值税，改为外购设备所含增值税允许一次性抵扣的消费型增值税，解决重复征税和因资本构成不同而引起的税负失衡，降低企业投资的税收负担。

2004年9月14日，财政部、国家税务总局发布《东北地区扩大增值税抵扣范围若干问题的规定》，决定从2004年7月1日起东北三省（辽宁、吉林、黑龙江及大连市）八大行业实行消费型增值税试点，即上述地区所属行业的增值税一般纳税人，可按规定抵扣通过购进等方式取得的固定资产所含的进项税额。

2007年7月1日起，国家进一步扩大增值税转型试点地区和行业，将中部26个老工业基地城市纳入消费型增值税试点地区。在总结转型试点经验的基础上，国务院决定自2009年起，在全国实施消费型增值税。

（2）消费税改革

随着人们消费结构的变化，需要相应调整消费税征税范围和税率结构。2006年3月22日财政部、国家税务总局下发《关于调整和完善消费税政策的通知》，决定从2006年4月1日起调整部分消费税税目、税率及相关政策：对木质地板、燃料用油等资源消耗品和高档手表、高尔夫用具等奢侈品开征消费税；调整烟、酒及酒精、小汽车的消费税税率；取消对护肤护发品征收消费税。2009年在取消养路费的基础上，开征燃油消费税，并对香烟批发环节征收消费税，使消费税更好地发挥个别调节功能。

2014年11月28日，经国务院批准，财政部、国家税务总局联合下发《关于提高成品油消费税的通知》①，调整了成品油等部分产品的消费税政策，同时规定自2014年12月1日起，取消气缸容量在250毫升（不含）以下的小排量摩托车、汽车轮胎、酒精、车用含铅汽油的消费税并停止征收成品油价格调节基金。

（3）增值税扩大征收范围

① 《关于提高成品油消费税的通知》，财税[2014]94号。

2011年10月26日，国务院决定从2012年1月1日起在上海市开展交通运输业和部分现代服务业营业税改征增值税试点（简称“营改增”）。试点行业为“1+6”模式：交通运输业（暂不包含铁路运输业）和研发及技术服务、信息技术服务、文化创意服务、物流辅助服务、有形动产租赁服务、鉴证咨询服务①。

2012年7月25日，国务院决定扩大“营改增”试点范围：自2012年8月1日起至年底，将交通运输业和部分现代服务业营业税改征增值税的试点范围，由上海市分批扩大至北京市、天津市、江苏省、安徽省、浙江省（含宁波市）、福建省（含厦门市）、湖北省、广东省（含深圳市）。其中，北京市应于2012年9月1日完成新旧税制转换；江苏省、安徽省应于2012年10月1日完成新旧税制转换；福建省、广东省应于2012年11月1日完成新旧税制转换；天津市、浙江省、湖北省应于2012年12月1日完成新旧税制转换。②

2013年4月10日，国务院决定进一步扩大“营改增”试点范围：自2013年8月1日起，在全国范围内开展交通运输业和部分现代服务业营业税改征增值税试点；部分现代服务业适当扩围，纳入广播影视作品的制作、播映、发行等；择机将铁路运输和邮电通信等行业纳入“营改增”试点③。

2013年12月12日，经国务院批准，自2014年1月1日起在全国范围内开展铁路运输和邮政业“营改增”试点④。

2014年4月29日，经国务院批准，自2014年6月1日起电信业纳入“营改增”试点⑤。

2. 所得税制改革

（1）企业所得税改革

2007年3月16日，全国人民代表大会审议通过《企业所得税法》，于2008年1月1日实施。2007年11月28日，国务院公布《企业所得税法实施条例》，自2008年1月1日起施行。新企业所得税法改革主要体现在以下方面：

①统一内外资企业所得税

我国对内外资企业实行两套不同的所得税制，在税收政策和征收管理上存在较大差异。外商投资企业税收优惠多于内资企业，税负轻于内资企业，享受了超国民待遇，使内资企业处于不平等的竞争地位，影响统一、规范、公平市场环境的建立。《企业所得税法》以“合并税种、统一税法、公平税负、平等竞争”的原则，使内外资企业所得税实现统一。

②规范税基

---

① 《关于在上海市开展交通运输业和部分现代服务业营业税改征增值税试点的通知》，财税[2011]111号。

② 《关于在北京等8省市开展交通运输业和部分现代服务业营业税改征增值税试点的通知》，财税[2012]71号。

③ 《关于在全国开展交通运输业和部分现代服务业营业税改征增值税试点税收政策的通知》，财税[2013]37号。

④ 《关于将铁路运输和邮政业纳入营业税改征增值税试点的通知》，财税[2013]106号。

⑤ 《关于将电信业纳入营业税改征增值税试点的通知》，财税[2014]43号。

规范税前抵扣，确定计税成本，主要使劳动力成本、资本成本、土地成本和技术成本得到足额补偿。

③降低税率

将企业所得税税率由 33%降至 25%。

④调整优惠形式和政策导向

由地区优惠为主转向产业优惠为主、产地结合。产业优惠重点转向农业、基础设施、科技进步、环境保护、生态平衡、再就业工程和社会公益事业。地区优惠重点由沿海发达地区转向相对落后的西部地区和东北老工业基地。

(2)修订个人所得税

2011 年 6 月 30 日，全国人民代表大会常务委员会通过《关于修改〈中华人民共和国个人所得税法〉的决定》，第六次修正《个人所得税法》。新修订的个人所得税法主要内容如下：

①提高起征点

为减轻工薪收入者的税收负担，完善个人所得税调节收入功能，自 2006 年 1 月起将个人所得税起征点由 800 元提高到1 600元；自 2008 年 3 月起进一步将个人所得税起征点由1 600元提高到2 000元；2011 年 9 月再次将起征点提高至3 500元。

②调整税率结构

2011 年 9 月，个人所得税税率由 9 级减少为 7 级，取消了 15%和 40%两档税率。

③加强征收管理

对收入较高的重点行业和重点纳税人实行税收监控，建立个人收入支付单位代扣代缴和个人申报双向申报制度，形成扣缴人、纳税人、征税人的相互制约，减少税收流失，保障国家税收收入。

3. 其他工商税制的改革与完善

(1) 2000 年 10 月，国务院颁布《车辆购置税暂行条例》，于 2001 年起开征车辆购置税，同时取消原有的车辆购置附加费的征收。2014 年 8 月 1 日，财政部、国家税务总局、工业和信息化部发布《关于免征新能源汽车车辆购置税的公告》，自 2014 年 9 月 1 日至 2017 年 12 月 31 日对购置的新能源汽车免征车辆购置税[1]。

(2)为解决因取消农业特产税对烟叶产区地方财政收入的影响，保证卷烟行业的持续稳定发展，2006 年 4 月 28 日国务院颁布《烟叶税暂行条例》，决定在收购环节对烟叶的收购者开征烟叶税，自条例公布之日起实施。

(3)为解决城镇土地使用税税额标准偏低及外资企业使用土地不缴纳城镇土地使用税的问题，2006 年 12 月国务院修订并重新颁布《城镇土地使用税暂行条例》，规定从 2007 年 1 月 1 日起按新条例施行。

① 《关于免征新能源汽车车辆购置税的公告》，财税[2014]53 号。

(4)2006 年 12 月国务院颁布《车船税暂行条例》,自 2007 年 1 月 1 日起施行内外一致的新的车船税法。2011 年 11 月 23 日国务院常务会议通过《车船税法实施条例》,自 2012 年 1 月 1 日起施行。

(5)2007 年 12 月 1 日,国务院颁布新修订的《耕地占用税暂行条例》,自 2008 年 1 月 1 日起施行。新的耕地占用税条例提高了税额标准,并规定外商投资企业和外国企业也是该税种的纳税人。2008 年 2 月 26 日,财政部、国家税务总局审议通过《耕地占用税暂行条例实施细则》,自公布之日起实施。

(6)2011 年 10 月 28 日,国家税务总局公布《资源税暂行条例实施细则》,从节约资源、经济可持续发展考虑,提高资源税税率,并将从量定额征税改为从量定额和从价定率结合征税,自 2011 年 11 月 1 日起施行。2014 年 10 月 9 日,财政部、国家税务总局发布《关于实施煤炭资源税改革的通知》,自 2014 年 12 月 1 日起在全国范围内实施煤炭资源税从价计征改革,同时清理相关收费基金。①

(二)修订关税制度

为充分体现国家对外经济贸易政策,争取关税互惠,国务院于 2007 年 7 月颁布《海关法》,于 2003 年 10 月颁布《进出口关税条例》。新修订的关税制度主要有以下方面:

1. 降低进口关税税率

按照我国加入世贸组织所做出的承诺,降低进口关税平均税率,逐步取消进口税收优惠。

2. 调整出口税收政策

为了缓解出口欠税矛盾,从 2004 年起降低出口退税率,调整退税率结构,建立中央地方出口退税共担机制。为缩小巨额贸易顺差,调整经济结构,促进经济可持续增长,从 2005 年起降低"两高一资"类商品的出口退税率,或取消退税甚至征收出口关税。

(三)全面取消农业税

为解决农村基础设施薄弱、公共服务不足、农民收入增长困难、农业生产发展缓慢等问题,我国进行了一系列农业税制改革。

2004 年吉林、黑龙江两省率先实行免征农业税改革试点,其余省、自治区、直辖市也在同年降低农业税税率 1 个或 3 个百分点。到 2005 年,全国免征农业税的省份已有 28 个,河北、山东、云南 3 个省也有 210 个县(市)免征农业税。2005 年 12 月 29 日第十届全国人大常委会第十九次会议决定废止《农业税条例》(规定从 2006 年 1 月 1 日起),全面取消农业税,依据农业税条例课征的农业特产税也同时取消。

(四)加快资源税从价计征改革

2014 年 9 月 29 日,国务院公布了修改后的《中华人民共和国资源税暂行条例》,自

① 《关于实施煤炭资源税改革的通知》,财税[2014]72 号。

2014 年 12 月 1 日起实施煤炭资源税从价计征改革，同时清理相关收费基金；对原油、天然气资源税由从量计征改为从价计征，税率为 5%～10%；统一内外资企业的油气资源税收制度，取消中外合作油气田和海上自营油气田的矿区使用费，统一改征资源税。

二、未来税制改革趋势

未来税制改革的趋势是：建立和谐税收，促进经济发展方式转变，提高经济效益；改进收入分配方式，增进分配公平；在资源节约和环境友好下促进经济可持续发展，实现社会稳定。积极稳妥地推进税制改革，以期建立起适应社会经济发展要求的、有利于科学发展和公平分配的税收制度。

（一）加快推进"营改增"

为更好地促进服务经济转型和经济结构优化调整，应加快增值税扩围步伐。增值税扩围事关经济结构能否优化调整、经济发展方式能否成功转型的改革大局，在改革中处于核心和关键地位。同时，增值税扩围又牵一发而动全身，需要破解国家与企业、中央与地方、国税与地税、税收与价格等诸多利益难题。

"营改增"已步入全速推进阶段。按照部署，"十二五"期间有望全面完成"营改增"改革，相应废止营业税，适时完成增值税立法。

（二）调整消费税结构

2013 年 8 月 28 日，财政部部长楼继伟向全国人大常委会报告 2013 年预算执行情况时提出：要完善消费税制度，扩大消费税征税范围，调整消费税征收环节和税率，改进计税方式；将部分严重污染环境、过度消耗资源的产品及部分高档消费品等纳入征税范围，以更好地发挥消费税的结构性调节作用。

（三）实行分类与综合相结合的个人所得税

根据发改委、财政部、人社部发布的《关于深化收入分配制度改革的若干意见》，适时推出综合与分类相结合的个人所得税制度，将个人收入分为经常性收入和偶然性收入，经常性收入实行综合征税，偶然性收入实行分类征税，以更好地发挥个人所得税量能负担和公平收入分配功能。

（四）改革资源税

2015 年 5 月 18 日，国务院批转了发改委《关于 2015 年深化经济体制改革重点工作的意见》，明确提出进一步推进煤炭资源税费改革，制定原油、天然气、煤炭外其他品目资源税费改革方案，研究扩大资源税征收范围，逐步将水流、森林、草原等自然资源纳入资源税征收范围，以充分发挥资源税的调节作用。

（五）开征房地产税

根据发改委、财政部、人社部发布的《关于深化收入分配制度改革的若干意见》，对房地产税的开征，在征税对象上由增量房扩大至存量房，在课税基础上允许扣除基本居住面积，在计税依据上由交易价格转向评估价格，以更好地发挥调节财富分配的功能。

（六）建立社会保障税

按照发展社会主义市场经济的要求，适时开征社会保障税；提高社会保障统筹水平，提升社会保障支付层次，实施地区间互补统筹，更好发挥社会保障税的社会保障功能。

（七）开征环境保护税

为进一步增强立法的公开性和透明度，提高立法质量，2015 年 6 月 11 日国务院法制办将财政部、税务总局、环境保护部起草的《中华人民共和国环境保护税法（征求意见稿）》及说明全文公布，征求社会各界意见。根据征求意见稿，超标、超总量排放污染物，应加倍征收环保税；对依照环境保护税法规定征收环保税的，不再征收排污费。

思考题

1. 1950 年统一税政、建立新税制的主要内容是什么？

2. 1953 年国家进行税制修正的原因是什么？此次税制修正的主要内容是什么？

3. 1958 年改革工商税制的原因是什么？工商统一税是由哪些税种合并而成的？

4. 1973 年简并工商税制的主要内容是什么？产生了哪些不良后果？

5. 1984 年工商税制全面改革的主要内容是什么？

6. 什么是利改税？两步利改税改革的主要内容是什么？如何评价？

7. 1994 年工商税制全面改革的指导思想、基本原则是什么？改革的主要内容有哪些？

8. 21 世纪税制改革的主要内容是什么？

9. 简述“营改增”的进程。

10. 简述我国未来税制改革的发展方向。

第三章　增值税税制

增值税是以增值额作为课税对象的一种税，在我国流转税制中占有重要地位。我国于1994年正式开征生产型增值税，并于2008年修订并颁布了《增值税暂行条例》①，随后颁布了《增值税暂行条例实施细则》。2008年，国务院决定全面实施增值税改革，将生产型增值税改为消费型增值税。2011年底国家在上海试点营改增，近几年营改增试点已扩展到全国。随着行业的不断扩围，2016年有望全面实现营改增。

第一节　概　述

1917年美国耶鲁大学的亚当斯（T. Adams）首先提出增值税设想。而增值税的名称是由德国资本家西门子（C.F.V.Siemens）于1921年在《改进的周转税》一文中正式提出的。随后一些国家也曾进行过具有增值税性质的税制改革，但未形成真正的增值税制度。直至1954年法国成功实行增值税，才引起世界各国的关注。从20世纪70年代开始，增值税制在全世界迅速推广，并在一些国家成为主体税种。在我国税收体系中，增值税是最主要的税种。

一、增值税的定义

增值税是以商品（含应税劳务）在流转过程中产生的增值额作为计税依据而征收的一种流转税。按照我国增值税法的规定，增值税是对在我国境内销售货物或者提供加工、修理修配劳务以及进口货物的企业单位和个人，就其货物销售或提供劳务的增值额和货物进口金额为计税依据而课征的一种流转税。

对于上述定义的理解，关键在于掌握增值额的定义。增值额的概念可以从以下四个方面理解：

（1）从理论上讲，增值额是指生产经营者在生产经营过程中新创造的价值额，相当于商品价值$C+V+M$中的$V+M$部分（其中，C即生产商品过程中所消耗的生产资料转移价值；V即工资，是劳动者为自己创造的价值；M即剩余价值或盈利，是劳动者为社会创

① 《中华人民共和国增值税暂行条例》，财税[2008]50号。

造的价值)。从内容上讲,增值额大体相当于净产值或国民收入。

(2)就一个商品的生产经营全过程来讲,增值额是该商品经历的从生产到流通各个环节的增值额之和。不论其生产经营经过几个环节,商品的最后销售额就是商品在生产经营全过程的增值额(见表 3.1)。

表 3.1　　某商品最后销售价格与各生产流通环节增值额的关系

生产流通环节	本环节进价(元)	本环节增值额(元)	本环节销售额(元)
原材料生产环节	0	200	200
产成品生产环节	200	650	850
批发环节	850	50	900
零售环节	900	100	1 000

(3)就一个生产单位而言,增值额是这个单位商品销售收入额或经营收入额扣除外购商品或劳务金额,即非增值项目金额之后的余额。这里,增值额大体相当于该单位活劳动创造的价值,也就是从社会商品总价值中扣除 C 后的余额。

在表 3.1 中,该商品的最后销售额1 000元正是这个商品在各生产经营环节中创造的增值额之和(200+650+50+100=1 000)。

(4)从国民收入分配角度看,增值额 $V+M$ 在我国相当于净产值,包括工资、利润、利息、租金和其他属于增值性的收入。

二、增值税的特点

增值税得以推广,最主要的原因是其改变了传统的流转税按全额道道重复征税的做法,改由对每一生产流通环节的增值额进行征税,并由此产生了其自身的特殊性。从大多数已实行增值税国家的税制分析,现实中的增值税一般具有以下特点:

1. 实行普遍征税,道道征税

作为增值税税基的增值额遍及社会经济的各部门、各行业和各企业。普遍征税是从横的方面而言,对所有的生产经营单位,只要其生产经营中有增值,就要承担增值税的义务;道道征税是从纵的方面而言,增值税实行多环节征税,在生产、批发、零售、劳务提供和进口等各个经营环节,均按照增值税的规定分别课税。

2. 同一商品同一税负,保持税收中性

增值税不因生产或流通环节的变化而影响税收负担。根据增值税的计税原理,流转额中的非增值税因素在计税时被扣除。对同一商品而言,无论流转环节的多与少,只要最后销售额相同,其应纳的增值税额是相同的,税负相等。因此,增值税是同一商品同一税负,保持税收中性。

3. 税收负担具有转嫁性

增值税的后一环节纳税人总是前一环节纳税人已纳税款的负担者。虽然增值税是向企业主征收,但企业主在销售商品时又通过价格将税收负担转嫁给下一生产流通环节,当税负随商品流转移至最终销售环节时,消费者便成为增值税的最终负担者。

4. 实行税款抵扣制度

在计算纳税人应纳税款时,要扣除商品在以前环节已负担的增值税税款,以避免重复征税。从世界各国来看,一般都实行凭购货发票进行抵扣。我国增值税实行的是凭税务局监制的增值税专用发票注明税款进行抵扣的制度。

5. 实行比例税率

由于增值额对不同行业、不同企业、不同产品来说性质一样,原则上采用单一比例税率易于征收。但为了贯彻一些经济社会政策,也会对某些行业或产品实行不同的政策,因而引入增值税的国家一般规定基本税率和优惠税率。

6. 实行价外税制度

在计税时,作为计税依据的销售额中不包含增值税税额,这样有利于形成均衡生产价格,并有利于实现税负转嫁。这是增值税与传统的以全部流转额为计税依据的一个重要区别。

三、增值税的类型

增值税是以增值额为课税对象的,在计算时以销售收入减去法定扣除项目。由于在理论上对增值额的理解不同,在实践中法定增值额和理论增值额往往不相一致,其主要区别在于对购入固定资产的处理方式不同。依据实行增值税的各个国家允许抵扣已纳税款的扣除项目范围的大小,增值税可分为生产型增值税、收入型增值税、消费型增值税三种类型。

(一)生产型增值税

生产型增值税是以销售收入总额减除投入生产的中间性产品(如原材料、辅助材料、燃料、动力等)价值后的余额为课税对象。其计税依据或税基相当于工资、租金、利息、利润和折旧之和,特点是折旧不从税基中扣除。从整个社会来说,其增值额相当于国民生产总值,所以称为生产型增值税,其法定增值额大于理论上的增值额。

(二)收入型增值税

收入型增值税以销售收入总额减除投入生产的中间性产品价值和资本品折旧后的余额为课税对象。其计税依据或税基相当于工资、租金、利息、利润之和,特点是税基中不包含折旧。就整个社会来说,这一增值额相当于国民净产值或国民收入,所以称为收入型增值税,其法定增值额等于理论上的增值额,是一种标准的增值税。收入型增值税税基小于生产型增值税税基。

（三）消费型增值税

消费型增值税以销售收入总额减除投入生产的中间性产品价值和同期购入的固定资产全部价值后的余额为课税对象。其特点是固定资产价值从税基中扣除，允许将购置物质资料的价值和用于生产、经营的固定资产价值中所含的税款，在购置当期全部一次性扣除。从国民经济整体看，这一类型增值税的税基相当于全部消费品的价值，而不包括原材料、固定资产等一切投资品价值，故称消费型增值税。消费型增值税税基小于收入型增值税税基。我国之前实行的是生产型增值税，从2009年1月1日起实行消费型增值税。不同类型增值税的增值额的计算公式见表3.2。

表3.2　不同类型增值税的增值额的计算公式

类型	增值额的计算公式	
生产型	增值额＝工资＋利息＋租金＋利润＋折旧 ＝消费＋净投资＋折旧	相当于国民生产总值
收入型	增值额＝工资＋利息＋租金＋利润 ＝消费＋净投资	相当于国民收入
消费型	增值额＝消费	相当于消费

四、增值税的计算方法

增值税以增值额为课税对象，则增值额的确定十分关键。一般确定增值额有两种方法：一是直接计算法，二是间接计算法。

（一）直接计算法

直接计算法是指直接求出商品或劳务的增值额，然后再乘以规定税率，计算出应纳的增值税税额。其计算公式为

应纳增值税＝增值额×税率

直接计算法又分为“加法”和“减法”。

（1）加法，是指将构成增值额的各要素（如工资、租金、利息、利润及其他增值项目）的金额加起来，求出增值额，然后再乘以增值税税率，计算出应纳的增值税税额。其计算公式为：

应纳增值税＝（工资＋利息＋租金＋利润＋其他增值项目）×税率

（2）减法又称扣额法，是指从销售额全值中扣除非增值税项目的金额，如外购的原材料、燃料、动力等扣除项目的金额，求出增值额，然后乘以增值税税率，计算出应纳增值税税额。其计算公式为：

应纳增值税＝（销售额－非增值项目金额）×税率

（二）间接计算法

间接计算法又称税款扣税法，是指以销售额全值乘以增值税税率求出产品的整体税额，然后从中扣除外购非增值项目已经缴纳的税额，以这个差额作为应纳的增值税税额。其计算公式为：

应纳增值税＝销售额×税率－非增值项目的已纳税款

虽然增值税的应纳税额计算方法有上述几种，但在实际中普遍采用的只有扣税法，这是因为：

（1）税款抵扣制是增值税最本质的特征，它有利于贯彻公平税负的原则，保证财政收入。目前，大多数实行增值税国家的增值税税率在两档以上，不同税率的产品在流转环节间的整体税负不一致。在这种情况下实行直接计算法，就会出现税率同整体税负不相吻合的情况，其结果是全能厂与专业厂之间仍然存在税负不公平的矛盾，而且可能出现纳税人故意将购入商品或劳务成本在不同税率产品或劳务之间进行不合理分摊而逃避税收的情况。扣税法则避免了这些漏洞。

（2）实行扣税法，有利于简化增值税的计算办法。采用直接计算法须在产品核算过程中划分并确定增值项目或非增值项目，使应纳税额的计算十分复杂。实行扣税法尤其是采用凭发票注明税款扣税的办法，可以使税金的计算与成本核算脱钩，计算征收手续比较简便。

五、增值税制度的演变过程

增值税诞生于1954年的法国，莫里斯·洛雷（Maurice Laure）积极推动了法国增值税制的制定与实施，并取得成功，被誉为“增值税之父”。时至今日，增值税在全世界得到应用和推广，时间之短、发展之迅速是其他税种所不能及的。

（一）试点与初步确立阶段

我国现行的增值税是在借鉴国外经验的基础上，经过不断探索和改进而逐步形成的。1979年国家税务总局在部分城市实行增值税试点，选择原工商税中机器机械与农业机具两个行业部分地区试行增值税。1984年10月制定出《增值税条例（草案）》，随后将征收范围逐渐扩大到生产和进口环节的绝大部分产品。1993年底国务院颁布了《增值税暂行条例》，规定对产制环节、商品流通环节、加工、修理修配环节普遍征收生产型增值税，这标志着较为规范的增值税制在我国开始确立和实施。1994年对增值税制进行了较为彻底的重新构造：一是实行价外计税的办法；二是实行凭增值税专用发票注明的税款进行抵扣制度，即“发票扣税法”，较好地解决了重复征税的矛盾。

（二）生产型增值税改为消费型增值税阶段

2004年7月1日起，东北三省实行了增值税转型试点，在保持税率不变的情况下，对装备制造业、石油化工业、冶金工业、船舶制造业、汽车制造业、农产品加工业一般纳税人购人固定资产所含进项税，允许在当年新增增值税中抵扣。2007 年 7 月 1 日起，增值税转型改革由东北三省八大行业扩大到中部地区 26 个老工业基地城市的八大行业。2009 年 1 月 1 日起，在全国范围内增值税一般纳税人抵扣其新购进设备所含的进项税额。

增值税转型改革，允许企业抵扣其购进设备所含的增值税，将消除我国生产型增值税制产生的重复征税因素，降低企业设备投资的税收负担，在维持现行税率不变的前提下，是一项重大的减税政策。增值税转型改革有利于鼓励投资和扩大内需，促进企业技术进步、产业结构调整与经济增长方式的转变，对于克服国际金融危机对我国经济带来的不利影响具有十分重要的作用。

(三)逐步推进“营业税改征增值税”阶段

相关内容参见第二章第四节。

第二节　纳税人

一、纳税人的基本定义

根据国务院颁布的《增值税暂行条例》和“营改增”的规定，在中华人民共和国境内销售货物或者提供应税劳务和应税服务以及进口货物的单位或个人，为增值税的纳税人。

(1)“单位”是指企业(包括国有企业、集体企业、私营企业、股份制企业、外商投资企业和外国企业)、行政单位、事业单位、军事单位、社会团体及其他单位。

(2)“个人”包括个体工商户和其他个人，可以是中国公民，也可以是外国公民，而其他个人是指携带自用物品进境的个人。

(3)单位租赁或承包给其他单位或个人经营的，以承租人或承包人为纳税人。

(4)扣缴义务人：中华人民共和国境外的单位或个人在境内提供应税劳务，在境内未设有经营机构的，以其境内代理人为扣缴义务人；在境内没有代理人的，以购买方为扣缴义务人。

二、纳税人的分类

增值税实行凭增值税专用发票抵扣税款的制度，要求增值税纳税人会计核算健全，并能够准确核算销项税额、进项税额和应纳税额。为了强化增值税的征收管理，根据增值税纳税人的生产经营情况、会计核算情况，将纳税人分为一般纳税人和小规模纳税人。具体认定标准如下：

(一)小规模纳税人的认定标准

小规模纳税人是指年应征增值税销售额在规定标准以下，并且会计核算不健全，不能按规定报送有关税务资料的增值税纳税人。其中，年应征增值税销售额是指纳税人在连续不超过12个月的经营期内累计应征增值税销售额;而所称会计不健全是指不能正确核算增值税的销项税额、进项税额和应纳税额。

根据《增值税暂行条例》《增值税暂行条例实施细则》及"营改增"相关文件的规定,小规模纳税人的认定标准是:

(1)从事货物生产或者提供应税劳务的纳税人,以及以从事货物生产或者提供应税劳务为主并兼营货物批发或者零售的纳税人,年应征增值税销售额在50万元以下(含本数,下同)的。"以从事货物生产或者提供应税劳务为主"是指纳税人的年货物生产或者提供应税劳务的销售额占年应税销售额的比重在50%以上。

(2)对上述规定以外的纳税人,年应税销售额在80万元以下的。

(3)年应税销售额超过小规模纳税人标准的其他个人按小规模纳税人纳税。

(4)非企业性单位、不经常发生应税行为的企业可选择按小规模纳税人纳税。

(5)"营改增"第三条规定的应税服务年销售额标准为500万元,应税服务年销售额未超过500万元的纳税人为小规模纳税人。

(二)一般纳税人的认定标准

一般纳税人,是指年应征增值税销售额超过财政部、国家税务总局规定的小规模纳税人标准的企业和企业性单位(以下简称"企业")。下列纳税人不属于一般纳税人:

(1)年应税销售额未超过小规模纳税人标准的企业。

(2)个体工商户以外的其他个人。

(3)非企业性单位。

(4)不经常发生增值税应税行为的企业。

(5)试点实施后,符合条件的试点纳税人应按照相关规定,办理增值税一般纳税人资格认定。"营改增"相关法规规定,在确定销售额时可以差额扣除的试点纳税人,其应税服务年销售额按未扣除之前的销售额计算。

三、纳税人管理

增值税实行凭专用发票抵扣税款的制度,客观上要求纳税人具有健全的会计核算制度和能力。对于小规模纳税人而言,还不具备用发票抵扣税款的条件,我国对于小规模纳税人和一般纳税人采取不同的管理办法和增值税计税办法。

(一)一般纳税人的管理

增值税一般纳税人须向税务机关办理认定手续,以取得法定资格。

(1)符合一般纳税人资格认定标准的纳税人应当向其机构所在地主管税务机关申请一般纳税人资格认定。一般纳税人资格认定的权限,在县(市、区)国家税务局或者同级别的税务分局。

对提出申请并且同时符合下列条件的纳税人,主管税务机关应当为其办理一般纳税人资格认定：

①有固定的生产经营场所；

②能够按照国家统一的会计制度规定设置账簿，根据合法、有效凭证核算，能够提供准确税务资料。

(2)年应税销售额未超过财政部、国家税务总局规定的小规模纳税人标准以及新开业的纳税人，可以向主管税务机关申请一般纳税人资格认证。纳税人须向主管税务机关填报申请表，并提供规定的申请资料。

(3)主管税务机关应当在一般纳税人税务登记证副本"资格认定"栏内加盖"增值税一般纳税人"戳记。戳记印色为红色，印模由国家税务总局制定。

(4)纳税人自认定机关认定为一般纳税人的次月起(新开业纳税人自主管税务机关受理申请的当月起)，按照《增值税暂行条例》的规定计算应纳税额，并领购、使用增值税专用发票。新开业纳税人，是指自税务登记日起30日内申请一般纳税人资格认定的纳税人。

(5)除国家税务总局另有规定外，纳税人一经认定为一般纳税人，不得转为小规模纳税人。

(6)试点实施前已取得增值税一般纳税人资格并兼有应税服务的试点纳税人，不需要重新申请认定，由主管税务机关制作、送达税务事项通知书，告知纳税人。

(二)小规模纳税人的管理

(1)小规模纳税人会计核算健全，能够提供准确税务资料的，可以向主管税务机关申请资格认定，不作为小规模纳税人。会计核算健全，是指能够按照国家统一的会计制度规定设置账簿，根据合法、有效凭证核算。

(2)年应税销售额超过小规模纳税人标准的其他个人按小规模纳税人纳税；非企业性单位、不经常发生应税行为的企业可选择按小规模纳税人纳税。

第三节　征税范围

一、征税范围

在中国境内销售货物或提供加工、修理修配劳务、进口货物以及提供交通运输业、邮政业、电信业和部分现代服务业服务都属于增值税的征税范围。具体包括：

(一)销售或者进口的货物

货物是指包括电力、热气、气体在内的所有有形动产。销售货物，是指有偿转让货物的所有权；有偿，是指从购买方取得货币、货物或者其他经济利益。

进口货物是指将货物从中国境外移送到中国境内的行为。凡进入我国国境或关境的货物(除免税的以外)，进口者在报关进口时应向海关缴纳增值税。

（二）提供应税劳务

目前，我国增值税仅对加工和修理修配两种劳务征收增值税。但是，单位或个体经营者聘用的员工为本单位或雇主提供的劳务，免征增值税。加工是指受托加工货物，即委托方提供原料及主要材料，受托方按照委托方的要求制造货物并收取加工费的业务；修理修配是指受托对损伤和丧失功能的货物进行修复，使其恢复原状和功能的业务。但单位或者个体工商户聘用的员工为本单位或者雇主提供加工、修理修配劳务，不包括在内。

（三）提供交通运输业、邮政业、电信业和部分现代服务业等应税服务

（1）应税服务具体包括陆路运输服务、水路运输服务、航空运输服务、管道运输服务、邮政普遍服务、邮政特殊服务、其他邮政服务、研发和技术服务、信息技术服务、文化创意服务、物流辅助服务、有形动产租赁服务、鉴证咨询服务、广播影视服务。

（2）提供应税服务，是指有偿提供应税服务，但不包括非营业活动中提供的应税服务。

（3）有偿，是指取得货币、货物或者其他经济利益。

（4）非营业活动，是指：

①非企业性单位按照法律和行政法规的规定，为履行国家行政管理和公共服务职能收取政府性基金或者行政事业性收费的活动。

②单位或者个体工商户聘用的员工为本单位或者雇主提供应税服务。

③单位或者个体工商户为员工提供应税服务。

（5）在境内提供应税服务，是指应税服务提供方或者接受方在境内。下列情形不属于在境内提供应税服务：

①境外单位或者个人向境内单位或者个人提供完全在境外消费的应税服务。

②境外单位或者个人向境内单位或者个人出租完全在境外使用的有形动产。

③财政部和国家税务总局规定的其他情形。

（6）单位和个体工商户的下列情形，视同提供应税服务：

①向其他单位或者个人无偿提供交通运输业和部分现代服务业服务，但以公益活动为目的或者以社会公众为对象的除外。

②财政部和国家税务总局规定的其他情形。

二、属于征税范围的特殊项目

（1）货物期货（包括商品期货和贵金属期货），在期货发生实物交割时在实物交割环节征收增值税。

（2）银行销售金银的业务，应当征收增值税。

（3）典当业的死当物品销售业务和寄售业代委托人销售寄售物品的业务，均应征收增值税。

（4）电力公司向发电企业收取的过网费，应当征收增值税，不征收营业税。

(5)对从事热力、电力、燃气、自来水等公用事业的增值税纳税人收取的一次性费用，凡与货物的销售数量有直接关系的，征收增值税；凡是与货物销售数量无直接关系的，不征收增值税。

(6)纳税人销售货物的同时代办保险而向购买方收取的保险费，以及从事汽车销售的纳税人向购买方收取的代购买缴纳的车辆购置税、牌照税，不作为价外费用征收增值税。

(7)对增值税纳税人收取的会员费收入不征收增值税。

(8)纳税人转让土地使用权或者销售不动产的同时一并销售的附着于土地或者土地上的固定资产中，属于增值税应税货物的，应计算缴纳增值税①；属于不动产的，应按照"销售不动产"税目计算缴纳营业税②。

(9)电梯属于增值税应税货物范围，但安装运行之后，则与建筑物一道形成不动产。因此，对企业销售电梯(购进的)并负责安装及保养、维修取得的收入，一并征收增值税；企业销售自产的电梯并负责安装，属于纳税人销售货物的同时提供建筑业劳务，要分别计算增值税和营业税；对不从事电梯生产、销售，只从事电梯保养和维修的专业公司对安装运行后的电梯进行的保养、维修取得收入，征收营业税③。

(10)在水路运输中的远洋运输的程租、期租业务，属于水路运输业务。

(11)在航空运输服务中的航空运输的湿租业务，属于航空运输服务。

(12)在港口码头服务中港口设施经营人收取的港口设施保安费按照"港口码头服务"征收增值税。

(13)远洋运输的光租业务、航空运输的干租业务，属于有形动产经营性租赁。

(14)代理记账按照"咨询服务"征收增值税。

(15)广播影视服务，包括放映服务。

(16)邮政储蓄业务属于营业税中"金融保险业"税目，不缴纳增值税。

三、属于征税范围的特殊行为

(一)视同销售货物行为

单位或个体工商户的下列行为，视同销售货物，均要征收增值税：

(1)将货物交付其他单位或者个人代销。

(2)销售代销货物。

(3)设有两个以上机构并实行统一核算的纳税人，将货物从一个机构移送至其他机构用于销售，但相关机构设在同一县(市)的除外。所谓"用于销售"，是指售货机构发生以下情形之一的经营行为：

---

① 《关于部分货物适用增值税低税率和简易办法征收增值税政策的通知》，财税[2009]9号。

② 《中华人民共和国营业税暂行条例(2011修订本)》，国务院[2008]540号。

③ 《关于电梯保养、维修收入征税问题》，国税[1998]390号。

①向购货方开具发票；

②向购货方收取发票。

(4)将自产或者委托加工的货物用于非增值税应税项目。

(5)将自产、委托加工的货物用于集体福利或者个人消费。

(6)将自产、委托加工或者购进的货物作为投资，提供给其他单位或者个体工商户。

(7)将自产、委托加工或者购进的货物分配给股东或者投资者。

(8)将自产、委托加工或者购进的货物无偿赠送其他单位或者个人。

(9)单位和个体工商户向其他单位或者个人无偿提供交通运输业和部分现代服务业服务，但以公益活动为目的或者以社会公众为服务对象的除外。

(10)财政部和国家税务总局规定的其他情形。

上述10种行为应该确定为视同销售货物行为，均要征收增值税。

(二)混合销售行为

一项销售行为如果既涉及增值税应税货物又涉及非应税劳务，为混合销售行为。这里涉及的货物和非增值税应税劳务只是针对一项销售行为而言，即非增值税应税劳务是为了直接销售一批货物而发生的，两者之间是从属关系。

生产销售铝合金窗、玻璃幕墙的企业、企业性单位及个人经营者，其销售铝合金门窗、玻璃幕墙的同时负责安装的，属于混合销售行为，对其征收增值税。

凡是从事货物的生产、批发和零售的企业、企业性单位及个体工商户的混合销售行为(包括兼营非增值税应税劳务的单位和个体工商户在内)，视为销售货物，应当缴纳增值税；其他单位和个人的混合销售行为，视为销售非增值税应税劳务，不缴纳增值税。

这里所指的“非增值税应税劳务”是指属于应缴营业税征收范围的劳务，包括建筑业、金融保险业、文化体育业、娱乐业、服务业税目征收范围的劳务。

纳税人的下列混合销售行为，应当分别核算货物的销售额和非增值税应税劳务的营业额，并根据其销售货物的销售额计算缴纳增值税，非增值税应税劳务的营业额不缴纳增值税；未分别核算的，由主管税务机关核定其货物的销售额：

(1)销售自产货物并同时提供建筑业劳务的行为。国家税务总局于2011年3月25日发布公告①，规定自2011年5月1日起，纳税人销售自产货物同时提供建筑业劳务，应分别核算其货物的销售额和建筑业劳务的营业额，并根据其货物的销售额计算缴纳增值税，根据其建筑业劳务的营业额计算缴纳营业税。未分别核算的，由主管税务机关分别核定其货物的销售额和建筑业劳务的营业额。在2011年5月1日前已征收增值税、营业税的不再做纳税调整，未征收增值税或营业税的则依据本公告执行。

纳税人销售自产货物同时提供建筑业劳务，须向建筑业劳务发生地主管地方税务机

① 《关于纳税人销售自产货物并同时提供建筑业劳务有关税收问题的公告》，国税[2011]23号。

关提供其机构所在地主管国家税务机关出具的本纳税人属于从事货物生产的单位或个人的证明。建筑业劳务发生地主管地方税务机关根据纳税人持有的证明，按照新规定计算征收营业税。

一般情况下提供建筑业劳务行为的营业额可能大于销售自产货物的销售额。因此该混合行为不宜采用统一征收增值税或营业税的办法，而应由其主管税务机关核定其货物的销售额。

(2)财政部、国家税务总局规定的其他情形。

(三)混业经营

混业经营是指纳税人生产或销售不同税率的货物，或者既销售货物又提供应税劳务和应税服务。试点纳税人兼有不同税率或者征收率的销售货物、提供加工修理修配劳务或者应税劳务的，应当分别核算适用不同税率或征收率的货物，未分别核算销售额的，按照下列方式适用税率或征收率：

(1)兼有不同税率的销售货物、提供加工修理修配劳务或者应税服务的，从高适用税率。

(2)兼有不同征收率的销售货物、提供加工修理修配劳务或者应税服务的，从高适用征收率。

(3)兼有不同税率和征收率的销售货物、提供加工修理修配劳务或者应税服务的，从高适用税率

(四)兼营非增值税应税劳务行为

增值税纳税人在从事应税货物销售或提供应税劳务的同时，还从事非增值税应税劳务(即营业税规定的各项劳务)，应分别核算货物或应税劳务和应税服务的销售额、非增值税应税项目的营业额；未分别核算的，由主管税务机关核定货物或应税劳务和应税服务的销售额。

与混合销售行为不同的是，其从事的非应税劳务与某一项销售货物或提供应税劳务并无直接联系和从属关系。

一般纳税人兼营免税项目或者非增值税应税劳务而无法划分不得抵扣的进项税额的，按下列公式计算不得抵扣的进项税额：

$$\text{不得抵扣的进项税额}=\text{当月无法划分的全部进项税额}\times\text{当月免税项目销售额、简易计税方法计税项目销售额、非增值税应税劳务营业额合计}\div\text{当月全部销售额、营业额合计}$$

四、增值税的优惠政策

这里主要是指增值税的税收优惠、起征点的规定以及其他规定。增值税一般没有减免税，但我国现行税制仍有部分减免税规定。

(一)免税项目

(1)农业生产者销售的自产农产品。农业,是指种植业、养殖业、林业、牧业、水产业。农业生产者,包括从事农业生产的单位和个人。自产农产品,是指直接从事植物的种植、收割和动物的饲养、捕捞的单位和个人销售的初级农产品,具体范围由财政部、国家税务总局确定。

(2)避孕药品和用具。

(3)古旧图书(指向社会收购的古书和旧书)。

(4)直接用于科学研究、科学试验和教学的进口仪器、设备。

(5)外国政府、国际组织无偿援助的进口物资和设备。

(6)由残疾人组织直接进口供残疾人专用的物品。

(7)销售的自己使用过的物品(指其他个人自己使用过的物品)。

(二)财政部、国家税务总局规定的其他免税项目

(1)对资源综合利用、再生资源、鼓励节能减排等方面的主要规定:对再生水、以废旧轮胎为全部生产原料生产的胶粉、翻新轮胎、污水处理劳务等免征增值税;对销售以工业废气为原料生产的高纯度一氧化碳产品、以垃圾为燃料生产的电力或者热力、以煤炭开采过程中伴生的舍弃物油母页岩为原料生产的页岩油等自产货物实行增值税即征即退的政策;对销售以退役军用发射药为原料生产的涂料硝化棉粉、以煤矸石、煤泥、石煤、油母页岩为燃料生产的电力和热力、利用风力生产的电力等自产货物实现的增值税实行即征即退50%的政策①。

(2)对宣传文化事业实行增值税优惠的规定②:自2009年1月1日起至2010年12月31日,对符合条件的出版物和印刷、制作业务实行增值税100%先征后退的政策。对符合条件的新华书店实行增值税免税或先征后退政策。

(3)自2008年6月1日起,纳税人生产销售和批发、零售有机肥产品免征增值税③。享受免税政策的有机肥产品是指有机肥料、有机—无机复合肥料和生物有机肥。

(4)除经中国人民银行和对外经济贸易合作部(现为商务部)批准经营融资租赁业务的单位所从事的融资租赁业务外,其他单位从事的融资租赁业务,租赁的货物的所有权转让给承租方,征收增值税;租赁的货物的所有权未转让给承租方,不征收增值税。

(5)转让企业全部产权涉及的应税货物的转让,不属于增值税的征税范围,不征收增值税。

(6)对从事热力、电力、燃气、自来水等公用事业的增值税纳税人收取的一次性费用,

① 《关于资源综合利用及其他产品增值税政策的通知》,财税[2008]156号;《关于再生资源的增值税政策的通知》,财税[2008]167号。

② 《关于继续实行宣传文化增值税和营业税优惠政策的通知》,财税[2009]147号。

③ 《关于有机肥产品免征增值税的通知》,财税[2008]56号。

凡与货物的销售数量有直接关系的，征收增值税；凡与货物的销售数量无直接关系的，不征收增值税。

(7)纳税人代有关行政管理部门收取的费用，凡同时符合以下条件的，不属于价外费用，不征收增值税：

①经国务院、国务院有关部门或省级政府批准；

②开具经财政部门批准使用的行政事业收费专用票据；

③所收款项全额上缴财政或虽不上缴财政但由政府部门监管，专款专用。

(8)纳税人销售货物的同时代办保险而向购买方收取的保险费，以及从事汽车销售的纳税人向购买方收取的代购买方缴纳的车辆购置税、牌照费，不作为价外费用征收增值税。

(9)纳税人销售软件产品并随同销售一并收取的软件安装费、维护费、培训费等收入，应按照增值税混合销售的有关规定征收增值税，并可享受软件产品增值税即征即退政策。

(10)印刷企业接受出版单位委托，自行购买纸张，印刷有统一刊号(CN)以及采用国际标准书号编序的图书、报纸和杂志，按货物销售征收增值税。

(11)对增值税纳税人收取的会员费收入不征收增值税。

(12)按债转股企业与金融资产管理公司签订的债转股协议，债转股原企业将货物资产作为投资提供给债转股新公司的，免征增值税。

(13)各燃油电厂从政府财政专户取得的发电补贴不属于增值税规定的价外费用，不计入应税销售额，不征收增值税。

(14)广播电影电视行政主管部门(包括中央、省、地市及县级)按照各自职能权限批准从事电影制片、发行、放映的电影集团公司(含成员企业)、电影制片厂及其他电影企业取得的销售电影拷贝收入、转让电影版权收入、电影发行收入以及在农村取得的电影放映收入免征增值税和营业税。出口图书、报纸、期刊、音像制品、电子出版物、电影和电视完成片按规定享受增值税出口退税政策。

(三)增值税起征点

为了贯彻合理负担的政策，照顾低收入的个人，增值税规定了起征点政策。现行增值税起征点的幅度为：增值税起征点的适用范围只限于个人。

(1)销售货物的，为月销售额5 000～20 000元；

(2)销售应税劳务的，为月销售额5 000～20 000元；

(3)按次纳税的，为每次(日)销售额 300～500 元。

(4)应税服务的起征点：

①按期纳税的，为月销售额 5000～20 000(含本数)。

②按次纳税的，为每次(日)销售额 300～500 元(含本数)。

各地区的起征点由各省、自治区、直辖市财政厅(局)和国家税务总局根据实际情况在规定的幅度内确定，并报财政部、国家税务总局备案。

（四）有关减免税的规定

（1）纳税人兼营免税、减税项目的，应当分别核算免税、减税项目的销售额；未分别核算销售额的，不得免税、减税。

（2）纳税人销售货物或者应税劳务适用免税规定的，可以放弃免税，依照《增值税暂行条例》的规定缴纳增值税。放弃免税后，36 个月内不得再申请免税。

第四节　税率和征收率

为了发挥增值税的中性作用，我国现行增值税税率基本上按照国际通行做法：原则上增值税的税率应该对不同行业不同企业实行单一税率，称为基本税率；实践中为照顾一些特殊行业或产品也增设了一档低税率；对出口产品实行零税率；对小规模纳税人则采用征收率。

一、基本税率

（1）纳税人销售和进口货物一般适用 17％的基本税率。

（2）提供有形动产租赁服务，税率为 17％。

（3）提供交通运输业服务，税率为 11％。

（4）提供现代服务业服务（有形动产租赁服务除外），税率为 6％。

（5）财政部和国家税务总局规定的应税服务，税率为零。

二、低税率

增值税一般纳税人销售或者进口下列货物，按低税率计征增值税，低税率为 13％。对于销售或进口下列货物，按 13％的低税率计征增值税：

（1）粮食和食用植物油。

（2）自来水、暖气、冷气、热水、煤气、石油液化气、天然气、沼气和居民用煤炭制品。

（3）图书、报纸和杂志。

（4）饲料、化肥、农药、农膜和农机。

（5）农产品。

（6）音像制品。

（7）电子出版物。

（8）二甲醚。

三、零税率

纳税人出口货物，税率为零；但是，国务院另有规定的除外。

税率为零不是简单地等同于免税。出口货物免税仅指在出口环节不征收增值税，而零税率是指对出口货物除了在出口环节不征增值税外还要对该产品在出口前已经缴纳的增值税进行退税，使该出口产品在出口时完全不含增值税税款，从而以无税产品进入国际市场。当然，我国目前并非对全部出口产品完全实行零税率。

四、征收率

考虑到小规模纳税人经营规模小，且会计核算不健全，难以按上述增值税税率计税和使用增值税专用发票抵扣进项税款，增值税对小规模纳税人采用简易征收办法。对小规模纳税人适用的税率称为征收率。

自 2009 年 1 月 1 日起，小规模纳税人增值税征收率由过去的 6％和 4％一律调整为 3％，不再设置工业和商业两档征收率。征收率的调整由国务院决定。

五、税率的特别规定

(1)纳税人兼营不同税率的货物或者应税劳务，应当分别核算不同税率货物或者应税劳务的销售额；未分别核算销售额的，从高适用税率。

(2)对属于一般纳税人的自来水公司销售自来水按简易办法依照 6％征收率征收增值税，不得抵扣其购进自来水取得增值税扣税凭证上注明的增值税税款。

(3)一般纳税人销售自己使用过的固定资产和旧货，适用按简易办法依 4％征收率减半征收增值税，并按下列公式确定销售额和应纳税额：

$$销售额=\frac{含税销售额}{1+4\%}$$

$$应纳税额=销售额\times4\%\times50\%$$

所称旧货，是指进入二次流通的具有部分使用价值的货物(含旧汽车、旧摩托车和旧游艇)，但不包括自己使用过的物品。这里是指纳税人进行旧货经营。

(4)小规模纳税人(除其他个人外)销售自己使用过的固定资产，减按 2％征收率征收增值税，并按下列公式确定销售额和应纳税额：

$$销售额=\frac{含税销售额}{1+3\%}$$

$$应纳税额=销售额\times2\%$$

(5)一般纳税人销售货物属于下列情形之一的，暂按简易办法依照 4％征收率计算缴纳增值税：

①寄售商店代销寄售物品(包括居民个人寄售的物品在内);

②典当业销售死当物品;

③经国务院或国务院授权机关批准的免税商店零售的免税品。

(6)一般纳税人销售自产的下列货物,可选择按照简易办法依照6%征收率计算缴纳增值税,但选择简易办法计算缴纳增值税后36个月内不得变更:

①县级及县级以下小型水力发电单位生产的电力。小型水力发电单位,是指各类投资主体建设的装机容量为5万千瓦以下(含5万千瓦)的小型水力发电单位。

②建筑用和生产建筑材料所用的砂、土、石料。

③以自己采掘的砂、土、石料或其他矿物连续生产的砖、瓦、石灰。

④用微生物、微生物代谢产物、动物毒素、人或动物的血液或组织制成的生物制品。

⑤自来水。

⑥商品混凝土(仅限于以水泥为原料生产的水泥混凝土)。

第五节　应纳税额的计算

增值税的计算主要涉及销售额、税率、销项税额和进项税额等要素,在税率已经确认的情况下主要是确定销售额、销项税额和进项税额。

一、销项税额

销项税额是指纳税人销售货物或者提供应税劳务,按照销售额或提供应税劳务收入和规定的税率计算并向购买方收取的增值税税额。销项税额的计算公式为:

$$销项税额=销售额\times适用税率$$

可知,销项税额的计算取决于销售额和适用税率两个因素,在适用税率既定的前提下,销项税额的大小主要取决于销售额的大小。增值税所涉及的销售额可分为一般销售方式下的销售额和特殊销售方式下的销售额。

(一)一般销售方式下的销售额

销售额是指纳税人销售货物或者提供应税劳务和应税服务向购买方(承受应税劳务和应税服务也视为购买方)收取的全部价款和价外费用。

需要强调的是,增值税采用价外计税方式,用不含税价作为计税依据。因此,一般纳税人销售货物或者应税劳务取得的含税销售额在计算销项税额时,必须将其换算为不含税的销售额,换算公式为:

$$销售额=\frac{含税销售额}{1+税率}$$

价外费用,包括价外向购买方收取的手续费、补贴、基金、集资费、返还利润、奖励费、违约金、滞纳金、延期付款利息、赔偿金、代收款项、代垫款项、包装费、包装物租金、储备费、优质费、运输装卸费以及其他各种性质的价外收费。但下列项目不包括在内：

(1)受托加工应征消费税的消费品所代收代缴的消费税。

(2)同时符合以下条件的代垫运输费用：

①承运部门的运输费用发票开具给购买方的；

②纳税人将该项发票转交给购买方的。

(3)同时符合以下条件代为收取的政府性基金或者行政事业性收费：

①由国务院或者财政部批准设立的政府性基金，由国务院或者省级人民政府及其财政、价格主管部门批准设立的行政事业性收费；

②收取时开具省级以上财政部门印制的财政票据；

③所收款项全额上缴财政。

(4)销售货物的同时代办保险等而向购买方收取的保险费，以及向购买方收取的代购买方缴纳的车辆购置税、车辆牌照费。

需要注意的是，价外费用和逾期包装物押金一般视为含税收入，计税时须换算为不含税收入，再并入销售额。

另外，销售额是以人民币计算的，纳税人以人民币以外的货币结算销售额的，应当折合成人民币计算。折合率可以采用选择销售额发生的当天或者当月 1 日的人民币汇率中间价。纳税人应当事先确定采用何种折合率，确定后 12 个月内不得变更。

(二)特殊销售方式下的销售额

在销售活动中，有多种销售方式。不同的销售方式使销售者取得的销售额有所不同。对不同销售方式如何确定其计征增值税的销售额，税法分别予以明确规定。

1. 折扣销售

折扣销售是指销货方在销售货物或应税劳务时，因购货方购货数量较大等原因而给予购货方的价格优惠(如:购买 5 件，销售价格折扣 10%；购买 10 件，销售价格折扣 20% 等)。

纳税人采取折扣方式销售货物，如果销售额和折扣额在同一张发票上分别注明，可按折扣后的销售额征收增值税；如果将折扣额另开发票，不论其在财务上如何处理，均不得从销售额中减除折扣额①。上述折扣销售是指价格折扣，不包括实物折扣。如果销货者将自产、委托加工和购买的货物用于实物折扣，则该实物款项不能从销售额中扣除，而且该实物应按“视同销售货物”中的“赠送他人”计征增值税。

所谓销售额和折扣额在同一张发票上分别注明，是指销售额和折扣额在同一张发票上的“金额”栏分别注明，则按折扣后的销售额征收增值税；如果仅在发票的“备注”栏注明

① 《关于印发〈增值税若干具体问题的规定〉的通知》，国税[1993]154 号。

折扣额的，折扣额不得从销售额中扣减。

与折扣销售不同的是销售折扣。销售折扣(又称现金折扣)是指销货方在销售货物或应税劳务后，为了鼓励购货方及早偿还货款而协议许诺给予购货方的一种折扣优待(如：10天内付款，货款折扣2%；20天内付款，折扣1%；30天内全价付款)。销售折扣发生在销货之后，是一种融资性质的理财费用。税法规定，销售折扣的折扣额不得从销售额中减除。

销售折扣又不同于销售折让。销售折让是指货物销售后，由于其品种、质量等原因购货方未予退货，但销货方需给予购货方的一种价格折让。销售折让与销售折扣相比较，虽然都是在货物销售后发生的，但因为销售折让是由于货物的品种和质量引起销售额的减少，因此，销售折让可视同折扣销售，允许销售折让的折让额从销售额中减除。

"营改增"相关文件也规定：纳税人提供应税服务、将价款和折扣额在同一张发票上分别注明的，以折扣后的价款为销售额；未在同一张发票上分别注明的，以价款为销售额，不得扣减折扣额。

2. 以旧换新

以旧换新是指纳税人在销售自己的货物时有偿收回旧货物的行为。根据税法的规定，采取以旧换新方式销售货物的，应按新货物的同期销售价格确定销售额，不得扣减旧货物的收购价格。这一规定的理由在于销售货物与收购货物是两个不同的业务活动，销售额与收购额不能相互抵减；同时也为了严格增值税的计算征收，防止出现销售额不实、减少纳税的现象。

3. 还本销售

还本销售是指纳税人在销售货物后，到一定期限由销售方一次或分次退还给购货方全部或部分价款。这种方式实际上是一种融资，是以货物换取资金的使用价值，到期还本不付息的方法。税法规定，采取还本销售方式销售货物，其销售额就是货物的销售价格，不得从销售额中减除还本支出。

4. 以物易物

以物易物是一种较为特殊的购销活动，是指购销双方不是以货币结算，而是以同等价款的货物相互结算，实现货物购销的一种方式。在实际经营活动中，常被作为结算往来债务的一种方式，因而往往使纳税人产生不应纳税的误解或被用来逃避纳税义务。

税法规定，以物易物双方都应做购销处理，以各自发出的货物核算销售额并计算销项税额，以各自收到的货物按规定核算购货额并计算进项税额。但要注意，在以物易物活动中，应分别开具合法的票据，如收到的货物不能取得相应的增值税专用发票或其他合法票据的，不能抵扣进项税额。

5. 包装物出租出借

包装物是指纳税人包装本单位货物的各种物品。纳税人销售货物时另收取包装物押金，目的是促使购货方及早退回包装物以便周转使用。

税法规定，纳税人为销售货物而出租出借包装物收取的押金，单独记账核算的，时间在1年以内又未过期的，不并入销售额征税，但对因逾期未收回包装物不再退还的押金，应按所包装货物的适用税率计算销项税额。“逾期”是指按合同约定实际逾期或以1年为期限，对收取1年以上的押金，无论是否退还均并入销售额征税。在将包装物押金并入销售额征税时，需要先将包装物押金换算为不含税价，再并入销售额征税。

另外，包装物押金不应混同于包装物租金，包装物租金在销货时作为价外费用并入销售额计算销项税额。

从1995年6月1日起，对销售除啤酒、黄酒外的其他酒类产品而收取的包装物押金，无论是否返还以及会计上如何核算，均应并入当期销售额征税。对销售啤酒、黄酒所收取的押金，按上述一般押金的规定处理[①]。

6. 视同销售

第三节征税范围已列明单位和个体经营者10种视同销售货物行为，在这10种视同销售行为中，由于某些行为不是以资金的形式反映出来，会出现无销售额的现象。因此，税法规定，对视同销售征税而无销售额的按下列顺序确定其销售额：

(1)按纳税人最近时期同类货物的平均销售价格确定；

(2)按其他纳税人最近时期同类货物的平均销售价格确定；

(3)按组成计税价格确定。组成计税价格的公式为：

$$组成计税价格=成本\times(1+成本利润率)$$

征收增值税的货物同时又征收消费税的，其组成计税价格中应加上消费税税额。其组成计税价格公式为：

$$组成计税价格=成本\times(1+成本利润率)+消费税税额$$

或

$$组成计税价格=\frac{成本\times(1+成本利润率)}{1-消费税税率}$$

公式中的成本是指：销售自产货物的为实际生产成本，销售外购货物的为实际采购成本。公式中的成本利润率由国家税务总局确定，但属于从价定率征收消费税的货物，其组成计税价格公式中的成本利润率为国家税务总局确定的有关消费税法规的成本利润率。

“营改增”办法[②]规定：纳税人提高应税服务的价格明显偏低或者偏高且不具有合理商业目的的，或者发生视同提供应税服务而无销售额的，主管税务机关有权按照下列顺序确定销售额：

① 《关于加强增值税征收管理若干问题的通知》，国税[1995]192号。

② 《关于在全国开展交通运输业和部分现代服务业营业税改征增值税试点税收政策的通知》，财税[2013]37号。

(1)按照纳税人最近时期提供同类应税服务的平均价格确定。

(2)按照其他纳税人最近时期提供同类应税服务的平均价格确定。

(3)按照组成计税价格确定。组成计税价格的公式为：

$$组成计税价格=成本\times(1+成本利润率)$$

成本利润率由国家税务总局确定。

7. 销售已使用过的固定资产的税务处理

按照营改增规定认定的一般纳税人，销售自己使用过的本地区试点实施之日(含)以后购进或自制的固定资产，按照适用税率征收增值税；销售自己使用过的本地区试点实施之日以前购进或者自制的固定资产，按照4%征收率减半征收增值税。

使用过的固定资产，是指纳税人根据财务会计制度已经计提折旧的固定资产。

8. 融资租赁企业

(1)经中国人民银行、商务部、银监会批准从事融资租赁业务的试点纳税人提供有形动产融资租赁服务，以取得的全部价款和价外费用(包括残值)扣除由出租方承担的有形动产的贷款利息(包括外汇借款和人民币借款利息)、关税、进口环节消费税、安装费、保险费的余额为销售额。

(2)经中国人民银行、银监会和商务部批准从事融资租赁业务的试点纳税人，提供有形动产租赁性售后回租服务，以收取的全部价款和价外费用，扣除向承租方收取的有形动产价款本金以及对外支付的借款利息(包括外汇借款和人民币借款利息)、发行债券利息后的余额为销售额。

融资性售后回租，是指承租方以融资为目的，将资产出售给从事融资租赁业务的企业后，又将该资产租回的业务活动。

(3)试点纳税人提供融资性售后回租服务，向承租方收取的有形动产价款本金，不得开具增值税专用发票，但可以开具普通发票。

9. 航空运输企业

(1)航空运输企业提供的旅客利用里程积分兑换的航空运输服务，不征收增值税。

(2)航空运输企业根据国家指令无偿提供的航空运输服务，属于《试点实施办法》规定的以公益活动为目的的服务，不征收增值税。

(3)航空运输企业的应征增值税销售额不包括代收的机场建设费和代售其他航空运输企业客票而代收转付的价款。

(4)航空运输企业已售票但未提供航空运输服务取得的逾期票证收入，不属于增值税应税收入，不征收增值税。

10. 部分现代服务业的销售额

试点纳税人提供知识产权代理服务、货物运输代理服务和代理报关服务，以其取得的全部价款和价外费用，扣除向委托方收取并代为支付的政府性基金或者行政事业性收费后的余额为销售额。向委托方收取的政府性基金或者行政事业性收费，不得开具增值税专用发票。

11. 试点纳税人从全部价款和价外费用中扣除价款，应当取得符合法律、行政法规和国家税务总局有关规定的有效凭证；否则，不得扣除

上述凭证是指：

(1)支付给境内单位或者个人的款项，以发票为合法有效凭证。

(2)缴纳的税款，以完税凭证为合法有效凭证。

(3)支付给境外单位或者个人的款项，以该单位或者个人的签收单据为合法有效凭证，税务机关对签收单据有疑义的，可以要求其提供境外公证机构的确认证明。

(4)国家税务总局规定的其他凭证。

二、进项税额

进项税额是指纳税人购进货物或者接受应税劳务所支付或者负担的增值税额，是与销项税额相对应的一个概念。增值税的进项税额可分为准予从销项税额中抵扣的进项税额和不得从销项税额中抵扣的进项税额。

(一)准予从销项税额中抵扣的进项税额

根据《增值税暂行条例》和"营改增"的规定，准予从销项税额中抵扣的进项税额，限于下列增值税扣税凭证上注明的增值税税额和按规定的扣除率计算的进项税额：

(1)从销售方或者提供方取得的增值税专用发票上注明的增值税额(含货物运输业增值税专用发票、税控机动车销售统一发票，下同)。

(2)从海关取得的海关进口增值税专用缴款书上注明的增值税额。纳税人进口货物，凡已缴纳进口环节增值税的，不论其是否已经支付货款，其取得的海关进口增值税专用缴款书均可作为增值税进项税额抵扣凭证，在规定的期限内申报抵扣进项税额[①]。

在实际经济活动中，存在下列特殊情况：虽未取得增值税专用发票和海关进口增值税专用缴款书，但税法允许其计算进项税额，并相应从销项税额中抵扣。

(3)购进农产品，除取得增值税专用发票或者海关进口增值税专用缴款书外，按照农产品收购发票或者销售发票上注明的农产品买价和13%的扣除率计算进项税额。进项税额计算公式为：

$$进项税=买价\times扣税率$$

其中，购买农业产品的买价，包括纳税人购进农产品在农产品收购发票或者销售发票上注明的价款和按规定缴纳的烟叶税；对烟叶税纳税人按规定缴纳的烟叶税，准予并入烟叶产

① 《关于调整增值税扣税凭证抵扣期限有关问题的通知》，国税[2009]617号。

品的买价计算增值税的进项税额，并在计算缴纳增值税时予以抵扣[①]。

此处的“农业产品”是指直接从事植物种植、收割和动物饲养、捕捞的单位和个人销售的资产而且免征增值税的农业产品。农业产品所包括的具体品目按照相关规定[②]执行。

(4)接受境外单位或者个人提供的应税服务，从税务机关或者境内代理人取得的解缴税款的中华人民共和国税收缴款凭证(以下称税收缴款凭证)上注明的增值税税额。

(5)“营改增”后原增值税纳税人进项税额的抵扣政策：

①原增值税一般纳税人接受试点纳税人提供的应税服务，取得的增值税专用发票上注明的增值税额为进项税额，准予从销项税额中抵扣。

②原增值税一般纳税人自用的应征消费税的摩托车、汽车、游艇，其进项税额准予从销项税额中抵扣。

③原增值税一般纳税人接受境外单位或者个人提供的应税服务，按照规定应当扣缴增值税的，准予从销项税额中抵扣的进项税额为从税务机关或者代理人取得的解缴税款的中华人民共和国税收缴款凭证(以下称税收缴款凭证)上注明的增值税额。

上述纳税人凭税收缴款凭证抵扣进项税额的，应当具备书面合同、付款证明和境外单位的对账单或者发票；否则，进项税额不得从销项税额中抵扣。

④原增值税一般纳税人购进货物或者接受加工修理修配劳务，用于《应税服务范围注释》所列项目的，不属于《增值税暂行条例》第10条所称的用于非增值税应税项目，其进项税额准予从销项税额中抵扣。

(二)不得从销项税额中抵扣的进项税额

纳税人购进货物或者应税劳务，取得的增值税扣税凭证不符合法律、行政法规或者国务院税务主管部门有关规定的，其进项税额不得从销项税额中抵扣。所称增值税扣税凭证，是指增值税专用发票、海关进口增值税专用缴款书、农产品收购发票和农产品销售发票以及从税务机关或者境内代理人取得的解缴税款的中华人民共和国税收缴款凭证(以下简称“税收缴款凭证”)。

按照《增值税暂行条例》和“营改增”的相关规定，下列项目的进项税额不得从销项税额中抵扣：

(1)用于适用简易计税方法计税项目、非增值税应税项目、免征增值税项目、集体福利或者个人消费的购进货物、接受加工修理修配劳务或者应税服务。

①其中涉及的固定资产、专利技术、非专利技术、商誉、商标、著作权、有形动产租赁，仅指专用于上述项目的固定资产、专利技术、非专利技术、商誉、商标、著作权、有形动产租赁。

① 《〈关于烟叶税若干具体问题的规定〉的通知》，财税[2006]64号。
② 《农业产品征税范围注释》，财税[1995]52号。

②非正常损失的购进货物及相关的加工修理修配劳务和交通运输业服务、邮电通信服务。

③非正常损失的在产品、产成品所耗用的购进货物(不包括固定资产)、加工修理修配劳务、交通运输业服务和邮电通信服务。

上述规定的具体解释如下:

非增值税应税项目,是指非增值税应税劳务、转让无形资产(专利技术、非专利技术、商誉、商标、著作权除外)、销售不动产以及不动产在建工程。

非增值税应税劳务,是指《应税服务范围注释》①所列项目以外的营业税应税劳务。

不动产,是指不能移动或者移动后会引起性质、形状改变的财产,包括建筑物、构筑物和其他土地附着物。

纳税人新建、改建、扩建、修缮、装饰不动产,均属于不动产在建工程。

个人消费,包括纳税人的交际应酬消费。

固定资产,是指使用期限超过12个月的机器、机械、运输工具以及其他与生产经营有关的设备、工具、器具等。

非正常损失,是指因管理不善造成被盗、丢失、霉烂变质的损失,以及被执法部门依法没收或者强令自行销毁的货物。

(2)国务院财政、税务主管部门规定的纳税人自用消费品。纳税人自用的应征消费税的摩托车、汽车、游艇,其进项税额不得从销项税额中抵扣。

(3)已抵扣进项税额的购进货物或应税劳务,改变用途(用于非应税项目、免税项目、集体福利或个人消费)、由于管理不善发生非正常损失的或是存在出口不得免抵退税额的出口生产企业,其进项税额应从当期发生的进项税额中转出,不予以扣减。

(4)一般纳税人兼营免税项目或者非增值税应税劳务而无法划分不得抵扣的进项税额的,按下列公式计算不得抵扣的进项税额:

$$\text{不得抵扣的进项税额}=\frac{\text{当月无法划分的}}{\text{全部进项税额}}\times\frac{\text{当月简易计税项目销售额、免税项目销售额、非增值税应税劳务营业额合计}}{\text{当月全部销售额、营业额合计}}$$

(5)纳税人从海关取得的完税凭证上注明的增值税额准予从销项税额中抵扣。因此,纳税人进口货物取得的合法海关完税凭证,是计算增值税进项税额的唯一依据,其进口货物向境外实际支付的货款低于进口报关价格的差额部分以及从境外供应商取得的退还或返还的资金,不做进项税额转出处理。

(6)有下列情形之一者,应当按照销售额和增值税税率计算应纳税额,不得抵扣进项税额,也不得使用增值税专用发票:

① 《关于在全国开展交通运输业和部分现代服务业营业税改征增值税试点税收政策的通知》,财税[2013]37号。

①一般纳税人会计核算不健全，或者不能提供准确税务资料的。

②应当申请办理一般纳税人资格认定而未申请的。

(三)进项税额的抵扣时间与税务调整

进项税额抵扣除了扣除金额外，还涉及抵扣时间和一些特殊情况下的税务调整。在实际操作中需要掌握以下重要规定：

1. 增值税专用发票进项税额抵扣的时间限定

按照规定[①]，增值税一般纳税人取得防伪税控系统开具的增值税专用发票，抵扣的进项税额按以下规定处理：

(1)增值税一般纳税人申请抵扣的防伪税控系统开具的增值税专用发票，必须自该专用发票开具之日起 90 日内到税务机关认证，否则不予抵扣进项税额。

(2)增值税一般纳税人认证通过的防伪税控系统开具的增值税专用发票，应在认证通过的当月按照增值税有关规定核算当期进项税额并申报抵扣，否则不予抵扣进项税额。

增值税一般纳税人取得 2010 年 1 月 1 日以后开具的增值税专用发票、公路内河货物运输业统一发票和机动车销售统一发票，应在开具之日起 180 日内到税务机关办理认证，并在认证通过的次月申报期内，向主管税务机关申报抵扣进项税额。

2. 海关完税凭证进项税额抵扣的时间限定

为加强海关进口增值税专用缴款书(以下简称海关缴款书)的增值税抵扣管理，2013 年 6 月 27 日国家税务总局与海关总署联合发布文件规定“先比对后抵扣”的海关缴款书管理办法[②]。具体规定如下：

(1)自 2013 年 7 月 1 日起，增值税一般纳税人(以下简称纳税人)进口货物取得的属于增值税扣税范围的海关缴款书，需经税务机关稽核比对相符后，其增值税额方能作为进项税额在销项税额中抵扣(即“先比对后抵扣”管理办法)。

(2)纳税人进口货物取得的属于增值税扣税范围的海关缴款书，应按照《国家税务总局关于调整增值税扣税凭证抵扣期限有关问题的通知》(国税函[2009]617 号)的规定，自开具之日起 180 天内向主管税务机关报送海关完税凭证抵扣清单(电子数据)，申请稽核比对，逾期未申请的其进项税额不予抵扣。

(3)税务机关通过稽核系统将纳税人申请稽核的海关缴款书数据，按日与进口增值税入库数据进行稽核比对，每个月为一个稽核期。海关缴款书开具当月申请稽核的，稽核期为申请稽核的当月、次月及第三个月。海关缴款书开具次月申请稽核的，稽核期为申请稽核的当月及次月。海关缴款书开具次月以后申请稽核的，稽核期为申请稽核的当月。

(4)稽核比对的结果分为相符、不符、滞留、缺联、重号五种。

---

① 《关于调整增值税扣税凭证抵扣期限有关问题的通知》，国税[2009]617 号。

② 《关于实行海关进口增值税专用缴款书“先比对后抵扣”管理办法有关问题的公告》，国家税务总局、海关总署公告[2013]31 号。

①相符，是指纳税人申请稽核的海关缴款书，其号码与海关已核销的海关缴款书号码一致，并且比对的相关数据也均相同。

②不符，是指纳税人申请稽核的海关缴款书，其号码与海关已核销的海关缴款书号码一致，但比对的相关数据有一项或多项不同。

③滞留，是指纳税人申请稽核的海关缴款书，在规定的稽核期内系统中暂无相对应的海关已核销海关缴款书号码，留待下期继续比对。

④缺联，是指纳税人申请稽核的海关缴款书，在规定的稽核期结束时系统中仍无相对应的海关已核销海关缴款书号码。

⑤重号，是指两个或两个以上的纳税人申请稽核同一份海关缴款书，并且比对的相关数据与海关已核销海关缴款书数据相同。

(5)税务机关于每月纳税申报期内，向纳税人提供上月稽核比对结果，纳税人应向主管税务机关查询稽核比对结果信息。

稽核比对结果为相符的海关缴款书，纳税人应在税务机关提供稽核比对结果的当月纳税申报期内申报抵扣，逾期的其进项税额不予抵扣。

3. 计算应纳税额时进项税额不足抵扣的处理

由于增值税实行购进扣税法，有时企业当期购进的货物很多，在计算应纳税额时会出现当期销项税额小于当期进项税额不足抵扣的情况。税法规定，一般纳税人当期进项税额不足抵扣的部分，税务机关不予以退税，而应结转下期继续抵扣，形成留抵税额。

4. 已抵扣进项税额改变用途的进项税额处理

已抵扣进项税额的购进货物、接受加工修理修配劳务或者应税服务，如果事后改变用途，用于集体福利、个人消费、购进货物发生非正常损失、在产品或产成品发生非正常损失，应当将该购进货物或应税劳务和应税服务的进项税额从当期的进项税额中扣减；无法确定该进项税额的，按照当期实际成本计算应扣减的进项税额。

所谓"当期的进项税额"，是指已抵扣进项税额的购进货物或接受应税劳务和应税服务是在哪一个时期发生上述情况的，就从这一发生时期纳税人的进项税额中扣减，而无须追溯至上述事项抵扣进项税额的那一时期。

5. 销货退回或折让的税务处理

增值税一般纳税人因销售货物退回或者折让而退还给购买方的增值税额，应从发生销售货物退回或者折让当期的销项税额中扣减；因购进货物退出或者折让而收回的增值税额，应从发生购进货物退出或者折让当期的进项税额中扣减。

一般纳税人因销售货物、应税劳务或应税服务，开具增值税专用发票后，发生销售货物退回或者折让、开票有误等情形，应按国家税务总局的规定开具红字增值税专用发票。未按规定开具红字增值税专用发票的，增值税额不得从销项税额中扣减。

“营改增”后的规定是[①]:纳税人提供的适用一般计税方法计税的应税服务,因服务中止或者折让而退还给购买方的增值税额,应当从当期的销项税额中扣减;发生服务中止、购进货物退出、折让而收回的增值税额,应当从当期的进项税额中扣减。

三、应纳税额

关于增值税应纳税额的计算,一般纳税人和小规模纳税人分别采取不同的方法(见表3.3)。

表3.3　　增值税应纳税额计算方法一览

适用范围	计算方式	税额抵扣情况
一般纳税人	当期应纳税额=当期销项税额-当期进项税额	可抵扣进项税额
小规模纳税人	应纳税额=销售额×征收率	不许抵扣进项税额
进口货物	应纳税额=组成计税价格×税率	不许抵扣任何税额

一般纳税人采用购进税法,分别计算销售货物或提供劳务和应税服务收取的销项税额、购进货物时支付的进项税额,然后以销项税额抵扣其支付的进项税额的余额为纳税人实际应缴纳的增值税税额。小规模纳税人实行简易办法征税,按不含税销售额和规定的征收率计算应纳税额,进项税额不得抵扣。对于进口货物,则按照组成计税价格和适用税率计算应纳税额,参见表3.3。

下面分别讲解一般纳税人、小规模纳税人和进口货物的应纳税额的计算。

(一)一般纳税人应纳税额的计算

我国目前对一般纳税人采用的计税方法是国际上通行的购进扣税法,根据增值税专用发票上注明的税款进行抵扣,即先按当期销售额和适用税率计算出销项税额(这是对销售金额的征税),然后对当期购进项目已经缴纳的税款(所含税款)进行抵扣,从而间接计算出对当期增值额部分的应纳税额。

增值税一般纳税人销售货物或者提供应税劳务的应纳税额,应该等于当期销项税额抵扣当期进项税额后的余额。其计算公式如下:

当期应纳税额=当期销项税额-当期进项税额
=当期销售额×适用税率-当期进项税额

增值税一般纳税人当期应纳税额,取决于当期销项税额和当期进项税额两个因素,在分别确定销项税额和进项税额的情况下,不难计算出应纳税额。

【例3-1】 某商场是增值税一般纳税人,“十一”期间进行某品牌电脑促销,每台电

① 《关于在全国开展交通运输业和部分现代服务业营业税改征增值税试点税收政策的通知》,财税[2013]37号。

脑不含税价 5 000 元，并按 3 500 元计算进项税额抵扣。若促销采用 9 折销售、买 10 送 1、以旧换新三种销售方式，求这三种方式的应税税额(按购买 10 台电脑计算，每台旧电脑作价 500 元)。

解：

(1)

9 折销售应纳税额＝5 000×10×90%×17%－3 500×10×17%＝1 700(元)

(2) 买 10 送 1 应纳税额＝5 000×11×17%－3 500×11×17%＝2 805(元)

(3) 以旧换新应纳税额＝5 000×10×17%－3 500×10×17%＝2 550(元)

【例 3—2】 某企业(增值税一般纳税人)收购一批免税农产品用于生产，在税务机关批准使用的专用收购凭证上注明价款 100 000 元。求其可计算抵扣的增值税进项税额和记账采购成本。

解：

可计算抵扣的进项税额＝100 000×13%＝13 000(元)

记账采购成本＝100 000－13 000＝87 000(元)

【例 3—3】 某企业采购原材料支付运杂费共计1 000元，取得运输发票上注明运输费 800 元、建设基金 80 元、保险费 20 元、装卸费 100 元。求其可计算抵扣的增值税进项税额和计入采购成本的运输费。

解：

可计算抵扣的进项税额＝(800＋80)×11%＝96.8(元)

计入采购成本的运输费＝1 000－96.8＝903.2(元)

【例 3—4】 某厂(增值税一般纳税人)外购一批材料用于应税和免税货物的生产，价款为20 000元，增值税为3 400元(取得增值税专用发票)，当月应税货物销售额为50 000元，免税货物销售额为70 000元。求当期不可抵扣的进项税额。

解：

$$\text{当期不可抵扣的进项税额}=3\ 400\times\frac{70\ 000}{50\ 000+70\ 000}=1\ 983.33(\text{元})$$

【例 3—5】 某企业(增值税一般纳税人)由于管理不善，将一批以往购入的材料毁损，账面成本为12 465元(含运费 465 元)。求其不能抵扣的进项税额。

解：

$$\text{不可抵扣的进项税额}=(12\ 465-465)\times 17\%+\frac{465}{1-11\%}\times 11\%=2\ 097.47(\text{元})$$

【例 3—6】 某大型百货商场为一般纳税人，2015 年 6 月发生如下业务：

(1)向某公司销售一批商品，开具的增值税专用发票注明价款300 000元，代垫运杂费2 340元，其中，运费2 000元、杂费 200 元、建设基金 140 元，商场已取得由运输企业开具

 的运输发票，商场另开金额为 2 340 元的普通发票向该公司收取该笔代垫运费；

(2)受托代销服装 200 套，与委托方按每套不含税价格 200 元结算，已取得委托方开具的专用发票，以零售价 351 元将服装全部出售；

(3)向企业销售电脑 20 台，不含税价格为6 000元/台，按 9 折折价销售，将折扣额另开一张红色发票；

(4)委托某超市代销饮料 150 箱，收到超市交付的代销清单上注明销售 100 箱，按零售价 70.2 元/箱与超市结算；

(5)没收销售图书的逾期包装物押金2 260元，已入账核算；

(6)向农民购进免税农产品，收购凭证上注明收购款400 000元，支付运费40 000元，取得货物运输发票；

(7)上月从农民手中收购的水果发生霉烂，账面金额为5 220元。

上述扣税凭证均已通过税务机关的认证，计算该大型百货商场当期应纳增值税税额。

解：

$$\begin{aligned}当期销项金额&=300\,000\times17\%+\frac{2\,340}{1+17\%}\times17\%+200\times\frac{351}{1+17\%}\times17\%\\&\quad+20\times6\,000\times17\%+100\times\frac{70.2}{1+17\%}\times17\%+\frac{2\,260}{1+13\%}\times13\%\\&=83\,220(元)\end{aligned}$$

$$\begin{aligned}当期进项税额&=(2\,000+140)\times11\%+200\times200\times17\%+400\,000\times13\%\\&\quad+40\,000\times11\%-\frac{5\,220}{1-13\%}\times13\%\\&=62\,655.4(元)\end{aligned}$$

$$\begin{aligned}当期应缴增值税&=83\,220-62\,655.4\\&=20\,564.6(元)\end{aligned}$$

【例 3－7】 某运输公司为增值税一般纳税人，2014 年 8 月份取得含税运输收入 111 万元，当月发生联运支出，取得货物运输业增值税专用发票上注明的价款为 50 万元，增值税为 4.5 万元；当月购入运输车辆，取得的机动车销售统一发票上注明的增值税税额为3.5万元；当月因管理不善造成购入的汽油(已抵扣过进项税额)丢失，账面成本为 10 万元。计算该运输公司当月应缴纳增值税税额。

解：

$$\begin{aligned}该运输公司当月应缴纳的增值税&=\frac{111}{1+11\%}\times11\%-[4.5+3.5-(10\times17\%)]\\&=4.7(万元)\end{aligned}$$

【例 3－8】 某电信分公司为增值税一般纳税人。2015 年 7 月，利用固网提供语音通话服务取得含税收入2 180万元；出租宽带取得含税收入 425 万元；出售波长网络元素取得含税收入 665 万元。该分公司在提供电信服务时，还附带赠送电信终端等电信服务，给客户提供基础电信服务取得含税收入 100 万元。该分公司当月认证增值税专用发票的进项税额为 200 万元，且符合进项税额抵扣规定。计算该分公司当月应缴纳的增值税。

解：

$$应缴纳的增值税=\frac{2\ 180+425+665+100}{1+11\%}\times 11\%-200=133.96(万元)$$

（二）小规模纳税人应纳税额的计算

小规模纳税人销售货物或者应税劳务，实行按照销售额和征收率计算应纳税额的简易办法，并不得抵扣进项税额。其应纳税额计算公式为：

$$应纳税额=销售额\times 征收率$$

小规模纳税人取得的销售额与一般纳税人一样，都是销售货物或提供应税劳务向购买方收取的全部价款和价外费用，不包括按 3%的征收率收取的增值税税额。需要注意的是，小规模纳税人不得抵扣进项税额。

由于小规模纳税人在销售货物或应税劳务时，一般只能开具普通发票，取得的销售收入均为含税销售额。为了符合增值税作为价外税的要求，小规模纳税人在计算应纳税额时，必须将含税销售额换算为不含税的销售额后才能计算应纳税额，按下列公式计算销售额：

$$销售额=\frac{含税销售额}{1+征收率}$$

对于小规模纳税人，因销售货物退回或者折让退还给购买方的销售额，应从发生销售货物退回或者折让当期的销售额中扣减。

【例 3－9】 某生产企业属增值税小规模纳税人，2015 年 6 月对部分资产盘点后进行处理：销售边角废料，由税务机关代开增值税专用发票，取得含税收入82 400元。求该企业应缴纳的增值税税额。

解：

$$应纳增值税税额=\frac{82\ 400}{1+3\%}\times 3\%=2\ 400(元)$$

（三）进口货物应纳税额的计算

在讲解进口货物应纳税额的计算之前，首先要明确进口货物的征税范围与纳税人。

1. 进口货物的征税范围

根据《增值税暂行条例》的规定，申报进入中华人民共和国海关境内的货物，均应缴纳增值税。

确定一项货物是否属于进口货物，必须看其是否有报关进口手续。境外产品要输入境内，必须向我国海关申报进口，并办理有关报关手续。只要是报关进口的应税货物，不论其是国外产制还是我国已出口而转销国内的货物，是进口者自行采购还是国外捐赠的货物，是进口者自用还是作为贸易或其他用途等，均应按照规定缴纳进口环节的增值税。

2. 进口货物的纳税人

进口货物的收货人或办理报关手续的单位和个人，为进口货物增值税的纳税义务人。也就是说，进口货物增值税纳税人的范围较宽，包括国内一切从事进口业务的企业、事业单位、机关团体和个人。

3. 进口货物的税收管理

进口货物的增值税由海关代征。个人携带或者邮寄进境自用物品的增值税，连同关税一并计征。具体办法由国务院关税税则委员会会同有关部门制定。

进口货物增值税纳税义务发生时间为报关进口的当天，其纳税地点应当由进口人或其代理人向报关地海关申报纳税，其纳税期限应当自海关填发海关进口增值税专用缴款书之日起15日内缴纳税款。

4. 进口货物应纳税额的计算方法

进口货物的应纳税额，应按规定的组成计税价格和适用税率计算。组成计税价格是指在没有实际销售价格时，按照税法规定计算出作为计税依据的价格。

如果进口货物同时缴纳消费税，其组成计税价格的计算公式为：

组成计税价格＝关税完税价格＋关税＋消费税

如果进口货物不同时缴纳消费税，其组成计税价格的计算公式为：

组成计税价格＝关税完税价格＋关税

确定进口货物的组成计税价格后，按下式计算进口货物的应纳税额：

应纳税额＝组成计税价格×适用税率

需要注意的是，在计算进口货物的应纳税额时不得抵扣任何税额，即在计算进口环节的应纳税额时，不得抵扣发生在我国境外的各种税金。

【例3－10】 某商场10月进口货物一批。该货物在国外的买价为40万元，另该批货物运抵我国海关前发生的包装费、运输费、保险费等共计20万元。货物报关后，商场按规定缴纳进口环节的增值税并取得海关开具的完税凭证。假定该批进口货物在国内全部销售，取得不含税销售额80万元。货物进口关税税率为15%，增值税税率为17%。计算：

(1)进口环节应纳增值税的组成计税价格；

(2)国内销售环节应缴纳增值税税额。

解：

(1) 关税的组成计税价格＝40＋20＝60(万元)

应缴纳进口关税＝60×15%＝9(万元)

进口环节应纳增值税的组成计税价格＝60＋9＝69(万元)

(2) 进口环节应纳增值税的税额＝69×17%＝11.73(万元)

国内销售环节的销项税额＝80×17%＝13.6(万元)

国内销售环节应缴纳增值税税额＝13.6－11.73＝1.87(万元)

第六节　出口货物退(免)税

出口货物退(免)税是国际贸易中通常采用的并为世界各国普遍接受的一种退还或免征间接税的税收措施。我国的出口货物退(免)税是指在国际贸易业务中，对我国报关出口的货物退还或免征其在国内各生产和流转环节按税法规定缴纳的增值税和消费税，即对增值税出口货物实行零税率，对消费税出口货物免税。

一、出口货物退(免)税基本政策

目前，我国对出口货物根据不同情况分别采取出口免税并退税、出口免税不退税和出口不免税也不退税三种形式的税收政策：

(一)出口免税并退税

出口免税是指对货物在出口销售环节不征增值税、消费税，这是把货物出口环节与出口前的销售环节同样视为一个征税环节；出口退税是指对货物在出口前实际承担的税收负担，按规定的退税率计算后予以退还。

(二)出口免税不退税

出口免税与前述含义相同。出口不退税是指适用这个政策的出口货物因在前一道生产、销售环节或进口环节是免税的，因此出口时该货物的价格中本身就不含税，也无须退税。

(三)出口不免税也不退税

出口不免税是指对国家限制或禁止出口的某些货物的出口环节视同内销环节，照常征税；出口不退税是指对这些货物出口不退还出口前其所负担的税款。适用这个政策的主要是税法限制或禁止出口的货物，如天然牛黄、麝香等。

二、出口货物退(免)税的适用范围

《出口货物退(免)税管理办法》规定：可以退(免)税的出口货物一般应具备以下四个条件：

(1)必须是属于增值税、消费税征税范围的货物。

(2)必须是报关离境的货物。报关离境即出口，就是货物输出海关，这是区别货物是否应退(免)税的主要标准之一。

(3)必须是在财务上做销售处理的货物。出口货物只有在财务上做销售处理后，才能办理退税。

(4)必须是出口收汇并已核销的货物。

对出口的凡属于已征或应征增值税、消费税的货物，除国家明确规定不予退（免）税的货物和出口企业从小规模纳税人购进并持普通发票的部分货物外，都是出口货物退（免）税的货物范围，均应予以退还已征增值税和消费税或免征应征的增值税和消费税。

(一)出口免税并退税的具体适用范围

下列企业出口满足上述四个条件的货物，除另有规定外，给予免税并退税：

(1)生产企业自营出口或委托外贸企业代理出口的自产货物。

(2)有出口经营权的外贸企业收购后直接出口或委托其他外贸企业代理出口的货物。

(3)特定出口的货物。在出口货物中，有一些虽然是不同时具备上述四个条件的货物，但由于这些货物销售方式、消费环节结算办法的特殊性以及国家间的特殊情况，国家特准退还或免征其增值税和消费税。这些货物主要有：

①对外承包工程公司运出境外用于对外承包项目的货物；

②对外承接修理修配业务的企业用于对外修理修配的货物；

③外轮供应公司、远洋运输供应公司销售给外轮、远洋国轮而收取外汇的货物；

④企业在国内采购并运往境外作为在国外投资的货物等。

(二)出口免税不退税的具体适用范围

下列出口的货物，按照税收优惠给予免税，但不予退税：

(1)来料加工复出口的货物。按规定属于"来料加工"贸易方式进口国外的原材料、零部件等在国内加工后复出口的，对进口的料、件按规定给予免税或减税，即原材料进口免税，加工自制的货物出口不退税。

(2)避孕药品和用具、古旧图书，内销免税，出口也免税。

(3)出口卷烟：有出口卷烟权的企业出口国家出口卷烟计划内的卷烟，在生产环节免征增值税、消费税，出口环节不办理退税。其他非计划内出口的卷烟照章征收增值税和消费税，出口一律不退税。

(4)军品以及军队系统企业出口军需工厂生产或军需部门调拨的货物免税。

(5)国家规定的其他免税货物，如农业生产者销售的自产农业产品、饲料、农膜等。

需要注意的是，出口享受免征增值税的货物，其耗用的原材料、零部件等支付的进项税额，包括准予抵扣的运输费用所含的进项税额，不能从内销货物的销项税额中抵扣，应计入产品成本处理。

(三)出口不免税也不退税的具体适用范围

除经批准属于进料加工复出口贸易外，下列出口货物不免税也不退税：

(1)国家计划外出口的原油。国家计划内出口的原油自1999年9月1日起恢复按13%的退税率退税。

(2)援外出口货物。

(3)国家禁止出口的货物,包括天然牛黄、麝香、铜及铜基合金等。

三、出口货物的退税率

《增值税暂行条例》规定,企业产品出口后,税务部门应按照出口商品的进项税额为企业办理退税。由于税收减免及国家经济政策等原因,商品的进项税额往往不等于实际负担的税额,如果按出口商品的进项税额退税,就会产生少征多退的问题,于是就有了计算出口商品应退税款的比率,即出口退税率。

出口货物的退税率,是出口货物的实际退税额与退税计税依据的比例。现行出口货物的增值税退税率有17%、15%、14%、13%、11%、9%、8%、6%、5%。

四、出口货物应退税额的计算

出口货物只有在适用既免税又退税的政策时,才会涉及如何计算退税的问题。我国《出口货物退(免)税管理办法》规定了两种退税计算办法:第一种是"免、抵、退",主要适用于自营和委托出口自产货物的生产企业;第二种是"先征后退"办法,目前主要用于收购货物出口的外(工)贸企业。

(一)"免、抵、退"税的计算方法

自2002年1月1日起,生产企业自营或委托外贸企业代理出口自产货物,除另有规定外,增值税一律实行免、抵、退税管理办法①。

实行免、抵、退税管理办法的"免"税,是指对生产企业出口的自产货物,在出口时免征本企业生产销售环节增值税;"抵"税是指生产企业出口自产货物所耗用的原材料、零部件、燃料、动力等所含应予退还的进项税额,抵顶内销货物的应纳税额;"退"税是指生产企业出口的自产货物在当月内应抵顶的进项税额大于应纳税额时,对未抵顶完的部分予以退税。免、抵、退税的有关具体计算方法与计算公式如下:

1. 当期应纳税额的计算

首先给出与当期应纳税额计算有关的重要公式,接下来将进行相应计算方法与原理的具体讲解。

当期应纳税额=当期销项税额-(当期进项税额-当期不得免征和抵扣税额)×当期不得免征和抵扣税额
=当期出口货物离岸价×外汇人民币折合率×(出口货物使用税率-出口货物退税率)-当期不得免征和抵扣税额抵减额

当期不得免征和抵扣税额抵减额=当期免税购进原材料价格×(出口货物适用税率-出口货物退税率)

① 财政部、国家税务总局:《关于进一步推进出口货物实行免抵退税办法的通知》,财税[2002]7号。

上式中,出口货物离岸价(FOB)以出口发票计算的离岸价为准。出口发票不能如实反映实际离岸价的,企业必须按照实际离岸价向主管国税机关申报,同时主管税务机关有权依照有关规定予以核定。

这里还需考虑对出口货物免税购进原材料的处理,其本身并不包含进项税额,也就不存在给予退免的税额,所以要通过计算予以剔除,也就是"免抵退税不得免征和抵扣税额抵减额"。免税购进原材料包括从国内购进免税原材料和进料加工免税进口料件,其中进料加工免税进口料件的价格为组成计税价格。

进料加工免税进口料件的组成计税价格=货物到岸价+海关实征关税和消费税

按照上述公式计算当期应纳税额,如果结果是正数,即当期应纳税额;如果结果是负数,为当期留抵税额,即没有得到抵扣的进项税额。

2. 免抵退税额的计算

免抵退税额=出口货物离岸价×外汇人民币牌价×出口货物退税率-免抵退税额抵减额

其中:

免抵退税额抵减额=免税购进原材料价格×出口货物退税率

式中"免抵退税额"就是名义应退税额或者免抵退制度下的可抵顶进项税额。

3. 当期应退税额和免抵税额的计算

对当期应退税额和免抵税额的计算分为两种情况,可用公式表示:

(1)如当期期末留抵税额≤当期免抵退税额,则:

当期应退税额=当期期末留抵税额

当期免抵税额=当期免抵退税额-当期应退税额

(2)如当期期末留抵税额>当期免抵退税额,则:

当期应退税额=当期免抵退税额

当期免抵税额=0

这里的"当期期末留抵税额"实际上是名义留抵额。名义留抵额在数额上等于当期应纳税额的绝对值,或者负数(因为当期应纳税额小于零)。

【例3-11】 某生产企业为增值税一般纳税人,2014年7月外购原材料取得防伪税控机开具的进项税额专用发票,注明进项税额137.7万元并通过主管税务机关认证。当月内销货物取得不含税销售额150万元,外销货物取得收入120万美元(美元与人民币的比价为1∶6.5),该企业适用增值税税率为17%,出口退税率为13%。求该企业当期应退的增值税税额。

解:

(1)

当期应纳增值税=150×17%-[137.7-120×6.5×(17%-13%)]=-81(万元)

(2) 出口货物"免、抵、退"税额=120×6.5×13%=101.4(万元)

(3)按规定,如当期期末留抵税额≤当期免抵退税额时,当期应退税额=当期期末留抵税额:因为81<101.4,所以当期应退税额为81万元。

【例3-12】 某自营出口的生产企业为增值税一般纳税人,出口货物的征税税率为17%,退税税率为13%。2014年6月有关经营业务为:购原材料一批,取得的增值税专用发票注明的价款为400万元,外购货物准予抵扣的进项税额68万元通过认证。上期期末留抵税款5万元。本月内销货物不含税销售额为100万元,收款117万元存入银行。本月出口货物的销售额折合人民币200万元。试计算该企业当期的"免、抵、退"税额。

解:

(1) 当期免抵退税不得免征和抵扣税额=200×(17%-13%)=8(万元)

(2) 当期应纳税额=100×17%-(68-8)-5=-48(万元)

(3) 出口货物"免、抵、退"税额=200×13%=26(万元)

(4)按规定,如当期期末留抵税额>当期免抵退税额时,当期应退税额=当期免抵退税额,因为48>26,所以该企业当期应退税额=26(万元);当期免抵税额=0;没有得到抵扣的税额=48-26=22(万元),留抵结转下期继续抵扣。

(二)"先征后退"的计算方法

外贸企业以及实行外贸企业财务制度的工贸企业收购货物出口,其出口销售环节的增值税免征;但在支付收购货款的同时,外贸企业也支付了生产经营该类商品的企业已纳的增值税款,因此需要采用"先征后退"法予以退税。

1. 外贸企业"先征后退"的计算公式

外贸企业出口货物增值税的计算应依据购进出口货物增值税专用发票上所注明的进项金额和退税税率计算。

应退税额=外贸企业收购不含增值税购进金额×退税税率

下列两种情况下外贸企业的退税另有规定:

(1)外贸企业收购小规模纳税人出口货物增值税的退税规定:凡从小规模纳税人购进税务机关代开的增值税专用发票的出口货物,按以下公式计算退税:

应退税额=增值税专用发票注明的金额×3%

(2)外贸企业委托生产企业加工出口货物的退税规定:外贸企业委托生产企业加工收回后报关出口的货物,按购进国内原辅材料的增值税专用发票上注明的进项金额,依原辅材料的退税税率计算原辅材料应退税额。支付的加工费,凭受托方开具货物的退税税率,计算加工费的应退税额。

2. 外贸企业申报出口退税期限

(1)外贸企业在2008年1月1日后申报出口退税的,申报出口退税的截止期限调整为货物报关出口之日起90天后第一个增值税纳税申报期截止之日。

(2)外贸企业确有特殊原因在上述规定期限内无法申报出口退税的,按现行有关规定申请办理延期申报手续。外贸企业申请开具代理出口货物证明，仍按现行有关规定执行。

【例 3－13】 某外贸公司 7 月份购进及出口情况如下：(1)第一次购电风扇 500 台，单价 150 元/台；第二次购进电风扇 200 台，单价 148 元/台(均已取得增值税专用发票)。(2)将二次外购的电风扇 700 台报关出口，离岸单价 20 美元/台，此笔出口已收汇并做销售处理(美元与人民币比价为 1∶6.5，退税率为 15％)。计算该笔出口业务的应退增值税税额。

解：

应退增值税额＝(500×150＋200×148)×15％＝15 690(元)

第七节　征收管理

本节主要介绍增值税纳税义务发生的时间、纳税期限、纳税地点、一般纳税人纳税申报办法、增值税专用发票的使用及管理和出口货物退(免)税管理等。

一、纳税义务发生时间

纳税义务发生时间，是纳税人发生应税行为应当承担纳税义务的起始时间，一经确定，必须按此时间计算应纳税款。销售货物或者应税劳务的纳税义务发生时间可以分为一般规定和具体规定。

(一)一般规定

(1)纳税人销售货物或者应税劳务，其纳税义务发生时间为收讫销售款项或者取得索取销售款项凭据的当天；先开具发票的，为开具发票的当天。

(2)纳税人进口货物，其纳税义务发生时间为报关进口的当天。

(3)增值税扣缴义务发生时间为纳税人增值税纳税义务发生的当天。

(二)具体规定

纳税人收讫销售款项或者取得索取销售款项凭据的当天，按销售结算方式的不同，分为：

(1)采取直接收款方式销售货物，不论货物是否发出，均为收到销售款或者取得索取销售款凭据的当天；

(2)采取托收承付和委托银行收款方式销售货物，为发出货物并办妥托收手续的当天；

(3)采取赊销和分期收款方式销售货物，为书面合同约定的收款日期的当天，无书面合同的或者书面合同没有约定收款日期的，为货物发出的当天；

(4)采取预收货款方式销售货物，为货物发出的当天，但生产销售生产工期超过 12 个月的大型机械设备、船舶、飞机等货物，为收到预收款或者书面合同约定的收款日期的当天；

(5)委托其他纳税人代销货物,为收到代销单位的代销清单或者收到全部或者部分货款的当天,未收到代销清单及货款的,为发出代销货物满 180 天的当天;

(6)销售应税劳务,为提供劳务同时收讫销售款或者取得索取销售款的凭据的当天;

(7)发生规定的 8 项视同销售行为[①]的,除"将货物交付其他单位或者个人代销"和"销售代销货物"外,均为货物移送的当天。

(8)纳税人提供有形动产租赁服务采取预收款方式的,其纳税义务发生时间为收到预收款的当天。

(9)纳税人发生视同提供应税服务的,其纳税义务发生时间为应税服务完成的当天。

二、纳税期限

根据《增值税暂行条例》的规定,增值税的纳税期限分别为 1 日、3 日、5 日、10 日、15 日、1 个月或者 1 个季度。纳税人的具体纳税期限,由主管税务机关根据纳税人应纳税额的大小分别核定;不能按照固定期限纳税的,可以按次纳税。

纳税人以 1 个月或者 1 个季度为 1 个纳税期的,自期满之日起 15 日内申报纳税;以 1 日、3 日、5 日、10 日或者 15 日为 1 个纳税期的,自期满之日起 5 日内预缴税款,于次月 1 日起 15 日内申报纳税并结清上月应纳税款。

纳税人进口货物,应当自海关填发进口增值税专用缴纳书之日起 15 日内缴纳税款。

纳税人出口货物适用退(免)税规定的,应当向海关办理出口手续,凭出口报关单等有关凭证,在规定的出口退(免)税申报期内按月向主管税务机关申报办理,具体办法由国务院财政、税务主管部门制定。出口货物办理退税后发生退货或者退关的,纳税人应当依法补缴已退的税款。

三、纳税地点

为了保证纳税人按期申报纳税,根据企业跨地区经营和搞活商品流通的特点及不同情况,税法还具体规定了增值税的纳税地点:

(1)固定业户应当向其机构所在地的主管税务机关申报纳税。总机构和分支机构不在同一县(市)的,应当分别向各自所在地的主管税务机关申报纳税;经国务院财政、税务主管部门或者其授权的财政、税务机关批准,可以由总机构汇总向总机构所在地的主管税务机关申报纳税。

(2)固定业户到外县(市)销售货物或者应税劳务,应当向其机构所在地的主管税务机关申请开具外出经营活动税收管理证明,并向其机构所在地的主管税务机关申报纳税;未开具证明的,应当向销售地或者劳务发生地的主管税务机关申报纳税;未向销售地或者劳

---

① 详见本章第三节的"一、征税范围"中的"(二)征税范围的具体规定"部分。

 务发生地的主管税务机关申报纳税的，由其机构所在地的主管税务机关补征税款。

(3)非固定业户销售货物或者应税劳务，应当向销售地或者劳务发生地的主管税务机关申报纳税；未向销售地或者劳务发生地的主管税务机关申报纳税的，由其机构所在地或者居住地的主管税务机关补征税款。

(4)进口货物，应当向报关地海关申报纳税。

(5)扣缴义务人应当向其机构所在地或者居住地的主管税务机关申报缴纳其扣缴的税款。

四、营业税改征增值税后的征收机关

营业税改征的增值税，由国家税务局负责征收。

五、增值税专用发票的使用及管理

增值税实行凭国家印发的增值税专用发票注明的税款进行抵扣的制度。增值税专用发票(以下简称专用发票)，是增值税一般纳税人销售货物或者提供应税劳务开具的发票，是购买方支付增值税额并可按照增值税有关规定据以抵扣增值税进项税额的凭证。

一般纳税人应通过增值税防伪税控系统使用专用发票。所称防伪税控系统，是指经国务院同意推行的，使用专用设备和通用设备、运用数字密码和电子存储技术管理专用发票的计算机管理系统；“专用设备”是指金税卡、IC卡、读卡器和其他设备；“通用设备”是指计算机、打印机、扫描器具和其他设备。

(一)专用发票的联次

专用发票由基本联次或者基本联次附加其他联次构成。基本联次为三联：发票联、抵扣联和记账联。发票联，作为购买方核算采购成本和增值税进项税额的记账凭证；抵扣联，作为购买方报送主管税务机关认证和留存备查的凭证；记账联，作为销售方核算销售收入和增值税销项税额的记账凭证。其他联次用途，由一般纳税人自行确定。

(二)专用发票的开票限额

专用发票实行最高开票限额管理。最高开票限额，是指单份专用发票开具的销售额合计数不得达到的上限额度。

最高开票限额由一般纳税人申请，税务机关依法审批。最高开票限额为10万元及以下的，由区县级税务机关审批；最高开票限额为100万元的，由地市级税务机关审批；最高开票限额为1 000万元及以上的，由省级税务机关审批。防伪税控系统的具体发行工作由区县级税务机关负责。

(三)专用发票领购使用范围

1. 专用发票的领购

一般纳税人凭发票领购簿、IC卡和经办人身份证明领购专用发票。一般纳税人有下列情形之一的，不得领购开具专用发票：

(1)会计核算不健全，不能向税务机关准确提供增值税销项税额、进项税额、应纳税额数据及其他有关增值税税务资料的。

(2)有《税收征管法》规定的税收违法行为，拒不接受税务机关处理的。

(3)有下列行为之一，经税务机关责令限期改正而仍未改正的：

①虚开增值税专用发票；

②私自印制专用发票；

③借用他人专用发票；

④向税务机关以外的单位和个人买取专用发票；

⑤未按规定申请办理防伪税控系统变更发行；

⑥未按规定接受税务机关检查，未按规定保管专用发票和专用设备；

⑦未按规定开具专用发票。

有上列情形的，如已领购专用发票，主管税务机关应暂扣其结存的专用发票和IC卡。

2.“营改增”后纳税人发票的使用

(1)自本地区营改增试点实施之日起，增值税纳税人不得开具公路、内河货物运输业统一发票。

(2)提供港口码头服务、货运客运场站服务、装卸搬运服务、旅客运输服务的一般纳税人，可以选择使用定额普通发票。

(3)从事国际货物运输代理业务的一般纳税人，应使用六联专用发票或五联增值税普通发票，其中第四联用作购付汇联；从事国际货物运输代理业务的小规模纳税人，应使用普通发票，其中第四联用作购付汇联。

(4)纳税人于本地区试点实施之日前提供改征增值税的营业税应税服务并开具营业税发票后，如发生服务中止、折让、开票有误等情形，且不符合发票作废条件的，应于2014年3月31日前向原主管税务机关申请开具营业税红字发票，不得开具红字专用发票和红字货运专票。需重新开具发票的，应于2014年3月31日前向原主管税务机关申请开具营业税发票，不得开具专用发票或货运专票。[①]

3.“营改增”后税控系统使用问题

(1)自本地区营改增试点实施之日起，一般纳税人提供货物运输服务、开具货运专票的，使用货物运输业增值税专用发票税控系统；提供货物运输业务之外的其他增值税应税服务、开具专用发票和增值税普通发票的，使用增值税防伪税控系统。

(2)自2013年8月1日起，一般纳税人从事机动车(旧机动车除外)零售业务开具机动车销售统一发票，应使用机动车销售统一发票税控系统。

---

① 中国注册会计师协会编:《税法》,经济科学出版社2014年版。

(3)试点纳税人使用的防伪税控系统专用设备为金税盘和报税盘,纳税人应当使用金税盘开具发票,使用报税盘领购发票、抄报税;货运专票税控系统和机动车发票税控系统专用设备为税控盘和报税盘,纳税人应当使用税控盘开具发票,使用报税盘领购发票、抄报税。

(4)北京市小规模纳税人自 2012 年 9 月 1 日起使用金税盘或税控盘开具普通发票,使用报税盘领购发票、抄报税的办法继续执行。

(四)专用发票的开具范围与要求

一般纳税人销售货物或者提供应税劳务,应向购买方开具专用发票。商业企业一般纳税人零售的烟、酒、食品、服装、鞋帽(不包括劳保专用部分)、化妆品等消费品不得开具专用发票。增值税小规模纳税人需要开具专用发票的,可向主管税务机关申请代开。销售免税货物不得开具专用发票,法律、法规及国家税务总局另有规定的除外。

专用发票应按下列要求开具:

(1)项目齐全,与实际交易相符,字迹清楚,不得压线、错格;

(2)发票联和抵扣联加盖财务专用章或者发票专用章;

(3)按照增值税纳税义务的发生时间开具。

对不符合上列要求的专用发票,购买方有权拒收。

(五)特定情况下对专业发票的处理

税法除了对纳税人领购、开具专用发票做了上述各项具体规定外,对某些特定情况下专用发票的处理也做了多项规定。主要有:

1. 开具专用发票后发生退货或开票有误的处理

增值税一般纳税人开具增值税专用发票后,发生销货退回、销售折让以及开票有误等情况需要开具红字专用发票的,视不同情况分别按以下办法处理:

(1)因专用发票抵扣联、发票联均无法认证的,由购买方填报开具红字增值税专用发票申请单(以下简称申请单),并在申请单上填写具体原因以及相对应蓝字专用发票的信息,主管税务机关审核后出具开具红字增值税专用发票通知单(以下简称通知单)。购买方不作进项税额转出处理。

(2)购买方所购货物不属于增值税扣税项目范围,取得的专用发票未经认证的,由购买方填报申请单,并在申请单上填写具体原因以及相对应蓝字专用发票的信息,主管税务机关审核后出具通知单。购买方不做进项税额转出处理。

(3)因开票有误购买方拒收专用发票的,销售方须在专用发票认证期限内向主管税务机关填报申请单,并在申请单上填写具体原因以及相对应蓝字专用发票的信息,同时提供由购买方出具的写明拒收理由、错误具体项目以及正确内容的书面材料,主管税务机关审核确认后出具通知单。销售方凭通知单开具红字专用发票。

(4)因开票有误等原因尚未将专用发票交付购买方的,销售方须在开具有误专用发票的次月内向主管税务机关填报申请单,并在申请单上填写具体原因以及相对应蓝字专用发票的信息，同时提供由销售方出具的写明具体理由、错误具体项目以及正确内容的书面材料，主管税务机关审核确认后出具通知单。销售方凭通知单开具红字专用发票。

(5)发生销货退回或销售折让的，除按照规定进行处理外，销售方还应在开具红字专用发票后将该笔业务的相应记账凭证复印件报送主管税务机关备案。

2. 关于被盗、丢失增值税专用发票的处理

纳税人必须严格按《增值税专用发票使用规定》保管使用专用发票，对违反规定发生被盗、丢失专用发票的纳税人，按《税收征收管理法》和《发票管理办法》的规定，处以1万元以下的罚款，并可视具体情况对丢失专用发票的纳税人在一定期限内(最长不超过半年)停止领购专用发票；对纳税人申报遗失的专用发票，如发现非法代开、虚开问题的，该纳税人应承担偷税、骗税的连带责任。

纳税人丢失专用发票后，必须按规定程序向当地主管税务机关、公安机关报失。各地税务机关对丢失专用发票的纳税人按规定进行处罚的同时，代收"挂失登报费"，并将丢失专用发票的纳税人名称、发票份数、字轨号码、盖章与否等情况，统一传(寄)中国税务报社刊登"遗失声明"。传(寄)中国税务报社的"遗失声明"，必须经县(市)国家税务机关审核盖章、签署意见。

3. 关于对代开、虚开增值税专用发票的处理

代开发票是指为与自己没有发生直接购销关系的他人开具发票的行为。虚开发票是指在没有任何购销事实的前提下，为他人、为自己或让他人为自己或介绍他人开具发票的行为。代开、虚开发票的行为都是严重的违法行为。对代开、虚开专用发票的，一律按票面所列货物的适用税率全额征补税款，并按《税收征收管理法》的规定按偷税给予处罚。对纳税人取得代开、虚开的增值税专用发票，不得作为增值税合法抵扣凭证抵扣进项税额。代开、虚开发票构成犯罪的，按全国人大常委会发布的《关于惩治虚开、伪造和非法出售增值税专用发票犯罪的决定》处以刑罚。

思考题

1. 增值税的特点有哪些？保持税收中性这一特点是如何体现的？
2. 增值税定义中的"提供应税服务"是如何界定的？
3. 增值税的应税服务的具体范围包括哪些？
4. 如何区分二手车的经销行为和受托代理销售行为？
5. 在增值税一般纳税人认定中，如何辨析原增值税业务的纳税人与"营改增"业务的纳税人的选择认定方面的差异？
6. 如何区分按照简易计税办法依照6%征收率的自来水与按13%税率征收的自来水？
7. 视同销售的行为有哪些？
8. 兼营、混业经营和混合销售的分类和税务处理原则是什么？

9. 根据“营改增”的规定，在什么情形下一般纳税人可以选择采用“一般计税方法”或者“简易计税方法”的任意一种来计算缴纳增值税？

10. 出口退(免)税的基本政策有哪些？计算方法有哪些？

11. 增值税纳税义务发生的时间有何规定？纳税地点又如何确定？

12. 开具专用发票后发生退货或开票有误应如何处理？

计算题

1. 上海市某生产型企业为增值税一般纳税人，2014 年 6 月外购一批材料用于应税货物的生产，取得增值税专用发票，注明价款20 000元，增值税3 400元；外购一批材料用于应税货物和免税货物的生产，取得增值税专用发票，注明价款30 000元，增值税5 100元；当月应税货物销售额为70 000元，免税货物销售额为90 000元，则当月不可抵扣的进项税额为多少？

2. 上海市某服装厂为增值税一般纳税人，2014 年 3 月销售给某企业 500 套服装，不含税价格为 500 元/套。由于该企业购买数量较多，服装厂决定给该企业以六折优惠，并按原价开具了增值税专用发票，折扣额在同一张发票的“备注”栏注明。服装厂当月的销项税额为多少？

3. 北方某工业企业为增值税一般纳税人，2014 年 5 月份同时生产应税甲产品和免税乙产品，本期外购原材料 100 吨用于生产甲、乙产品。已知该批材料外购时取得的增值税专用发票上注明价款90 000元，增值税税额为15 300元，当月实现产品不含税销售收入总额为350 000元，其中甲产品适用 13%的增值税税率，乙产品的销售收入为150 000元。该企业 5 月份应缴纳的增值税税额为多少？

4. 山东某酒厂为增值税一般纳税人，于 2014 年 8 月销售粮食白酒和啤酒给某食品公司，其中销售啤酒开具普通发票，收取加税合计款35 100元，另外收取包装物押金2 000元；销售白酒开具增值税专用发票，收取不含税价款70 000元，另外收取包装物押金5 000元。食品公司按照合同约定，于 2014 年 9 月将白酒、啤酒包装物全部退还给酒厂，并取回全部押金。就此项业务，该酒厂 2014 年 8 月的增值税销项税额是多少？

5. 某大型建筑公司为增值税一般纳税人，增值税税率为 17%，退税率为 16%。2014 年 5 月外购原材料一批，取得增值税专用发票注明价款 100 万元，增值税 17 万元，货已入库。当月进口保税料件一批，到岸价格为 45 万元，已按实耗法向税务机关办理了生产企业进料加工贸易免税证明。当月出口产品的离岸价格为 100 万美元，内销产品的不含税销售额为 90 万元，该公司上期期末留抵税额 2 万元。假设美元比人民币的汇率为 1∶6.4，该公司当期应退的增值税是多少？

6. 南京市某服装厂为增值税一般纳税人，2014 年 2 月 1 日销售给甲企业 300 套服装，每套不含税价格为 800 元。由于部分服装存在瑕疵，该服装厂给予企业 10%的销售折让，已开具红字增值税专用发票。为了鼓励该企业及时付款，该服装厂提出 2/20、n/30 付款条件，甲企业于当月 15 日付款。该服装厂对此项业务的销项税额为多少？

7. 上海市某食品公司为小规模纳税人，2014 年 6 月份业务为：购进巧克力总额168 000元；向某商店销售巧克力取得不含增值税的销售收入212 000元；直接向消费者出售巧克力取得含增值税税额在内的销售收入29 300元；接受来料加工收取加工费收入54 768元(价税混合收入)。计算该厂本月应纳增值税。

8. 某商场 2014 年 7 月份销售金银首饰取得含税销售额为 15.53 万元，包括以旧换新首饰的含税销售额 10.85 万元。在以旧换新业务中，旧首饰作价的含税金额为 4.68 万元，商场实际收取的含税金额为 3.51 万元。计算该商场销售金银首饰的增值税销项税额。

9. 某金店为增值税一般纳税人，2014 年 3 月采取“以旧换新”方式向消费者销售金项链 50 条，每条新项链的零售价格为3 200元，每条旧项链作价 900 元；当月取得首饰修理费价税合计金额3 220元。计算该金店应缴纳的增值税。

10. 某小家电企业是增值税小规模纳税人，2014 年 6 月发生如下业务：

(1)外购原材料用于生产小家电，取得增值税专用发票，价款为20 000元；由于技术更新，外购生产设备一台，取得增值税专用发票，注明价款50 000元；

(2)销售 500 件自产甲型小家电，取得含税收入13 520元。

(3)为推广新产品，将 10 件自产甲型小家电无偿赠送客户试用。

(4)将使用过的一台设备出售，设备原值30 000元，含税售价为18 690元。

要求：根据上述资料，计算 6 月份应纳增值税额。

11. 某食品加工厂为增值税一般纳税人，2014 年 7 月份发生如下业务：

(1)向农民收购玉米 20 吨，收购凭证上注明价款56 800元；

(2)将以前月份购入的 8 吨玉米渣对外销售 5 吨，取得不含税销售额17 800元，剩余的 3 吨玉米渣无偿赠送给客户；

(3)生产膨化食品并销售，开具的增值税专用发票上注明销售额为150 000元；

(4)因保管不善，上个月向农民收购的大米霉烂，成本为4 350元；

要求：计算该食品加工厂 7 月份应纳增值税。

12. 某自营出口的服装厂系增值税一般纳税人，出口服装的征税税率为 17%，退税税率为 13%。2014 年 8 月份发生以下业务：

(1)购入布料一批，取得增值税专用发票注明的价款为 600 万元，外购货物准予抵扣的进项税额 80 万元通过认证。上期末留抵税款 8 万元。

(2)本月内销服装不含税销售额为 200 万元，收款 234 万元存入银行。本月出口服饰的销售额折合人民币 60 万元。

要求：试计算该服装厂当期的“免、抵、退”税额。

13. 上海某大型超市 2014 年 5 月份发生经营业务如下：

(1)从小规模纳税人处购买商品一批,取得税务机关代开的增值税专用发票,注明价款40 000元,税款1 200元,款已付,货物未入库,发票已认证;

(2)零售日用商品,取得含税收入200 000元;

(3)外购保暖用品1 000套,取得增值税专用发票,每套不含税单价 800 元,其中 200 套用于员工福利,200 套捐赠给希望小学,剩余 600 套全部零售,零售价每套 920 元。

要求:计算该超市 5 月份应纳增值税税额。

14. 北方某大型建筑公司具备建筑业施工资质,2013 年发生经营业务如下:

(1)承包一项工程,总承包额为10 000万元,其中建筑劳务费为3 000万元,材料费用为7 000万元。其中材料费用中的4 000万元由建筑公司自产货物提供,3 000万元外购取得。

(2)建筑工程公司提供自产货物涉及材料的进项税额为 175 万元,取得一般纳税人开具的货运增值税专用发票,注明运输费用 19 万元。

要求:计算建筑公司 2013 年应缴纳的增值税额。

15. 某市百货公司为增值税一般纳税人,2013 年 6 月发生以下业务①:

(1)采取买一送一方式销售电视机,共销售 150 台,每台价格3 000元(不含税);同时送出 150 只电饭煲(市场价格 400 元/只)(不含税),同时用商场的货车运输,收取送货运费10 000元;

(2)销售空调机 250 台,每台售价2 500元(不含税),另收取安装费每台 100 元。

(3)促销某型号洗衣机 100 台,每台价格1 600元,全部销售给某使用单位,已开具增值税专用发票。由于一次购货较大,给予 10%折扣,折扣金额已在同一张发票上的"金额"栏分别注明。

(4)以旧换新销售金银首饰,取得收入 33.4 万元,同时取得旧的金项链,作价 10 万元。实际取得货款价税合计 23.4 万元。

(5)购进空调机 500 台,取得增值税专用发票注明价款 20 万元,没有付款。月末入库时,发现毁损 20%,经查系管理不善造成损毁。

(6)购进电冰箱 120 台,取得增值税专用发票注明价款 36 万元,但商场因资金困难仅支付了 40%的货款,余款在下月支付;因质量原因,将上期购进电冰箱 20 台退回厂家(价格同本期),并取得厂家开具的红字发票和税务机关的证明单。

(7)购进一批小家电,取得增值税专用发票注明价款 10 万元。

要求:按下列顺序回答问题,每问均为共计金额:

(1)本月商场可以抵扣的增值税进项税;

(2)本月商场发生的增值税销项税,

(3)本月商场应缴纳的增值税。

① http://www.chinaacc.com/zhucekuaijishi/fxzd/yu20131029180008l4919465.shtml。

第四章　消费税税制

消费税是在对货物普遍征收增值税的基础上，为贯彻国家的产业政策和消费政策，对特定的消费品在特定的环节征收的一种非中性税。在我国现行税制中，消费税同增值税、营业税、关税共同构成了我国的流转税体系。本章主要内容包括消费税的概念、特征、类型、征税范围、税率、应纳税额等。在学习本章内容之前，应熟练掌握增值税的相关内容，同时应注意增值税与消费税的关系。

第一节　概　述

消费税是一种古老的产品税，历史上具有消费税性质的税种名目繁多。我国自 1994 年全面税制改革以后形成了独立的消费税税种，经过历次的消费税税制改革，我国的消费税制度进一步趋于合理。消费税是对消费品以及相关的消费行为征收的一种税，在国际上普遍征收。开征消费税的目的在于引导消费和生产结构，调节收入分配，增加财政收入。

一、消费税的概念

我国《消费税暂行条例》规定，消费税是对我国境内从事生产、委托加工和进口应税消费品的单位和个人，就其销售额或销售数量，在特定环节征收的一种流转税。简言之，消费税是对特定的消费品和消费行为按消费流转额征收的一种商品税。按其课征范围不同，可分为无选择的消费税（对全部消费品课税）和有选择的消费税（选择部分消费品课税）；按其具体课税对象，可分为一般消费税[主要指对所有消费品（包括生活必需品和日用品）普遍课税]和特别消费税[主要指对特定消费品或特定消费行为（如奢侈品）课税]。我国现行消费税选择部分消费品课税，从课征范围看属于有选择的消费税，从课税对象看属于特别消费税。

二、消费税的特征

我国现行消费税与增值税及其他流转税相比，主要具有以下特征：

1．以特定消费品和消费行为征税对象

一般情况下，消费税并不涉及全部消费品和消费行为，而只是选择一部分消费品和消费行为进行征税。我国的消费税与增值税相配合，根据国家的产业政策和消费政策，在对货物普遍征收增值税的基础上，对一些高档消费品、奢侈品、不良嗜好品、高能耗消费品、不可再生资源消费品和破坏生态环境消费品等征收消费税，对这些特定消费品和消费行为再进行一次特殊调节。我国现行消费税征税税目包括烟、酒、化妆品、贵重首饰及珠宝玉石、鞭炮焰火、成品油、摩托车、小汽车、高尔夫球及球具、高档手表、游艇、木制一次性筷子和实木地板。我国只对以上列举的应税消费品征收消费税，没有列举的则不征收。

2. 实行单一环节征税

区别于增值税"道道课征"的特点，消费税的征税环节具有单一性，选择在生产(进口)、流通或消费的某一个环节一次性征收，其他环节不再征收。我国现行消费税一般在生产经营的起始环节征收，如生产销售环节、委托加工环节、进口环节；个别应税消费品选择在最终消费或使用环节征收，通常不在中间环节征收。如果应税消费品在生产环节或进口环节征税之后，再继续转销该消费品不再征收消费税；如果在零售环节征税，那么以前的诸环节都不征收消费税。这样，既可以减少纳税人的数量，降低税款征收费用和税源流失的风险，又可以防止重复征税。

3. 采用从价定率和从量定额的征税方法

为了平衡税负、调节消费结构，我国消费税采用了从价计征、从量计征和复合计税三种方法。大部分商品采用以消费品的销售额为计税依据的从价定率征收，少数商品则采用从量定额征收办法，如啤酒、黄酒等；针对卷烟、白酒两类商品则采用从价定率加从量定额的复合计征，目的是进一步引导消费方向。

4. 实行差别税率

消费税属于国家运用税收杠杆对某些消费品进行特殊调节的税种。根据应税消费品的档次结构、供求状况、国家的消费政策和消费者的承受能力，有必要对不同的应税消费品实行差别税率，而且针对不同征税项目，所实行的税率差异应较大，这样才能准确体现国家的产业政策与消费政策，发挥其特殊调节作用。我国目前实行的消费税率从3%到56%，定额税率从每计税单位0.1元到每计税单位250元。

三、消费税的改革历程

我国早在周代的《周礼》中就有"山泽之赋"和"关市之赋"的记载。公元前81年，汉昭帝改酒专卖为征税，成为我国记载最早且最详细的消费税。

1950年1月，政务院公布了《货物暂行条例》，对烟、酒等货物征税，同时对电影、戏剧、娱乐、旅馆、冷食和筵席等消费行为征税。1953年我国税法修正时取消了特种消费行为税。1988年国务院公布了《筵席税暂行条例》，对在我国境内的饭店、酒楼、宾馆、招待所及其他饮食营业场所举办筵席的单位和个人征收，但实际并未开征。1989年为了缓和彩色电视机和小轿车的供求矛盾而开征了特别消费税。1994年税制改革时，经过调整开征了符合国际惯例的消费税。1993年12月国务院颁布《消费税暂行条例》[①]。自此，我国建立了独立的消费税税种。

随着经济的快速发展以及消费水平和消费结构的变化，我国于1998年、2001年调整了卷烟消费税政策[②]，2006年3月扩大了消费税征税范围[③]，新增了高尔夫球及球具、高档手表、游艇、木制一次性筷子、实木地板等。2008年11月，我国再次全面修订《消费税暂行条例》[④]，自2009年1月1日起施行。经国务院批准，财政部、国家税务总局于2014年11月28日联合下发《关于提高成品油消费税的通知》，调整了成品油等部分产品消费税政策，同时规定自2014年12月1日起，取消气缸容量在250毫升(不含)以下的小排量摩托车、汽车轮胎、酒精、车用含铅汽油的消费税并停止征收成品油价格调节基金[⑤]。

第二节　纳税义务人与征税范围

消费税的征收范围以部分消费品作为征税对象，可以根据国家经济发展水平和消费结构的变化做出适当调整。我国现行消费税规定的征税范围包含13种商品，即设置了13个税目，在有的税目下还进一步划分了若干子目。消费税税率有比例税率和定额税率两种，根据不同的税目和子目可以确定相应的税率或单位税额。

一、纳税人

根据《消费税暂行条例》的规定，消费税的纳税人是在中华人民共和国境内生产、委托加工和进口应税消费品的单位和个人，以及国务院确定的销售应税消费品的其他单位和个人。“境内”是指生产、委托加工和进口应税消费品的起运地或所在地在境内。“单位”，是指企业、行政单位、事业单位、军事单位、社会团体及其他单位。“个人”，是指个体工商户及其他个人。消费税的纳税人具体可以分为以下五类：

1. 应税消费品自产自销者

凡从事应税消费品的生产销售业务的单位和个人，为消费税的纳税人。

2. 应税消费品自产自用者

凡从事应税消费品的生产并自我使用的单位和个人，为消费税的纳税人。

3. 应税消费品委托加工者

凡委托他人加工应税消费品的单位和个人，为消费税的纳税人，但由受托人代收代缴

① 《中华人民共和国消费税暂行条例》，国务院令[1993年]第135号。
② 《关于调整酒类产品消费税政策的通知》，财税[2001]84号。
③ 《关于消费税若干具体政策的通知》，财税[2006]125号。
④ 《中华人民共和国消费税暂行条例(修订稿)》，国务院令[2008]第539号。
⑤ 《关于提高成品油消费税的通知》，财税[2014]94号。

税款。

4. 应税消费品进口者

凡从境外进口应税消费品，进口报关单位和个人为消费税的纳税人。

5. 特殊应税消费品零售者

我国自 1995 年 1 月 1 日起，金银首饰（仅限于金基、银基合金首饰以及金、银和金基、银基合金的镶嵌首饰）的消费税由从生产销售环节改为从零售环节征收；自 2002 年 1 月 1 日起，钻石及钻石饰品的消费税由从生产、进口环节改为从零售环节征收。因此，凡从事该两项应税消费品的生产经营业务的，以零售单位和个人为消费税的纳税人，生产、进口和批发上述应税消费品的单位和个人不缴纳消费税。

二、征税范围

根据《消费税暂行条例》的规定，消费税的征收范围为在中华人民共和国境内生产、委托加工和进口条例规定的消费品。按照消费税征税环节，可分为生产应税消费品、委托加工应税消费品、进口应税消费品和零售应税消费品。按照具体税目，我国消费税的征收范围包含 15 种消费品：一是过度消费对人身健康、社会秩序、生态环境造成危害的特殊消费品，如烟、酒、鞭炮、焰火等。二是非生活必需品、奢侈品，如化妆品、贵重首饰及珠宝玉石、高尔夫球及球具、高档手表等。三是高能耗及高档消费品，如摩托车、小汽车、游艇等。四是不可再生和替代的稀缺资源，如成品油、实木地板、木制一次性筷子等。五是具有一定财政意义的消费品。

消费税属于价内税，并实行单一环节征税，一般在应税消费品的生产、委托加工和进口环节征收，在以后的批发、零售环节因价款中已包含消费税而不再征收，但也不排除少数应税消费品在零售环节征收。

（一）生产应税消费品

生产应税消费品一般是指生产后用于直接对外销售的应税消费品。除此之外，纳税人将生产的应税消费品换取生产资料、消费资料、投资入股、偿还债务，以及用于继续生产应税消费品以外的其他方面都应缴纳消费税。

（二）委托加工应税消费品

委托加工应税消费品是指委托方提供原料和主要材料，受托方只收取加工费和代垫部分辅助材料加工的应税消费品。由受托方提供原材料或其他情形的一律不能视同加工应税消费品。委托加工的应税消费品收回后，再继续用于生产应税消费品销售的，其加工环节缴纳的消费税款可以扣除。

（三）进口应税消费品

进口应税消费品是指单位和个人所进口的货物属于消费税征税范围的应税消费品。为了减少征税成本，进口环节缴纳的消费税由海关代征。

（四）零售应税消费品

目前，我国仅金银首饰、钻石及钻石饰品两项消费品为零售应税消费品。零售环节使用税率为5%，在纳税人销售金银首饰、钻石及钻石饰品时征收。其计税依据是不含增值税的销售额。

第三节　税目与税率

一、税目

（一）烟

凡是以烟叶为原料加工生产的产品，不论使用何种辅料，均属于本税目的征收范围。该税目具体包括卷烟、雪茄烟和烟丝三个子目。

（二）酒

酒包括白酒、黄酒、啤酒和其他酒。

（三）化妆品

本税目征收范围包括各类美容、修饰类化妆品、高档护肤类化妆品和成套化妆品。美容、修饰类化妆品是指香水、香水精、香粉、口红、指甲油、胭脂、眉笔、唇笔、蓝眼油、眼睫毛以及成套化妆品。该税目包含原属于护发护肤品征税范围的高档护肤护发品。我国自2006年4月1日起，对一般护肤护发品不再征收消费税。此外，舞台、戏剧、影视演员化妆用的上妆油、卸妆油和油彩等，不属于该税目的征税范围。

（四）贵重首饰及珠宝玉石

本税目的征税范围包括以金、银、白金、宝石、珍珠、钻石、翡翠、珊瑚、玛瑙等高贵稀有物质以及其他金属、人造宝石等制作的各种纯金银首饰及镶嵌首饰和经采掘、打磨、加工的各种珠宝玉石。

（五）鞭炮、焰火

本税目的征税范围包括各种鞭炮、焰火。需注意的是，体育上用的发令纸、鞭炮引线不按本税目征税。

（六）成品油

成品油包括汽油、柴油、石脑油、溶剂油、润滑油、燃料油和航空煤油七个子目。自2014年1月1日起，对进口的灯用煤油、其他煤油以及含有生物柴油的成品油和归入税则号列38260000项下不符合国家《柴油机燃料调和生物柴油（BD100）》标准的生物柴油及其混合物征收消费税，税额为0.8元/升。①

① 《关于明确部分成品油进口环节消费税征收问题的公告》，海关总署公告［2013年］74号。

（七）摩托车

摩托车包括轻便摩托车和摩托车两种。轻便摩托车是最大设计车速不超过50km/h、发动机气缸工作容积不超过50ml的两轮机动车；摩托车是最大设计车速超过50km/h、发动机气缸工作容积超过50ml、空车质量不超过400kg的两轮和三轮机动车。

（八）小汽车

小汽车包括含驾驶员座位在内最多不超过9个座位（含）的、在设计和技术特性上用于载运乘客和货物的各类乘用车和含驾驶员座位在内的座位数在10～23座（含23座）的在设计和技术特性上用于载运乘客和货物的各类中轻型商用客车。用排气量小于1.5升（含）的乘用车底盘（车架）改装、改制的车辆属于乘用车征收范围。用排气量大于1.5升的乘用车底盘（车架）或用中轻型商用客车底盘（车架）改装、改制的车辆属于中轻型商用客车征收范围。

含驾驶员人数（额定载客）为区间值的（如8～10人、17～26人）小汽车，按其区间值下限人数确定征收范围。电动汽车不属于本税目征收范围。车身长度大于7米（含）并且座位在10～23座（含）以下的商用客车，不属于中轻型商用客车征税范围，不征收消费税。沙滩车、雪地车、卡丁车、高尔夫车不属于消费税征收范围，不征收消费税。

（九）高尔夫球及球具

高尔夫球及球具是指从事高尔夫球运动所需的各种专用装备，包括重量不超过45.93克、直径不超过42.67毫米的高尔夫球、高尔夫球杆（包括杆头、杆身和握把）及专用于盛装高尔夫球及球杆的包（袋）。

（十）高档手表

高档手表是指销售价格（不含增值税）每只在10 000元（含）以上的各类手表。

（十一）游艇

本税目征收范围包括艇身长度大于8米（含）小于90米（含），内置发动机，可以在水上移动，一般为私人或团体购置，主要用于水上运动和休闲娱乐等非谋利活动的各类机动艇。

（十二）木制一次性筷子

木制一次性筷子指以木材为原料经过锯段、浸泡、旋切、刨切、烘干、筛选、打磨、倒角、包装等环节加工而成的各类一次性使用的筷子。未经打磨、倒角的木制一次性筷子属于本税目征税范围。

（十三）实木地板

本税目征收范围包括各类规格的实木地板、实木指接地板、实木复合地板及用于装饰墙壁、天棚的侧端面为榫、槽的实木装饰板。未经涂饰的素板也属于本税目征税范围。

（十四）电池

电池是一种将化学能、光能等直接转换为电能的装置，一般由电极、电解质、容器、极端，通常还有隔离层组成的基本功能单元，以及用一个或多个基本功能单元装配成的电池组。范围包括：原电池、蓄电池、燃料电池、太阳能电池和其他电池。

为促进节能环保，经国务院批准，自 2015 年 2 月 1 日起对电池征收消费税。对无汞原电池、金属氢化物镍蓄电池（又称氢镍蓄电池或镍氢蓄电池）、锂原电池、锂离子蓄电池、太阳能电池、燃料电池和全钒液流电池免征消费税。

2015 年 12 月 31 日前对铅蓄电池缓征消费税；自 2016 年 1 月 1 日起，对铅蓄电池按 4%税率征收消费税。

（十五）涂料

涂料是指涂于物体表面能形成具有保护、装饰或特殊性能的固态涂膜的一类液体或固体材料之总称。涂料由主要成膜物质、次要成膜物质等构成。按主要成膜物质，涂料可分为油脂类、天然树脂类、酚醛树脂类、沥青类、醇酸树脂类、氨基树脂类、硝基类、过滤乙烯树脂类、烯类树脂类、丙烯酸酯类树脂类、聚酯树脂类、环氧树脂类、聚氨酯树脂类、元素有机类、橡胶类、纤维素类、其他成膜物类等。

对施工状态下挥发性有机物含量低于 420 克/升（含）的涂料免征消费税。

二、税率

消费税的税率形式有三种：比例税率、定额税率、从量定额与从价定率相结合的复合税率。《消费税暂行条例》根据不同的应税消费品，分别规定了不同的税率形式，甚至对同一种应税消费品规定了不同的税率形式。具体规定内容见表 4.1。

表 4.1　　消费税税目、税率表

税　目	税　率
一、烟	
1. 卷烟	
(1)甲类卷烟	56%加 0.003 元/支
(2)乙类卷烟	36%加 0.003 元/支
(3)批发环节	11%
2. 雪茄烟	36%
3. 烟丝	30%
二、酒	
1. 白酒	20%加 0.5 元/500 克(或 500 毫升)
(1)粮食白酒	

续表

税　目	税　率
(2)薯类白酒	
2. 黄酒	240元/吨
3. 啤酒	
(1)甲类啤酒	250元/吨
(2)乙类啤酒	220元/吨
4. 其他酒	10%
三、化妆品	30%
四、贵重首饰及珠宝玉石	
1. 金银首饰铂金首饰和钻石及钻石饰品	5%
2. 其他贵重首饰和珠宝玉石	10%
五、鞭炮、焰火	15%
六、成品油	
1. 汽油	1.52元/升
2. 柴油	1.2元/升
3. 航空煤油	1.2元/升
4. 石脑油	1.52元/升
5. 溶剂油	1.52元/升
6. 润滑油	1.52元/升
7. 燃料油	1.2元/升
七、摩托车	
汽缸容量在250毫升以上	10%
八、小汽车	
1. 乘用车	
(1)汽缸容量(排气量,下同)在1.0升(含1.0升)以下	1%
(2) 汽缸容量在1.0升以上至1.5升(含1.5升)	3%
(3) 汽缸容量在1.5升以上至2.0升(含2.0升)	5%
(4) 汽缸容量在2.0升以上至2.5升(含2.5升)	9%

续表

税　目	税　率
(5) 汽缸容量在2.5升以上至3.0升(含3.0升)	12%
(6) 汽缸容量在3.0升以上至4.0升(含4.0升)	25%
(7) 汽缸容量在4.0升以上的	40%
2. 中轻型商用客车	5%
九、高尔夫球及球具	10%
十、高档手表	20%
十一、游艇	10%
十二、木制一次性筷子	5%
十三、实木地板	5%
十四、电池	4%
十五、涂料	4%

注:①甲类卷烟为每标准条(200支)对外调拨价格在70元以上(含70元,不含增值税)的卷烟;乙类卷烟为每标准条对外调拨价格在70元以下的卷烟,每标准箱为50 000支,即150元/标准箱。②甲类啤酒为每吨出厂价格(含包装物及包装物押金)在3 000元以上(含3 000元,不含增值税)的啤酒;乙类啤酒为每吨在3 000元以下的啤酒。

(一)比例税率

采用比例税率的应税消费品有烟(雪茄烟和烟丝)、酒、化妆品、贵重首饰及珠宝玉石、鞭炮和焰火、摩托车、小汽车、高尔夫球及球具、高档手表、游艇、木制一次性筷子和实木地板。

(二)定额税率

采用定额税率的应税消费品有黄酒、啤酒(包括甲类啤酒和乙类啤酒)、成品油(包括汽油、柴油、航空煤油、溶剂油、润滑油和燃料油)。

(三)复合税率

采用复合税率的应税消费品有卷烟(包括甲类卷烟和乙类卷烟)和白酒(包括粮食白酒和薯类白酒)。需要注意的是,纳税人兼营(即生产销售)两种税率以上的应税消费品,应当分别核算不同税率应税消费品的销售额、销售数量;未分别核算销售额、销售数量,或者将不同税率的应税消费品组成成套消费品销售的,从高适用税率。具体税率参见表4.1。

第四节　计税依据与应纳税额的计算

消费税应纳税额的计算方法有三种：一是从价定率计税，二是从量定额计税（包括啤酒、黄酒和成品油）；三是从量定额与从价定率相结合的复合计税（包括粮食白酒、薯类白酒和卷烟）。根据应税消费品的计税方法，分别适用以下不同的计算公式：

实行从价定率计税方法的应纳税额＝销售额×比例税率

实行从量定额计税方法的应纳税额＝销售数量×定额税率

实行复合计税方法的应纳税额＝销售数量×定额税率＋销售额×比例税率

一、从价定率计税方式应纳税额的计算

（一）生产销售环节应纳税额的计算

纳税人在生产销售环节应缴纳的消费税，包括自产自销应税消费品应缴纳的消费税和自产自用应税消费品应缴纳的消费税。自产自销是指纳税人生产应税消费品后，直接对外销售。自产自用是指纳税人生产应税消费品后，不直接对外销售，而是用于连续生产应税消费品或是用于其他方面。

1. 自产自销应纳税额的计算

（1）自产自销应税消费品销售额的确定

纳税人生产销售应税消费品，实行从价定率计税方式的，其计税依据为应税消费品含消费税而不含增值税的销售额。

①销售额的一般规定

销售额是指纳税人销售应税消费品向购买方收取的全部价款和价外费用。价外费用是指在价格之外向购买方收取的手续费、补贴、基金、筹资费、返还利润、奖励费、违约金、滞纳金、延期付款利息、赔偿金、代收款项、代垫款项、包装费、包装物租金、储备费、优质费、运输装卸费以及其他各种性质的价外收费。但下列费用不包括在内：

a. 同时符合以下条件的代垫运输费用：

第一，承运部门的运输费用发票开具给购买方的；

第二，纳税人将该项发票转交给购买方的。

b. 同时符合以下条件代为收取的政府性基金或者行政事业性收费：

第一，由国务院或者财政部批准设立的政府性基金，由国务院或者省级人民政府及其财政、价格主管部门批准设立的行政事业性收费；

第二，收取时开具省级以上财政部门印制的财政票据；

第三，所收款项全额上缴财政。

其他价外费用，无论是否属于纳税人的收入，均应并入销售额计算征税。

②销售额的换算

a. 含增值税销售额的换算

应税消费品在缴纳消费税的同时，还应缴纳增值税。消费税实行价内税，增值税实行价外税，两者的计税依据是同口径的销售额，即含消费税而不含增值税的销售额。如果纳税人应税消费品的销售额中未扣除增值税税款或因不得开具增值税专用发票而发生价款与增值税税款合并收取的，在计算消费税时，应当换算为不含增值税税款的销售额。换算公式为：

$$应税消费品的销售额=\frac{含增值税的销售额}{1+增值税税率或征收率}$$

在使用换算公式时，应根据纳税人的具体情况分别使用增值税税率或征收率。如果消费税的纳税人同时又是增值税一般纳税人的，应适用 17％的增值税税率；如果消费税的纳税人是增值税小规模纳税人的，应适用 3％的征收率。

b. 以外汇结算销售额的换算

纳税人销售的应税消费品，以外汇结算销售额的，其销售额的人民币折合率可以选择结算的当天或者当月 1 日的国家外汇牌价（原则上为中间价）。纳税人应在事先确定采取何种折合率，确定后 1 年内不得变更。

③ 销售额确定的特殊规定

a. 包装物及押金的规定

根据包装物是否随同产品销售和是否收取押金的不同情况，做出相应规定：

第一，应税消费品连同包装物销售的，无论包装是否单独计价，也不论在会计上如何核算，均应并入应税消费品的销售额中征收消费税。

第二，如果包装物不作价随同产品销售，而是收取押金，此项押金则不应并入应税消费品的销售额中征税。

第三，对因逾期未收回的包装物不再退还的或者已收取的时间超过 12 个月的押金，应并入应税消费品的销售额，按照应税消费品的适用税率缴纳消费税。

第四，对既作价随同应税消费品销售又另外收取押金的包装物的押金，凡纳税人在规定的期限内没有退还的，均应并入应税消费品的销售额，按照应税消费品的适用税率缴纳消费税。

第五，对酒类产品生产企业销售酒类产品（黄酒、啤酒除外）而收取的包装物押金，无论押金是否返还，也无论会计上如何核算，均应并入销售额，依酒类产品的适用税率征收消费税。

b. 特殊方式下销售额的确定：

第一，纳税人通过自设非独立核算的门市部销售的自产应税消费品，应当按照门市部对外销售额或销售数量征收消费税；

第二，纳税人用于换取生产资料和消费资料、投资入股和抵偿债务等方面的应税消费品，应当以纳税人同类消费品的最高销售价格作为计税依据征收消费税。

(2)自产自销应税消费品应纳税额的计算

纳税人生产销售应税消费品，实行从价定率方式计征消费税的，应纳税额的计算公式为：

$$应纳税额=销售额\times 比例税率$$

【例 4—1】 某化妆品生产企业 2014 年前两个月发生如下业务：

①1 月，该企业销售化妆品 200 箱，每箱售价为3 000元，计算该企业当月应纳消费税；

②2 月，该企业销售化妆品收入为 50 万元(不含增值税)，并自设非独立核算门市部，销售收入为23 400元(含税价)，计算当月应纳消费税。

解：

$$应纳消费税=3\ 000\times 200\times 30\%=180\ 000(元)$$

$$应纳消费税=\left(500\ 000+\frac{23\ 400}{1+17\%}\right)\times 30\%=156\ 000(元)$$

2. 自产自用应纳税额的计算

(1)自产自用应税消费品销售额的确定

税法规定，纳税人自产自用的应税消费品，用于连续生产应税消费品的不缴消费税；用于连续生产非应税消费品和在建工程、管理部门、非生产机构、提供劳务以及用于馈赠、赞助、集资、广告、样品、职工福利、奖励等方面的，于移送使用时缴纳消费税。

纳税人自产自用的应税消费品，凡用于其他方面的应缴纳消费税。纳税时：

①有同类消费品销售价格的，以生产的同类消费品的销售价格为计税依据。同类消费品的销售价格是指纳税人当月销售的同类消费品的销售价格。如果当月同类消费品各期销售价格高低不同，应按销售数量加权平均计算。但销售的应税消费品有下列情况之一的，不得列入加权平均计算：第一，销售价格明显偏低又无正当理由的；第二，无销售价格的。如果当月无销售或者当月未完结，应按照同类消费品上月或者最近月份的销售价格计算纳税。

②无同类消费品销售价格的，以组成计税价格为计税依据。其计算公式为：

$$组成计税价格=\frac{成本+利润}{1-比例税率}$$

上述公式中的成本是指应税消费品的产品生产成本；利润是指根据应税消费品的全国平均成本利润率计算的利润。应税消费品全国平均成本利润率由国家税务总局确定。1993 年 12 月 28 日和 2006 年 3 月，国家税务总局颁发《消费税若干具体问题的规定》，确定应税消费品全国平均成本利润率，见表 4.2。

表 4.2　　应税消费品全国平均成本利润率表

货物名称	利润率(%)	货物名称	利润率(%)
1. 甲类卷烟	10	10. 贵重首饰及珠宝玉石	6
2. 乙类卷烟	5	11. 实木地板	5
3. 雪茄烟	5	12. 摩托车	6
4. 烟丝	5	13. 高尔夫球及球具	10
5. 粮食白酒	10	14. 高档手表	20
6. 薯类白酒	5	15. 游艇	10
7. 其他酒	5	16. 木制一次性筷子	5
8. 化妆品	5	17. 乘用车	8
9. 鞭炮焰火	5	18. 中轻型商用客车	5

(2)自产自用应税消费品应纳税额的计算

纳税人自产自用应税消费品,实行从价定率方式计征消费税的,应纳税额的计算公式分为两种情况:

①有同类消费品销售价格的,其计算公式为:

应纳税额=同类消费品的销售价格×比例税率

②无同类消费品销售价格的,其计算公式为:

应纳税额=组成计税价格×比例税率

【例 4－2】 某化妆品企业六七月份业务如下:

(1)6 月份,7 日销售 18 件,每件售价 500 元;12 日销售 20 件,每件售价 498 元;20 日销售 22 件,每件售价 495 元;28 日销售 16 件,每件售价 505 元,并另将 30 件化妆品馈赠给某客户。计算该企业 6 月应纳消费税。

(2)7 月份,将自产 200 件化妆品作为职工福利发放给职工,若该化妆品无同类产品的销售价格,其生产成本每件 450 元,计算该企业 7 月应纳消费税。

解:

① $$\text{平均销售价格}=\frac{500\times18+498\times20+495\times22+505\times16}{18+20+22+16}=499.1(\text{元})$$

当月应纳消费税:

$$(500\times18+498\times20+495\times22+505\times16+499.1\times30)\times30\%=15\ 870.9(\text{元})$$

② $$\text{组成计税价格}=\frac{450\times200\times(1+5\%)}{1-30\%}=135\ 000(\text{元})$$

$$\text{当月应纳消费税}=135\ 000\times30\%=40\ 500(\text{元})$$

(二)委托加工环节应纳税额的计算

1. 委托加工应税消费品销售额的确定

税法规定,委托加工的应税消费品是指由委托方提供原料和主要材料,受托方只收取加工费和代垫部分辅助材料加工的应税消费品。对于由受托方提供原材料生产的应税消费品,或者受托方先将原材料卖给委托方然后再接受加工的应税消费品,以及由受托方以委托方名义购进原材料生产的应税消费品,不论纳税人在财务上是否作销售处理,都不得做为委托加工应税消费品而应当按照销售自制应税消费品缴纳消费税。对于符合税法规定条件的委托加工的应税消费品,应由受托方代收代缴。

(1)如果受托方有同类消费品销售价格的,以受托方同类消费品的销售价格为计税依据。

(2)无同类消费品销售价格的,以组成计税价格为计税依据。其计算公式为:

$$组成计税价格=\frac{材料成本+加工费}{1-比例税费}$$

上述公式中的材料成本是指委托方所提供加工材料的实际成本。委托加工应税消费品的纳税人,必须在委托加工合同上如实注明(或以其他方式提供)材料成本。凡未提供材料成本的,受托方所在地主管税务机关有权核定其材料成本。加工费是指受托方加工应税消费品向委托方收取的全部费用(包括代垫辅助材料的实际成本,不包括增值税税金)。

2. 委托加工应税消费品应纳税额的计算

纳税人委托加工的应税消费品,实行从价定率方式计征消费税的,应纳税额的计算方法分为两种情况:

(1)受托方有同类消费品销售价格的,其计算公式为:

$$应纳税额=同类消费品的销售价格\times比例税率$$

(2)受托方无同类消费品销售价格的,其计算公式为:

$$应纳税额=组成计税价格\times比例税率$$

【例 4—3】 某鞭炮企业 2014 年 4 月受托为某单位加工一批鞭炮,委托单位提供的原材料金额为 30 万元,收取委托单位不含增值税的加工费为 4 万元,鞭炮企业当地无加工鞭炮的同类产品市场价格。计算鞭炮企业应代收代缴的消费税。

解:

$$组成计税价格=\frac{30+4}{1-15\%}=40(万元)$$

$$应代收代缴消费税=40\times15\%=6(万元)$$

(三)进口环节应纳税额的计算

进口的应税消费品,由进口人或者其代理人向报关地海关申报纳税,于报关进口时缴纳消费税。进口应税消费品消费税的税目、税率(税额),依照消费税税目税率执行。

1. 进口应税消费品组成计税价格的确定

纳税人进口应税消费品,实行从价定率方式计征消费税的,以组成计税价格为计税依据。其计算公式为:

$$组成计税价格=\frac{关税完税价格+关税}{1-消费税比例税率}$$

公式中的关税完税价格,是指海关核定的关税计税价格。

2. 进口应税消费品应纳税额的计算

纳税人进口应税消费品,实行从价定率方式计征消费税的,应纳税额的计算公式为:

$$应纳税额=组成计税价格\times消费税比例税率$$

【例4—4】 某外贸公司从国外进口一批实木地板,其关税完税价格为90万元,按规定应缴纳关税5万元。计算该批消费品进口环节应缴纳的消费税税额。

解:

$$组成计税价格=\frac{90+5}{1-5\%}=100(万元)$$

$$应缴纳消费税税额=100\times5\%=5(万元)$$

(四)零售环节应纳税额的计算

目前,我国金银首饰、钻石及钻石饰品消费税已由原生产环节、进口环节征收改在零售环节征收。改为零售环节征收消费税的金银首饰范围仅限于金、银和金基、银基合金首饰以及金、银和金基、银基合金的镶嵌首饰(简称金银首饰),不包括镀金(银)、包金(银)首饰以及镀金(银)、包金(银)的镶嵌首饰(简称非金银首饰)。后者仍按贵重首饰及珠宝玉石税目在生产销售环节征收消费税。

1. 金银首饰计税依据的确定

(1)纳税人销售金银首饰,其计税依据为向购买方收取的不含增值税的全部价款和价外费用。对既销售金银首饰又销售非金银首饰的生产、经营单位,应将两类商品划分清楚,分别核算销售额。凡划分不清楚或不能分别核算并在生产环节销售的,一律从高适用税率征收消费税;在零售环节销售的,一律按金银首饰征收消费税。

(2)金银首饰与其他产品组成成套消费品销售的,应按销售额全额征收消费税。

(3)金银首饰连同包装物销售的,无论包装是否单独计价,也无论会计上如何核算,均应并入金银首饰的销售额,计征消费税;

(4)带料加工的金银首饰,应按受托方销售同类金银首饰的销售价格确定计税依据征收消费税;没有同类金银首饰销售价格的,按照组成计税价格计算纳税。组成计税价格的计算公式为:

$$组成计税价格=\frac{材料成本+加工费}{1-金银首饰消费税税率}$$

(5)纳税人采用以旧换新(含翻新改制)方式销售的金银首饰,应按实际收取的不含增值税的全部价款确定计税依据征收消费税。

(6)生产、批发、零售单位用于馈赠、赞助、集资、广告、样品、职工福利、奖励等方面的金银首饰,应按纳税人销售同类金银首饰的销售价格确定计税依据征收消费税;没有同类金银首饰销售价格的,按照组成计税价格计算纳税。组成计税价格的计算公式为:

$$组成计税价格=\frac{购进原价(生产成本)+利润}{1-金银首饰消费税税率}$$

其中,购进原价是对于商业企业而言,生产成本是对于生产企业而言,金银首饰消费税税率为5%,其利润一律按6%的利润率计算。

2. 金银首饰应纳税额的确定

纳税人销售金银首饰,实行从价定率方式计征消费税的,应纳税额的计算公式为:

$$应纳消费税=金银首饰销售额(或组成计税价格)\times金银首饰消费税税率$$

【例4-5】 某首饰店3、4月份业务如下:

(1)3月销售一批金银首饰,含增值税的销售额为324 000元,计算3月份应纳消费税税额。

(2)4月将20条金项链赞助给某企业,该批金银首饰无同类销售价格,其购进原价为800元/条,计算4月份应纳消费税税额。

解:

① $$应纳消费税=\frac{324\ 000}{1+17\%}\times5\%=10\ 000(元)$$

② $$组成计税价格=\frac{800\times(1+6\%)}{1-5\%}=892.6(元)$$

$$应纳消费税=892.6\times20\times5\%=892.6(元)$$

二、从量定额计税方式应纳税额的计算

(一)生产环节应纳税额的计算

1. 自产自销应税消费品应纳税额的计算

纳税人销售应税消费品,实行从量定额方式计征消费税的,其计税依据为应税消费品的销售数量。应纳税额的计算公式为:

$$应纳税额=销售数量\times定额税额$$

2. 自产自用应税消费品应纳税额的计算

纳税人自产自用应税消费品,实行从量定额方式计征消费税的,其计税依据为应税消费品的移送使用数量。应纳税额的计算公式为:

$$应纳税额=移送使用数量\times定额税额$$

(二)委托加工环节应纳税额的计算

纳税人委托加工应税消费品,实行从量定额方式计征消费税的,其计税依据为纳税人(委托方)收回的应税消费品数量。应纳税额的计算公式为:

应纳税额=委托方收回数量×定额税额

(三)进口环节应纳税额的计算

纳税人进口应税消费品,实行从量定额方式计征消费税的,其计税依据为海关核定的应税消费品进口征税数量。应纳税额的计算公式为:

应纳税额=海关核定的进口征税数量×定额税额

《消费税暂行条例》规定,黄酒、啤酒以吨为税额单位,汽油、柴油以升为税额单位。考虑到在实际销售过程中,一些纳税人会把吨或升这两个计量单位混用,为了规范不同产品的计量单位,以准确计算应纳税额,吨与升两个计量单位的换算标准见表 4.3。

表 4.3　　吨与升两个计量单位的换算标准

序号	名称	计量单位的换算
1	黄酒	1 吨=962 升
2	啤酒	1 吨=988 升
3	汽油	1 吨=1 388 升
4	柴油	1 吨=1 176 升
5	航空煤油	1 吨=1 246 升
6	石脑油	1 吨=1 385 升
7	溶剂油	1 吨=1 282 升
8	润滑油	1 吨=1 126 升
9	燃料油	1 吨=1 015 升

三、复合计税方式应纳税额的计算

现行消费税的征税范围中,只有卷烟、粮食白酒、薯类白酒采用复合计税方式。

(一)生产环节应纳税额的计算

1. 自产自销应税消费品应纳税额的计算

(1)自产自销应税消费品计税依据的确定

纳税人自产自销应税消费品,实行从量定额与从价定率相结合的复合计征方式计征消费税的,计税依据为纳税人生产的消费品的销售价格和销售数量。

(2)自产自销应税消费品应纳税额的计算

纳税人自产自销应税消费品，实行从量定额与从价定率相结合的复合计征方式计征消费税的，应纳税额的计算公式为：

$$应纳税额=销售数量\times定额税率+销售额\times比例税率$$

【例 4—6】 某卷烟厂 2014 年 8 月生产销售乙类卷烟 500 箱，每箱不含增值税销售价格为12 000元，国家调拨价格为13 500元。消费税比例税率为 30%，定额税为 150 元/箱。计算该卷烟厂当月应纳消费税。

解：

$$应纳消费税=500\times150+13\ 500\times30\%=79\ 050(元)$$

2. 自产自用应税消费品应纳税额的计算

(1)自产自用应税消费品计税依据的确定。纳税人自产自用应税消费品，实行从量定额与从价定率相结合的复合计征方式计征消费税的，计税依据为纳税人生产的同类消费品的销售价格和自产自用数量；没有同类消费品销售价格的，按照组成计税价格计税。其计算公式为：

$$组成计税价格=\frac{成本+利润+自产自用数量\times定额税率}{1-比例税率}$$

(2)自产自用应税消费品应纳税额的计算。纳税人自产自用应税消费品，实行从量定额与从价定率相结合的复合计征方式计征消费税的，其应纳税额的计算分为两种情况：

① 有同类消费品的销售价格，其计算公式为：

$$应纳税额=自产自用数量\times定额税率+纳税人生产的同类消费品销售额\times比例税率$$

② 无同类消费品的销售价格，其计算公式为：

$$应纳税额=自产自用数量\times定额税率+组成计税价格\times比例税率$$

【例 4—7】 某酒厂将自产的薯类白酒 200 千克赞助给其他单位。该批白酒尚未投放市场，生产成本为 1 万元。计算该酒厂应纳消费税。

解：

$$组成计税价格=\frac{10\ 000+10\ 000\times5\%+200\times2\times0.5}{1-20\%}=13\ 375(元)$$

$$应纳消费税=13\ 375\times20\%+200\times2\times0.5=2\ 875(元)$$

(二)委托加工环节应纳税额的计算

1. 委托加工应税消费品计税依据的确定

纳税人委托加工应税消费品，实行从量定额与从价定率相结合的复合计征方式计征消费税的，计税依据为受托方同类消费品的销售价格和委托加工数量；受托方没有同类消费品销售价格的，按照组成计税价格计税。其计算公式为：

$$组成计税价格=\frac{材料成本+加工费+委托加工数量\times定额税率}{1-比例税率}$$

2. 委托加工应税消费品应纳税额的计算

纳税人委托加工应税消费品，实行从量定额与从价定率相结合的复合计征方式计征消费税的，其应纳税额的计算分为两种情况：

(1)有同类消费品的销售价格，其计算公式为：

应纳税额＝委托加工数量×定额税率＋受托方同类消费品的销售额×比例税率

(2)无同类消费品的销售价格，其计算公式为：

应纳税额＝委托加工数量×定额税率＋组成计税价格×比例税率

【例 4—8】 甲企业 2014 年委托乙企业加工一批粮食白酒，甲企业提供原材料，实际成本为5 000元，支付加工费(不含增值税)2 000元，甲企业共收回粮食白酒1 000千克，计算乙企业应代收代缴消费税。

解：

$$组成计税价格=\frac{5\ 000+2\ 000+1\ 000\times2\times0.5}{1-20\%}=10\ 000(元)$$

$$应代收代缴消费税=1\ 000\times2\times0.5+10\ 000\times20\%=3\ 000(元)$$

(三)进口环节应纳税额的计算

1. 进口应税消费品计税依据的确定

纳税人进口应税消费品，实行从量定额与从价定率相结合的复合计征方式计征消费税的，计税依据为进口应税消费品的组成计税价格和进口数量。其中，组成计税价格的计算公式为：

$$组成计税价格=\frac{关税完税价格+关税+进口数量\times消费税定额税率}{1-消费税比例税率}$$

2. 进口应税消费品应纳税额的计算

纳税人进口应税消费品，实行从量定额与从价定率相结合的复合计征方式计征消费税的。应纳税额的计算公式为：

应纳税额＝组成计税价格×消费税税率＋应税消费品进口数量×消费税定额税额

【例 4—9】 某外贸公司当月从国外进口 200 箱甲类卷烟，其关税完税价格为 300 万元，卷烟关税税率为 20%。计算该外贸公司应纳消费税。

解：

$$组成计税价格=\frac{300+300\times20\%+200\times150/10\ 000}{1-56\%}=825(万元)$$

$$应纳消费税=825\times56\%+\frac{200\times150}{10\ 000}=465(万元)$$

四、准予扣除已纳税额的计算

为了避免重复征税，现行消费税规定，将外购应税消费品和委托加工收回的应税消费品继续生产应税消费品销售的，可以将外购应税消费品和委托加工收回应税消费品已缴纳的消费税给予扣除。从2014年1月1日起，以外购或委托加工收回的已税汽油、柴油为原料连续生产汽油、柴油，准予从汽、柴油消费税应纳税额中扣除原料已纳的消费税税款。[①]

准予扣除的应税消费品包括：

(1)外购已税烟丝生产的卷烟；

(2)外购已税化妆品原料生产的化妆品；

(3)外购已税珠宝、玉石原料生产的贵重首饰及珠宝、玉石；

(4)外购已税鞭炮、焰火原料生产的鞭炮、焰火；

(5)外购已税摩托车零件生产的摩托车(如用外购两轮摩托车改装三轮摩托车)；

(6)外购已税杆头、杆身和握把为原料生产的高尔夫球杆；

(7)外购已税木制一次性筷子原料生产的木制一次性筷子；

(8)外购已税实木地板原料生产的实木地板；

(9)外购已税石脑油为原料生产的应税消费品；

(10)外购已税润滑油原料生产的润滑油。

(一)从价定率计征

1. 外购已税消费品(或已税消费品为原料)连续生产应税消费品

外购已税消费品(或已税消费品为原料)连续生产应税消费品，其计算公式为：

当期准予扣除的外购应税消费品已纳税款＝当期准予扣除的外购应税消费品买价×外购应税消费品适用税率

当期准予扣除的外购应税消费品买价＝期初库存的外购应税消费品的买价＋当期购进的应税消费品的买价－期末库存的外购应税消费品的买价

其中，外购已税消费品的买价是指购货发票上注明的销售额(不包括增值税税款)。

需要说明的是，纳税人用外购的已税珠宝、玉石原料生产的改在零售环节征收消费税的金银首饰(镶嵌首饰)，在计税时一律不得扣除外购珠宝玉石的已纳税款。

对自己不生产应税消费品而只是购进后再销售应税消费品的工业企业，其销售的化妆品、鞭炮、焰火和珠宝、玉石，凡不能构成最终消费品直接进入消费品市场而需进一步生产加工的，应当征收消费税，同时允许扣除上述外购应税消费品的已纳税款。允许扣除已纳税款的应税消费品只限于从工业企业购进的应税消费品和进口环节已缴纳消费税的应税消费品，对从境内商业企业购进应税消费品的已纳税款一律不得扣除。

2. 委托加工收回已税消费品(或已税消费品为原料)连续生产应税消费品

委托加工收回已税消费品(或已税消费品为原料)连续生产应税消费品，其计算公

① 《关于以外购或委托加工汽、柴油连续生产汽、柴油允许抵扣消费税政策问题的通知》，财税[2014]15号。

式为：

当期准予扣除的委托加工应税消费品已纳税款＝期初库存的委托加工应税消费品已纳税款
＋当期收回的委托加工应税消费品已纳税款
－期末库存的委托加工应税消费品已纳税款

需要说明的是，纳税人用委托加工收回的已税珠宝、玉石原料生产的改在零售环节征收消费税的金银首饰，在计税时一律不得扣除委托加工收回的珠宝、玉石原料的已纳消费税税款。

（二）从量定额计征

1. 外购已税石脑油、润滑油、燃料油为原料连续生产应税消费品

外购已税石脑油、润滑油、燃料油为原料连续生产应税消费品，其计算公式为：

当期准予扣除的外购应税消费品已纳税额＝当期准予扣除的外购应税消费品数量
×外购应税消费品单位税额

当期准予扣除的外购应税消费品数量＝期初库存外购应税消费品数量
＋当期外购应税消费品数量
－期末库存外购应税消费品数量

2. 委托加工的已税消费品生产的应税消费品

委托加工的已税消费品生产的应税消费品，其计算公式为：

应纳税额＝销售数量×单位税额－当期准予扣除的委托加工应税消费品已纳税款

当期准予扣除的委托加工应税消费品已纳税款＝期初库存的委托加工应税消费品已纳税款
＋当期收回的委托加工应税消费品已纳税款
－期末库存的委托加工应税消费品已纳税款

五、出口应税消费品退(免)税

纳税人出口应税消费品与已纳增值税出口货物一样，国家都是给予退（免）税优惠的。出口应税消费品同时涉及退（免）增值税和消费税，且退（免）消费税与出口货物退（免）增值税在退（免）税范围的限定、退（免）税办理程序、退（免）税审核及管理上都有许多一致的地方。因此，本节仅就出口应税消费品退（免）消费税某些不同于出口货物退（免）增值税的特殊规定做介绍。

（一）出口退税率的规定

计算出口应税消费品应退消费税的税率或单位税额，依据《消费税暂行条例》所附消费税税目税率（税额）表执行。企业应将不同消费税税率的出口应税消费品分开核算和申报，凡划分不清适用税率的，一律从低适用税率计算应退消费税税额。

（二）出口应税消费品退（免）税政策

出口应税消费品退（免）消费税在政策上分为以下三种情况：

1. 出口免税并退税

有出口经营权的外贸企业购进应税消费品直接出口，以及受其他外贸企业委托代理出口应税消费品，出口免税并退税。

2. 出口免税但不退税

有出口经营权的生产性企业自营出口或生产企业委托外贸企业代理出口自产的应税消费品，依据其实际出口数量免征消费税，不予办理退还消费税。

3. 出口不免税也不退税

除生产企业、外贸企业外的其他企业，具体是指一般商贸企业委托外贸企业代理出口应税消费品一律不予退(免)税。

(三)出口应税消费品退税额的计算

外贸企业从生产企业购进货物直接出口或受其他外贸企业委托代理出口应税消费品的，应退消费税税款，分以下两种情况处理：

1. 属于从价定率计征消费税的应税消费品

属于从价定率计征消费税的应税消费品，应依照外贸企业从工厂购进货物时征收消费税的价格计算应退消费税税款，其计算公式为：

应退消费税税款＝出口货物的工厂销售额×税率

上述公式中"出口货物的工厂销售额"不包含增值税。对含增值税的价格应换算为不含增值税的销售额。

2. 属于从量定额计征消费税的应税消费品

属于从量定额计征消费税的应税消费品，应以货物购进和报关出口的数量计算应退消费税税款，其计算公式为：

应退消费税税款＝出口数量×单位税额

(四)出口应税消费品办理退(免)税后的管理

出口的应税消费品办理退税后，发生退关或者国外退货进口时予以免税的，报关出口者必须及时向其所在地主管税务机关申报补缴已退的消费税税款。

第五节　征收管理

一、纳税义务发生时间

消费税的纳税环节有四个：生产环节、委托加工环节、进口环节及零售环节。根据不同的应税消费品生产、销售方式不同，消费税纳税义务发生时间也各不相同。

(一)纳税人销售应税消费品

纳税人销售的应税消费品，其纳税义务的发生时间为：

(1)纳税人采取赊销和分期收款结算方式的，其纳税义务的发生时间为销售合同规定的收款日期的当天。

(2)纳税人采取预收货款结算方式的，其纳税义务的发生时间为发出应税消费品的当天。

(3)纳税人采取托收承付和委托银行收款方式销售的应税消费品，其纳税义务的发生时间为发出应税消费品并办妥托收手续的当天。

(4)纳税人采取其他结算方式的，其纳税义务的发生时间为收讫销售款或者取得索取销售款的凭据的当天。

(二)纳税人自产自用应税消费品

纳税人自产自用的应税消费品，其纳税义务的发生时间为移送使用的当天。

(三)纳税人委托加工应税消费品

纳税人委托加工的应税消费品，其纳税义务的发生时间为纳税人提货的当天。

(四)纳税人进口应税消费品

纳税人进口的应税消费品，其纳税义务的发生时间为报关进口的当天。

(五)纳税人销售金银首饰

纳税人销售金银首饰，其纳税义务的发生时间为收讫销售款或取得发票销售款凭据的当天；用于馈赠、赞助、集资、广告、样品、职工福利、奖励等方面的金银首饰，其纳税义务的发生时间为移送的当天；带料加工、翻新改制的金银首饰，其纳税义务的发生时间为受托方交货的当天。

二、纳税期限

《消费税暂行条例》规定，消费税的纳税期限分别为 1 日、3 日、5 日、10 日、15 日、1 个月或者 1 个季度。纳税人的具体纳税期限，由主管税务机关根据纳税人应纳税额的大小分别核定；不能按照固定期限纳税的，可以按次纳税。

纳税人以 1 个月或以 1 个季度为一期纳税的，自期满之日起 15 日内申报纳税；以 1 日、3 日、5 日、10 日或者 15 日为一期纳税的，自期满之日起 5 日内预缴税款，于次月 1 日起至 15 日内申报纳税并结清上月应纳税款。

纳税人进口应税消费品，应当自海关填发海关进口消费税专用之日起 15 日内缴纳税款。

如果纳税人不能按照规定的纳税期限依法纳税，将按《税收征收管理法》的有关规定处理。

三、纳税地点

(一)纳税人销售应税消费品以及自产自用应税消费品

(1)纳税人销售的应税消费品，以及自产自用的应税消费品，除国家另有规定的外，应当向纳税人核算地主管税务机关申报纳税。

(2)纳税人到外县(市)销售或者委托外县(市)代销自产应税消费品的,于应税消费品销售后向机构所在地或者居住地主管税务机关申报纳税。

(3)纳税人的总机构与分支机构不在同一县(市)的,应当分别向各自机构所在地的主管税务机关申报纳税;经财政部、国家税务总局或者其授权的财政、税务机关批准,可以由总机构汇总向总机构所在地的主管税务机关申报纳税。

(二)纳税人委托加工应税消费品

(1)委托加工的应税消费品,除受托方为个人外,由受托方向机构所在地或者居住地的主管税务机关解缴消费税税款。

(2)委托个人加工的应税消费品,由委托方向其机构所在地或者居住地主管税务机关申报纳税。

(三)纳税人进口应税消费品

进口的应税消费品,由进口人或者其代理人向报关地海关申报纳税。

(四)纳税人销售金银首饰

金银首饰的消费税纳税人应当向其核算地主管税务机关申报纳税。

思考题

1. 什么是消费税?为何要开征消费税?
2. 与增值税和其他流转税相比,消费税具有哪些特征?
3. 消费税的计税依据有哪些?
4. 我国消费税的征税范围是如何确定的?消费税的纳税人包括哪些?
5. 纳税人自产自用应税消费品应如何征收消费税?
6. 如何确定该消费品是否为委托加工应税消费品?
7. 纳税人委托加工应税消费品应如何征收消费税?
8. 哪些外购消费品已纳税款允许扣除?
9. 在何种情况下需根据计税价格计征消费税?组成计税价格的各种计税公式有什么区别?
10. 纳税人购进已税消费品连续生产应税消费品的,应如何征收消费税?
11. 消费税的纳税地点应如何确定?
12. 你认为我国现行的消费税征收是否合理?请说明理由。

计算题

1. 某日化厂既生产化妆品又生产护发品。为了扩大销路,该厂将化妆品和护发品组成礼品盒销售。当月直接销售化妆品取得收入8.5万元,直接销售护发品取得收入6.8万元,销售化妆品和护发品组合的礼品盒取得收入12万元,上述收入均不含增值税。该厂应缴纳的消费税是多少？

2. 某啤酒厂(增值税一般纳税人)销售A型啤酒20吨给副食品公司，开具的增值税专用发票上注明价款为58 000元，收取包装物押金3 000元；销售B型啤酒10吨给宾馆，开具普通发票取得收入32 760元，收取包装物押金1 500元。该啤酒厂应缴纳的消费税是多少？

3. 某高尔夫球具厂为增值税一般纳税人，下设一非独立核算的门市部。2014年8月该厂将生产的一批成本价70万元的高尔夫球具移送门市部，门市部将其中的80%销售，取得含税销售额77.22万元。高尔夫球具的消费税税率为10%，成本利润率为10%，该高尔夫球具厂此项业务应缴纳的消费税税额是多少？

4. 某酒厂(增值税一般纳税人)2014年1月份生产一种新型白酒，用于奖励职工0.8吨。已知该种白酒无同类产品出厂价，生产成本每吨40 000元，成本利润率为10%，白酒消费税定额税率为0.5元/500克，消费税比例税率为20%。该酒厂当月应缴纳的消费税是多少？

5. 甲厂将一批原材料委托乙厂加工成应税消费品，该批原材料不含税价格为10万元，乙厂代垫辅料费1万元(含税)，另收取加工费3万元(含税)。假定该应税消费品消费税税率为5%，甲厂、乙厂为增值税一般纳税人，则该委托加工业务消费税组成计税价格是多少？

6. 某卷烟生产企业，某月初库存外购应税烟丝金额为50万元，当月又外购应税烟丝金额500万元(不含增值税)，月末库存烟丝金额为30万元，其余被当月生产卷烟领用。请计算卷烟厂当月准许扣除的外购烟丝已缴纳的消费税税额。(烟丝适用的消费税税率为30%)

7. 某化妆品公司将一批自产的化妆品用作职工福利，化妆品的成本为80 000元。该化妆品无同类产品市场销售价格，但已知其成本利润率为5%，消费税税率为30%。计算该批化妆品应缴纳的消费税税额。

8. 某鞭炮企业2014年4月受托为某单位加工一批鞭炮，委托单位提供的原材料金额为60万元，收取委托单位不含增值税的加工费8万元，鞭炮企业无同类产品市场价格。计算鞭炮企业应代收代缴的消费税。(鞭炮的适用税率为15%)

9. 甲企业为高尔夫球及球具生产厂家，是增值税一般纳税人，2014年10月发生以下业务：

(1)购进一批PU材料，增值税专用发票注明价款10万元、增值税款1.7万元，委托乙企业将其加工成100个高尔夫球包，支付加工费2万元、增值税税款0.34万元；乙企业当月销售同类球包不含税销售价格为0.25万元/个。

(2)将委托加工收回的球包批发给代理商，收到不含税价款28万元。

(3)购进一批碳素材料、钛合金，增值税专用发票注明价款150万元、增值税税款25.5万元，委托丙企业将其加工成高尔夫球杆，支付加工费用30万元、增值税税款5.1万元。

(4)委托加工收回的高尔夫球杆的80%当月已经销售，收到不含税款300万元，尚有20%留存仓库。

(5)主管税务机关在11月初对甲企业进行税务检查时发现，乙企业已经履行了代收代缴消费税义务，丙企业未履行代收代缴消费税义务。

(其他相关资料：高尔夫球及球具消费税税率为10%，以上取得的增值税专用发票均已通过主管税务机关认证)

要求：根据上述资料，按序号回答下列问题，如有计算，每问需要计算出合计数：

(1)计算乙企业应代收代缴的消费税。

(2)计算甲企业批发球包应缴纳的消费税。

(3)计算甲企业销售高尔夫球杆应缴纳的消费税。

(4)计算甲企业留存仓库的高尔夫球杆应缴纳的消费税。

(5)计算甲企业当月应缴纳的增值税。

(6)主管税务机关对丙企业未代收代缴消费税的行为应如何处理？

10. 某市烟草集团公司属增值税一般纳税人，持有烟草批发许可证。2014年3月购进已税烟丝800万元(不含增值税)，委托M企业加工甲类卷烟500箱(250条/箱，200支/条)，M企业按每箱0.1万元收取加工费(不含税)。当月M企业按正常进度投料加工生产卷烟200箱由集团公司收回，集团公司将其中20箱销售给烟草批发商N企业，取得含税销售收入86.58万元；80箱销售给烟草零售商Y专卖店，取得不含税销售收入320万元；100箱作为股本与F企业合资成立一家烟草零售经销商Z公司。(烟丝消费税率为30%，甲类卷烟生产环节消费税率为56%加0.003元/支)

要求：根据以上资料，按以下顺序回答问题，每问需计算出合计数：

(1)计算M企业当月应代收代缴的消费税。

(2)计算集团公司向N企业销售卷烟应缴纳的消费税。

(3)计算集团公司向Y专卖店销售卷烟应缴纳的消费税。

(4)计算集团公司向Z公司投资应缴纳的消费税。

11. 某白酒生产企业(以下简称甲企业)为增值税一般纳税人，2014年7月发生以下业务：

(1)向某烟酒专卖店销售粮食白酒20吨，开具普通发票，取得含税收入200万元，另收取品牌使用费50万元、包装物租金20万元。

(2)提供10万元的原材料委托乙企业加工散装药酒1 000千克，收回时向乙企业支付不含增值税的加工费1万元，乙企业已代收代缴消费税。

(3)委托加工收回后将其中900千克散装药酒继续加工成瓶装药酒1 800瓶，以每瓶不含税售价100元通过非独立核算门市部销售完毕。将剩余100千克散装药酒作为福利分给职工，同类药酒的不含税销售价为每千克150元。

（说明：药酒的消费税税率为10%，白酒的消费税税率为20%加0.5元/500克。）

要求：根据上述资料，按照下列序号计算回答问题，每问需计算出合计数。

(1)计算本月甲企业向专卖店销售白酒应缴纳的消费税。

(2)计算乙企业已代收代缴的消费税。

(3)计算本月甲企业销售瓶装药酒应缴纳的消费税。

(4)计算本月甲企业分给职工散装药酒应缴纳的消费税。

12. 某化妆品厂为增值税一般纳税人。2013年12月发生如下业务：10日销售化妆品100箱，每箱不含税价格为500元；19日销售同类化妆品200箱，每箱不含税价格为550元；25日以150箱同类化妆品与某护肤品公司换取护肤品。该化妆品厂2013年12月应纳消费税是多少？

13. 某外贸公司进口一批小轿车，关税完税价格折合人民币1 000万元，关税税率为25%，消费税税率为9%，该批小轿车进口环节应缴纳消费税是多少？

14. 甲企业委托酒厂加工药酒15箱。该药酒无同类产品销售价格，已知委托方提供的原料成本为5万元，受托方垫付的辅料成本为0.5万元，另收取的加工费为1万元，则该酒厂代收的消费税是多少？（药酒的消费税税率为10%）

15. 某外贸公司2014年10月进口卷烟150箱，每箱关税的完税价格为30 000元人民币；境内报关地运到单位，发生运费3.4万元、保险费用等杂费3万元。假定关税税率为15%，则应缴纳的进口环节消费税是多少？

第五章 营业税税制

营业税是以营业额为课征对象的一种税。在我国，营业税是流转税制三大主要税种之一，也是地方税体系中的主要税种。本章根据 2008 年修订的《营业税暂行条例》和《营业税暂行条例实施细则》[①]以及自 2009 年以来我国启动“营业税改征增值税”（简称“营改增”）税制改革以来的法规介绍我国营业税纳税人、征税范围、税率、应纳税额及征收管理等规定。

第一节 概 述

一、营业税的定义

营业税是对在我国境内提供应税劳务、转让无形资产（不包括“营改增”中的转让商标权、转让著作权、转让专利权、转让非专利技术，下同）或销售不动产所取得的营业额为课税对象而征收的一种商品劳务税。营业税具有悠久的征收历史，属传统商品劳务税，实行普遍征收，征收简便易行。

二、营业税的特点

营业税作为流转税制中的主要税种之一，与其他流转税相比，具有以下四个特点：

(1)征收范围广泛。现行营业税征收范围为增值税征税范围之外的所有经营业务，主要涉及国民经济中的第三产业，直接关系到人民大众的日常生活，因而具有广泛性和普遍性。

(2)以营业额全额为计税依据。营业税计税依据为营业额全额，税额不受成本、费用高低影响，对于保证财政收入的稳定增长具有十分重要的作用。随着我国经济结构的调整，第三产业将获得更大发展，营业税收入在整个财政收入中所占的比重特别是在地方财政收入中所占的比重将逐步提高。

---

① 《营业税暂行条例》，国务院令[2008]第 540 号；《营业税暂行条例实施细则》，财税[2008]52 号(2011 年修订)。

(3)按行业设计税目与税率。营业税的税目税率基本上是根据行业确定的，现行营业税的征收范围为增值税征收范围之外的所有经营业务，因而税率设计的总体水平一般较低。但由于各经营业务盈利水平高低不同，因此在实际税负设计中，往往采取按不同行业、不同经营业务设立税目、税率的方法，实行同一行业同税率、不同行业不同税率。

(4)计算简便，易于计征。营业税以营业全额为计税依据，税目税率比较整齐，各税目之间的界限比较清晰，因此计算较为简单，而且可以节省征管或缴纳所耗的经济资源，符合税收的效率原则。

三、我国营业税制度的演变过程

(一)1984年之前我国营业税发展概要

营业税在我国具有十分悠久的历史。周代对"商贾虞衡"的课税，汉代对商人征收的"算缗钱"，明代开征的"市肆门摊税"，清代开征的当税、屠宰税，都具有营业税的性质。南京国民政府于1928年7月制定《营业税办法大纲》，1931年6月修改并制定《营业税法》，明确营业税为地方收入。

中华人民共和国成立后，政务院于1950年公布了《工商业税暂行条例》，将固定工商业户缴纳的营业税和所得税合称为工商业税。1958年税制改革将货物税、商业流通税、印花税以及工商业税中的营业税部分合并为工商统一税，不再征收营业税。1973年全国试行工商税，将工商统一税并入其中。1984年利改税将工商税中的商业和服务业等行业划分出来单独征收营业税。

(二)1994～2008年我国营业税税制平稳发展

1994年税制改革，将商品生产、流通的全过程涉及的流转税，同时将加工、修理修配行业均改征增值税。重新修订、颁布了《营业税暂行条例》，将营业税的课税范围限定为提供应税劳务、转让无形资产和销售不动产，而且适用于内、外资企业，建立了统一、规范的营业税制。根据我国当时市场经济体制的要求，再次修订营业税法的基本规范，2008年11月5日国务院第34次常务会议修订通过《营业税暂行条例》和2008年12月15日财政部、国家税务总局发布《营业税暂行条例实施细则》(简称《营业税实施细则》)。

(三)2009年以来我国启动"营改增"进程

相关内容参见第二章第四节。

第二节　纳税人

一、纳税人的一般规定

《营业税暂行条例》规定，在中华人民共和国境内提供应税劳务、转让无形资产或者销售不动产的单位和个人，为营业税的纳税义务人。

（1）在中华人民共和国境内是指税收行政管辖权的区域。具体情况为：

①提供或者接受应税劳务的单位或者个人在境内；

②所转让的无形资产（不含土地使用权）的接受单位或者个人在境内；

③所转让或者出租土地使用权的土地在境内；

④所销售或者出租的不动产在境内。

（2）上述应税劳务是指属于建筑业、金融保险业（不包括有形动产的融资租赁，下同）、文化体育业（不包括营改增中的文化创意服务，下同）、娱乐业、服务业（不包括营改增中的应税服务，下同）税目征收范围的劳务。加工和修理修配劳务属于增值税的征税范围，因此不属于营业税的应税劳务。单位或个体工商户聘用的员工为本单位或雇主提供的劳务，也不属于营业税的应税劳务。

对于保险劳务，按保险机构是否属于境内区别对待：一是指境内保险机构为境内标的物提供的保险，不包括境内保险机构为出口货物提供的保险；二是指境外保险机构以在境内的物品为标的物所提供的保险。

（3）提供应税劳务、转让无形资产或者销售不动产是指有偿提供应税劳务、有偿转让无形资产或者有偿销售不动产的行为。

有偿是指取得货币、货物或者其他经济利益。

单位是指企业、行政单位、事业单位、军事单位、社会团体及其他单位。

个人是指个体工商户以及其他有经营行为的个人。

二、纳税人的特殊规定

为进一步明确纳税义务，在《营业税暂行条例实施细则》中，针对不同行业中的纳税人做出明确规定：

（1）单位以承包、承租、挂靠方式经营的，承包人、承租人、挂靠人（以下统称承包人）发生应税行为，承包人以发包人、出租人、被挂靠人（以下统称发包人）名义对外经营并由发包人承担相关法律责任的，以发包人为纳税人；否则以承包人为纳税人。

（2）建筑安装业务实行分包的，分包者为纳税人。

三、扣缴义务人

在现实生活中会存在难以确定纳税人的情况。为便于税收征收管理、防止税款流失，我国《营业税暂行条例》规定了营业税扣缴义务人。

（1）中华人民共和国境外的单位或者个人在境内提供应税劳务、转让无形资产或者销售不动产，在境内未设有经营机构的，以其境内代理人为扣缴义务人；在境内没有代理人的，以受让方或者购买方为扣缴义务人。

(2)国务院财政、税务主管部门规定的其他扣缴义务人。

第三节　税目与税率

一、税目

(一)建筑业

建筑业是指建筑安装工程作业等,征收范围包括建筑、安装、修缮、装饰和其他工程作业等。其中:

(1)建筑是指新建、改建、扩建各种建筑物、构筑物的工程作业,包括与建筑物相连的各种设备或支柱、操作平台的安装或装设的工程作业,以及各种窑炉和金属结构工程作业在内。但自建自用建筑物,其自建行为不是建筑业税目的征税范围。出租或投资入股的自建建筑物,也不是建筑业的征税范围。

(2)安装是指生产设备、动力设备、起重设备、运输设备、传动设备、医疗实验设备及其他各种设备的装配、安置工程作业,包括与设备相连的工作台、梯子、栏杆的装设工程作业和被安装设备的绝缘、防腐、保温、油漆等工程作业。

(3)修缮是指对建筑物、构筑物进行修补、加固、养护、改善,使之恢复原来的使用价值或延长其使用期限的工程作业。

(4)装饰是指对建筑物、构筑物进行修饰,使之美观或具有特定用途的工程作业。

(5)其他工程作业是指除建筑、安装、修缮、装饰工程作业以外的各种工程作业,如代办电信工程、水利工程、道路修建、疏浚、钻井(打井)、拆除建筑物、平整土地、搭脚手架、爆破等工程作业。

(6)纳税人提供的矿山爆破、穿孔、表面附着物(包括岩层、土层、沙层等)剥离和清理劳务以及矿井、巷道构筑劳务,属于营业税应税劳务,应当缴纳营业税。

(二)金融保险业

金融保险业是指经营金融、保险的业务。

(1)金融是指经营货币资金融通活动的业务,包括贷款、金融商品转让、金融经纪业务、邮政储蓄业务和其他金融业务(不包括已纳入"营改增"范围的"有形动产融资租赁"业务)。

①贷款是指将资金有偿贷与他人使用(包括贴现、押汇方式)的业务。以货币资金投资但收取固定利润或保底利润的行为,也属于这里所称的贷款业务。按资金来源不同,贷款分为外汇转贷业务和一般贷款业务两种。

②金融商品转让,是指转让外汇、有价证券或非货物期货的所有权的行为,包括股票转让、债券转让、外汇转让、其他金融商品转让。

③金融经纪业务和其他金融业务，指受托代他人经营金融活动的中间业务，如委托业务、代理业务、咨询业务等。

(2)保险是指将通过契约形式集中起来的资金，用以补偿被保险人的经济利益的活动，具体包括财产保险、人身保险、责任保险、信用保证保险等。

(3)对我国境内外资金融机构从事离岸银行业务，属于在我国境内提供应税劳务的，征收营业税。离岸银行业务是指银行吸收非居民的资金，服务于非居民的金融活动，包括：外汇存款、外汇贷款、同业外汇拆借、国际结算、发行大额可转让存款证、外汇担保、咨询、鉴证业务以及国家外汇管理局批准的其他业务。

(三)文化体育业

文化体育业是指经营文化、体育活动的业务，征收范围包括文化业和体育业。

(1)文化业是指经营文化活动的业务，包括表演、经营游览场所和各种展览、培训活动，举办文学、艺术、科技讲座、讲演、报告会，图书馆的图书和资料的借阅业务等。

(2)体育业是指举办各种体育比赛和为体育比赛或体育活动提供场所的业务。

(四)娱乐业

娱乐业是指为娱乐活动提供场所和服务的业务，包括经营歌厅、舞厅、卡拉 OK 歌舞厅、音乐茶座、台球、高尔夫球、保龄球场、网吧、游艺场等娱乐场所，以及娱乐场所为顾客进行娱乐活动提供服务的业务。娱乐场所为顾客提供的饮食服务及其他各种服务也按照娱乐业征税。

(五)服务业

服务业是指利用设备、工具、场所、信息或技能为社会提供服务的业务，包括代理业、旅店业、饮食业、旅游业、租赁业和其他服务业(注：仓储业和广告业及有形动产的经营租赁，广告代理服务，知识产权代理服务，货物运输代理服务，客运场站代理服务，代理记账服务，邮政代理服务已纳入“营改增”)。

(1)自 2002 年 1 月 1 日起，福利彩票机构发行销售福利彩票取得的收入不征收营业税。对福利彩票机构以外的代销单位销售福利彩票取得的手续费收入应按规定征收营业税。

(2)对社保基金投资管理人、社保基金托管人从事社保基金管理活动取得的收入，依照税法的规定征收营业税。

(3)单位和个人在旅游景点经营索道取得的收入按“服务业”税目“旅游业”项目征收营业税。

(4)交通部门有偿转让高速公路收费权行为，属于营业税征收范围，应按“服务业”税目中的“租赁”项目征收营业税。

(5)酒店式产权经营业主在约定时间内提供房产使用权与酒店进行合作经营，如房产产权并未归属新的经济实体，业主按照约定取得的固定收入和分红收入均应视为租金收入，根据有关税收法律、行政法规的规定，应按照“服务业—租赁业”征收营业税。

(6)单位和个人受托种植植物、饲养动物的行为，应按照营业税“服务业”税目征收营业税，不征收增值税。上述单位和个人受托种植植物、饲养动物的行为，是指委托方向受托方提供其拥有的植物或动物，受托方提供种植或饲养服务并最终将植物或动物归还给委托方的行为。

(7)自 2012 年 1 月 1 日起，旅店业和饮食业纳税人销售非现场消费的食品应当缴纳增值税，不缴纳营业税。

(六)转让无形资产

转让无形资产是指转让无形资产的所有权或使用权的行为，包括转让土地使用权、转让自然资源使用权(注：转让商标权、转让专利权、转让非专利技术、转让著作权和转让商誉等已纳入“营改增”)。

自 2003 年 1 月 1 日起，以无形资产投资入股，参与接受投资方的利润分配、共同承担投资风险的行为，不征收营业税。在投资后转让其股权的也不征收营业税。

(七)销售不动产

销售不动产是指有偿转让不动产所有权的行为，包括销售建筑物或构筑物和销售其他土地附着物。在销售不动产时连同不动产所占土地的使用权一并转让的行为，比照销售不动产征收营业税。

自 2003 年 1 月 1 日起，以不动产投资入股，参与接受投资方利润分配、共同承担投资风险的行为，不征营业税。在投资后转让其股权的也不征收营业税。

单位或者个人将不动产或者土地使用权无偿赠送其他单位或者个人，视同发生应税行为按规定征收营业税；单位或者个人自建建筑物后销售，其所发生的自建行为视同发生应税行为，按规定征收营业税。

二、税率

营业税按照行业、类别的不同分别采用不同的比例税率，税率分别为 3%、5%和一个幅度比例税率(为 5%～20%)。具体规定为：

(1)建筑业、文化体育业，税率为 3%。

(2)金融保险业、服务业，销售不动产、转让无形资产，税率为 5%。

(3)娱乐业执行 5%～20%的幅度税率，具体适用的税率由各省、自治区、直辖市人民政府根据当地的实际情况在税法规定的幅度内决定。具体税目与税率表见表 5.1。

表 5.1　　营业税税目、税率一览

序号	税目	税率(%)
1	建筑业	3

续表

序号	税目	税率(%)
2	金融保险业	5
3	文化体育业	3
4	娱乐业	5～20
5	服务业	5
6	转让无形资产	5
7	销售不动产	5

三、税收优惠

现行营业税的减免规定，按其来源可分为法定免税项目和补充优惠项目。营业税虽然属于地方税种，但除了税法规定以外，其税收减免决定权由国务院集中掌握，任何地区和部门都不得规定免税、减税项目。另外，税法规定，纳税人兼营免税、减税项目的，应当单独核算免税、减税项目的营业额；未单独核算营业额的，不得免税、减税。

(一)法定免税项目

《营业税暂行条例》规定，下列项目免征营业税：

(1)托儿所、幼儿园、养老院、残疾人福利机构提供的育养服务、婚姻介绍、殡葬服务。

(2)残疾人员个人为社会提供的劳务。

(3)学校和其他教育机构提供的教育劳务，学生勤工俭学提供的劳务。学校和其他教育机构是指普通学校以及经地、市级以上人民政府或者同级政府的教育行政部门批准成立、国家承认其学员学历的各类学校。

(4)农业机耕、排灌、病虫害防治、植保、农牧保险以及相关技术培训业务，家禽、牲畜、水生动物的配种和疾病防治。

(5)纪念馆、博物馆、文化馆、美术馆、展览馆、书画院、图书馆、文物保护单位举办文化活动的门票收入，宗教场所举办文化、宗教活动的门票收入。

(6)医院、诊所和其他医疗机构提供的医疗服务。

(7)境内保险机构为出口货物提供的保险产品。

(二)补充优惠项目

在营业税条例及其实施细则公布以后，财政部、国家税务总局陆续制定并公布了补充的优惠项目。根据国家的其他规定，下列项目减征或免征营业税：

1. 文化体育业税收优惠

文化企业在境外演出从境外取得的收入，免征营业税。

2. 金融保险业税收优惠

(1)中国人民银行对金融机构的贷款业务,不征收营业税。中国人民银行对企业贷款或委托金融机构贷款的业务应当征收营业税。

(2)机构往来业务暂不征收营业税。金融机构往来是指金融企业联行、金融企业与人民银行及同业之间的资金往来业务取得的利息收入,不包括相互之间提供的服务。

(3)对金融机构的出纳长款收入,不征收营业税。

(4)保险公司开展的1年期以上返还性人身保险业务的保费收入免征营业税。返还性人身保险业务是指保期1年以上(包括1年期)、到期返还本利的普通人寿保险、养老金保险、健康保险。

对保险公司开办的普通人寿保险、养老金保险、健康保险的具体险种,凡经财政部、国家税务总局审核并列入免税名单的,可免征营业税;未列入免税名单的,一律征收营业税。

(5)中国人民保险公司和中国进出口银行办理的出口信用保险业务,不作为境内提供保险,为非应税劳务,不征收营业税。

(6)保险公司的摊回分保费用,不征营业税。

(7)按照现行营业税政策的有关规定,公司从事金融资产处置业务时出售、转让股权,不征收营业税;出售、转让债权或将其持有的债权转为股权,不征收营业税;销售、转让不动产或土地使用权,按照有关规定征收营业税[①]。

(8)对地方商业银行转贷用于清偿农村合作基金会债务的专项贷款利息收入免征营业税。专项贷款是指由人民银行向地方商业银行提供,并由商业银行转贷给地方政府,专项用于清偿农村合作基金会债务的贷款。

(9)对信达、华融、长城和东方资产管理公司接受相关国有银行的不良债权,免征销售转让不动产、无形资产以及利用不动产从事融资租赁业务应缴营业税。对资产公司接受相关国有银行的不良债权取得的利息收入,免征营业税。

(10)对符合条件的中小企业信用担保、再担保机构,对其从事担保业务的收入,3年内免征营业税。

(11)对QFII委托境内公司在我国从事证券买卖业务取得的差价收入,免征营业税。

(12)对住房公积金管理中心用住房公积金在指定的委托银行发放个人住房贷款取得的收入,免征营业税。

3. 医疗服务业的营业税优惠

(1)工会疗养院(所)可视为"其他医疗机构",免征营业税。

(2)对非营利性医疗机构按照国家规定的价格取得的医疗服务收入,免征营业税。医疗机构具体包括:各级各类医院、门诊部(所)、社区卫生服务中心(站)、急救中心(站)、城

① 《关于营业税若干政策问题的通知》,财税[2013]16号。

乡卫生院、护理院(所)、疗养院、临床检验中心等。医疗服务是指医疗服务机构对患者进行检查、诊断、治疗、康复和提供预防保健、接生、计划生育方面的服务,以及与这些服务有关的提供药品、医用材料器具、救护车、病房住宿和伙食的业务。

(3)对营利性医疗机构取得的收入,按规定征收各项税收。但为了支持营利性医疗机构的发展,对营利性医疗机构取得的收入,直接用于改善医疗卫生条件的,自其取得执业登记之日起,3年内对其取得的医疗服务收入免征营业税。

4. 各类行政事业单位和社会团体收费的营业税优惠

(1)凡经中央及省级财政部门批准纳入预算管理或财政专户管理的行政事业性收费、基金,无论是由行政单位收取的,还是由事业单位收取的,均不征收营业税。

(2)立法机关、司法机关、行政机关的收费,同时具备下列条件的,不征收营业税:一是国务院、省级人民政府或其所属财政、物价部门以正式文件允许收费,而且收费标准符合文件规定的;二是所收费用由立法机关、司法机关、行政机关自己直接收取的。

(3)社会团体按财政部门或民政部门规定标准收取的会费,不征收营业税。社会团体是指在中华人民共和国境内经国家社团主管部门批准成立的非营利性的协会、学会、联合会、研究会、基金会、联谊会、促进会、商会等民间群众社会组织。社会团体会费是指社会团体在国家法规、政策许可的范围内,依照社团章程的规定收取的个人会员和团体会员的款额。

各党派、共青团、工会、妇联、中科协、青联、台联、侨联收取的党费、会费,比照上述规定执行。

(4)对社会基金理事会、社保基金投资管理人运用社保基金买卖证券投资基金、股票、债券的差价收入,暂免征收营业税[①]。对社保基金理事会、社保基金投资管理人管理的社保基金银行存款利息收入,社保基金从证券市场取得的收入,包括买卖证券投资基金、股票、债券的差价收入,证券投资基金红利收入,股票的股息、红利收入,债券的利息收入及其他收入,暂免征收企业所得税[②]。

(5)对社保基金投资管理人、社保基金托管人从事社保基金管理活动取得的收入,依照税法的规定征收营业税、企业所得税以及其他税收。

5. 其他服务业的税收优惠

(1)对按政府规定价格出租的公有住房和廉租住房暂免征收营业税,对个人按市场价格出租的居民住房,暂按3%的税率征收营业税。

(2)对经营公租房所取得的租金收入,免征营业税。公租房租金收入与其他住房经营收入应单独核算;未单独核算的,不得享受免征营业税优惠政策。

① 《关于全国社会保障基金有关税收政策问题的通知》,财税[2002]75号。
② 《关于证券投资基金税收政策的通知》,财税[2004]78号。

(3)为了切实做好下岗失业人员再就业有关营业税优惠政策的落实工作，自2005年1月1日起，对下岗失业人员从事个体经营活动免征营业税，具体是指其雇工7人(含7人)以下的个体经营行为①。下岗失业人员从事经营活动雇工8人(含8人)以上，无论其领取的营业执照是否注明为个体工商业户，均按照新办服务型企业有关营业税优惠政策执行。

6. 转让无形资产的税收优惠

(1)个人转让著作权，免征营业税。

(2)将土地使用权转让给农业生产者用于农业生产，免征营业税。

(3)纳税人将土地使用权归还给土地所有者时，只要出具县级(含)以上地方人民政府收回土地使用权的正式文件，无论支付征地补偿费的资金来源是否为政府财政资金，该行为均属于土地使用者将土地使用权归还给土地所有者的行为，按照规定不征收营业税②。

7. 销售不动产的税收优惠

(1)个人(含个体工商户及其他个人)无偿赠予不动产、土地使用权，属于以下情形之一的，暂免征收营业税：

①离婚财产分割；

②无偿赠予配偶、父母、子女、祖父母、外祖父母、孙子女、外孙子女、兄弟姐妹；

③无偿赠予对其承担直接抚养或者赡养义务的抚养人或赡养人；

④房屋产权所有人死亡，依法取得房屋产权的法定继承人、遗嘱继承人或者受遗赠人。

(2)纳税人在资产重组中，通过合并、分立、出售、置换等方式，将全部或部分实物资产以及与其相关的债权、债务和劳动力一并转让给其他单位和个人，不属于营业税征税范围，其中涉及的不动产转让，不征收营业税。

四、营业税的起征点

对于经营营业税应税项目的个人，营业税规定了起征点。营业额达到或超过起征点即照章全额计算纳税，营业额低于起征点则免予征收营业税。税法规定的起征点如下：

(1)按期纳税的(除另有规定外)，为月营业额5 000～20 000元。

(2)按次纳税的(除另有规定外)，为每次(日)营业额300～500元。

各省、自治区、直辖市人民政府所属地方税务机关可以在规定的幅度内，根据当地实际情况确定本地区适用的起征点，并报财政部、国家税务总局备案。

第四节 计税依据与应纳税额

营业税的计税依据又称营业税的计税营业额。营业额一般为收入全额，含全部价款

① 《关于下岗失业人员再就业有关税收政策问题的通知》，财税[2002]208号。

② 《关于印发〈营业税税目注释(试行稿)〉的通知》，国税[1993]149号。

和价外费用；特殊情况下为收入差额，允许减除特定项目金额。据此，可做计税依据的一般规定与特殊规定。营业税应纳税额的计算比较简单，一般可以直接将计税依据和适用税率相乘，计算出应纳税额。

一、计税依据的一般规定

营业税的计税依据是营业额。营业额为纳税人提供应税劳务、转让无形资产或者销售不动产向对方收取的全部价款和价外费用。

价外费用，包括收取的手续费、补贴、基金、集资费、返还利润、奖励费、违约金、滞纳金、延期付款利息、赔偿金、代收款项、代垫款项、罚息及其他各种性质的价外收费。但不包括同时符合以下条件代为收取的政府性基金或者行政事业性收费：

(1)由国务院或者财政部批准设立的政府性基金，由国务院或者省级人民政府及其财政、价格主管部门批准设立的行政事业性收费；

(2)收取时开具省级以上财政部门印制的财政票据；

(3)所收款项全额上缴财政。

二、计税依据的特殊规定

(一)建筑业

(1)建筑业的总承包人将工程分包给他人，以工程的全部承包额减去付给分包人的价款后的余额为营业额。

(2)纳税人提供建筑业劳务(不含装饰劳务)的，其营业额应当包括工程所用原材料、设备及其他物资和动力价款在内，但不包括建设方提供的设备的价款。

从事安装工程作业，安装设备价值作为安装工程产值的，营业额包括设备的价款。如果设备由发包方提供，承包方只是提供安装劳务，营业额不应包括设备的价款；如果设备由承包方提供，与安装劳务一并收款，营业额则包括设备的价款。

(3)自建行为和单位或个人将不动产无偿赠予他人，由主管税务机关按照相关规定核定营业额。

自建行为是指纳税人自己建造房屋的行为。纳税人自建自用的房屋不纳税；如纳税人(包括个人自建自用住房销售)将自建的房屋对外销售，其自建行为应按建筑业缴纳营业税，再按销售不动产征收营业税。自建行为的应税营业额按组成计税价格计算，其计算公式为：

$$组成计税价格=建筑工程成本\times\frac{1+成本利润率}{1-营业税税率}$$

【例5—1】 某建筑公司2014年2月发生如下业务：自建同一规格和标准的楼房两栋，建筑安装总成本为3 000万元，成本利润率为20%。该公司将其中一栋自用，另一栋对外销售，取得销售收入2 400万元。要求：计算当期应纳营业税税额。

解：

(1) 建筑业应纳营业税税额$=3\ 000\times50\%\times\frac{1+20\%}{1-3\%}\times3\%=55.67$(万元)

(2) 销售不动产应纳营业税税额$=2\ 400\times5\%=120$(万元)

(3) 当期应纳营业税税额$=55.6+120=175.67$(万元)

(二)金融保险业

(1)一般贷款业务的营业额为贷款利息收入(包括各种加息、罚息等)。

(2)外汇转贷业务营业额按以下规定确认：

①各银行(不包括中国银行)总行统一从境外借入外汇资金，再通过其所属分支机构贷给用户的，由所属分支机构按向用户所收取的贷款利息，减除支付给境外的借款利息支出后的余额为营业额计算纳税。

②中国银行总行统一从境外借入外汇资金，再通过其所属分支机构贷给用户的，由所属分支机构按所收利息全额缴纳营业税，向境外支付的借款利息支出由总行从其营业额中统一减除。

(3)外汇、有价证券、期货等金融商品买卖业务，以卖出价减去买入价后的余额为营业额，即：

营业额=卖出价－买入价

卖出价是指卖出原价，不得扣除卖出过程中支付的各种费用和税金。买入价是指购进原价，不包括购进过程中支付的各种费用和税金，但买入价应依照财务会计制度规定，以股票、债券的购入价减去股票、债券持有期间取得的股票、债券红利收入。

(4)金融经纪业务和其他金融业务(中间业务)营业额为手续费(佣金)类的全部收入。金融企业从事受托收款业务，如代收电话费、水电煤气费、信息费、学杂费、寻呼费、社保统筹费、交通违章罚款、税款等，以全部收入减去支付给委托方价款后的余额为营业额。

(5)保险业务营业额包括：

①办理初保业务。营业额为纳税人经营保险业务向对方收取的全部价款，即向被保险人收取的全部保险费。

②储金业务。保险公司如采用收取储金方式取得经济利益的(以被保险人所交保险资金的利息收入作为保费收入，保险期满后将保险资金本金返还被保险人)，其“储金业务”的营业额，为纳税人在纳税期内的储金平均余额乘以人民银行公布的1年期存款的月利率。储金平均余额为纳税期期初储金余额与期末余额之和乘以50%。

③保险企业已征收过营业税的应收未收保费，凡在财务会计制度规定的核算期限内未收回的，允许从营业额中减除。在会计核算期限以后收回的已冲减的应收未收保费，再并入当期营业额中。

④保险企业开展无赔偿奖励业务的，以向投保人实际收取的保费为营业额。

⑤中华人民共和国境内的保险人将其承保的以境内标的物为保险标的的保险业务向境外再保险人办理分保的，以全部保费收入减去分保保费后的余额为营业额。

境外再保险人应就其分保收入承担营业税纳税义务，并由境内保险人扣缴境外再保险人应缴纳的营业税税款。

【例5-2】 某保险公司2014年4月发生下列业务：(1)以储金方式开展家庭财产保险业务，纳税期初储金余额为500万元，当期发生储金业务收入400万元，当期一年期存款利息为2.12%；(2)取得车辆保险收入20万元，另在保单之外有无赔偿奖励支出1万元；(3)初保业务取得保费收入200万元，从分保人处摊回保费收入5万元；(4)取得保险追偿款100万元。要求：计算当期该保险公司应纳营业税税额。

解：

(1) 期末储金余额＝500＋400＝900(万元)

$$储金方式取得收入应纳营业税=\frac{(500+900)\times 50\%\times 2.12\%}{12}\times 5\%=0.06(万元)$$

(2) 车辆保险收入应纳税额＝20×5%＝1(万元)

保单之外无赔偿奖励支出不允许从计税收入中扣除。

(3) 初保业务应纳税额＝200×5%＝10(万元)

从分保人处摊回保费收入不再缴纳营业税。

(4)保险追偿款不缴纳营业税

该保险公司当期应纳税额＝0.06＋1＋10＝11.06(万元)

(三)文化体育业

单位或个人进行演出，以全部票价收入或者包场收入减去付给提供演出场所的单位、演出公司或者经纪人的费用后的余额为营业额。

(四)娱乐业

娱乐业的营业额为经营娱乐业收取的全部价款和价外费用，包括门票收费、台位费、点歌费、烟酒、饮料、茶水、鲜花、小吃等收费及经营娱乐业的其他各项收费。

【例5-3】 北方某城市的月亮湾歌舞厅2014年8月份取得门票收入60万元，台位费收入30万元，相关的烟酒和饮料费收入20万元，鲜花和小吃收入10万元。假定当地规定的适用税率为15%，计算该歌舞厅当月应缴纳的营业税税额。

解：

应纳税额＝(60＋30＋20＋10)×15%＝18(万元)

(五)服务业

(1)代理业以纳税人从事代理业务向委托方实际收取的报酬为营业额。

(2)电脑福利彩票投注点代销福利彩票取得的任何形式的手续费收入，应照章征收营业税。

(3)对拍卖行向委托方收取的手续费，应征收营业税。

(4)旅游企业组织旅游团到境外旅游，在境外改由其他旅游企业接团，以全程旅游费减去付给该接团企业的旅游费后的余额为营业额。

(5)纳税人从事旅游业务的，以其取得的全部价款和价外费用扣除替旅游者支付给其他单位或者个人的住宿费、餐费、交通费、旅游景点门票和支付给其他接团旅游企业的旅游费后的余额为营业额。

(6)对单位和个人在旅游景区经营游船、观光电梯、观光电车、景区环保客运车所取得的收入，应按“服务业——旅游业”征收营业税。

单位和个人在旅游景区兼有不同税目应税行为并采取“一票制”收费方式的，应当分别核算不同税目的营业额；未分别核算或核算不清的，从高适用税率。

(7)从事物业管理的单位，以与物业管理有关的全部收入减去代业主支付的水、电、燃气以及代承租者支付的水、电、燃气、房屋租金的价款后的余额为营业额。

【例5－4】 某旅游开发有限公司于2014年8月发生有关业务及收入如下：

(1)旅游景点门票收入650万元。

(2)景区索道客运收入380万元。

(3)民俗文化村项目表演收入120万元。

(4)与甲企业签订合作经营协议；以景区内价值2 000万元的房产使用权与甲企业合作经营景区酒店(房屋产权仍属公司所有)，按照约定旅游公司每月收取20万元的固定收入。

(5)与乙企业签订协议：准予其生产的旅游产品进入公司非独立核算的商店(增值税小规模纳税人)销售，一次性收取进场费10万元。当月该产品销售收入30万元，开具旅游公司普通发票。要求：

(1)计算当期门票收入应缴纳的营业税税额；

(2)计算当期索道客运收入应缴纳的营业税税额；

(3)计算民俗文化村当期表演收入应缴纳的营业税税额；

(4)计算合作经营酒店当期营业收入应缴纳的营业税税额；

(5)计算商店应缴纳的营业税税额。

解：

(1) 门票收入应纳税额＝650×3%＝19.5(万元)

(2) 索道客运收入应纳税额＝380×5%＝19(万元)

(3) 表演收入应纳税额＝120×3%＝3.6(万元)

(4) 合作经营酒店应纳税额＝20×5%＝1(万元)

(5) 商店应纳税额＝10×5%＝0.5(万元)

（六）销售不动产或受让土地使用权

（1）单位和个人销售或转让其购置的不动产或受让的土地使用权，以全部收入减去不动产或土地使用权的购置或受让原价后的余额为营业额。

（2）单位和个人销售或转让抵债所得的不动产、土地使用权的，以全部收入减去抵债时该项不动产或土地使用权作价后的余额为营业额。

（3）自 2011 年 1 月 28 日起，个人将购买不足 5 年的非普通住房对外销售的，全额征收营业税；个人将购买超过 5 年（含 5 年）的非普通住房或者不足 5 年的普通住房对外销售的，按照其销售收入减去购买房屋的价款后的差额征收营业税；个人将购买超过 5 年（含 5 年）的普通住房对外销售的，免征营业税[①]。

（七）其他特殊规定

（1）对于纳税人提供劳务转让无形资产或销售不动产价格明显偏低而无正当理由的，或者视同发生应税行为而无营业额的，税务机关可按下列顺序确定其营业额：

①按纳税人最近时期发生同类应税行为的平均价格核定；

②按其他纳税人最近时期发生同类应税行为的平均价格核定；

③按下列公式核定：

$$营业额=营业成本或者工程成本\times\frac{1+成本利润率}{1-营业税税率}$$

公式中的成本利润率由省、自治区、直辖市税务局确定。

（2）纳税人的营业额计算缴纳营业税后因发生退款减除营业额的，应当退还已缴纳营业税税款，或者从纳税人以后的应缴纳营业税税额中减除。

（3）纳税人发生应税行为，如果将价款与折扣额在同一张发票上注明的，以折扣后的价款为营业额；如果将折扣额另开发票的，不论其在财务上如何处理，均不得从营业额中扣除。

（4）单位和个人提供应税劳务、转让无形资产和销售不动产时，因受让方违约而从受让方取得的赔偿金收入，应并入营业额中征收营业税。

（5）单位和个人因财务会计核算办法改变，将已缴纳过营业税的预收性质的价款逐期转为营业收入时，允许从营业额中减除。

（6）自 2004 年 12 月 1 日起，营业税纳税人购置税控收款机，经主管税务机关审核批准后，可凭购进税控收款机取得的增值税专用发票，按照发票上注明的增值税税额，抵免当期应纳营业税税额，或者按照购进税控收款机取得的普通发票上注明的价款，依下列公式计算可抵免税额：

---

① 《转发建设部等部门〈关于做好稳定住房价格工作意见〉的通知》，国办[2005]26 号。《关于加强房地产税收管理的通知》，国税[2005]89 号。《关于房地产税收政策执行中几个具体问题的通知》，国税[2005]172 号。

$$可抵免税额=\frac{价款}{1+17\%}\times 17\%$$

当期应纳税额不足抵免的，未抵免部分可在下期继续抵免。

(7)劳务公司接受用工单位的委托，为其安排劳动力，凡用工单位将其应支付给劳动力的工资和为劳动力上缴的社会保险(包括养老保险金、医疗保险、失业保险、工伤保险等，下同)以及住房公积金统一交给劳务公司代为发放或办理的，以劳务公司从用工单位收取的全部价款减去代收转付给劳动力的工资和为劳动力办理社会保险及住房公积金后的余额为营业额。

(8)建筑安装工程的计税营业额不应包括设备价值。具体设备名单可由省级地方税机关根据各自实际情况列举。

(9)纳税人提供应税劳务向对方收取的全部价款和价外费用，按相关规定可以扣除部分金额后确定营业额，其扣除的金额应提供下列相关的合法有效凭证：

①支付给境内单位或者个人的款项，且该单位或者个人发生的行为属于营业税或者增值税征收范围的，以该单位或者个人开具的发票为合法有效凭证。

②支付的行政事业性收费或者政府性基金，以开具的财政票据为合法有效凭证。

③支付给境外单位或者个人的款项，以该单位或者个人的签收单据为合法有效凭证，税务机关对签收单据有疑义的，可以要求其提供境外公证机构的确认证明。

④国家税务总局规定的其他合法有效凭证。

三、特殊经营行为的税务处理

营业税属于流转税的一种，与增值税一样在商品生产、流通过程中发挥作用。尽管税法已经明确划分了营业税和增值税的征收范围，但在实际经营活动中有些行为还是很难分清的。正确处理不同经营活动的税收问题是维护税法严肃性的需要，也是保护纳税人合法利益的客观要求。

(一)兼营不同税目的应税行为

税法规定，纳税人兼营不同税目应税行为的，应当分别核算不同税目的营业额、转让额、销售额，然后按各自的适用税率计算应纳税额；未分别核算的，从高适用税率计算应纳税额。

营业额是指从事建筑业、金融保险业、文化体育业、娱乐业和服务业取得的营业收入。转让额是指转让无形资产取得的收入。销售额是指销售不动产取得的收入。

(二)混合销售行为

一项销售行为如果既涉及应税劳务又涉及货物的，为混合销售行为。除"提供建筑业劳务的同时销售资产货物的行为"及"财政部、国家税务总局规定的其他情形"外，从事货物的生产、批发或零售的企业、企业性单位及个体工商户的混合销售行为，视为销售货物，不缴纳营业税；其他单位和个人的混合销售行为，视为提供应税劳务，应当缴纳营业税。

以上所述的货物是指有形动产，包括电力、热力、气体在内。上述从事货物的生产、批发或零售的企业、企业性单位以及个体经营者，包括从事货物的生产、批发或者零售为主并兼营应税劳务的企业、企业性单位以及个体工商户在内。

（三）兼营应税劳务与货物或非应税劳务行为

纳税人兼营应税行为和货物或者非应税劳务的，应当分别核算应税行为的营业额和货物或者非应税劳务的销售额，其应税行为营业额缴纳营业税，货物或者非应税劳务销售额不缴纳营业税；未分别核算的，由主管税务机关核定其应税行为营业额。

（四）营业税与增值税征税范围的划分

由于营业税和增值税存在交叉课征的情况，因此需要对增值税和营业税的征收范围做出明确划分，以便明确税务机关的征管范围和税款的归属。

（1）建筑业的混合销售行为[①]。根据新细则规定，建筑业的混合销售行为应当分别核算应税劳务的营业额和货物的销售额，其应税劳务的营业额缴纳营业税，货物销售额不缴纳营业税。未分别核算的，由主管税务机关核定其应税劳务的营业额：

①提供建筑业劳务的同时销售自产货物的行为；

②财政部、国家税务总局规定的其他情形。

（2）建筑业中的装饰劳务的例外规定。对于装饰劳务，无论是否为清包工的形式，其营业额可以不包括工程所用原材料、设备及其他物资和动力价款在内，对装饰劳务避免了重复征税。通常情况下，装饰工程是由客户采购主要原材料和设备的，可不计入承揽方的营业额纳税，但如果出现由承揽方采购主要原材料和设备的情况，还是要依混合销售的规定并入营业额缴纳营业税。

（3）境内外劳务划分问题。境内提供条例规定的劳务的界定为：提供或者接受条例规定劳务的单位或者个人在境内。因此，对境外单位和个人接受中国境内企业的委托进行的建筑、工程等项目的设计均应征收营业税。

（4）财政部、国家税务总局规定的其他情形。

四、应纳税额的计算

营业税作为传统商品劳务税，以营业额为计税依据，并采用比例税率进行征收，具有简便易行、容易计征的特点。纳税人提供应税劳务、转让无形资产或者销售不动产，按照营业额和规定的适用税率计算应纳税额。

（1）按营业收入全额计算的。其计算公式为：

$$应纳税额=营业收入全额\times 适用税率$$

① 《关于纳税人销售自产货物并同时提供建筑业劳务有关税收问题的公告》，国税[2011]23号。

(2)按营业收入差额计算的。其计算公式为:

$$应纳税额=(营业收入全额-允许扣除金额)\times 适用税率$$

(3)按组成计税价格计算的。其计算公式为:

$$应纳税额=组成计税价格\times 适用税率$$

$$组成计税价格=营业成本或者工程成本\times\frac{1+成本利润率}{1-营业税税率}$$

应纳税额以人民币为计算单位。如果纳税人以外汇结算营业额的,须按外汇市场价格折合成人民币计算。人民币的折合率可选择营业额发生的当天或者当月1日的人民币汇率中间价。纳税人应当事先确定采用何种折合率,确定后1年内不得变更。

金融保险业以外汇结算营业额的,金融业按其收到外汇的当天或当季季末中国人民银行公布的基准汇价折合营业额;保险业按其收到外汇的当天或当月月末中国人民银行公布的基准汇价折合营业额,并计算营业税。纳税人选择何种折合率,确定后1年之内不得变动。

【例5-5】 甲建筑公司以16 000万元的总承包额中标为某房地产开发公司承建一幢写字楼。之后,甲建筑公司又将该写字楼工程的装饰工程以7 000万元分包给乙建筑公司。工程完工后,房地产开发公司用其自有的市值合计4 000万元的两幢完全相同的普通住宅楼抵顶了应付给甲建筑公司的工程劳务费;甲建筑公司将一幢普通住宅楼自用,另一幢普通住宅按照2 200万元价格抵顶了应付给乙建筑公司的工程劳务费。要求计算:

(1)甲建筑公司当期应纳的营业税税额;

(2)乙建筑公司当期应纳的营业税税额;

(3)房地产开发公司当期应缴营业税税额。

解:

(1) 甲公司应纳建筑业营业税额=(16 000-7 000)×3%=270(万元)

甲建筑公司按销售不动产缴纳营业税额=(2 200-2 000)×5%=10(万元)

(2) 乙建筑公司建筑业营业税额=7 000×3%=210(万元)

(3)房地产开发公司抵顶劳务费的房屋视同转让不动产应缴营业税。

房地产公司按销售不动产缴纳营业税税额=4 000×5%=200(万元)

第五节 征收管理

一、纳税义务发生时间

营业税的纳税义务发生时间为纳税人收讫营业收入款项或者取得索取营业收入款项凭据的当天,为书面合同确定的付款日期的当天;未签订书面合同或者书面合同未确定付款日期的，为应税行为完成的当天。

收讫营业收入款项，是指纳税人应税行为发生过程中或者完成后收取的款项。对某些具体项目进一步明确如下：

(1)转让土地使用权或者销售不动产，采用预收款方式的，其纳税义务发生时间为收到预收款的当天。

纳税人提供建筑业或者租赁业劳务，采取预收款方式的，其纳税义务发生时间为收到预收款的当天。

(2)单位或者个人自己新建建筑物后销售，其自建行为的纳税义务发生时间为其销售自建建筑物并收讫营业额或者取得索取营业额凭据的当天。

(3)纳税人将不动产或者土地使用权无偿赠送其他单位或者个人的，其纳税义务发生时间为不动产所有权、土地使用权转移的当天。

(4)会员费、席位费和资格保证金纳税义务发生时间为会员组织收讫会员费、席位费、资格保证金和其他类似费用款项或者取得索取这些款项凭据的当天。

(5)扣缴税款义务发生时间为扣缴义务人代纳税人收讫营业收入款项或者取得索取营业收入款项凭据的当天。

(6)金融经纪业和其他金融业务，纳税义务发生时间为取得营业收入或取得索取营业收入价款凭据的当天。

(7)保险业务，纳税义务发生时间为取得保费收入或取得索取保费收入价款凭据的当天。

二、扣缴义务发生时间

建设方为扣缴义务人的，其扣缴义务发生时间为扣缴义务人支付工程款的当天；总承包人为扣缴义务人的，其扣缴义务发生时间为扣缴义务人代纳税人收讫营业收入款项或者取得索取营业收入款项凭据的当天。

三、纳税期限

(1)营业税的纳税期限，分别为 5 日、10 日、15 日、1 个月或者 1 个季度。纳税人的具体纳税期限，由主管税务机关根据纳税人应纳税额的大小分别核定；不能按照固定期限纳税的，可以按次纳税。

纳税人以 1 个月或 1 个季度为一期纳税的，自期满之日起 15 日内申报纳税；以 5 日、10 日或者 15 日为一期纳税的，自期满之日起 5 日内预缴税款，于次月 1 日起 15 日内申报纳税并结清上月应纳税款。

(2)扣缴义务人的解缴税款期限，比照上述规定执行。

(3)银行、财务公司、信托投资公司、信用社、外国企业常驻代表机构的纳税期限为 1

个季度。自纳税期满之日起 15 日内申报纳税。

(4)保险业的纳税期限为 1 个月。

四、纳税地点

营业税的纳税地点原则上采取属地征收的方法,就是纳税人在经营行为发生地缴纳应纳税款。具体规定如下:

(1)纳税人提供应税劳务,应当向应税劳务发生地的主管税务机关申报纳税。纳税人从事运输业务的,应当向其机构所在地主管税务机关申报纳税。

(2)纳税人转让土地使用权,应当向土地所在地主管税务机关申报纳税。纳税人转让其他无形资产,应当向其机构所在地的主管税务机关申报纳税。

(3)单位和个人出租土地使用权、不动产的,营业税纳税地点为土地、不动产所在地;单位和个人出租物品、设备等动产的,营业税纳税地点为出租单位机构所在地或个人居住地。

(4)纳税人销售不动产,应当向不动产所在地主管税务机关申报纳税。

(5)纳税人提供的应税劳务发生在外县(市),应向应税劳务发生地的主管税务机关申报纳税;如未向应税劳务发生地申报纳税的,由其机构所在地或者居住地主管税务机关补征税款。

(6)在中华人民共和国境内的单位提供的设计(包括在开展设计时进行的勘探、测量等业务)、工程监理,调试和咨询等应税劳务的,其营业税纳税地点为单位机构所在地。

(7)在中华人民共和国境内的单位通过网络为其他单位和个人提供培训、信息和远程调试、检测等服务的,其营业税纳税地点为单位机构所在地。

思考题

1. 什么是营业税?营业税的特点有哪些?
2. 营业税的纳税人是如何规定的?
3. 营业税的税目有哪些?
4.《营业税暂行条例》规定的免征项目有哪些?
5. 营业税的税率分别是多少?
6. 营业税的计税依据是什么?
7. 对于兼营不同税目的应税行为有何规定?
8. 采取预收款方式的纳税义务时间如何确定?
9. 营业税的纳税期限有哪些规定?
10. 纳税人提供的应税劳务发生在外县(市)的纳税地点如何确定?

计算题

1. 某生产型企业转让10年前建成的旧生产车间，取得收入2 200万元，该车间的原值为1 500万元，已提取折旧700万元；转让一块土地使用权，取得收入860万元。年初取得该土地使用权时支付金额620万元，转让时发生相关费用6万元。要求：计算该企业应缴纳的营业税。

2. 某物业管理公司负责某金融商场的物业管理。该公司2013年9月份共向商场收取费用200万元，其中：清洁费60万元、绿化费35万元、代商场支付电费40万元、水费20万元。该物业公司9月份应缴纳营业税的金额是多少？

3. 某商业银行2013年第二季度向企业发放贷款取得利息收入600万元，逾期贷款罚息收入为15万元；将第一季度购进的有价证券转让，卖出原价为760万元，该证券买入原价为680万元；代收电话费取得手续费等收入10万元，工本费为4万元。2013年第二季度该商业银行应缴纳多少营业税？

4. 某信用社2014年3月份取得贷款利息收入43万元，取得公司债券转让收入250万元，该笔债券购买价款为220万元。取得代办汇款等各类手续费8万元，试计算本月应纳营业税额。

5. 某公司主要经营农产品采摘、销售、观光业务，公司占地6万平方米，其中，采摘、观光的种植用地为3.5万平方米，职工宿舍和办公用地为2.5万平方米；房产原值为500万元。公司2013年发生以下业务：

(1)全年取得旅游观光业务收入210万元，农产品零售收入170万元；

(2)6月30日签订房屋租赁合同一份，将价值80万元的办公室从7月1日起出租给他人使用，租期12个月，月租0.8万元，每月收租金1次；

(3)8月与保险公司签订农业保险合同一份，支付保险费6万元；

(4)9月与租赁公司签订融资租赁合同一份，租赁价值28万元的鲜果拣选机一台，租期5年，租金共计45万元，每年支付9万元。

要求：计算该公司2013年应缴纳的营业税。

6. 某建筑公司2014年5月份发生如下业务：自建同一规格和标准的楼房两栋，建筑安装总成本为4 000万元，成本利润率为30%，该公司将其中一栋自用，另一栋对外销售，取得销售收入2 800万元，已知无同类建筑业务计税价格。该公司当月应纳营业税为多少？

7. 甲建筑工程公司(具备建筑行政部门批准的建筑业施工资质)位于某市区，下辖3个施工队、1个招待所(为非独立核算单位)。2013年经营业务如下：

(1)承包某建筑工程项目，并与建设方签订建筑工程施工总包合同，总包合同明确工程总造价为5 000万元，其中：建筑业劳务费价款为3 500万元；建设方采购建筑材料等1 500万元。工程当年完工并进行了价款结算。

(2)甲建筑工程公司将其中500万元的建筑工程项目分包给乙建筑工程公司(乙建筑工程公司只提供建筑业劳务)。

(3)甲建筑工程公司向丙建筑工程公司转让闲置办公用房一幢(购置原价为900万元),取得转让收入1 800万元。

(4)甲建筑工程公司招待所取得客房收入60万元,餐厅、歌厅、舞厅收入共55万元。

要求按下列顺序回答问题:

(1)甲建筑工程公司总承包建筑工程应缴纳的营业税;

(2)甲建筑工程公司转让办公用住房应缴纳的营业税;

(3)甲建筑工程公司招待所收入应缴纳的营业税。

8. 某旅行社2014年9月组织团体旅游,收取旅游费共计30万元,其中:组团境内旅游收入14万元,替旅游者支付给其他单位餐费、住宿费、门票共计6万元;组团境外旅游收入16万元,付给境外接团企业费用10万元。请计算该旅行社本月应纳营业税额。

9. 2014年"十一"长假张红与丈夫李华一起到外地旅游。他们到某酒店办理入住手续后即开始休闲游,发生如下支出:

(1)李华去打保龄球,2小时支付给保龄球馆120元,另外支付饮料费50元。

(2)张红去游泳,结账时共支付给游泳馆200元。

(3)夫妇坐索道去附近山顶观光平台,支付索道费300元。

(4)下山后,张红在商务中心花了20元购买明信片准备寄给好友,李华在商务中心支付300元购买家庭观光列车套餐,随后乘坐观光列车回到酒店。

(5)度假结束离开酒店时支付住宿费1 600元。该酒店为某旅游公司与酒店管理公司合作经营,约定合作期为5年,合作期限内旅游公司将自有房产提供给酒店使用,但产权不作转移,旅游公司分得的酒店住宿收入的30%作为合作经营收入。(其他相关资料,当地规定娱乐业营业税税率为10%,不考虑起征点因素)

要求:

(1)计算保龄球馆取得收入应缴纳的营业税;

(2)计算游泳馆取得收入应缴纳的营业税;

(3)计算索道经营收入应缴纳的营业税;

(4)计算商务中心取得收入应缴纳的营业税;

(5)计算旅游公司取得住宿费收入分摊收益应缴纳的营业税。

第六章　关税税制

关税是海关代表国家，根据国家制定的有关法律，对进出境货物和物品征收的一种商品税。关税与前面介绍的增值税、消费税和营业税同属于流转税，能起到广泛筹集财政资金、保证国家及时稳定地取得财政收入和配合价格以调节生产和消费的作用。与其他税种不同之处在于征收对象为进出境的货物和物品，是单一环节的价外税，实行复式税则，由海关代表国家征收。本章主要内容包括关税的概念、特征、类型、征税范围、税率、关税应纳税额的计算以及船舶吨税等。

第一节　概　述

关税是一个历史悠久的税种，是随着商品交换和商品流通领域的不断扩大以及国际贸易的不断发展而产生和逐步发展的。在古代，统治者在其领地内对流通中的商品征税，是取得财政收入的最方便手段。在近代，关税成为国家税收体系中的一个单独税种，此后随着国家间贸易的发展成为各国通行的现代关税。关税是最传统的贸易政策工具，虽然其在当代政策工具中的地位有所下降，但仍然是市场经济条件下政府调节对外经济关系的有效手段之一。

一、关税的概念

关税是海关代表国家，根据国家制定的有关法律，对进出境货物和物品征收的一种商品税。在通常情况下，一国关境与国境是一致的，包括国家全部的领土、领海、领空。但当某一国家在国境内设立了自由港、自由贸易区等，这些区域就进出口关税而言处在关境之外，这时该国家的关境小于国境，如我国的香港特区和澳门特区为单独的关税区；而当几个国家结成关税同盟、组成一个共同的关境、实施统一的关税法令和统一的对外税则时，这些国家彼此之间货物进出国境不征收关税，只对来自或运往其他国家的货物进出共同关境时征收关税，这些国家的关境大于国境，如欧盟。随着国家的对外开放程度的提高和经济区域化发展，关境与国境背离已成为较普遍的现象。

二、关税的类型

（一）根据征税目的划分

1. 财政性关税

财政性关税是指以增加国家财政收入为主要目的而征收的关税。其税率比保护性关税低，因为过高的关税会抑制进出口贸易，达不到增加财政收入的目的；但偏低也达不到增加财政收入的目的。因此，财政性关税的税率视国家财政收入需要和影响国际贸易数量的大小而定。财政性关税在各国历史上曾占重要地位，但随着世界经济的发展，财政性关税的地位逐渐削弱，而被保护性关税所代替。

2. 保护性关税

保护性关税是指以保护国内经济为主要目的而征收的关税。其税率较高，主要是进口税。通过征收高额进口税以提高进口商品成本，从而削弱其在进口国市场上的竞争能力，甚至阻碍其进口，以达到保护本国经济发展的目的。而对出口商品征收保护性关税，则是为了限制紧缺原材料的出口，保护国内生产。现代各国关税保护的侧重点不同，发展中国家侧重于保护国内新兴的幼稚产业的发展，发达国家所要保护的通常是国家间竞争性很强的商品。

（二）根据征税商品流向划分

1. 进口关税

进口关税是指海关在外国货物进口时所课征的关税。进口关税通常在外国货物进入关境或国境时征收；或在外国货物由自由港、自由贸易区、海关保税仓库运往国内市场销售时征收。其税率一般随商品加工程度的深化而提高，按原材料、半成品、产成品的不同依次上升。出于限制进口、保护本国市场和增加财政收入的多重目的，现今世界各国政府已将进口关税作为其征收关税的最主要的种类。

2. 出口关税

出口关税是指海关在本国货物出口时所课征的关税。目前一些发展中国家为了增加财政收入、限制重要原材料的大量输出以保证国内供应，征收部分或少量的货物的出口关税。就西方经济发达国家来看，由于征收出口关税会增加出口货物的成本，提高本国货物在国际市场上的销售价格，从而削弱出口货物的国际竞争力，一般不征收出口关税。

3. 过境关税

过境关税又称通过税，是指对外国货物通过本国国境或关境时征收的关税。过境税最早主要是为了增加国家财政收入而征收的。后由于各国交通事业的发展，征收过境税不仅妨碍国际商品流通，而且还减少港口、运输、仓储等方面的收入，因而世界各国相继取消过境关税。

(三)根据征税标准划分

1. 从价关税

从价关税是指以货物的价格为征税标准而计算征收的关税。它以经海关审定的进出口货物价格(称为完税价格)为计税依据,通常采用比例税率,关税收入随货物价格的升降而增减。其优点是税负公平、税负明确;不足在于完税价格难以审定、通关缓慢。我国对大部分商品实行从价关税。

2. 从量关税

从量关税是指以货物的计量单位(重量、数量、容积、长度、面积等)为征收标准而计算征收的关税。其优点是征收手续简便,抑制外国向本国倾销商品的作用较大;缺点是对同一种商品按同一税率征税,税负不太合理,且在价格发生变动时关税收入很难及时调整。我国常见的实行从量关税的有啤酒(按容积单位升)、原油(按重量单位吨)等。

3. 复合关税

复合关税是指对同一种进口货物同时采用从价和从量两种计征标准及税率计征的关税。课征时,或以从价税为主,加征从量税;或以从量税为主,加征从价税。优点是在物价波动时,可以减少对财政收入的影响;缺点是计征手续较为复杂。我国对录像机、放像机、摄像机等实行复合关税。

4. 选择关税

选择关税是对同一种进口货物同时制定从价和从量两种税率,执行过程中由海关选择其中的一种计征。海关一般选择税额较多的一种,以免因物价波动影响财政收入,也可以选择税额较少的一种。

5. 滑动关税

滑动关税又称滑准关税,是指对某种货物在税则中预先按该商品的价格规定几档税率。同一种货物当价格高时适用较低税率,价格低时适用较高税率,其目的是使该物品的价格在国内市场上保持相对稳定。目前,我国对新闻纸实行滑准关税。

(四)根据税率制定不同划分

1. 自主关税

自主关税又称国定关税,是一个国家基于其主权,独立自主制定并有权修订的关税,包括关税税率及各种法规、条例。国定税率一般高于协定税率,适用于没有签订关税贸易协定的国家。

2. 协定关税

协定关税是指两个或两个以上的国家,通过缔结关税贸易协定而制定的关税税率。协定关税有双边协定税率、多边协定税率和片面协定税率。双边协定税率是两个国家达成协议而相互减让的关税税率。多边协定税率是两个以上的国家之间达成协议而相互减让的关税税率。片面协定税率是一国对他国输入的货物降低税率,为其输入提供方便,而他国并不以降低税率为回报的税率制度。

(五)根据差别待遇划分

1. 普通关税

普通关税又称一般关税,是对与本国没有签订贸易或经济互惠等友好协定的国家原产地的货物征收的非优惠性关税。普通关税与优惠关税的税率差别一般较大。

2. 优惠关税

优惠关税是指一国对某些特定的受惠国的货物给予比普通税率低的优惠税率征收的关税,包括互惠关税、特惠关税、普惠关税和最惠国待遇。

(1)互惠关税,指缔结贸易条约国双方在平等互利基础上,相互协定给予对等优惠待遇的关税。

(2)特惠关税,指进口国对特定的国家或地区进口的全部或部分商品,给予特别优惠的低税或减免税待遇,有互相惠予和单方惠予(非互惠)两种形式。其优惠程度高于互惠关税。

(3)普惠关税,指经济发达国家对发展中国家出口货物普遍给予的一种关税优惠制度。

(4)最惠国待遇,指缔约国一方将现在和将来给予任何第三国的一切特权、优惠和豁免,无条件给予对方的一种优惠待遇。

3. 加重关税

加重关税又称歧视关税,是指对某些输出国、生产国的进口货物,因某种原因(如歧视、报复、保护和经济方面的需要等)使用比正常税率较高的税率所征收的关税。包括反倾销关税、反补贴关税、报复性关税和保障性关税等,使用较多的是反倾销税和反补贴税。

(1)反倾销关税,是对外国的倾销商品,在征收正常进口关税的同时,附加征收的一种关税。如果某国将产品以低于生产成本的价格向其他国家推销,就有可能构成倾销,进口国就可以对倾销产品征收数量不超过倾销差价的反倾销税。

(2)反补贴关税,是进口国对直接或间接接受出口津贴或补贴的外国货物在进口到本国时所征收的一种进口附加税。

(3)报复性关税,是对本国出口货物受到歧视时,为了报复所征收的一种进口附加税。

(4)保障性关税,是指为了保护国内产业不受进口量剧增而给相关产业带来巨大威胁或损害,对进口量剧增的商品征收的一种进口附加税。

三、关税的特征

关税作为独特的税种,除了具有一般税收的特征外,还具有以下特征:

(一)征税对象为进出国境或关境的货物和物品

关税不同于增值税和营业税等流转税,因商品交换或提供劳务取得收入而课征;也不同于所得税和财产税，因取得所得或拥有财产而课征。关税的征税对象是进出国境或关境的货物和物品：凡是进出关境的货物和物品才征收关税；在境内和境外流通的货物，因不进出国境或关境而不征关税；只对有形的货品征收，对无形的货品不征关税。

(二)单一环节的价外税

关税按照全国统一的进出口关税条例和税则征收。在货物和物品进出口统一的国境或关境一次性征收关税后，在国内流通的任何环节均不再征收关税；关税的完税价格是以实际成交价格为计税依据，其中不包括关税，但海关代为征收的增值税、消费税，其计税依据包括在关税的完税价格中。

(三)实行关税复式税则

关税的税则是关税课征范围及其税率的法则。复式税则又称多栏税则，是指一个税目设有两个或两个以上的税率，根据进口货物原产国不同，分别适用高低不同的税率。目前各国关税普遍实行复式税则。

(四)海关机构代为征收关税

关税与其他税收的征税主体都是国家，不同的是其他税收主要由税务机关征收，而关税是由海关代为征收。海关是设在关境上的国家行政管理机构，负责征收关税、查禁走私货物、临时保管通关货物和统计进出口商品等，其中征收关税是海关工作的重要组成部分。

四、关税制度的演变过程

(一)关税制度的萌芽

西周时期的“关市之征”是中国关税的雏形。清初时设立江、浙、闽、粤四处“海关”，对进出口货物征收船钞和货税，这时的关税概念包括内地关税和边境关税。其后在不平等条约下增开对外通商口岸设立海关，引进了近代关税制度。1931 年后才逐步撤销了内地关税，此后中国的关税仅指进口税和出口税，对进出国境的货物只在进出境时征收关税。

(二)关税制度的建立

中华人民共和国成立后，国家组建了统一管理全国海关业务的海关总署。1950 年 1 月政务院颁布了《关于关税政策和海关工作的决定》，同年 5 月颁布了《暂行海关法》《进出口税则》和《进出口税则暂行实施条例》，统一了中华人民共和国的关税政策，建立了完全独立自主的关税制度。

(三)关税制度的发展与完善

为了适应我国经济体制改革及对外开放政策贯彻实施带来的新形势的需要，我国于 1985 年 2 月发布了《进出口关税条例》，重新修订、发布了《海关进出口税则》，系统地规定了关税的一些重大政策、基本制度和纳税人的权利义务等，改变了税则结构，较大范围地调整了税率，是对关税制度进行的一次全面改革。

1987 年 1 月我国颁发新的《海关法》),同年 9 月对 1985 年颁发的《海关条例》进行修订:规定国务院成立关税税则委员会;修订完税价格及纳税人的申诉程序。1992 年国务院关税税则委员会决定根据国际上通用的《商品名称以及编码协调制度》,进一步修订《海关进出口税则》。2000 年我国对《海关法》进行全面修订:明确了进出口货物的原产地确定规则,确立了商品预归类制度;合理调整了确定完税价格的基础。2004 年我国制定新的《进出口关税条例》,在税率设置、完税价格的确定等方面做出较为全面的修订。2006 年制定新的《海关审定进出口货物完税价格办法》(简称《完税价格办法》),对完税价格做了补充和修订。

第二节　征税范围与税率

《进出口关税条例》规定,凡准许进出口的货物,除国家另有规定的以外,应当由海关按《海关进出口税则》征收进口关税和出口关税。因此,关税的征税对象是我国准许进出口的货物和进境的物品。关税税率分为进口货物税率(第四节将详细介绍)、出口货物税率、特别关税三个部分。

一、征税对象与纳税人

关税的征税对象是我国准许进出口的货物和物品。货物是指贸易性商品;物品是非贸易性商品,包括入境旅客随身携带的行李物品、个人邮递物品、各种运输工具上的服务人员携带进口的自用物品、馈赠物品以及其他方式进境的个人物品。

(一)贸易性进出口货物的纳税人

贸易性进出口货物的纳税人是进口货物的收货人、出口货物的发货人。进出口货物的收、发货人是依法取得对外贸易经营权并进口或出口货物的法人或组织。

(二)非贸易性进出口货物的纳税人

非贸易进出口货物的纳税人是进出境物品的所有人,包括该物品的所有人和推定所有人。推定所有人的含义为:

(1)对于携带进境的物品,推定其携带人为所有人;

(2)对分离运输的行李,推定相应的进出境旅客为所有人;

(3)对以邮递方式进境的物品,推定收件人为所有人;

(4)对以邮递方式或其他运输方式出境的物品,推定其寄件人或托运人为所有人。

二、征税范围

(一)进口商品征税范围

我国对进口商品实行普遍征税,贸易性进口关税的征税范围是进口通过我国关境的

 货物。根据国际通行的《商品名称及编码协调制度》，我国将所有商品分为 21 类、97 章（其中 77 章是留作备用的空章），章下再分目、子目。具体分类见表 6.1（非贸易性关税的计征详见第四节）。

表 6.1　　我国进口商品征税范围

类别	具体内容
第一类	活动物；动物产品
第二类	植物产品
第三类	动、植物油、脂及其分解产品；精制的食用油脂；动、植物蜡
第四类	食品；饮料、酒及醋；烟草及烟草代用品的制品
第五类	矿产品
第六类	化学工业及其相关工业的产品
第七类	塑料及其制品；橡胶及其制品
第八类	生皮、皮革、毛皮及其制品；鞍具及挽具；旅行用品、手提包及类似容器；动物肠线（蚕胶丝除外）制品
第九类	木及木制品；木炭；软木及软木制品；稻草、秸秆、针茅或其他编结材料制品；篮筐及柳条编结品
第十类	木浆及其他纤维状纤维素浆；回收（废碎）纸或纸板；纸、纸板及其制品
第十一类	纺织原料及其纺织制品
第十二类	鞋、帽、伞、杖、鞭及其零件；已加工的羽毛及其制品；人造花；人发制品
第十三类	石料、石膏、水泥、石棉、石母及类似材料的制品；陶瓷产品；玻璃及其制品
第十四类	天然或养殖珍珠、宝石或半宝石、贵金属、包贵金属及其制品；仿首饰；硬币
第十五类	贱金属及其制品
第十六类	机器、机械器具、电气设备及其零件；录音机及放声机，电视图像、声音的录制和重放设备及其零件、附件
第十七类	车辆、航空器、船舶及有关运输设备
第十八类	光学、照相、电影、计量、检验、医疗或外科用仪器及设备、精密仪器及设备；钟表；乐器；上述物品的零件、附件
第十九类	武器、弹药及零件、附件
第二十类	杂项制品
第二十一类	艺术品、收藏品及古物

（二）出口商品征税范围

国家仅对少数资源性产品及易于竞相杀价、盲目出口、需要规范出口秩序的半制成品征收出口关税。在我国，征收出口关税的商品主要有鳗鱼苗、部分有色金属矿砂石及其精矿、生锑、磷、氟钽酸钾、苯、山羊板皮、部分铁合金、钢铁废碎料、铜和铝原料以及制品、镍碇、锌碇、锑碇等 36 种商品。对其中 16 种商品实行零税率，因此实际征收出口关税的商品只有 20 种。

三、关税税率

（一）进口关税税率

1. 进口税率类型

（1）最惠国税率

最惠国税率适用于原产于与我国共同适用最惠国待遇条款的 WTO 成员国或地区的进口货物，或原产于与我国签订有相互给予最惠国待遇条款的双边贸易协定的国家或地区的货物，以及原产于我国境内的进口货物。

（2）协定税率

协定税率适用于原产于我国参加的含有关税优惠条款的区域性贸易协定有关缔约方的进口货物。目前对原产于韩国、斯里兰卡和孟加拉国三个曼谷协定成员的 739 个税目进口商品实行协定税率（即曼谷协定税率）。

（3）特惠税率

特惠税率适用于原产于与我国签订有特殊优惠关税协定的国家或地区的进口货物。目前对原产于孟加拉国的 18 个税目进口商品实行特惠税率（即曼谷特惠税率）。

（4）普通税率

普通税率适用于原产于上述国家或地区以外的其他国家或地区的进口货物，以及原产地不明的进口货物。按照普通税率征税的进口货物，经国务院关税税则委员会特别批准，可以适用最惠国税率。

（5）暂定税率

暂定税率是对某些税号中的部分货物在适用最惠国税率的前提下，通过法律程序暂时实施的进口税率。

需要注意的是：①进口暂定税率低于最惠国税率并优先于最惠国税率，即适用最惠国税率的进口货物有暂定税率的，应当适用暂定税率；②适用协定税率、特惠税率的进口货物有暂定税率的，应当从低适用税率；③适用普通税率的进口货物，不适用暂定税率。

（6）关税配额税率

关税配额税率是按照国家规定实行关税配额管理的进口货物，关税配额内的，适用关税配额税率；关税配额外的进口货物，按其适用税率的规定征收。

2. 确定进口税率的原产地规定

目前，我国对产自不同国家或地区的进口货物适用不同的关税税率，因此确定进口货物的原产地成为确定其适用税率的前提。我国原产地规定基本上采用"全部产地生产标准"和"实质性加工标准"两种国际上通用的原产地标准。

(1)全部产地生产标准

全部产地生产标准是指进口货物完全在一个国家内生产或制造，生产或制造国即为该货物的原产国。

(2)实质性加工标准

实质性加工标准是适用于确定有两个或两个以上国家参与生产的产品的原产国的标准。其基本含义是：经过几个国家加工、制造的进口货物，以最后一个对货物进行经济上可以视为实质性加工的国家作为有关货物的原产国。实质性加工是指产品加工后，在进出口税则中四位数税号一级的税则归类已经有了改变，或者加工增值部分所占新产品总值的比例超过30%及以上的。

(3)其他

对机器、仪器、器材或车辆所用零件、部件、配件、备件及工具，如与主件同时进口且数量合理的，其原产地按主件的原产地确定，分别进口的则按各自的原产地确定。

(二)出口关税税率

我国现行税则对36种商品计征出口关税，税率为20%～40%。对征税范围内的23种商品实行0～20%的暂定税率，其中16种商品为零关税，6种商品税率为10%及以下。与进口暂定税率一样，出口暂定税率优先适用于出口税则中规定的出口税率。

(三)关税减免

关税减免是对某些纳税人和征税对象给予鼓励和照顾的一种特殊调节手段。关税减免分为法定减免税、特定减免税和临时减免税。《海关法》规定，除法定减免税外的其他减免税均由国务院决定。

1. 法定减免税

法定减免税是税法中明确列出的减税或免税。我国《海关法》和《进出口关税条例》明确规定，下列货物、物品予以减免关税：

(1)关税税额在人民币50元以下的一票货物，免税。

(2)无商业价值的广告品和货样，免税。

(3)外国政府、国际组织无偿赠送的物资，免税。

(4)进出境运输工具装载的途中必需的燃料、物料和饮食用品，免税。

(5)经海关核准暂时进境或者暂时出境，并在6个月内复运出境或者复运进境的货样、展览品、施工机械、工程车辆、工程船舶、供安装设备时使用的仪器和工具、电视或者电影摄制器械、盛装货物的容器以及剧团服装道具在货物收发货人向海关缴纳相当于税款的保证金或者提供担保后，可予暂时免税。

(6)为境外厂商加工、装配成品和为制造外销产品而进口的原材料、辅料、零件、部件、配套件和包装物料，海关按照实际加工出口的成品数量免征进口关税；或者对进口料、件先征进口关税，再按照实际加工出口的成品数量予以退税。

(7)因故退还的中国出口货物，经海关审查属实，可予免征进口关税，但已征收的出口关税不予退还。

(8)因故退还的境外进口货物，经海关审查属实，可予免征出口关税，但已征收的进口关税不予退还。

(9)进口货物如有以下情形，经海关查明属实，可酌情减免进口关税：

①在境外运输途中或者在起卸时，遭受损坏或者损失的；

②起卸后海关放行前，因不可抗力遭受损坏或者损失的；

③海关查验时已经破漏、损坏或者腐烂，经证明不是保管不慎造成的。

(10)无代价抵偿货物，即进口货物在征税放行后，发现货物残损、短少或品质不良，而由国外承运人、发货人或保险公司免费补偿或更换的同类货物，可以免税。但有残损或质量问题的原进口货物如未退运国外，其进口的无代价抵偿货物应照章征税。

(11)我国缔结或者参加的国际条约规定减征、免征关税的货物物品，按照规定予以减免关税

(12)法律规定减征、免征的其他货物。

2. 特定减免税

特定减免税也称政策性减免税。在法定减免税外，国家按照国际通行规则和我国实际情况，制定发布的有关进出口货物减免关税的政策，称为特定减免税。

(1)科教用品

对科学研究机构和学校不以营利为目的，在合理数量范围内进口国内不能生产的科学研究和教学用品，直接用于科学研究或者教学的，免征进口关税和进口环节增值税、消费税。

(2)残疾人专用品

对规定的残疾人个人专用品，免征进口关税和进口环节增值税、消费税；对康复或福利机构、假肢厂和荣誉军人康复医院进口国内不能生产的、《残疾人专用品免征进口税收暂行规定》明确的残疾人专用品，免征进口关税和进口环节增值税。

(3)扶贫、慈善性捐赠物资

对境外自然人、法人或者其他组织等境外捐赠人，无偿向经国务院主管部门依法批准成立的，以人道救助和发展扶贫、慈善事业为宗旨的社会团体以及国务院有关部门和各省、自治区、直辖市人民政府捐赠的，直接用于扶贫、慈善事业的物资，免征进口关税和进口环节增值税。

(4)加工贸易产品

①加工装配和补偿贸易。对加工装配(即来料加工、来样加工及来件装配)和补偿贸易的进境料件不予征税,准许在境内保税加工为成品后返销出口;进口外商的不作价设备和作价设备,分别比照外商投资项目和国内投资项目的免税规定执行;剩余料件或增产的产品,经批准转内销时,价值在进口料件总值2%以内且总价值在3 000元以下的,可予免税。

②进料加工。对专为加工出口商品而进口的料件,海关按实际加工复出口的数量,免征进口税;加工的成品出口,免征出口税,但内销料件及成品照章征税;对加工过程中产生的副产品、次品、边角料,海关根据其使用价值分别估价征税或者酌情减免税;剩余料件或增产的产品,经批准转内销时,价值在进口料件总值2%以内且总价值在5 000元以下的,可予免税。

(5)边境贸易进口物资

①边民互市贸易。边民互市贸易指边境地区边民在边境线20公里以内、经政府批准的开放点或指定的集市上进行的商品交换活动。边民通过互市贸易进口的商品,每人每日价值在3 000元以下的,免征进口关税和进口环节增值税。

②边境小额贸易。边境小额贸易指沿陆地边境线经国家批准对外开放的边境县(旗)、边境城市辖区内经批准有边境小额贸易经营权的企业,通过国家指定的陆地边境口岸,与毗邻国家边境地区的企业或其他贸易机构之间进行的贸易活动。边境小额贸易企业通过指定边境口岸进口原产于毗邻国家的商品,除烟、酒、化妆品以及国家规定必须照章征税的其他商品外,进口关税和进口环节增值税减半征收。

(6)保税区进出口货物

进口供保税区使用的机器、设备、基建物资、生产用车辆,为加工出口产品进口的原材料、零部件、元器件、包装物料,供储存的转口货物以及在保税区内加工运输出境的产品免征进口关税和进口环节税;保税区内企业进口专为生产加工出口产品所需的原材料、零部件、包装物料,以及转口货物予以保税;从保税区运往境外的货物,一般免征出口关税。

(7)出口加工区进出口货物

从境外进入区内生产性的基础设施建设项目所需的机器、设备和建设生产厂房、仓储设施所需的基建物资,区内企业生产所需的机器、设备、模具及其维修用零配件,区内企业和行政管理机构自用合理数量的办公用品,予以免征进口关税和进口环节税;区内企业为加工出口产品所需的原材料、零部件、元器件、包装物料及消耗性材料,予以保税;对加工区运往区外的货物,海关按照对进口货物的有关规定办理报关手续,并按照制成品征税;对从区外进入加工区的货物视同出口,可按规定办理出口退税。

(8)进口设备

对国家鼓励发展的国内投资项目和外商投资项目进口设备,在规定范围内免征进口关税和进口环节增值税。

(9)特定行业或用途的减免税政策

为鼓励、支持部分行业或特定产品的发展,国家制定了部分特定行业或用途的减免税政策,这类政策一般对可减免税的商品列有具体清单。

3. 临时减免税

临时减免税是指以上法定和特定减免税以外的其他减免税,即由国务院根据《海关法》对某个单位、某类商品、某个项目或某批进出口货物的特殊情况,给予特别照顾,一案一批,专文下达的减免税。一般有单位、品种、期限、金额或数量等限制,不能比照执行。

第三节 关税的计征

关税的计征包括两个部分:一是关税的计算;二是关税的征收管理。要准确计算应纳关税税额,首先必须确定应税货物的完税价格。我国《海关法》规定,进出口货物的完税价格,由海关以该货物的成交价格为基础审查确定。成交价格不能确定时,完税价格由海关依法估定。

一、关税完税价格的确定

(一)进口货物完税价格的确定

1. 一般进口货物完税价格

(1)以成交价为基础确定完税价格

《海关法》规定,进口货物的完税价格包括货物的货价、货物运抵我国境内输入地点起卸前的运输及其相关费用、保险费。货物的货价以成交价格为基础。进口货物的成交价格是指买方为购买该货物,并按《完税价格办法》有关规定调整后的实付或应付价格。

(2)完税价格的调整

下列费用或者价值应当计入完税价格:

①由买方负担费用包括:除购货佣金以外的佣金和经纪费;与该货物视为一体的容器费用;包装材料和包装劳务费用。

②与该货物的生产和向中国境内销售有关的,由买方以免费或者以低于成本的方式提供并可以按适当比例分摊的料件、工具、模具、消耗材料及类似货物的价款,以及在境外开发、设计等相关服务的费用。

③与该货物有关并作为卖方向我国销售该货物的一项条件,应当由买方直接或间接支付的特许权使用费。

④卖方直接或间接从买方对该货物进口后转售、处置或使用所得中获得的收益。

下列费用不得计入完税价格:

①厂房、机械、设备等货物进口后的基建、安装、装配、维修和技术服务的费用(除保修费用)。

②货物运抵境内输入地点之后的运输费用、保险费和其他相关费用。

③进口关税及其他国内税收(主要指增值税和消费税)。

值得注意的是,进口货物的成交价格,因有不同的成交条件而有不同的价格形式,常用的价格术语有 FOB(“船上交货”的价格术语的简称)、CFR(“成本加运费”的价格术语的简称)、CIF(“成本加运费、保险费”价格术语的简称)三种。

④以 CIF 成交的进口货物,若申报价格符合规定的“成交价格”条件,可直接计算出进口关税。

⑤以 FOB 和 CFR 条件成交的进口货物,应先将进口货物的申报价格折算成 CIF 价,然后计算进口关税。

(3)以海关估价确定完税价格

进口货物的成交价格不符合上述规定条件的,或者成交价格不能确定的,海关依次使用下列方法估定完税价格。如纳税人向海关提出申请并提供有关资料,经海关同意,可以选择倒扣方法和计算价格方法是适用次序。

①相同或类似货物成交价格方法,即以与被估的进口货物同时或大约同时(在海关接受申报进口之日的前后各 45 天以内)进口的相同或类似货物的成交价格为基础,估定完税价格。

②倒扣价格方法,即以被估的进口货物、相同或类似进口货物在境内销售的价格为基础估定完税价格。在海关估定进口货物完税价格时,以下各项应当扣除:该货物的同等级或同种类货物在境内销售时的利润和一般费用及通常支付的佣金;货物运抵境内输入地点之后的运费、保险费、装卸费及其他相关费用;进口关税、进口环节税和其他与进口或销售上述货物有关的国内税。

③计算价格方法,即按下列各项的总和计算出的价格估定完税价格:生产该货物所使用的原材料价值和进行装配或其他加工的费用;与向境内出口销售同等级或同种类货物的利润、一般费用相符的利润和一般费用;货物运抵境内输入地点起卸前的运输及相关费用、保险费。

④其他合理方法,即根据《完税价格办法》规定的估价原则,以在境内获得的数据资料为基础估定完税价格。但不得使用以下价格:境内生产的货物在境内的销售价格;可供选择的价格中的较高价格;货物在出口地市场的销售价格;以计算价格方法规定的有关各项之外的价值或费用计算的价格;出口到第三国或地区的货物的销售价格;最低限价或武断虚构的价格。

2. 特殊进口货物完税价格

(1)加工贸易进口料件及其制成品

①进口时需征税的进料加工进口料件，以该料件申报进口时的价格估定。

②内销的进料加工进口料件或其制成品（包括残次品、副产品），以料件原进口时的价格估定。

③内销的来料加工进口料件或其制成品（包括残次品、副产品），以料件申报内销时的价格估定。

④加工贸易加工过程中产生的边角料，以申报内销时的价格估定。

（2）保税区、出口加工区货物

①出口加工区内的加工企业内销的制成品（包括残次品、副产品），以制成品申报内销时的价格估定。

②保税区内的加工企业内销的进口料件或其制成品（包括残次品、副产品），分别以料件或制成品申报内销时的价格估定。如果内销的制成品中含有从境内采购的料件，则以所含从境外购入的料件原进口时的价格估定。

③从保税区或出口加工区销往区外、从保税仓库出库内销的进口货物（加工贸易进口料件及其制成品除外），以海关审定的价格估定完税价格。对经审核销售价格不能确定的海关应当按照一般进口货物估价办法的规定，估定完税价格。如销售价格中未包括在保税区、出口加工区或保税仓库中发生的仓储、运输及其他相关费用的，应当按照客观量化的数据资料予以计入。

（3）复运进境的境外修理货物

运往境外修理的机械器具、运输工具或其他货物，出境时已向海关报明并在海关规定期限内复运进境的，应当以海关审定的境外修理费和料件费为完税价格。

（4）复运进境的境外加工的货物

运往境外加工的货物，出境时已向海关报明并在海关规定期限内复运进境的，应当以海关审定的境外加工费和料件费，以及该货物复运进境的运输及其相关费用、保险费估定完税价格。

（5）暂时进境货物

对于经海关批准的暂时进境的货物，应当按照一般进口货物估价办法的规定，估定完税价格。

（6）租赁方式进口货物

①租赁方式进口的货物中，以租金方式对外支付的租赁货物，在租赁期间以海关审定的租金作为完税价格；

②留购的租赁货物，以海关审定的留购价格作为完税价格；

③承租人申请一次性缴纳税款的，经海关同意，按一般进口货物估价办法的规定估定完税价格。

（7）留购的进口货样等

对于境内留购的进口货样、展览品和广告陈列品，以海关审定的留购价格作为完税价格。

(8)予以补税的减免税货物

减税或免税进口的货物需予补税时，应当以海关审定的该货物原进口时的价格，扣除折旧部分价值作为完税价格。其计算公式为：

完税价格＝海关审定的该货物原进口时的价格
×[1－申请补税时实际已使用的时间(月)÷(监管年×12)]

(9)以其他方式进口的货物

以易货贸易、寄售、捐赠、赠送等其他方式进口的货物，应当按照一般进口货物估价办法的规定，估定完税价格。

(二)进口货物完税价格中相关费用的核定

1. 进口货物的运费

进口货物的运费应当按照实际支付的费用计算。如果进口货物的运费无法确定或未实际发生，海关应当按照该货物进口同期运输行业公布的运费率(额)计算运费。运输工具作为进口货物的自驾进口的运输工具，海关在审定完税价格时，可不另行计入运费。

2. 进口货物的保险费

进口货物的运费应当按照实际支付的费用计算。如果进口货物的保险费无法确定或者未实际发生，海关应当按照“货价加运费”两者总额的3‰计算保险费。

邮运的进口货物，应当以邮费作为运输及其相关费用、保险费；以境外边境口岸价格条件成交的铁路或公路运输进口货物，海关应当按照货价的1%计算运输及其相关费用、保险费。

(三)出口货物完税价格的确定

1. 以成交价格为基础的完税价格

出口货物的完税价格，由海关以该货物向境外销售的成交价格为基础审查确定，并应包括货物运至我国境内输出地点装载前的运输及其相关费用、保险费。出口货物的成交价格，是指该货物出口销售到我国境外时买方向卖方实付或应付的价格。

下列税收、费用不计入出口货物的完税价格：

(1)出口关税；

(2)在货物价款中单独列明的货物运至中国境内输出地点装载后的运输及相关费用、保险费；

(3)在货物价款中单独列明的支付给境外的佣金。

2. 出口货物海关估价方法

出口货物的成交价格不能确定时，完税价格由海关依次使用下列方法估定：

(1)同时或大约同时向同一国家或地区出口的相同货物的成交价格；

(2)同时或大约同时向同一国家或地区出口的类似货物的成交价格;

(3)根据境内生产相同或类似货物的成本、利润和一般费用、境内发生的运输及其相关费用、保险费计算所得的价格;

(4)按照合理方法估定的价格。

值得注意的是,根据出口货物成交价格条件的不同,其完税价格的计算也有区别:

①以 FOB 成交,应扣除出口关税为其完税价格。其计算公式为:

完税价格= FOB÷(1+出口关税税率)

②以 CIF 成交,应扣除货物离境后的运费和保险费,并扣除出口关税为其完税价格。

完税价格=(CIF－运费－保险费)÷(1+出口关税税率)

③以 CFR 成交,应扣除货物离境后的运费,并扣除出口关税为其完税价格。

完税价格=(CFR－运费)÷(1+出口关税税率)

二、应纳税额的计算

1. 从价税应纳税额的计算

关税税额=应税进(出)口货物数量×单位完税价格×税率

2. 从量税应纳税额的计算

关税税额=应税进(出)口货物数量×单位货物税额

3. 复合税应纳税额的计算

关税税额=应税进(出)口货物数量×单位货物税额+应税进(出)口货物数量×单位完税价格×税率

注:我国目前实行的复合税都是先计征从量税,再计征从价税。

4. 滑准税应纳税额的计算

关税税额=应税进(出)口货物数量×单位完税价格×滑准税税率

【例 6－1】 某外贸公司从德国进口一批钢材 500 吨,每吨完税价格为1 000美元,假定关税税率为 10%,汇率为 1 美元=6 元(人民币,下简为元),计算其应纳进口关税税额。

解:

应纳进口关税税额=1 000×500×6×10%=300 000(元)

【例 6－2】 某外贸公司从美国进口啤酒 200 箱,每箱装有 12 瓶,每瓶为 600ml,关税税率为 7.5 元/升,计算其应纳出口关税税额。

解:

应纳进口关税税额=200×12×600×7.5×0.001=10 800(元)

【例 6－3】 某外贸公司从日本进口 50 台录像机,成交价格为3 200美元/台,已知完税价格高于3 000美元/台的每台征收14 300元的从量税,再加上 3%的从价税,若汇率 1 美元=6 元,计算应纳进口关税税额。

解：

$$应纳进口关税税额=50\times14\ 300+3\ 200\times6\times3\%=715\ 576(元)$$

【例 6—4】 某外贸公司空运进口一批化妆品，实际成交价为 50 万美元(假定进口关税税率为 20%，汇率为 1 美元=6 元)；另外，从甲企业购进应纳消费税的化妆品一批用于出口，进价为 100 万元，离岸价(FOB)为 150 万元(假定消费税税率为 40%，出口关税税率为 40%)。

(1)若成交价格中含运抵我国口岸起卸前支付的运费及保险费，计算进口环节应纳关税、消费税、增值税税额。

(2)若成交价格中未含从境外起运地至境内口岸的运费及保险费 5 万元，计算进口环节应纳关税额。

(3)若成交价格中未含从境外起运地至境内口岸运费 5 万元，保险费无法确定，计算进口环节应纳关税额。

(4)计算出口环节应纳出口关税额。

(5)若离岸价中含支付给境外 2%的佣金，计算出口环节应纳出口关税额。

解：

(1)应纳关税税额：

$$关税完税价格=6\times50=300(万元)$$

$$应纳关税额=300\times20\%=60(万元)$$

应纳消费税额：

$$组成计税价格=(300+60)\div(1-40\%)=600(万元)$$

$$应纳消费税额=600\times40\%=240(万元)$$

应纳增值税额：

$$应纳增值税额=600\times17\%=102(万元)$$

(2)关税的完税价格=6×(50+5)=330(万元)

$$应纳关税额=330\times20\%=66(万元)$$

(3)关税的完税价格=6×[50+5+(50+5)×3‰]=330.99(万元)

$$应纳关税额=关税的完税价格\times关税税率=330.99\times20\%=66.198(万元)$$

(4)完税价格=150÷(1+40%)≈107(万元)

$$应纳出口关税额=107\times40\%=42.8(万元)$$

(5)不含佣金的离岸价=150÷(1+2%)≈147(万元)

$$完税价格=147\div(1+40\%)=105(万元)$$

$$应纳出口关税额=105\times40\%=42(万元)$$

三、关税的征收管理

(一)关税的申报与缴纳

进口货物自运输工具申报进境之日起14日内,出口货物在货物运抵海关监管区后装货的24小时以前,向货物进(出)境地海关申报,海关根据税则归类和完税价格计算应缴纳的关税和进口环节代征税,并填发税款缴款书。纳税义务人应当自海关填发税款缴款书之日起15日内(星期日和节假日除外),向指定银行缴纳税款。

(二)关税的强制执行

纳税义务人未在关税缴纳期限内缴纳税款,即构成关税滞纳。强制措施主要有两类:

1. 征收关税滞纳金

滞纳金自关税缴纳期限届满滞纳之日起,至纳税义务人缴纳关税之日止,按滞纳税款万分之五的比例按日征收,周末或法定节假日不予扣除。具体计算公式为:

关税滞纳金金额=滞纳关税税额×滞纳金征收比率×滞纳天数

2. 强制征收

如纳税义务人自海关填发缴款书之日起3个月仍未缴纳税款,经海关关长批准,海关可以采取强制扣缴、变价抵缴等强制措施。强制扣缴即海关从纳税义务人在开户银行或者其他金融机构的存款中直接扣缴税款。变价抵缴即海关将应税货物依法变卖,以变卖所得抵缴税款。

需要注意的是,关税纳税义务人因不可抗力或者在国家税收政策调整的情形下,不能按期缴纳税款的,经海关总署批准,可以延期缴纳税款,最长不得超过6个月。

(三)关税退还

关税退还是关税纳税义务人按海关核定的税额缴纳关税后,因某种原因的出现,海关将实际征收多于应当征收的税额(称为溢征关税)退还给原纳税义务人的一种行政行为。《海关法》规定,海关多征的税款,海关发现后应当立即退还。

按规定,有下列情形之一的,进出口货物的纳税义务人可以自缴纳税款之日起1年内,书面声明理由,连同原纳税收据向海关申请退税并加算银行同期活期存款利息,逾期不予受理:

(1)因海关误征,多纳税款的。

(2)海关核准免验进口的货物,在完税后,发现有短卸情形,经海关审查认可的。

(3)已征出口关税的货物,因故未将其运出口,申报退关,经海关查验属实的。

(4)对已征出口关税的出口货物和已征进口关税的进口货物,因货物品种或规格原因(非其他原因)原状复运进境或出境的,经海关查验属实的,应退还已征关税。

(四)关税补征和追征

海关法根据短征关税(实际征收税额少于应当征收的税额)的原因,将海关征收原短征关税的行为分为补征和追征两种。由于纳税人违反海关规定造成短征关税的，称为追征；非因纳税人违反海关规定造成短征关税的，称为补征。《海关法》规定：

(1)进出境货物和物品放行后，海关发现少征或者漏征税款，应当自缴纳税款或者货物、物品放行之日起 1 年内，向纳税义务人补征；

(2)因纳税义务人违反规定而造成的少征或者漏征的税款，自纳税义务人应缴纳税款之日起 3 年以内可以追征，并从缴纳税款之日起按日加收少征或者漏征税款万分之五的滞纳金。

(五)关税纳税争议

纳税义务人就原产地认定、税则归类、税率或汇率适用、完税价格确定、关税减征、免征、追征、补征和退还等征税行为是否合法或适当，是否侵害了纳税义务人的合法权益，而对海关征收关税的行为表示异议时，可以向海关申请复议，但同时应当在规定期限内按海关核定的税额缴纳关税。

纳税争议的具体申诉程序：纳税义务人自海关填发税款缴款书之日起 30 日内，向原征税海关的上一级海关书面申请复议。逾期申请复议的，海关不予受理。海关应当自收到复议申请之日起 60 日内做出复议决定，并以复议决定书的形式正式答复纳税义务人；纳税义务人对海关复议决定仍然不服的，可以自收到复议决定书之日起 15 日内，向人民法院起诉。

第四节　进境物品进口税的计征

进境物品进口税(即行李和邮递物品进口税，简称行邮税)，是海关对入境旅客行李物品和个人邮递物品征收的进口税，包括关税及海关代征的增值税和消费税。我国为了调节个人物品进境，简化手续，避免适用税目多、分类细、归类复杂的进出口税则，对入境旅客行李物品和个人邮递物品的进口税采用较为简便的征税办法。

一、进境物品进口税的征税范围与纳税人

进境物品进口税的征税对象即是进境物品，也就是非贸易性进口物品，主要是指入境旅客及运输工具服务人员携带的应税行李物品、个人邮递物品、馈赠物品以及其他方式入境的个人物品。进口税的纳税人，是指携有应税个人自用物品的入境旅客及运输工具的服务人员，进口邮递物品的收件人，以及以其他方式进口应税个人自用物品的收件人。

二、进境物品进口税的税率

对准许应税进口旅客行李物品、个人邮递物品以及其他个人自用物品，均应依据入境旅客行李物品和个人邮递物品进口税税率表征收行邮税。我国现行进境物品进口税税率分为 50%、20%、10%三个档次，都采用比例税率，详见表 6.2。

表 6.2　　　　进境物品进口税税率

类　别	内　容	税率(%)
第一类	书报、刊物、教育专用电影片、幻灯片、原版录音带、录像带，金、银及其制品，食品、饮料和其他商品	10
第二类	纺织品及其制成品、摄像机、摄录一体机、数码相机及其他电器用具，照相机，自行车、手表、钟表(含配件、附件)、化妆品	20
第三类	烟、酒	50

三、进境物品进口税的计算

(一)完税价格的确定

进口税采用从价计征，完税价格由海关参照该项物品的境外正常零售平均价格确定。现行进口税完税价格以海关总署 2007 年 6 月修订的入境旅客行李物品和个人邮递物品完税价格表为准。

(二)应纳税额的计算

进口税应纳税额＝完税价格×进口税税率

需要注意的是，海关按照填发税款缴纳书当日有效的税率和完税价格计算征收。

四、进境物品进口税的征收管理

(一)缴纳

纳税人应当在海关放行应税个人自用物品之前缴清税款。纳税义务人可自行办理纳税手续，也可以委托他人代办。

(二)补征、追征与退还

(1)纳税人的应税物品放行以后，海关发现少征税款的，应当自开出税款缴纳证之日起 1 年内向纳税义务人补征。

(2)因纳税义务人违反规定而造成的少征或漏征，海关可自违反规定行为发生之日起 3 年内向纳税义务人追征。

(3)海关发现或确认多征的税款，应当立即退还。

(三)纳税争议

进口税纳税义务人与海关发生纳税争议时，应当先按海关核定的税额缴纳税款，然后自海关填发税款缴纳证之日起 30 日内向海关书面申请复议。海关应当自收到复议申请之日起 15 日内做出复议决定，并通知纳税人。纳税人对复议决定不服，可自接到海关通知之日起 15 日内向海关总署申请复议。海关总署在接到复议申请后，应当在 30 日内做出复议决定，并通知纳税人。纳税人对海关总署的复议决定仍不服的，可自收到复议决定

 书之日起15日内,向人民法院起诉。

第五节　船舶吨税

船舶吨税是海关代表国家交通管理部门在设关口岸对进出我国港口的外国籍船舶征收的,用于航道设施建设的一种使用税。中华人民共和国成立后,船舶吨税由财政部管理、海关代征。自1951年10月起,船舶吨税改由海关征收管理。自1986年10月起,船舶吨税划归交通部管理,税款收入专款专用,主要用于港口建设维护及海上干线公用航标的建设维护,仍由海关代征。

一、船舶吨税的征税范围和纳税人

(一)船舶吨税的征收范围

(1)在我国港口行驶的外国籍船舶;

(2)外商租用(程租除外)的中国籍船舶;

(3)中外合营的海运企业自有或租用的中、外籍船舶;

(4)我国租用的航行国外或兼营国内航海贸易的外国籍船舶。

(二)下列船舶不属于船舶吨税的征税范围

(1)外商以程租方式租用的中国籍船舶,不征船舶吨税;

(2)台湾地区公私企业的船舶,均按中国籍国际航行船舶对待,不征船舶吨税;

(3)我国企业租用的专营国内沿海贸易的外国籍船舶,征车船税,不征船舶吨税。船舶吨税的纳税人是上述列入征税范围船舶使用人或其招租的外轮代理公司。

二、船舶吨税的计税依据

船舶吨税以船舶的注册净吨位为计税依据。注册净吨位是指船舶上所有封闭场所的内部空间扣除船舶正常航行必不可少的非营业空间后剩余的客舱和货舱等营业空间,按2.83立方米为1净吨位所计算出来的容积吨位。海关在计征船舶吨税时,以吨为计税单位,应税船舶净吨位尾数不足0.5吨的不计税,达到或超过0.5吨的按1吨计税。

三、船舶吨税的税率

船舶吨税按船舶净吨位大小等级设置单位税额,每一等级又分为一般吨税和优惠吨税。优惠税率适用于与我国签订有相互给予船舶税费最惠国待遇条约或者协定的国家或地区的船舶,否则适用一般税率。无论是一般吨税还是优惠吨税,均分别规定90天期和30天期的吨税税额。又将船舶分为机动船舶与非机动船舶两大类:机动船按净吨位从500吨及以下至10 001吨以上划分五级;非机动船从30吨及以下至151吨以上划分为三级。吨位越大,单位税额越高。具体税率详见表 6.3。

表 6.3 **船舶吨税税率**

船舶种类		净吨位	一般吨税(元/吨)		优惠吨税(元/吨)	
			90 天	30 天	90 天	30 天
机动船	轮船 汽船 拖船	500 吨及以下	3.15	1.50	2.25	1.20
		501～1 500 吨	4.65	2.25	3.30	1.65
		1 501～3 000 吨	7.05	3.45	4.95	2.55
		3 001～10 000 吨	8.10	3.90	5.85	3.00
		10 001 吨以上	9.30	4.65	6.65	3.30
非机动船	各种人力驾驶船及驳船、帆船	30 吨及以下	1.50	0.60	1.05	0.45
		31～150 吨	1.65	0.90	1.35	0.60
		151 吨以上	2.10	1.05	1.50	0.90

四、船舶吨税的计算与征管

(一)应纳税额的计算

应纳税额的计算公式是:

应纳税额＝单位税额×应纳船舶的注册净吨位

(二)船舶吨税的征管

未持有我国有效船舶吨税执照的进境应税船舶,应在船舶进境地海关办理缴纳船舶吨税的手续,申领船舶吨税执照,同时交验船舶国籍证书和船舶吨位证书。船舶吨税执照的有效期从该船舶申请进境之日起计算,船舶吨税自应税船舶申报进境之日起计征。纳税人应自海关填发船舶吨税缴款书之次日起 15 日内(法定节假日顺延)向指定银行缴清税款。逾期未缴的,由海关按日加征应缴税款 0.1%的滞纳金。

船舶吨税执照在船舶申报进境有效期满后,该船舶仍在我国港口停靠和在港口间行驶的,纳税人应在期满后次日起 5 日内向海关申报续纳船舶吨税;否则,海关可对其处以应纳税额 3 倍以下的罚款。此外,船舶因修理使应税吨位增大而隐匿不申报、企图偷逃税的,海关也应对其处以应纳税额 3 倍以下的罚款。

五、船舶吨税的税收优惠

对于以下船舶,税法规定免征船舶吨税:

(1)与我国建立外交关系国家的大使馆、公使馆、领事馆使用的船舶。

(2)有当地港务机关证明,属于驶入我国港口避难、修理、停驶或拆毁船舶,并且不上下客货的。

(3)专供上下客货及存货的泊定趸船及浮船。

(4)我国中央或地方政府征用或租用的船舶。

(5)进入我国港口后24小时或停泊在港口外48小时以内离港并未装卸任何客货的船舶。

(6)来我国港口专为添装船用燃料、物料并符合第5条规定的船舶。

(7)我国造船企业代外国承造的且要驶往国外并不上下客货的空船。

(8)吨税税额不满起征点人民币10元的船舶。

(9)在吨位执照期满后24小时内不上下客货的船舶。

思考题

1. 什么是关税? 关税的主要分类方式有哪些?
2. 我国进口关税税率有哪些种类? 分别适用于哪些对象?
3. 我国关税的原产地规定采用哪些标准?
4. 我国的关税减免政策包含哪几种?
5. 一般进口货物的完税价格是如何确定的?
6. 进口货物海关估价应按怎样的顺序进行?
7. 出口货物的完税价格是如何确定的?
8. 进口货物关税的强制执行、退还、补征和追征分别适用于何种情况?
9. 现行的进境物品进口税包含哪些税种? 进口税的实施范围、完税价格是怎样规定的?
10. 什么是船舶吨税? 船舶吨税的计税依据和税率是如何规定的?

计算题

1. 某企业从国外进口1 000吨化肥,海关无法审定其成交价格,但国内市场同类商品的批发价格为每吨2 800元,进口关税税率为20%,费用利润率为20%。计算该批进口化肥应纳关税。

2. 某企业向海关报明后将一台价值65万元的机械运往境外修理,机械修复后准时复运进境。假设该机械的关税税率为5%,支付的修理费和料件费为35万元(经海关审查确定)。计算该企业应纳关税。

3. 某企业2013年6月进口卷烟30箱,每箱成交价格1 000欧元,支付境外自己的采购代理人佣金40欧元/箱,运抵我国输入地点起卸前的运费为110欧元/箱,保险费为100欧元/箱。关税税率为20%,1欧元=8.0元人民币。计算该企业应缴纳的进口关税。

4. 2011年5月1日某公司由于承担国家重要工程项目,经批准进口了一套特定减免税的电子设备。使用2年后项目完工，2013年4月30日公司将该设备出售给了国内另一家企业，当日海关接受纳税人再次填写报关单申报办理纳税及有关手续。该电子设备的到岸价格为300万元，2011年进口时该设备关税税率为14%，2013年转售时该设备关税税率为10%，海关规定的监管年限为5年。计算该公司应补缴的关税。

5. 某企业进口一批材料，货物价款95万元，进口运费和保险费共计5万元，报关进口后发现其中的10%有严重质量问题并将其退货，出口方为补偿该企业，发送价值10万元(含进口运费、保险费0.5万元)的无代价抵偿物，进口关税税率为20%。计算该企业应缴纳的进口关税。

6. 某公司进口货物一批，CIF成交价格为人民币600万元，含单独计价并经海关审核属实的进口后装配调试费用30万元，该货物进口关税税率为10%，海关填发税款缴款书的日期为2014年1月6日，该公司于1月28日缴纳税款。计算该企业应纳关税和滞纳金。

7. 某进出口公司进口一批非消费税应税货物，境外口岸离岸价格折合人民币为2 000万元。支付运费50万元、保险费40万元，这批货物适用17%的增值税税率、10%的进口关税税率。货物到达我国口岸后，海关填发了税款缴纳证，但该公司因故自海关填发税款缴纳证之日起第18天才缴纳税款。分别计算该公司应缴关税、增值税、滞纳金。

8. 某企业(具有金银首饰经营资质的增值税一般纳税人)海运进口一批银首饰，海关审定货价折合人民币6 970万元，运保费无法确定，海关按同类货物同程运输费固定运费折合人民币9.06万元，该批货物进口关税税率为15%，消费税税率为5%。分别计算该公司应缴纳的关税、消费税、增值税。

9. 某外贸公司从国外进口化妆品，国外成交价格为206万美元，发生运输费2万美元、保险费0.4万美元、包装材料费0.2万美元，支付特许权使用费0.4万美元，为进口商品向买方采购代理人支付劳务费0.5万美元，向买卖双方经纪人支付经纪费1万美元，设备安装维修费为1.5万美元。同期以3 200万元人民币出售给国内某商场。进口关税税率为40%，消费税税率为30%。计算该外贸公司进口和国内销售应纳的关税、消费税、增值税。假定美元与人民币汇价1∶6.2。

10. 具有进出口经营权的某外贸公司10月份发生以下经营业务：

(1)经有关部门批准从境外进口小客车300辆，每辆货价5万元，运抵我国海关前发生的运输费用、保险费用无法确定，经海关查实，其他运输公司相同业务的运输费用占货价的比例为2%。该公司向海关缴纳了相关税款，并取得完税凭证。

(2)该公司委托运输公司将小客车从海关运回本单位，支付运输公司运输费用20万元，取得了运输公司开具的普通发票。当月售出240辆，每辆取得含税销售额11.5万元。小客车关税税率为30%，消费税税率为5%、增值税税率为17%。计算小客车在进口环节应缴纳的关税、消费税、增值税；

计算国内销售环节应缴纳的增值税。

第七章　企业所得税税制

企业所得税是以企业所得为课税对象征收的所得税，与个人所得税共同构成我国的所得税体系。所得税于18世纪末创始于英国，19世纪末20世纪初，企业所得税（国外称公司所得税）从所得税中分离出来成为独立税种。目前，企业所得税已成为一个较为成熟的税种，世界上大多数国家已建立企业（公司）所得税制度。我国的企业所得税自1936年开征以来，经过不断的改革与完善，逐渐成为我国第二大主体税种。本章根据我国2008年开始施行的《企业所得税法》及《企业所得税实施条例》[①]介绍企业所得税的纳税人、征税范围、税率、应纳税额及征税管理等规定。

第一节　概　述

一、企业所得税的定义

企业所得税是对企业生产经营所得和其他所得征收的一种税。具体来说，企业所得税是对一国境内的企业和企业经济组织在一定期间内的生产经营所得和其他所得等收入，在进行法定的成本、费用和损失等扣除后，对所得的余额所征收的一种税。

企业所得税是当今各国政府财政收入的一项重要来源，对实现经济资源合理配置、促进社会公平起到十分重要的作用。随着我国国民经济的快速发展和企业经济效益的不断提高，企业所得税收入取得了较快增长，占全国税收收入的比重也呈现增长趋势。2001～2010年，我国企业所得税占全国税收收入的比重平均为18.12%，成为仅次于增值税的第二大主体税种。

二、企业所得税的特点

（一）以所得额为征税对象

企业所得税不同于增值税、消费税、营业税等流转税，它的征税对象既不是企业实现

① 2007年3月16日，第十届全国人民代表大会第五次会议通过《中华人民共和国企业所得税法》，中华人民共和国主席令第63号。2007年11月28日，国务院第197次常务会议通过《中华人民共和国企业所得税法实施条例》，中华人民共和国国务院令第512号。

的利润额，也不是企业的销售额或营业额，而是企业的所得额。企业的所得额是指企业从事生产经营所取得的收入总额，减去不征税收入、免税收入、各项扣除以及允许弥补的以前年度亏损后的余额。以所得额为征税对象体现量能负担的原则，即"所得多的多征，所得少的少征，无所得的不征"，也就是说，所得多、负担能力强的多纳税，所得少、负担能力弱的少纳税，无所得、没有负担能力的不纳税。这种将所得税负担和企业所得额联系起来的征税办法，能够较好体现税收公平原则。

(二)计税依据的计算程序复杂

企业所得税以应纳税所得额为计税依据，涉及纳税人的成本、费用、税金和损失等各个方面，计算较为复杂。此外，应纳税所得额与企业账面的会计利润是两个不同的概念，应纳税所得额是在企业按照财务会计制度计算的所得额(会计利润)的基础上，根据税法制度规定，经过相应调整后计算的所得。因此在计算应纳税所得额时，由于会计制度与税法制度存在差异，有近四五十项调整项目，使企业所得税计税依据的计算程序更加复杂。

(三)实行按年计征、分期预缴的征收方式

企业所得税实行"按年计征，分期预缴，年终汇总清缴"的征收方式。企业所得税按纳税年度计算，企业应当自月份或者季度终了后，在税法规定的期限内，向税务机关报送预缴月份或者季度企业所得税纳税申报表，预缴税款。年度终了后，在税法规定的期限内，向税务机关报送年度企业所得税纳税申报表，汇总清缴，多退少补。

三、企业所得税的发展历程

(一)20世纪50～70年代工商所得税的建立与改革

我国于1950年发布《全国税政实施要则》，规定了属于所得税性质的有工商业税中的所得税、存款利息所得税、薪给报酬所得税三个税种，没有建立独立的企业所得税。工商业税(所得税部分)自1950年开征，主要征税对象是集体企业、公私合营企业、私营企业和个体工商户的应税所得。

1958年，我国将工商业税中的所得税改为一个独立的税种，称为"工商所得税"，同时将工商业税中的营业税独立出来，改为"工商统一税"。工商所得税从工商业税中的分离是我国税制发展的一个重要标志，客观上为以后的税制建设奠定了一定的基础。

1973年，为了进一步简化税制，将企业缴纳的工商统一税等税种合并为"工商税"。经过此次改革，我国对国营企业只征收工商税，不征所得税，对集体企业征收工商税和所得税。

(二)20世纪80年代至21世纪初多种企业所得税并存

1980年9月我国颁布了《中外合资经营企业所得税法》[①],将企业所得税税率确定为30%,另按应纳所得税额附征10%的地方所得税。这是中华人民共和国成立以后制定的第一部企业所得税法。1981年12月又颁布《外国企业所得税法》[②],实行20%～40%的五级超额累进税率,另按应纳税的所得额附征10%的地方税。经国务院批准,财政部先后颁布实施这两部税法的实施细则,至此我国初步形成了一套比较完整的涉外税收制度。

1991年4月第七届全国人民代表大会将《中外合资经营企业所得税法》与《外国企业所得税法》合并,制定了《中华人民共和国外商投资企业和外国企业所得税法》[③],自1991年7月起施行,完成了外资企业所得税制的统一。

1983～1984年我国推行两步"利改税"改革,将中华人民共和国成立后实行了30多年的国营企业向国家上缴利润的制度改为缴纳企业所得税的制度。在两步"利改税"的基础上,国务院于1984年9月发布《国营企业所得税条例(草案)》和《国营企业调节税征收办法》[④],对国营企业全面征收所得税,并对国营大中型企业征收国营企业调节税。

1985年4月国务院发布《集体企业所得税暂行条例》,实行10%～55%的八级超额累进税率,原来对集体企业征收的工商税(所得税部分)同时停止执行。《集体企业所得税暂行条例》的制定结束了中国多年来集体企业所得税征税办法不统一的局面,实现了集体企业所得税制度的统一与规范。1988年6月国务院发布了《私营企业所得税暂行条例》,确定税率为35%。至此,我国形成了一套相对完整的国内企业所得税体系。

随着我国市场经济的不断发展,为了促进企业公平竞争,进一步将国营企业所得税、集体企业所得税和私营企业所得税这三个税种合并为一个税种,我国制定了《企业所得税暂行条例》,自1994年1月1日起施行[⑤]。

(三)21世纪统一企业所得税

我国加入WTO后,国内市场对外资进一步开放,内资企业逐步融入世界经济体系,对内、外资企业继续采取不同的税收政策必将不利于内、外资企业在市场经济中的公平竞争。为了内、外资企业的公平竞争,有必要将内、外资企业所得税合并。2007年3月16日,第十届全国人民代表大会第五次会议审议通过了《企业所得税法》,并规定自2008年1月1日起施行,实现了内、外资企业所得税的统一[⑥]。

---

① 1980年9月10日中华人民共和国第五届全国人民代表大会第三次会议通过《中华人民共和国中外合资经营企业所得税法》,中华人民共和国全国人民代表大会常务委员会委员长令第10号。

② 1981年12月13日第五届全国人民代表大会第四次会议通过《外国企业所得税法》,人大常委会委员长令[1981]第13号。

③ 《外商投资企业和外国企业所得税法》(中华人民共和国主席令[1991]第45号)。

④ 《国营企业调节税征收办法》,国发[1984]第125号。

⑤ 《企业所得税暂行条例》,中华人民共和国国务院令第137号。

⑥ 《企业所得税法》,中华人民共和国主席令第63号。

第二节 纳税人、征税范围与税率

一、纳税人

按照《企业所得税法》的规定，企业所得税的纳税人是指在中华人民共和国境内的企业和其他取得收入的组织（以下统称企业），具体包括依照中国法律、行政法规在中国境内成立的企业、事业单位、社会团体以及其他取得收入的组织。我国企业所得税明确以法人组织为纳税人，非法人企业不作为独立纳税人，而由法人汇总纳税。由于个人独资企业、合伙企业没有法人资格，属于自然人性质的企业，且个人独资企业、合伙企业的股东负有无限责任，企业财产与个人财产不分离，无法区分企业所得和个人所得，因此，依照中国法律、行政法规成立的个人独资企业和合伙企业不作为企业所得税的纳税人，而将其作为个人所得税的纳税人。这样既避免了重复征税，又加强了企业所得税与个人所得税之间的协调。

税收管辖权是一国政府在征税方面的主权，是国家主权的重要组成部分。为了更好地保障我国税收管辖权的有效行使，根据国际上的通行做法，我国选择地域管辖权和居民管辖权的双重管辖权标准，将缴纳企业所得税的企业划分为居民企业和非居民企业，最大限度地维护了国家的税收利益。

（一）居民企业

居民企业是指依法在中国境内成立，或者依照外国（或地区）法律成立但实际管理机构在中国境内的企业。这里的企业包括国有企业、集体企业、私有企业、联营企业、股份制企业、外商投资企业、外国企业，以及有生产、经营所得和其他所得的其他组织。其中，有生产、经营所得和其他所得的其他组织，是指经国家有关部门批准、依法注册登记的事业单位、社会团体等组织。上述所称实际管理机构，是指对企业的生产经营、人员、账务、财产等实施实质性全面管理和控制的机构。需要注意的是，关于实际管理机构的认定，必须同时具备以下三个条件：一是对企业有实质性管理或控制的机构；二是对企业实行全面的管理和控制的机构；三是管理和控制的内容是企业的生产经营、人员、财务、财产等。

（二）非居民企业

非居民企业是指依照外国（地区）法律成立且实际管理机构不在中国境内但在中国境内设立机构、场所的，或者在中国境内未设立机构、场所但有来源于中国境内所得的企业。上述所称机构、场所，是指在中国境内从事生产经营活动的机构、场所，具体包括以下五类：

（1）管理机构、营业机构、办事机构；

（2）工厂、农场、开采自然资源的场所；

(3)提供劳务的场所;

(4)从事建筑、安装、装配、修理、勘探等工程作业的场所;

(5)其他从事生产经营活动的机构、场所。

非居民企业委托营业代理人在中国境内从事生产经营活动的,包括委托单位或者个人经常代其签订合同,或者储存、交付货物等,该营业代理人视为非居民企业在中国境内设立的机构、场所。

二、征税范围

不同的企业在向中国政府缴纳所得税时,其纳税义务不同。这就决定了对于不同的企业,企业所得税的征税范围有所差别。

(一)居民企业的征税范围

居民企业负有全面纳税的义务,对居民企业应当就其来源于中国境内、境外的所得缴纳企业所得税。

(二)非居民企业的征税范围

非居民企业负有有限纳税义务,对非居民企业在中国境内设立机构、场所的,应当就其所设机构、场所取得的来源于中国境内的所得,以及发生在中国境外但与其所设机构、场所有实际联系的所得,缴纳企业所得税。对非居民企业在中国境内未设立机构、场所的,或者虽设立机构、场所但取得的所得与其所设机构、场所没有实际联系的,应当就其来源于中国境内的所得缴纳企业所得税。

上述所称所得,包括销售货物所得、提供劳务所得、转让财产所得、股息红利等权益性投资所得,以及利息所得、租金所得、特许权使用费所得、接受捐赠所得和其他所得。所称实际联系,是指非居民企业在中国境内设立的机构、场所拥有据以取得所得的股权、债权,以及拥有、管理、控制据以取得所得的财产等。

对企业来源于中国境内、境外的所得,按照以下原则确定:

(1)销售货物所得,按照交易活动发生地确定。

(2)提供劳务所得,按照劳务发生地确定。

(3)转让财产所得:①不动产转让所得,按照不动产所在地确定。②动产转让所得,按照转让动产的企业或者机构、场所所在地确定。③权益性投资、资产转让所得,按照被投资企业所在地确定。

(4)股息、红利等权益性投资所得,按照分配所得的企业所在地确定。

(5)利息所得、租金所得、特许权使用费所得,按照负担、支付所得的企业或者机构、场所所在地确定,或者按照负担、支付所得的个人住所地确定。

(6)其他所得,由国务院财政、税务主管部门确定。

三、适用税率

企业所得税实行比例税率。比例税率简便易行，透明度高，不会因征税而改变企业间收入分配比例，有利于促进效率的提高。税率的确定既要考虑我国财政承受能力，又要考虑企业负担水平。我国现行企业所得税税率分为基本税率、优惠税率、预提所得税税率三类。

（一）基本税率

根据《企业所得税法》的规定，对居民企业来源于中国境内、境外的所得和非居民企业在中国境内设立机构、场所取得的来源于中国境内的所得，以及发生在中国境外但与其所设机构、场所有实际联系的所得，适用25%的比例税率。

（二）优惠税率

1. 小型微利企业优惠税率

小型微利企业减按20%的税率征收企业所得税。小型微利企业的条件如下：

（1）工业企业，年度应纳税所得额不超过30万元，从业人数不超过100人，资产总额不超过3 000万元。

（2）其他企业，年度应纳税所得额不超过30万元，从业人数不超过80人，资产总额不超过1 000万元。

（3）自2014年1月1日至2016年12月31日，上述享受税收优惠的小型微利企业年应纳税所得额低于10万元(含10万元)。

2. 高新技术企业优惠税率

对国家需要重点扶持的高新技术企业，减按15%的税率征收企业所得税。国家需要重点扶持的高新技术企业，是指同时符合以下六方面条件的企业：

（1）拥有核心自主知识产权：在中国境内(不含港、澳、台地区)注册的企业，近3年内通过自主研发、受让、受赠、并购等方式，或通过5年以上的独占许可方式，对其主要产品(服务)的核心技术拥有自主知识产权。

（2）产品(服务)属于国家重点支持的高新技术领域规定的范围。

（3）研究开发费用占销售收入的比例不低于规定比例：企业为获得科学技术(不包括人文、社会科学)新知识，创造性运用科学技术新知识，或实质性改进技术、产品(服务)而持续进行了研究开发活动，且近三个会计年度的研究开发费用总额占销售收入总额的比例符合如下要求：

①最近一年销售收入小于5 000万元的企业，比例不低于6%；

②最近一年销售收入在5 000万元至20 000万元的企业，比例不低于4%；

③最近一年销售收入在20 000万元以上的企业，比例不低于3%。

其中，企业在中国境内发生的研究开发费用总额占全部研究开发费用总额的比例不低于60%。企业注册成立时间不足3年的,按实际经营年限计算。

(4)高新技术产品(服务)收入占企业总收入的比例不低于规定比例:高新技术产品(服务)收入占企业当年总收入的60%以上。

(5)科技人员占企业职工总数的比例不低于规定比例:具有大学专科以上学历的科技人员占企业当年职工总数的30%以上,其中研发人员占企业当年职工总数的10%以上。

(6)高新技术企业认定管理办法规定的其他条件。国家重点支持的高新技术领域和高新技术企业认定管理办法由国务院科技、财政、税务主管部门商国务院有关部门制定,报国务院批准后公布施行。

(三)预提所得税税率

对非居民企业在中国境内未设立机构、场所的,或者虽设立机构、场所但取得的所得与其所设机构、场所没有实际联系的所得,适用税率为20%,但实际征税时适用税率为10%。

第三节　计税依据

一、应纳税所得额

企业所得税以企业的应纳税所得额为计税依据。应纳税所得额是指企业每一纳税年度的收入总额,减除不征税收入、免税收入、各项扣除以及允许弥补的以前年度亏损后的余额。其计算公式为:

应纳税所得额=收入总额-不征税收入-免税收入-各项扣除-以前年度亏损

企业的应纳税所得额是根据税法规定计算出来的,它在数额上与依据财务会计制度计算的利润总额往往不一致。我国税法规定,在计算应纳税所得额时,当企业财务、会计处理办法与税收法律、行政法规的规定冲突时,应当依照税收法律、行政法规的规定计算。企业按照财务会计制度计算的利润总额,必须按照税法规定进行必要调整后,才能作为应纳税所得额计算缴纳所得税,其计算公式为:

应纳税所得额=利润总额+纳税调整增加额-纳税调整减少额

企业应纳税所得额的计算,以权责发生制为原则,属于当期的收入和费用,不论款项是否收付,均作为当期的收入和费用;不属于当期的收入和费用,即使款项已经在当期收付,均不作为当期的收入和费用,但企业所得税实施条例和国务院财政、税务主管部门另有规定的除外。

二、收入总额

收入总额是指企业以货币形式和非货币形式从各种来源取得的收入。企业取得收入的货币形式，包括现金、存款、应收账款、应收票据、准备持有至到期的债券投资以及债务的豁免等；企业取得收入的非货币形式，包括固定资产、生物资产、无形资产、股权投资、存货、不准备持有至到期的债券投资、劳务以及有关权益等。企业以非货币形式取得的收入按照公允价值确定收入额。公允价值是指按照市场价格确定的价值。

（一）收入总额的内容

收入总额的内容具体包括：销售货物收入、提供劳务收入、转让财产收入、股息、红利等权益性投资收益，以及利息收入、租金收入、特许权使用费收入、接受捐赠收入、其他收入。

（1）销售货物收入，是指企业销售商品、产品、原材料、包装物、低值易耗品以及其他存货取得的收入。

（2）劳务收入，是指企业从事建筑安装、修理修配、交通运输、仓储租赁、金融保险、邮电通信、咨询经纪、文化体育、科学研究、技术服务、教育培训、餐饮住宿、中介代理、卫生保健、社区服务、旅游、娱乐、加工以及其他劳务服务活动取得的收入。

（3）转让财产收入，是指企业转让固定资产、生物资产、无形资产、股权、债权等财产取得的收入。

（4）股息、红利等权益性投资收益，是指企业因权益性投资从被投资方取得的收入。股息、红利等权益性投资收益，除国务院财政、税务主管部门另有规定外，按照被投资方做出利润分配决定的日期确认收入的实现。

（5）利息收入，是指企业将资金提供他人使用但不构成权益性投资，或者因他人占用本企业资金取得的收入，包括存款利息、贷款利息、债券利息、欠款利息等收入。利息收入，按照合同约定的债务人应付利息的日期确认收入的实现。

（6）租金收入，是指企业提供固定资产、包装物或者其他有形资产的使用权取得的收入。租金收入，按照合同约定的承租人应付租金的日期确认收入的实现。

（7）特许权使用费收入，是指企业提供专利权、非专利技术、商标权、著作权以及其他特许权的使用权取得的收入。特许权使用费收入，按照合同约定的特许权使用人应付特许权使用费的日期确认收入的实现。

（8）接受捐赠收入，是指企业接受的来自其他企业、组织或者个人无偿给予的货币性资产、非货币性资产。接受捐赠收入，按照实际收到捐赠资产的日期确认收入的实现。

（9）其他收入，是指企业取得的除以上收入外的其他收入，包括企业资产溢余收入、逾期未退包装物押金收入、确实无法偿付的应付款项、已做坏账损失处理后又收回的应收款项、债务重组收入、补贴收入、违约金收入、汇兑收益等。

（二）分期确认收入的实现

企业的下列生产经营业务可以分期确认收入的实现：

（1）以分期收款方式销售货物的，按照合同约定的收款日期确认收入的实现。

(2)企业受托加工制造大型机械设备、船舶、飞机以及从事建筑、安装、装配工程业务或者提供其他劳务等,持续时间超过12个月的,按照纳税年度内完工进度或者完成的工作量确认收入的实现。

(3)采取产品分成方式取得收入的,按照企业分得产品的日期确认收入的实现,其收入额按照产品的公允价值确定。

(4)企业发生非货币性资产交换以及将货物、财产、劳务用于捐赠、偿债、赞助、集资、广告、样品、职工福利或者利润分配等用途的,应当视同销售货物、转让财产或者提供劳务,但国务院财政、税务主管部门另有规定的除外。

三、不征税收入

不征税收入是指从性质和根源上不属于企业营业性活动带来的经济利益、不负有纳税义务并不作为应纳税所得额组成部分的收入。我国税法规定,不征税收入的内容包括:财政拨款,依法收取并纳入财政管理的行政事业性收费、政府性基金,国务院规定的其他不征税收入。

1. 财政拨款

财政拨款是指各级人民政府对纳入预算管理的事业单位、社会团体等组织拨付的财政资金,但国务院和国务院财政、税务主管部门另有规定的除外。需要注意的是,为了加强财政补贴收入和减免税的规范管理,且与现行财务会计制度保持一致,各级人民政府对企业拨付的各种价格补贴、税收返还等财政性资金不作为不征税收入的财政拨款。

2. 依法收取并纳入财政管理的行政事业性收费、政府性基金

行政事业性收费是指依照法律、法规等有关规定,按照国务院规定程序批准,在实施社会公共管理以及在向公民、法人或者其他组织提供特定公共服务过程中,向特定对象收取并纳入财政管理的费用。政府性基金,是指企业依照法律、行政法规等有关规定,代政府收取的具有专项用途的财政资金。

3. 国务院规定的其他不征税收入

国务院规定的其他不征税收入是指企业取得的,由国务院财政、税务主管部门规定专项用途,并经国务院批准的财政性资金。

四、免税收入

免税收入是指属于企业的应税所得,但按照税法规定免予征收企业所得税的收入。我国税法规定,免税收入的内容包括:

(1)国债利息收入。国债利息收入是指企业持有国务院财政部门发行的国债所得的利息收入。

(2)符合条件的居民企业之间的股息、红利等权益性收益。符合条件的居民企业之间

的股息、红利等权益性收益是指居民企业直接投资于其他居民企业取得的投资收益。

(3)在中国境内设立机构、场所的非居民企业从居民企业取得与该机构、场所有实际联系的股息、红利等权益性投资收益。

上述第2项和第3项所称股息、红利等权益性投资收益,不包括连续持有居民企业公开发行并上市流通的股票不足12个月取得的投资收益。

(4)符合条件的非营利组织的收入。符合条件的非营利组织是指:

①依法履行非营利组织登记手续。

②从事公益性或者非营利性活动。

③取得的收入除用于与该组织有关的、合理的支出外,全部用于登记核定或者章程规定的公益性或者非营利性事业。

④财产及其孳生息不用于分配。

⑤按照登记核定或者章程规定,该组织注销后的剩余财产用于公益性或者非营利性目的,或者由登记管理机关转赠与该组织性质、宗旨相同的组织,并向社会公告。

⑥投入人对投入该组织的财产不保留或者享有任何财产权利。

⑦工作人员工资福利开支控制在规定的比例内,不变相分配该组织的财产。

⑧国务院财政、税务主管部门规定的其他条件。

符合条件的非营利组织的收入,不包括非营利组织从事营利性活动取得的收入,但国务院财政、税务主管部门另有规定的除外。

五、税前扣除

企业所发生的各项支出是否准予在税前扣除以及扣除范围和标准的大小,直接影响企业应纳税所得额的计算,间接影响企业应纳税额的计算。在实务中,计算应纳税所得额时应注意以下三个方面:

一是企业在生产经营活动中所发生的费用支出应当区分收益性支出和资本性支出。收益性支出在发生当期直接扣除;资本性支出应当分期扣除或者计入有关资产成本,不得在发生当期直接扣除。

二是企业的不征税收入用于支出所形成的费用或财产,不得扣除或者计算对应的折旧、摊销扣除。

三是除税收法律、行政法规另有规定外,企业实际发生的成本、费用、税金、损失和其他支出,不得重复扣除。

企业申报的扣除项目要真实、合法。真实是指能够提供国家允许使用的有效证明,证明其相关支出确属已经实际发生;合法是指符合现行税收法规的规定,如有其他法规与税收法规的规定不一致,应以税收法规的规定为准。除税收法规另有规定外,税前扣除一般应遵循以下原则:

(1)权责发生制原则,指企业应在费用发生时扣除,而不是在实际支付时确认扣除。

(2)配比原则,指企业发生的费用应当与收入配比扣除。除特殊规定外,企业发生的费用不得提前或滞后申报扣除。

(3)相关性原则,指企业可扣除的费用从性质和根源上必须与取得应税收入直接相关。

(4)确定性原则,指企业可扣除的费用不论何时支付,其金额必须是确定的。

(5)合理性原则,指企业可扣除费用的计算和分配方法应符合生产经营活动常规,应当计入当期损益或者有关资产成本的必要和正常的支出。

(一)准予扣除的项目

《企业所得税法》规定,企业实际发生的与取得收入有关的、合理的支出,包括成本、费用、税金、损失和其他支出,准予在计算应纳税所得额时扣除。

(1)成本。成本是指企业在生产经营活动中发生的销售成本、销货成本、业务支出以及其他耗费。

(2)费用。费用是指企业在生产、经营商品和提供劳务等所发生的销售(经营)费用、管理费用和财务费用。已计入成本的有关费用除外。

(3)税金。税金是指企业发生的除企业所得税和允许抵扣的增值税以外的企业缴纳的各项税金及其附加,即企业按规定缴纳的消费税、营业税、城市维护建设税、关税、资源税、土地增值税、房产税、车船税、土地使用税、印花税、教育费附加等产品销售税金及附加。这些已纳税金准予税前扣除。

(4)损失。损失是指企业在生产经营活动中发生的固定资产和存货的盘亏、毁损、报废损失,转让财产损失,呆账损失,坏账损失,自然灾害等不可抗力因素造成的损失以及其他损失。

企业发生的损失,减除责任人赔偿和保险赔款后的余额,依照国务院财政、税务主管部门的规定扣除。企业已经作为损失处理的资产,在以后纳税年度又全部收回或者部分收回时,应当计入当期收入。

(5)其他支出。其他支出是指除成本、费用、税金、损失外,企业在生产经营活动中发生的与生产经营活动有关的、合理的支出。

(二)准予扣除项目的具体范围及标准

在对准予扣除项目做出基本规定以外,税法对准予扣除项目的具体范围及标准做出以下规定:

(1)工资、薪金。企业发生的合理的工资、薪金支出准予据实扣除。工资、薪金是指企业每一纳税年度支付给本企业任职或与其有雇佣关系的员工的所有现金或非现金形式的劳动报酬,包括基本工资、资金津贴、补贴、年终加薪、加班工资,以及与任职或者受雇有关的其他支出。

(2)职工福利费、工会经费、职工教育经费。企业发生的职工福利费、工会经费、职工教育经费按标准扣除，未超过标准的按实际数扣除，超过标准的只能按标准扣除。企业发生的职工福利费支出，不超过工资、薪金总额14%的部分准予扣除。企业拨缴的工会经费，不超过工资、薪金总额2%的部分准予扣除。除国务院财政、税务主管部门另有规定外，企业发生的职工教育经费支出，不超过工资、薪金总额2.5%的部分准予扣除，超过部分准予结转以后纳税年度扣除。

【例7—1】 某生产软件的居民企业2013年度实际发生工资支出600万元，职工福利费用支出100万元，职工教育经费70万元，其中职工培训费50万元。计算2013年度该企业应调增应纳税所得额。

解：

职工福利费应调增所得额＝100－600×14%＝16(万元)

软件企业职工培训费可全额扣除，扣除职工培训费后的职工教育经费的余额应按照工资、薪金的2.5%比例扣除。

职工教育经费应调增所得额＝70－50－600×2.5%＝5(万元)

2013年度应调增的应纳税所得额 ＝16＋5＝21(万元)

(3)社会保险费和住房公积金。企业依照国务院有关主管部门或者省级人民政府规定的范围和标准为职工缴纳的“五险一金”，即基本养老保险费、基本医疗保险费、失业保险费、工伤保险费、生育保险费等基本社会保险费和住房公积金，准予扣除。

企业为投资者或者职工支付的补充养老保险费、补充医疗保险费，在国务院财政、税务主管部门规定的范围和标准内，准予扣除。企业参加财产保险，按照规定缴纳的保险费，准予扣除。企业为投资者或者职工支付的商业保险费，不得扣除。

(4)借款费用和利息支出。企业在生产经营活动中发生的合理的不需要资本化的借款费用，准予扣除。企业为购置、建造固定资产、无形资产和经过12个月以上的建造才能达到预定可销售状态的存货发生借款的，在有关资产购置、建造期间发生的合理的借款费用，应予以资本化，作为资本性支出计入有关资产的成本；有关资产交付使用后发生的借款利息，可在发生当期扣除。

企业在生产、经营活动中发生的下列利息支出，准予扣除：

一是非金融企业向金融企业借款的利息支出、金融企业的各项存款利息支出和同业拆借利息支出、企业经批准发行债券的利息支出可据实扣除。

二是非金融企业向非金融企业借款的利息支出，不超过按照金融企业同期同类贷款利率计算的数额的部分可据实扣除，超过部分不得扣除。

【例7—2】 某企业向银行借款500万元用于建造厂房，借款期从2013年1月1日至12月31日，支付当年全年借款利息40万元，该厂房于2013年9月30日达到可使用状态并交付使用，11月3日做完完工结算。计算该企业当年税前可扣除的利息费用。

解:

固定资产构建期间的合理利息费用应予资本化,交付使用后发生的利息费用,可在发生当期扣除。

$$该企业当年可在税前扣除的利息费用=\frac{40\times 3}{12}=10(万元)$$

(5)汇兑损失。企业在货币交易中以及纳税年度终了时将人民币以外的货币性资产、负债按照期末即期人民币汇率中间价折算为人民币时产生的汇兑损失,除已经计入有关资产成本以及与向所有者进行利润分配相关的部分外,准予扣除。

(6)业务招待费。企业发生的与生产经营活动有关的业务招待费支出,按照发生额的60%扣除,但最高不得超过当年销售(营业)收入的5‰。

【例 7—3】 某居民企业 2013 年度产品销售收入6 000万元(不含增值税),同生产经营活动有关的业务招待费支出为 70 万元。计算该企业本年度准予在税前抵扣的业务招待费。

解:

准予抵扣的最高限额=6 000×5‰=30(万元)

实际发生额的 60%计算的业务招待费=70×60%=42(万元)

由于按实际发生额的 60%计算的业务招待费大于最高限额,因此按最高限额 30 万元在税前列支。

(7)广告费和业务宣传费。企业发生的符合条件的广告费和业务宣传费支出,除国务院财政税务主管部门另有规定外,不超过当年销售(营业)收入 15%的部分,准予扣除;超过部分,准予结转以后纳税年度扣除。

【例 7—4】 某企业 2013 年产品销售收入为6 000万元(不含增值税),在费用中支出的业务宣传费用为1 000万元。计算该年末税前准予列支的业务宣传费。

解:

准予税前列支的业务宣传费=6 000×15%=900(万元)

(8)环境保护专项资金。企业依照法律、行政法规有关规定提取的用于环境保护、生态恢复等方面的专项资金,准予扣除。上述专项资金提取后改变用途的,不得扣除。

(9)保险费。企业参加财产保险,按照规定缴纳的保险费,准予扣除。

(10)固定资产租赁费。企业根据生产经营活动的需要租入固定资产支付的租赁费,按照以下方法扣除:以经营租赁方式租入固定资产发生的租赁费支出,按照租赁期限均匀扣除;以融资租赁方式租入固定资产发生的租赁费支出,按照规定构成融资租入固定资产价值的部分应当提取折旧费用,分期扣除。

(11)劳动保护支出。企业发生的合理的劳动保护支出,准予扣除。

(12)公益性捐赠支出。企业发生的公益性捐赠支出,不超过年度利润总额 12%的部分，准予扣除。

【例 7—5】 2013 年度某居民企业主营业务收入5 300万元、营业外收入 50 万元，主营业务成本4 500万元，全年发生期间费用共 600 万元，营业外支出 50 万元，其中公益性捐赠支出 40 万元。计算当期公益性捐赠支出应调整的企业所得税应纳税所得额。

解：

企业发生的公益性捐赠支出不超过年度利润总额的 12%部分，准予扣除。

扣除限额＝(5 300＋50－4 500－600－50)×12%＝200×12%＝24(万元)

公益性捐赠支出实际发生额高于扣除限额，因此应调增应纳税所得额 16 万元(40－24)。

(13)有关资产的费用。企业转让各类固定资产发生的费用，允许扣除。企业按规定计算的固定资产折旧费、无形资产和递延资产的摊销费，准予扣除。与此同时，自 2014 年 1 月 1 日开始，扩大了固定资产税前扣除范围：

①对所有行业企业 2014 年 1 月 1 日后新购进用于研发的仪器、设备，单位价值不超过 100 万元的，允许一次性计入当期成本费用在税前扣除；

②对所有行业企业持有的单位价值不超过5 000元的固定资产，允许一次性计入当期成本费用在税前扣除。

(14)总机构分摊的费用。非居民企业在中国境内设立的机构、场所，就其中国境外总机构发生的与该机构、场所生产经营有关的费用，能够提供总机构出具的费用汇集范围、定额、分配依据和方法等证明文件，并合理分摊的，准予扣除。但企业之间支付的管理费、企业内营业机构之间支付的租金和特许权使用费，以及非银行企业内营业机构之间支付的利息，不得扣除。

(15)资产损失。企业当期发生的固定资产和流动资产盘亏、毁损净损失，由其提供清查盘存资料，经主管税务机关审核后，准予扣除；企业因存货盘亏、毁损、报废等原因不得从销项税金中抵扣的进项税金，应视同企业财产损失，准予与存货损失一起在所得税前按规定扣除。

(16)依照有关法律、行政法规和国家有关税法规定准予扣除的其他项目，包括会员费、合理的会议费、差旅费、违约金、诉讼费用等。

(三)不得扣除的项目

在计算应纳税所得额时，下列支出不得扣除：

(1)向投资者支付的股息、红利等权益性投资收益款项，是指企业向股权投资者支付的股息、红利、分配利润和其他形式的经济利益。

(2)企业所得税税款，是指企业按照税法规定在纳税年度内预缴或者补缴的企业所得税税款。

(3)税收滞纳金，是指纳税人违反税收法规，被税务机关处以的滞纳金。

(4)罚金、罚款和被没收财物的损失，是指纳税人违反国家有关法律、法规的规定，被有关部门处以的罚款，以及被司法机关处以的罚金和被没收的财物。

(5)公益、救济性捐赠以外的捐赠支出，是指按照税法规定，企业发生的不符合公益性捐赠支出规定的捐赠支出，或者发生的超过规定标准的公益、捐赠性支出，即超过年度利润总额12%以外的部分。

(6)赞助支出，是指企业发生的与生产经营活动无关的各种非广告性质支出。

(7)未经核定的准备金支出，是指不符合国务院财政、税务主管部门规定的各项资产减值准备、风险准备等准备金支出。

(8)企业之间支付的管理费、企业内营业机构之间支付的租金和特许权使用费，以及非银行企业内营业机构之间支付的利息，不得扣除。

(9)与取得收入无关的其他支出，是指除上述各项支出之外，国务院财政、税务主管部门规定的与企业取得收入无关的各项支出。

六、亏损弥补

亏损，是指企业依照《企业所得税法》和《企业所得税暂行条例》的规定，将每一纳税年度的收入总额减除不征税收入、免税收入和各项扣除后小于零的数额。税法规定，企业某一纳税年度发生的亏损可以用下一年度的所得弥补；下一年度的所得不足以弥补的，可以逐年延续弥补，但最长不得超过5年。企业在汇总计算缴纳企业所得税时，其境外营业机构的亏损不得抵减境内营业机构的盈利。

七、非居民企业应纳税所得额的特殊规定

对于非居民企业在中国境内未设立机构、场所的，或者虽设立机构、场所但取得的所得与其所设机构、场所没有实际联系的非居民企业的所得，按照下列方法计算应纳税所得额：

(1)股息、红利等权益性投资收益和利息、租金、特许权使用费所得，以收入全额为应纳税所得额。

(2)转让财产所得，以收入全额减除财产净值后的余额为应纳税所得额。财产净值是指财产的计税基础减除已经按照规定扣除的折旧、折耗、摊销、准备金等后的余额。

(3)其他所得，参照前两项规定的方法计算应纳税所得额。

第四节　资产处理

资产是由于资本投资而形成的企业的各项资产，主要有固定资产、生物资产、无形资产、长期待摊费用、投资资产、存货等。企业的各项资产均以历史成本为计税基础。历史

成本是指企业取得该项资产时实际发生的支出。企业持有各项资产期间产生的资产增值或者减值，除国务院财政、税务主管部门规定可以确认损益外，不得调整该资产的计税基础。

《企业所得税法》规定了纳税人的资产处理，其目的是要通过对资产的分类，区别资本性支出和收益性支出，确定准予扣除的项目和不准扣除的项目，正确计算应纳税所得额。对于资本性支出以及无形资产受让、开办、开发费用，不允许作为成本、费用从纳税人的收入总额中做一次性扣除，只能采取分次计提折旧或分次摊销的方式予以扣除，即纳税人经营活动中使用的固定资产的折旧费用、无形资产和长期待摊费用的摊销费用可以扣除。

一、固定资产的税务处理

固定资产，是指企业为生产产品、提供劳务、出租或者经营管理而持有的、使用时间超过 12 个月的非货币性资产，包括房屋、建筑物、机器、机械、运输工具以及其他与生产经营活动有关的设备、器具、工具等。

（一）固定资产的计税基础

固定资产按照以下方法确定计税基础：

（1）外购的固定资产，以购买价款和支付的相关税费以及直接归属于使该资产达到预定用途发生的其他支出为计税基础。

（2）自行建造的固定资产，以竣工结算前发生的支出为计税基础。

（3）融资租入的固定资产，以租赁合同约定的付款总额和承租人在签订租赁合同过程中发生的相关费用为计税基础。租赁合同未约定付款总额的，以该资产的公允价值和承租人在签订租赁合同过程中发生的相关费用为计税基础。

（4）盘盈的固定资产，以同类固定资产的重置完全价值为计税基础。

（5）通过捐赠、投资、非货币性资产交换、债务重组等方式取得的固定资产，以该资产的公允价值和支付的相关税费为计税基础。

（6）改建的固定资产，除已足额提取折旧的固定资产和租入的固定资产以外的其他固定资产，以改建过程中发生的改建支出增加计税基础。

（二）固定资产折旧的范围

企业按照规定计算的固定资产折旧，在计算应纳税所得额时，准予扣除。下列固定资产不得计算折旧扣除：

（1）房屋、建筑物以外未投入使用的固定资产。

（2）以经营租赁方式租入的固定资产。

（3）以融资租赁方式租出的固定资产。

（4）已足额提取折旧仍继续使用的固定资产。

（5）与经营活动无关的固定资产。

(6)单独估价作为固定资产入账的土地。

(7)其他不得计算折旧扣除的固定资产。

(三)固定资产折旧的计提方法

(1)企业应当自固定资产投入使用月份的次月起计算折旧;停止使用的固定资产,应当自停止使用月份的次月起停止计算折旧。

(2)企业应当根据固定资产的性质和使用情况,合理确定固定资产的预计净残值。固定资产的预计净残值一经确定,不得变更。

(3)自2014年1月1日开始允许使用加速折旧法计提折旧。具体规定如下:

①对所有行业企业2014年1月1日后新购进用于研发的仪器、设备,单位价值不超过100万元的,允许一次性计入当期成本费用在税前扣除;超过100万元的,可按60%比例缩短折旧年限,或采取双倍余额递减等方法加速折旧。

②对生物药品制造业,专用设备制造业,铁路、船舶、航空航天和其他运输设备制造业,计算机、通信和其他电子设备制造业,仪器仪表制造业,信息传输、软件和信息技术服务业等行业企业2014年1月1日后新购进的固定资产,允许按规定年限的60%缩短折旧年限,或采取双倍余额递减等加速折旧方法,促进扩大高技术产品进口。

(四)固定资产折旧的计提年限

除国务院财政、税务主管部门另有规定外,固定资产计算折旧的最低年限如下:

(1)房屋、建筑物,为20年。

(2)飞机、火车、轮船、机器、机械和其他生产设备,为10年。

(3)与生产经营活动有关的器具、工具、家具等,为5年。

(4)飞机、火车、轮船以外的运输工具,为4年。

(5)电子设备,为3年。

从事开采石油、天然气等矿产资源的企业,在开始商业性生产前发生的费用和有关固定资产的折耗、折旧方法,由国务院财政、税务主管部门另行规定。

【例7-6】 某居民企业2014年7月购入一台不需要安装的设备,取得增值税发票注明价款300万元,增值税51万元,购入设备发生运费3万元,当月投入使用,假定该企业生产设备采用10年折旧年限,预计残值率4%。计算该企业当年可在所得税前扣除的该设备折旧额。

解:

$$\text{固定资产账面原值}=300+3\times(1-7\%)=302.79\text{(万元)}$$

$$\text{该设备可提折旧额}=302.79\times(1-4\%)=290.678\,4\text{(万元)}$$

$$\text{当年可税前扣除的折旧额}=\frac{290.678\,4}{10\times12}\times5=12.111\,6\text{(万元)}$$

二、生产性生物资产的税务处理

生产性生物资产，是指为产出农产品、提供劳务或出租等目的而持有的生物资产，包括经济林、薪炭林、产畜和役畜等。

（一）生产性生物资产的计税基础

生产性生物资产按照以下方法确定计税基础：

（1）外购的生产性生物资产，以购买价款和支付的相关税费为计税基础。

（2）通过捐赠、投资、非货币性资产交换、债务重组等方式取得的生产性生物资产，以该资产的公允价值和支付的相关税费为计税基础。

（二）生产性生物资产的折旧方法和折旧年限

生产性生物资产按照直线法计算的折旧，准予扣除。企业应当自生产性生物资产投入使用月份的次月起计算折旧；停止使用的生产性生物资产，应当自停止使用月份的次月起停止计算折旧。企业应当根据生产性生物资产的性质和使用情况，合理确定生产性生物资产的预计净残值。生产性生物资产的预计净残值一经确定，不得变更。

生产性生物资产计算折旧的最低年限如下：

（1）林木类生产性生物资产，为 10 年。

（2）畜类生产性生物资产，为 3 年。

三、无形资产的税务处理

无形资产，是指企业为生产产品、提供劳务、出租或者经营管理而持有的、没有实物形态的非货币性长期资产，包括专利权、商标权、著作权、土地使用权、非专利技术、商誉等。

（一）无形资产的计税基础

无形资产按照以下方法确定计税基础：

（1）外购的无形资产，以购买价款和支付的相关税费以及直接归属于使该资产达到预定用途发生的其他支出为计税基础。

（2）自行开发的无形资产，以开发过程中该资产符合资本化条件后至达到预定用途前发生的支出为计税基础。

（3）通过捐赠、投资、非货币性资产交换、债务重组等方式取得的无形资产，以该资产的公允价值和支付的相关税费为计税基础。

（二）无形资产摊销的范围

在计算应纳税所得额时，企业按照规定计算的无形资产摊销费用，准予扣除。

下列无形资产不得计算摊销费用扣除：

（1）自行开发的、支出已在计算应纳税所得额时扣除的无形资产。

（2）自创商誉。

(3)与经营活动无关的无形资产。

(4)其他不得计算摊销费用扣除的无形资产。

(三)无形资产的摊销方法及年限

无形资产的摊销,采取直线法计算。无形资产的摊销年限不得低于10年。作为投资或者受让的无形资产,有关法律规定或者合同约定了使用年限的,可以按照规定或者约定的使用年限分期摊销。外购商誉的支出,在企业整体转让或者清算时,准予扣除。

四、长期待摊费用的税务处理

长期待摊费用,是指企业发生的应在一个年度以上或几个年度进行摊销的费用。在计算应纳税所得额时,企业发生的下列支出作为长期待摊费用,按照规定摊销的,准予扣除。

(1)固定资产改扩建支出。固定资产的改建支出,是指企业改变房屋或者建筑物结构、延长使用年限等发生的支出。

①已足额提取折旧的固定资产的改建支出,按照固定资产预计尚可使用年限分期摊销。

②租入固定资产的改建支出,按照合同约定的剩余租赁期限分期摊销。

③除已足额提取折旧的固定资产、租入固定资产的改建支出外,应当适当延长折旧年限。

(2)固定资产的大修理支出。固定资产的大修理支出,按照固定资产尚可使用年限分期摊销。固定资产的大修理支出,是指同时符合下列条件的支出:

①修理支出达到取得固定资产时的计税基础50%以上。

②修理后固定资产的使用年限延长2年以上。

(3)其他应当作为长期待摊费用的支出。其他应当作为长期待摊费用的支出,自支出发生月份的次月起,分期摊销,摊销年限不得低于3年。

五、投资资产的税务处理

投资资产,是指企业对外进行权益性投资和债权性投资而形成的资产。企业对外投资期间,投资资产的成本在计算应纳税所得额时不得扣除。企业在转让或者处置投资资产时,投资资产的成本准予扣除。投资资产按以下方法确定投资成本:

(1)通过支付现金方式取得的投资资产,以购买价款为成本。

(2)通过支付现金以外的方式取得的投资资产,以该资产的公允价值和支付的相关税费为成本。

【例7—7】 2014年A企业投资B企业,投资成本为200万元。2014年1月B企业进行清算,A企业分得剩余资产320万元,其中含累计未分配利润和累计盈余公积36万元,A 企业适用企业所得税税率 25%。计算 A 企业该项投资应纳企业所得税所得额。

解:

2014 年度 A 企业应纳企业所得税所得额=320−200−36=84(万元)

六、存货的税务处理

存货,是指企业持有以备出售的产品或者商品、处在生产过程中的在产品、在生产或者提供劳务过程中耗用的材料和物料等。

(一)存货的计税基础

存货按照以下方法确定成本:

(1)通过支付现金方式取得的存货,以购买价款和支付的相关税费为成本。

(2)通过支付现金以外的方式取得的存货,以该存货的公允价值和支付的相关税费为成本。

(3)生产性生物资产收获的农产品,以产出或者采收过程中发生的材料费、人工费和分摊的间接费用等必要支出为成本。

(二)存货的计价方法

企业使用或者销售的存货的成本计算方法,可以在先进先出法、加权平均法、个别计价法中选用一种。计价方法一经选用,不得随意变更;确实需要改变计价方法的,应当在下一纳税年度开始前报主管税务机关批准。

第五节　税收优惠

税收优惠是指国家运用税收政策在税收法律、行政法规中规定对某一部分特定企业和课税对象给予减轻或免除税收负担的一种措施。根据企业所得税法及实施条例的规定,企业所得税优惠政策方式包括免税、减税、加计扣除、加速折旧、减计收入、税额抵免等。

一、免征、减征优惠

企业的下列所得或情形,可以免征、减征企业所得税:

(一)从事农、林、牧、渔业项目的所得

《企业所得税实施条例》规定,企业从事蔬菜、谷物、薯类、油料、豆类、棉花、麻类、糖料、水果、坚果的种植,农作物新品种的选育,中药材的种植,林木的培育和种植,牲畜、家禽的饲养,林产品的采集,灌溉、农产品粗加工、兽医、农技推广、农技作业和维修等农、林、牧、渔服务业项目,远洋捕捞的所得,免征企业所得税。

企业从事花卉、茶以及其他饮料作物和香料作物的种植,海水养殖、内陆养殖的所得,减半征收企业所得税。

(二)从事国家重点扶持的公共基础设施项目投资经营的所得

国家重点扶持的公共基础设施项目,是指公共基础设施项目企业所得税优惠目录规定的港口码头、机场、铁路、公路、城市公共交通、电力、水利等项目。企业所得税实施条例规定,企业从事上述规定的国家重点扶持的公共基础设施项目的投资经营的所得,自项目取得第一笔生产经营收入所属纳税年度起,第一年至第三年免征企业所得税,第四年至第六年减半征收企业所得税。但企业承包经营、承包建设和内部自建自用上述规定的项目,不得享受上述规定的企业所得税优惠。

(三)从事符合条件的环境保护、节能节水项目的所得

《企业所得税实施条例》规定,企业从事符合条件的环境保护、节能节水项目的所得,自项目取得第一笔生产经营收入所属纳税年度起,第一年至第三年免征企业所得税,第四年至第六年减半征收企业所得税。所谓符合条件的环境保护、节能节水项目,包括公共污水处理、公共垃圾处理、沼气综合开发利用、节能减排技术改造、海水淡化等。项目的具体条件和范围由国务院财政、税务主管部门商国务院有关部门制定,报国务院批准后公布施行。

依照以上(二)和(三)项规定享受减免税优惠的项目,在减免税期限内转让的,受让方自受让之日起,可以在剩余期限内享受规定的减免税优惠;减免税期限届满后转让的,受让方不得就该项目重复享受减免税优惠。

(四)符合条件的技术转让所得

《企业所得税法》所称符合条件的技术转让所得免征、减征企业所得税,是指一个纳税年度内,居民企业转让技术所有权所得不超过500万元的部分,免征企业所得税;超过500万元的部分,减半征收企业所得税。

(五)非居民企业的优惠

非居民企业在中国境内未设立机构、场所的,或者虽设立机构、场所但取得的与其所设机构、场所没有实际联系的所得,减按10%的税率征收企业所得税。

下列所得免征企业所得税:

(1)外国政府向中国政府提供贷款取得的利息所得。

(2)国际金融组织向中国政府和居民企业提供优惠贷款取得的利息所得。

(3)经国务院批准的其他所得。

(六)小型微利企业和高新技术企业的优惠

对符合条件的小型微利企业减按20%的税率征收企业所得税。小型微利企业的认定条件参见本章第三节有关内容。

对国家需要重点扶持的高新技术企业,减按15%的税率征收企业所得税。国家需要重点扶持的高新技术企业的认定条件参见本章第三节有关内容。

（七）民族自治地方的优惠

民族自治地方的自治机关对本民族自治地方的企业应缴纳的企业所得税中属于地方分享的部分，可以决定减征或者免征。自治州、自治县决定减征或者免征的，须报省、自治区、直辖市人民政府批准。但对民族自治地方内国家限制和禁止行业的企业，不得减征或者免征企业所得税。①

二、加计扣除优惠

企业下列支出，可以在计算应纳税所得额时加计扣除：

（1）开发新技术、新产品、新工艺发生的研究开发费用。企业所得税实施条例规定，企业为开发新技术、新产品、新工艺发生的研究开发费用，未形成无形资产计入当期损益的，在按照规定据实扣除的基础上，按照研究开发费用的50%加计扣除；形成无形资产的，按照无形资产成本的150%摊销。

（2）安置残疾人员及国家鼓励安置的其他就业人员所支付的工资。企业安置残疾人员的，在按照支付给残疾职工工资据实扣除的基础上，按照支付给残疾职工工资的100%加计扣除。残疾人员的范围适用《残疾人保障法》的有关规定。企业安置国家鼓励安置的其他就业人员所支付的工资的加计扣除办法，由国务院另行规定。

三、减计收入优惠

企业综合利用资源、生产符合国家产业政策规定的产品所取得的收入，可以在计算应纳税所得额时减计收入。

《企业所得税实施条例》规定，企业以资源综合利用企业所得税优惠目录规定的资源作为主要原材料，生产国家非限制和禁止并符合国家和行业相关标准的产品取得的收入，减按90%计入收入总额。

四、税额抵免优惠

企业购置用于环境保护、节能节水、安全生产等专用设备的投资额，可以按一定比例实行税额抵免。企业所得税实施条例规定，企业购置并实际使用环境保护专用设备企业所得税优惠目录、节能节水专用设备企业所得税优惠目录和安全生产专用设备企业所得税优惠目录规定的环境保护、节能节水、安全生产等专用设备的，该专用设备的投资额的10%可以从企业当年的应纳税额中抵免；当年不足抵免的，可以在以后5个纳税年度结转

① 民族自治地方在新税法实施前已经按照《财政部国家税务总局海关总署关于西部大开发税收优惠政策问题的通知》（财税[2001]202号）第2条第2款有关减免税规定批准享受减免企业所得税（包括减免中央分享企业所得税的部分）的，自2008年1月1日起计算，对减免税期限在5年以内（含5年）的，继续执行至期满后停止；对减免税期限超过5年的，从第6年起按新税法第29条规定执行。

抵免。享受上述规定的企业所得税优惠的企业,应当实际购置并自身实际投入使用前款规定的专用设备;企业购置上述专用设备在5年内转让、出租的,应当停止享受企业所得税优惠,并补缴已经抵免的企业所得税税款。

企业同时从事适用不同企业所得税待遇的项目的,其优惠项目应当单独计算所得,并合理分摊企业的期间费用;没有单独计算的,不得享受企业所得税优惠。

五、抵扣应纳税所得额优惠

创业投资企业从事国家需要重点扶持和鼓励的创业投资,可以按投资额的一定比例抵扣应纳税所得额。

《企业所得税实施条例》规定,创业投资企业采取股权投资方式投资于未上市的中小高新技术企业2年以上的,可以按照其投资额的70%在股权持有满2年的当年抵扣该创业投资企业的应纳税所得额;当年不足抵扣的,可以在以后纳税年度结转抵扣。

【例7—8】 A企业2013年1月1日向未上市中小高新技术企业B投资300万元,股权持有到2014年12月31日。A企业2014年度经营所得600万元。计算A企业应纳税所得额。

解:

该企业可抵扣的应纳税所得额=300×70%=210(万元)

应纳税所得额=600－210=390(万元)

六、其他优惠

为了新、旧企业所得税法规的顺利衔接,新企业所得税法做了明确的过渡规定:《企业所得税法》公布(2007年3月16日)前已经批准设立(已经完成工商登记注册)的企业,依照当时的税收法律、行政法规规定,享受低税率优惠的,按照国务院规定,可以在企业所得税法施行后5年内,逐步过渡到新企业所得税法规定的税率;享受定期减免税优惠的,按照国务院规定,可以在企业所得税法施行后继续享受到期满为止,但因未获利而尚未享受优惠的,优惠期限从企业所得税法施行年度起计算。具体规定如下:

(一)低税率优惠过渡政策

自2008年1月1日起,原享受低税率优惠政策的企业,在新税法施行后5年内逐步过渡到法定税率:享受企业所得税15%税率的企业,2008年按18%税率执行;2009年按20%税率执行;2010年按22%税率执行;2011年按24%税率执行;2012年按25%税率执行。原执行24%税率的企业,2008年起按25%税率执行。

(二)"两免三减半""五免五减半"过渡政策

自2008年1月1日起,原享受企业所得税"两免三减半""五免五减半"等定期减免税优惠的企业,新税法施行后继续按原税收法律、行政法规及相关文件规定的优惠办法及年限享受至期满为止。但因未获利而尚未享受税收优惠的，其优惠期限从 2008 年度起计算。

【例 7—9】 位于经济特区生产性外商投资企业 A，2006 年成立且当年获利。适用企业所得税税率 15%，享受两免三减半的优惠政策，2010 年应纳税所得额为 300 万元。计算 2010 年度 A 企业应纳企业所得税额。

解：

适用 15%企业所得税税率并享受企业所得税定期减半优惠过渡的企业，应一律按照规定的过渡税率计算应纳税额并实行减半征收，即 2010 年按 22%税率减半计算。

$$应纳企业所得税额=300\times22\%\times0.5=33(万元)$$

（三）特定地区过渡性税收优惠

（1）对经济特区和上海浦东新区内在 2008 年 1 月 1 日（含）之后完成登记注册的、国家需要重点扶持的高新技术企业，在经济特区和上海浦东新区内取得的所得，自取得第一笔生产经营收入所属纳税年度起，第一年至第二年免征企业所得税，第三年至第五年按照 25%的法定税率减半征收企业所得税。国家需要重点扶持的高新技术企业，是指拥有核心自主知识产权，同时符合规定的条件，并按照高新技术企业认定管理办法认定的高新技术企业。

（2）经济特区和上海浦东新区内新设高新技术企业同时在经济特区和上海浦东新区以外的地区从事生产经营的，应当单独计算其在经济特区和上海浦东新区内取得的所得，并合理分摊企业的期间费用；没有单独计算的，不得享受企业所得税优惠。

（3）经济特区和上海浦东新区内新设高新技术企业在按照本通知的规定享受过渡性税收优惠期间，由于复审或抽查不合格而不再具有高新技术企业资格的，从其不再具有高新技术企业资格年度起，停止享受过渡性税收优惠；以后再次被认定为高新技术企业的，不得继续享受或者重新享受过渡性税收优惠。

第六节　特别纳税调整

特别纳税调整是指税务机关出于实施反避税目的而对纳税人特定纳税事项所做的税务调整，包括针对纳税人转让定价、资本弱化、避税港避税及其他避税情况所进行的税务调整。

一、对转让定价避税的纳税调整

企业与其关联方之间的业务往来，应按独立交易原则进行交易。如果发生不符合独立交易原则而减少企业或者其关联方应纳税收入或者所得额的，税务机关有权按照合理方法调整。

关联方是指与企业在资金、经营、购销等方面存在直接或者间接的控制关系，直接或者间接地同为第三者控制，在利益上具有相关联的其他关系的公司、企业、其他经济组织和个人。

企业与其关联方之间的业务往来，包括购销商品、提供劳务、融通资金、转让财产和提供财产使用权等类型。企业与其关联方共同开发、受让无形资产，或者共同提供、接受劳务发生的成本，在计算应纳税所得额时应当按照独立交易原则进行分摊。所谓独立交易原则，是指没有关联关系的交易各方，按照公平成交价格和营业常规进行业务往来遵循的原则。

（一）转让定价的调整方法

企业与其关联方之间的业务往来，应按独立交易原则进行交易。如果发生不符合独立交易原则而减少企业或者其关联方应纳税收入或者所得额的，税务机关有权按照合理方法调整。转让定价具体调整方法如下：

（1）可比非受控价格法，是指按照没有关联关系的交易各方进行相同或者类似业务往来的价格进行定价的方法。

（2）再销售价格法，是指按照从关联方购进商品再销售给没有关联关系的交易方的价格，减除相同或者类似业务的销售毛利进行定价的方法。

（3）成本加成法，是指按照成本加合理的费用和利润进行定价的方法。

（4）交易净利润法，是指按照没有关联关系的交易各方进行相同或者类似业务往来取得的净利润水平确定利润的方法。

（5）利润分割法，是指将企业与其关联方的合并利润或者亏损在各方之间采用合理标准进行分配的方法。

（6）其他符合独立交易原则的方法。

（二）预约定价安排

企业可以向主管税务机关提出与其关联方之间业务往来的定价原则和计算方法，税务机关按照独立交易原则，与企业协商、确认后达成预约定价安排。预约定价安排包括单边预约定价安排和双边预约定价安排或多边预约定价安排。单边预约定价安排是指一国的税务机关与单个企业之间签订的预约定价安排。双边预约定价安排或者多边预约定价安排是指两国或者多国的税务机关与在其境内从事活动的两个或多个企业之间签订的预约定价安排，应按照我国政府对外签订的避免双重征税协定的有关相互协商程序的规定执行。

（三）反避税核定方法

1. 关联业务往来申报

企业向税务机关报送年度企业所得税纳税申报表时，应当就其与关联方之间的业务往来，附送年度关联业务往来报告表。企业应在准备关联业务往来申报之前对关联交易进行审核,未按照独立交易原则进行业务往来时,需自行调整。

2. 关联业务往来调查

税务机关在进行关联业务调查时,企业及其关联方以及与关联业务调查有关的其他企业,应当按照规定提供相关资料。相关资料是指:

(1)与关联业务往来有关的价格、费用的制定标准、计算方法和说明等同期资料。

(2)关联业务往来所涉及的财产、财产使用权、劳务等的再销售(转让)价格或者最终销售(转让)价格的相关资料。

(3)与关联业务调查有关的其他企业应当提供的与被调查企业可比的产品价格、定价方式以及利润水平等资料。

(4)其他与关联业务往来有关的资料。

3. 应税所得额的核定

企业不提供与其关联方之间业务往来资料,或者提供虚假、不完整资料,未能真实反映其关联业务往来情况的,税务机关有权依法核定其应纳税所得额。具体核定方法包括:

(1)参照同类或者类似企业的利润率水平核定。

(2)按照企业成本加合理的费用和利润的方法核定。

(3)按照关联企业集团整体利润的合理比例核定。

(4)按照其他合理方法核定。

企业对税务机关按照前款规定的方法核定的应纳税所得额有异议的,应当提供相关证据,经税务机关认定后,调整核定的应纳税所得额。

二、对避税港避税的纳税调整

由居民企业或者由居民企业和中国居民控制的设立在实际税负明显低于25%的税率水平的国家(地区)的企业,并非由于合理的经营需要而对利润不做分配或者减少分配的,上述利润中应归属于该居民企业的部分,应当计入该居民企业的当期收入。所指控制包括:

(1)居民企业或者中国居民直接或者间接单一持有外国企业10%以上有表决权股份,且由其共同持有该外国企业50%以上股份。

(2)居民企业或者居民企业和中国居民持股比例没有达到第(1)项规定的标准,但在股份、资金、经营、购销等方面对该外国企业构成实质控制。

上述所指的实际税负明显偏低,是指实际税负明显低于企业所得税法规定的25%税率的50%,即低于12.5%。

三、对资本弱化避税的纳税调整

资本弱化,是指企业通过加大借贷款(债权性筹资)而减少股份资本(权益性筹资)比例的方式增加税前扣除，以降低企业税负的一种行为。

企业投资方式包括权益性投资和债权性投资。权益性投资是指企业接受的不需要偿还本金和支付利息，投资人对企业净资产拥有所有权的投资。债权性投资是指企业直接或者间接从关联方获得的，需要偿还本金和支付利息或者需要以其他具有支付利息性质的方式予以补偿的融资。企业间接从关联方获得的债权性投资包括：

(1)关联方通过无关联第三方提供的债权性投资。

(2)无关联第三方提供的、由关联方担保且负有连带责任的债权性投资。

(3)其他间接从关联方获得的具有负债实质的债权性投资。

借贷款支付的利息作为财务费用一般可以税前扣除，而作为股份资本支付的股息一般不得税前扣除。因此，有些企业为了加大税前扣除而减少应纳税所得额，在筹资时多采用借贷款而不是筹集股份的方式，以此达到避税的目的。为此，企业所得税法规定，企业从其关联方接受的债权性投资与权益性投资的比例超过规定标准而发生的利息支出，不得在计算应纳税所得额时扣除。

四、对其他避税的纳税调整

《企业所得税法》规定，企业实施其他不具有合理商业目的的安排而减少其应纳税收入或者所得额的，税务机关有权按照合理方法调整。不具有合理商业目的是指违背立法意图，主要目的在于减少、免除或者推迟缴纳税款。税务机关根据安排的商业运营实质对安排重新定性并进行相应税务处理，取消企业通过安排已获得的或将获得的税收利益，需要补征税款的，应当补征税款，并按照国务院规定加收利息。

对补征的税款，自税款所属纳税年度的次年6月1日起至补缴税款之日止的期间，按日加收利息。加收的利息不得在计算应纳税所得额时扣除。利息应当按照税款所属纳税年度中国人民银行公布的与补税期间同期的人民币贷款基准利率加5个百分点计算。

企业与其关联方之间的业务往来，不符合独立交易原则，或者企业实施其他不具有合理商业目的的安排的，税务机关有权在该业务发生的纳税年度起10年内，进行纳税调整。

第七节　应纳税额

一、企业所得税应纳所得税额的计算

(一)查账征收

企业的应纳税所得额乘以适用税率，减除依照企业所得税法关于税收优惠的规定减免和抵免的税额后的余额，为应纳税额。企业所得税应纳税额的计算公式为：

应纳税额＝应纳税所得额×适用税率－减免税额－抵免税额

公式中的减免税额和抵免税额，是指依照企业所得税法和国务院的税收优惠规定减征、免征和抵免的应纳税额。企业所得税实行按年计征、分月（季）预缴、年终汇算清缴的征收办法。

（二）核定征收

为了加强企业所得税的征收管理，规范核定征收企业所得税工作，保障国家税款及时足额入库，维护纳税人合法权益，对部分中小企业采用核定征收办法。

1. 核定征收范围

企业不能提供完整对于居民企业纳税人具有下列情形之一的，核定征收企业所得税：

（1）依照法律、行政法规的规定可以不设置账簿的。

（2）依照法律、行政法规的规定应当设置但未设置账簿的。

（3）擅自销毁账簿或者拒不提供纳税资料的。

（4）虽设置账簿，但账目混乱或者成本资料、收入凭证、费用凭证残缺不全，难以查账的。

（5）发生纳税义务，未按照规定的期限办理纳税申报，经税务机关责令限期申报，逾期仍不申报的。

（6）申报的计税依据明显偏低，又无正当理由的。

2. 核定征收办法

税务机关应根据纳税人具体情况，对核定征收企业所得税的纳税人，核定应税所得率或者核定应纳所得税额。

（1）核定其应税所得率。具有下列情形之一的，核定其应税所得率：

①能正确核算（查实）收入总额，但不能正确核算（查实）成本费用总额的。

②能正确核算（查实）成本费用总额，但不能正确核算（查实）收入总额的。

③通过合理方法，能计算和推定纳税人收入总额或成本费用总额的。

采用应税所得率方式核定征收企业所得税的，应纳所得税额计算公式如下：

$$\text{应纳所得税额}=\text{应纳税所得额}\times\text{适用税率}$$

$$\text{应纳税所得额}=\text{应税收入额}\times\text{应税所得率}$$

或：

$$\text{应纳税所得额}=\frac{\text{成本（费用）支出额}}{1-\text{应税所得率}}\times\text{应税所得率}$$

实行应税所得率方式核定征收企业所得税的纳税人，经营多业的，无论其经营项目是否单独核算，均由税务机关根据其主营项目确定适用的应税所得率。主营项目应为纳税人所有经营项目中收入总额或者成本（费用）支出额或者耗用原材料、燃料、动力数量所占比重最大的项目。

（2）纳税人不属于以上情形的，核定其应纳所得税额。税务机关采用下列方法核定征收企业所得税：

①参照当地同类行业或者类似行业中经营规模和收入水平相近的纳税人的税负水平核定。

②按照应税收入额或成本费用支出额定率核定。

③按照耗用的原材料、燃料、动力等推算或测算核定。

④按照其他合理方法核定。

采用前款所列一种方法不足以正确核定应纳税所得额或应纳税额的，可以同时采用两种以上的方法核定。采用两种以上方法测算的应纳税额不一致时，可按测算应纳税额从高核定。

【例 7－10】 A 公司为国内一家大型上市公司，主要生产销售冰箱压缩机。其 2013 年度有关经营业务如下：

(1)产品销售收入7 900万元(不含增值税)，该项销售收入的销售成本5 780万元，购买国债取得利息收入 95 万元，出租设备取得租金 550 万元；

(2)转让压缩机生产技术所有权取得收入 700 万元，该项技术所有权转让有关的成本和费用 100 万元；

(3)销售费用1 460万元，其中广告费1 300万元；

(4)管理费用 879 万元，其中业务招待费 76 万元；

(5)已核定计入成本、费用中的合理工资 465 万元，发生的工会经费 12.5 万元、职工福利费 82 万元、职工教育经费 11 万元；

(6)营业外支出 400 万元，包括通过公益性社会团体向贫困山区的捐款 250 万元。

要求：计算 A 企业当期应缴纳的企业所得税额。

解：

(1) 应纳增值税额＝7 900×17%＝1 343(万元)

应纳营业税额＝550×5%＝12.5(万元)

应纳城市维护建设税和教育费附加额＝(1 343＋12.5)×(3%＋7%)
＝135.55(万元)

企业 2012 年实现的会计利润＝7 900＋95＋550＋700－5 780－100－1 460
－879－400－12.5－135.55
＝477.95 万元

(2) 广告费用应调增的应纳税所得额＝1 300－(7 900＋550)×15%
＝32.5 万元

(3) 按照业务招待费的 60%计算的限额＝76×60%＝45.6(万元)

依据销售收入与其他业务收入的 5‰计算的业务招待费限额：

(7 900＋550)×5‰＝42.25 万元

根据孰低的原则，则当期可抵扣的业务招待费为 42.25 万元。

应纳所得额＝76－42.25＝33.75(万元)

(4)　职工工会经费应调增应纳税所得额＝12.5－465×2%＝3.2(万元)

职工福利费应调增的应纳税所得额＝82－465×14%＝16.9(万元)

职工教育经费扣除限额＝465×2.5%＝11.625(万元)，大于实际发生额，因此无需调整。

(5)

公益性捐赠应调增的应纳税所得额＝250－477.95×12%＝192.646(万元)

(6)企业所得税法规定在一个纳税年度内，居民企业转让技术所有权所得不超过500万元的部分，免征企业所得税；超过500万元的部分，减半征收企业所得税，因此，A公司转让所有权收入700万元应纳所得税额为＝(700－100－500)×50%＝50(万元)

(7)

企业2013年度企业所得税的应纳税所得额＝477.95＋33.75＋16.9＋3.2＋192.646－500
－(700－100－500)×50%
＝174.446(万元)

(8)　企业当期应纳企业所得税额＝174.446×25%＝43.611 5(万元)

二、分月(季)预缴应纳税额的计算

(一)查账征收

企业根据税法规定分月或者分季预缴企业所得税时，应当按照月度或者季度的实际利润额预缴；按照月度或者季度的实际利润额预缴有困难的，可以按照上一纳税年度应纳税所得额的月度或者季度平均额预缴，或者经当地税务机关认可的其他方法分期预缴所得税。预缴方法一经确定，该纳税年度内不得随意变更。企业所得税税额应以人民币为计算单位；若以人民币以外的货币计算的，应当按照国家外汇管理机关公布的外汇汇率折合为人民币。

每月(季)应纳所得税额＝本年每月(季)应纳所得额实际发生数×适用税率

每月(季)应纳所得税额＝上年应纳税所得额×1÷12(或1÷4)×适用税率
＝上一年度应纳税所得额÷12(或÷4)×适用税率

(二)核定征收

1. 纳税人实行核定应税所得率方式的，按下列规定申报纳税

(1)主管税务机关根据纳税人应纳税额的大小确定纳税人按月或者按季预缴，年终汇算清缴。预缴方法一经确定，一个纳税年度内不得改变。

(2)纳税人应依照确定的应税所得率计算纳税期间实际应缴纳的税额，进行预缴。按实际数额预缴有困难的，经主管税务机关同意，可按上一年度应纳税额的1/12或1/4预缴，或者按经主管税务机关认可的其他方法预缴。

(3)纳税人预缴税款或年终进行汇算清缴时，应按规定填写中华人民共和国企业所得

税月(季)度预缴纳税申报表(B类),在规定的纳税申报时限内报送主管税务机关。

2. 纳税人实行核定应纳所得税额方式的,按下列规定申报纳税

(1)纳税人在应纳所得税额尚未确定之前,可暂按上年度应纳所得税额的1/12(或1/4)预缴,或者按经主管税务机关认可的其他方法,按月(或按季)分期预缴。

(2)在应纳所得税额确定以后,减除当年已预缴的所得税额,余额按剩余月份或季度均分,以此确定以后各月或各季的应纳税额,由纳税人按月或按季填写中华人民共和国企业所得税月(季)度预缴纳税申报表(B类),在规定的纳税申报期限内进行纳税申报。

(3)纳税人年度终了后,在规定的时限内按照实际经营额或实际应纳税额向税务机关申报纳税。申报额超过核定经营额或应纳税额的,按申报额缴纳税款;申报额低于核定经营额或应纳税额的,按核定经营额或应纳税额缴纳税款。

三、年终汇算清缴应纳税额的计算

企业的汇算清缴,是指纳税人在纳税年度终了后5个月内,依照税收法律、法规、规章的规定,自行计算全年应纳税所得额和应纳所得税额,根据月度或者季度预缴所得税的数额,确定该年度应补缴或者应退税额,并填写年度企业所得税纳税申报表,向主管税务机关办理年度企业所得税纳税申报、提供税务机关要求提供的有关资料、结清全年企业所得税税款的行为。

实行查账征收和实行核定应税所得率征收企业所得税的纳税人,无论是否在减税、免税期间,也无论盈利或亏损,都应按照企业所得税法及其实施条例和企业所得税汇算清缴管理办法的有关规定进行汇算清缴。实行核定定额征收企业所得税的纳税人,不进行汇总清缴。

全年应纳所得税额=全年应纳税所得额×适用税率

全年应补(退)所得税税额=全年应纳所得税额−月(季)已预缴所得税额

【例7−11】 某居民企业A适用企业所得税率25%,2014年度发生应纳企业税所得额500万元,2014年7月已缴纳企业所得税额60万元。计算2014年度A企业应补缴的企业所得税额。

解:

A企业应缴纳的企业所得税=500×25%=125(万元)

A企业应补缴的企业所得税=125−60=65(万元)

四、境外所得已纳税额的抵免计算

在计算应纳税额时,应注意关于企业境外所得已纳税额的抵免问题。企业来源于我国境外的所得,应按我国税法汇总计算缴纳企业所得税。对于境外所得在境外实际缴纳的所得税款,准予在汇总纳税时从其应纳税额中抵免,以避免国际重复征税。

企业取得的下列所得已在境外缴纳的所得税税额，可以从其当期应纳税额中抵免。抵免限额为该项所得依照我国企业所得税法规定计算的应纳税额。超过抵免限额的部分，可以在以后 5 个年度内，用每年度抵免限额抵免当年应抵税额后的余额进行抵补。

(1)居民企业来源于中国境外的应税所得。

(2)非居民企业在中国境内设立机构、场所，取得发生在中国境外但与该机构、场所有实际联系的应税所得。

上述已在境外缴纳的所得税税额，是指企业来源于中国境外的所得依照中国境外税收法律以及相关规定应当缴纳并已经实际缴纳的企业所得税性质的税款。5 个年度，是指企业取得的来源于中国境外的所得，已经在中国境外缴纳的企业所得税性质的税额超过抵免限额的当年的次年起连续 5 个纳税年度。

【例 7－12】 某中国居民企业 2013 年在中国境内取得应税所得额2 300万元，本年度在 M 国取得生产经营所得 790 万元，适用税率 30%。计算该中国居民企业当期在中国应纳企业所得税额。

解：

来自 M 国已纳企业所得税额＝790×30%＝237(万元)

允许抵免税额＝790×25%＝197.5(万元)

当期应纳企业所得税额＝(2 300＋790)×25%－197.5＝575(万元)

(一)居民企业抵免税额的计算

居民企业来源于中国境外的应税所得已在境外缴纳的所得税税额，可以从当期应纳税额中抵免。抵免限额应当分国(地区)不分项计算，其计算公式为：

抵免限额＝中国境内、境外所得依照企业所得税法计算的应纳税总额
×来源于某国(地区)的应纳税所得额÷中国境内、境外应纳税所得总额

居民企业从其直接或者间接控制的外国企业分得的来源于中国境外的股息、红利等权益性投资收益，外国企业在境外实际缴纳的所得税税额中属于该项所得负担的部分，可以作为该居民企业的可抵免境外所得税税额，在企业所得税税法规定的抵免限额内抵免。

上述所称直接控制，是指居民企业直接持有外国企业 20%以上股份。

上述所称间接控制，是指居民企业以间接持股方式持有外国企业 20%以上股份，具体认定办法由国务院财政、税务主管部门另行制定。

(二)非居民企业抵免税额的计算

非居民企业在中国境内设立机构、场所，取得发生在中国境外但与该机构、场所有实际联系的应税所得已在境外缴纳的所得税税额，可以从其当期应纳税额中抵免。抵免限额的计算公式为：

抵免限额＝中国境内、境外所得依照企业所得税法计算的应纳税总额
×来源于境外的应纳税所得额÷中国境内、境外应纳税所得总额

第八节　征收管理

一、源泉扣缴

源泉扣缴，是指以所得支付人为扣缴义务人，在每次向纳税人支付有关所得款项时，代为扣缴所得税税款的做法。《企业所得税实施条例》规定，对非居民企业在中国境内未设立机构、场所的，或者虽设立机构、场所但取得的所得与其所设机构、场所没有实际联系的所得应缴纳的所得税，实行源泉扣缴，以支付人为扣缴义务人。税款由扣缴义务人在每次支付或者到期应支付时，从支付或者到期应支付的款项中扣缴。支付人是指依照有关法律规定或者合同约定对非居民企业直接负有支付相关款项义务的单位或者个人。支付包括现金支付、汇拨支付、转账支付和权益平价支付等货币支付和非货币支付。到期支付是指支付人按照权责发生制原则应当计入相关成本、费用的应付款项。

（一）扣缴义务人

（1）对非居民企业在中国境内未设立机构、场所的，或者虽设立机构、场所但取得的所得与其所设机构、场所没有实际联系的所得应缴纳的所得税，实行源泉扣缴，以支付人为扣缴义务人。

（2）对非居民企业在中国境内取得工程作业和劳务所得应缴纳的所得税，税务机关可以指定工程价款或者劳务费的支付人为扣缴义务人。《企业所得税法》规定的可以指定扣缴义务人的情形包括：

①预计工程作业或者提供劳务期限不足 1 个纳税年度，且有证据表明不履行纳税义务的；

②没有办理税务登记或者临时税务登记，且未委托中国境内的代理人履行纳税义务的；

③未按照规定期限办理企业所得税纳税申报或者预缴申报的。

规定的扣缴义务人，由县级以上税务机关指定，并同时告知扣缴义务人所扣税款的计算依据、计算方法、扣缴期限和扣缴方式。

（二）扣缴方法

（1）扣缴义务人扣缴税款时，按前述第六节非居民企业计算方法计算税款。

（2）应当扣缴的所得税，扣缴义务人未依法扣缴或者无法履行扣缴义务的，由企业在所得发生地缴纳。企业未依法缴纳的，税务机关可以从该企业在中国境内其他收入项目的支付人应付的款项中，追缴该企业的应纳税款。

上述所称所得发生地，是指依照《企业所得税实施条例》第 7 条规定的原则确定的所得发生地。在中国境内存在多处所得发生地的，由企业选择其中之一申报缴纳企业所得税。

上述所称该企业在中国境内其他收入，是指该企业在中国境内取得的其他各种来源的收入。

(3)税务机关在追缴该企业应纳税款时，应当将追缴理由、追缴数额、缴纳期限和缴纳方式等告知该企业。

(4)扣缴义务人每次代扣的税款，应当自代扣之日起7日内缴入国库，并向所在地的税务机关报送扣缴企业所得税报告表。

二、纳税期限及纳税申报

企业所得税按年计征，分月或者分季预缴，年终汇算清缴，多退少补。纳税年度自公历每年1月1日起至12月31日止。企业在一个纳税年度的中间开业，或者由于合并、关闭等原因终止经营活动，使该纳税年度的实际经营期不足12个月的，应当以其实际经营期为一个纳税年度。企业清算时，应当以清算期间作为一个纳税年度。

(一)预缴

企业所得税分月或者分季预缴。分月或者分季预缴企业所得税时，应当按照月度或者季度的实际利润额预缴；按照月度或者季度的实际利润额预缴有困难的，可以按照上一纳税年度应纳税所得额的月度或者季度平均额预缴，或者按照经税务机关认可的其他方法预缴。预缴方法一经确定，该纳税年度内不得随意变更。企业应当自月份或者季度终了之日起15日内，向税务机关报送预缴企业所得税纳税申报表，预缴税款。企业在报送企业所得税纳税申报表时，应当按照规定附送财务会计报表和其他有关资料。

(二)汇总清缴

企业应当自年度终了之日起5个月内，向税务机关报送年度企业所得税纳税申报表，并汇算清缴，结清应缴应退税款。企业在纳税年度内无论盈利或者亏损，都应当依照《企业所得税法》第五十四条规定的期限，向税务机关报送预缴企业所得税纳税申报表、年度企业所得税纳税申报表、财务会计报告和税务机关规定应当报送的其他有关资料。

企业在年度中间终止经营活动的，应当自实际经营终止之日起60日内，向税务机关办理当期企业所得税汇算清缴。企业应当在办理注销登记前，就其清算所得向税务机关申报并依法缴纳企业所得税。

依照企业所得税法缴纳的企业所得税，以人民币计算。所得以人民币以外的货币计算的，应当折合成人民币计算并缴纳税款。企业所得以人民币以外的货币计算的，预缴企业所得税时，应当按照月度或者季度最后一日的人民币汇率中间价，折合成人民币计算应纳税所得额。年终汇总清缴时，对已经按照月度或者季度预缴税款的，不再重新折合计算，只就该纳税年度内未缴纳企业所得税的部分，按照纳税年度最后一日的人民币汇率中间价，折合成人民币计算应纳税所得额。

三、纳税地点

企业所得税实施条例对居民企业和非居民企业分别规定了不同的纳税地点。

(一)居民企业的纳税地点

除税收法律、行政法规另有规定外,居民企业以企业登记注册地为纳税地点;但登记注册地在境外的,以实际管理机构所在地为纳税地点。企业注册登记地是指企业依照国家有关规定登记注册的住所地。

居民企业在中国境内设立不具有法人资格的营业机构的,应当汇总计算并缴纳企业所得税。企业汇总计算并缴纳企业所得税时,应当统一核算应纳税所得额,具体办法由国务院财政、税务主管部门另行制定。

(二)非居民企业的纳税地点

非居民企业在中国境内设立机构、场所的,应当就其所设机构、场所取得的来源于中国境内的所得,以及发生在中国境外但与其所设机构、场所有实际联系的所得,以机构、场所所在地为纳税地点。非居民企业在中国境内设立两个或者两个以上机构、场所的,经税务机关审核批准,可以选择由其主要机构、场所汇总缴纳企业所得税。非居民企业经批准汇总缴纳企业所得税后,需要增设、合并、迁移、关闭机构、场所或者停止机构、场所业务的,应当事先由负责汇总申报缴纳企业所得税的主要机构、场所向其所在地税务机关报告;需要变更汇总缴纳企业所得税的主要机构、场所的,依照前款规定办理。

非居民企业在中国境内未设立机构、场所的,或者虽设立机构、场所但取得的所得与其所设机构、场所没有实际联系的所得,以扣缴义务人所在地为纳税地点。

除国务院另有规定外,企业之间不得合并缴纳企业所得税。

思考题

1. 什么是企业所得税?为何要开征企业所得税?
2. 简述我国企业所得税的演变历程。
3. 什么是居民企业和非居民企业?分别简述其征税范围。
4. 我国企业所得税税率是如何设置的?分别适合哪些对象?
5. 简述固定资产折旧的计提方法。
6. 如何确定生产性生物资产的计税基础。
7. 简述无形资产的摊销方法和折旧年限。
8. 我国企业所得税税收优惠包括哪几种方式?
9. 存货在税务上如何处理?
10. 简述企业所得税的免征和减征内容。
11. 什么是资本弱化?

12. 如何界定小型微利企业？
13. 业务招待费支出在税务上应如何处理？
14. 简述企业所得税加计扣除项目内容。
15. 如何界定关联企业？
16. 关联业务往来调查需要提供的相关资料包括哪些？
17. 简述我国企业所得税准予税前扣除的项目。
18. 利息支出在税务上如何处理？
19. 什么是预约定价安排？
20. 企业所得税的纳税地点如何确定？

计算题

1. 中国居民企业A适用的企业所得税税率为25%，在M国设立B分公司适用的税率为30%。2014年该公司来自中国本部的应纳税所得额为300万元，来自B公司的所得为7万元。假定该企业当年无减免税和投资抵免税，计算A企业2014年应在国内缴纳的企业所得税税额。

2. A企业2014年12月与B公司达成债务重组协议。A企业以一批库存商品抵偿所欠B公司的债务30万元，该批库存商品账面价值为20万元，市场不含税销售价位为25万元，商品适用增值税税率为17%。假定不考虑其他税费，企业适用25%的企业所得税税率。计算A企业的该项重组业务应纳企业所得税额。

3. 2014年某房地产开发企业“预收账款”账户中销售未完工开发产品收入1 000万元，预计毛利率30%，缴纳营业税、城建税、教育费附加55万元，预缴土地增值税10万元。当年发生管理费用15万元、销售费用10万元，无其他收支项目。假若该企业使用企业所得税税率为25%，计算该企业当期应纳企业所得税额。

4. 某软件生产企业为居民企业，2014年实际发生的合理的工资支出为500万元，职工福利费支出为90万元，职工教育经费为60万元，其中培训费用为40万元。假设该企业无其他纳税调整事项，2014年该企业计算应纳税所得额时应调增应纳税所得额为多少万元？

5. 某企业2014年实现税前收入总额为2 000万元，其中销售产品收入1 700万元，购买国库券利息收入200万元，其他收入100万元。发生各项成本费用共计1 000万元，包括：合理工资薪金总额支出200万元，业务招待费100万元，职工福利费50万元，职工教育经费20万元，工会经费10万元，税收滞纳金10万元，提取各项准备金支出100万元。假若该企业适用企业所得税税率25%，请计算该企业当期应纳企业所得税额。

6. 某工业企业为居民企业，2014年度发生经营业务如下：

(1)全年取得主营业务收入5 600万元，主营业务成本4 000万元；其他业务收入800

万元，其他业务成本 694 万元；取得购买国债利息收入 40 万元。

(2)缴纳非增值税销售税金及附加 300 万元；发生管理费用 760 万元，其中新技术研究开发费 60 万元，业务招待费 70 万元；发生财务费用 200 万元。

(3)取得直接投资于其他居民企业的投资性收益 34 万元（已在投资方所在地按 15%的税率缴纳所得税）。

(4)取得营业外收入 100 万元，发生营业外支出 250 万元（其中含公益性捐赠 38 万元）。

要求：计算该公司 2014 年度应纳企业所得税额。

7. 某居民企业 2014 年度应纳税所得额为1 000万元，已累计预缴企业所得税 250 万元，年终汇算清缴时发现如下问题：

(1)缴纳的房产税、城镇土地使用税、车船税、印花税等税金 65 万元已在管理费用中列支，但在计算应纳税所得额时又重复扣除。

(2)向贫困山区直接捐款 40 万元，已列入营业外支出。

(3)将违法经营罚款 20 万元、税收滞纳金 0.2 万元列入营业外支出。

(4)从境外取得适用税率为 20%的税后利润 20 万元，未补缴企业所得税。

(5)向残疾人支付工资 12 万元。

(6)9 月 1 日以经营租赁方式租入 1 台机器设备，合同约定租赁期 10 个月，租赁费 10 万元，该企业未分期摊销这笔租赁费，而是一次性列入 2014 年度管理费用中扣除；

要求：

(1)计算该企业 2014 年度境外所得税应补缴的所得税税额。

(2)计算该企业 2014 年度境内所得应缴纳的所得税税额。

(3)计算该企业 2014 年应补缴的所得税额。

8. 设立在我国境内的某重型机械生产企业，由未在我国境内设立机构、场所的非居民企业持股 25%。2013 年全年主营业务收入7 500万元，其他业务收入2 300万元，营业外收入1 200万元，主营业务成本6 000万元，其他业务成本1 300万元，营业外支出 800 万元，营业税金及附加 420 万元，销售费用1 800万元，管理费用1 200万元，财务费用 180 万元，投资收益1 700万元。

当年发生的部分具体业务如下：

(1)将两台重型机械设备通过市政府捐赠给贫困地区用于公共设施建设，“营业外支出”中已列支两台设备的成本及对应的销项税额合计 247.6 万元，每台设备市场售价为 140 万元（不含增值税）。

(2)2013 年 10 月向 95%持股的境内子公司转让一项账面余值（计税基础）为 500 万元的专利技术，取得转让收入 700 万元，该项转让业务已通过省科技部门认定登记。

(3)当年实际发放职工工资1 400万元，发生职工福利费支出 200 万元，拨缴工会经费

30万元并取得专用收据，发生职工教育经费支出25万元，以前年度累计结转至本年的职工教育经费扣除额为5万元。

(4)发生广告费支出1 542万元，发生业务招待费支出90万元，其中有20万元未取得合法票据。

(5)企业从事国家重点支持的高新技术领域规定项目的研究开发活动，对研发费用实行专账管理，发生研发费用200万元(含委托某研究所研发支付的委托研发费用80万元。)

(6)就2012年税后利润向全体股东分配股息1 000万元。

(其他相关资料：除非特别说明，各扣除项目均已取得有效凭证，相关优惠已办理必要手续，不考虑税收协定的影响)

要求：根据上述资料，回答下列问题，如有计算，每问需计算出合计数。

(1)计算业务(1)应调整的应纳税所得额。

(2)计算业务(2)应调整的应纳税所得额。

(3)计算业务(3)应调整的应纳税所得额。

(4)计算业务(4)应调整的应纳税所得额。

(5)计算业务(5)应调整的应纳税所得额。

(6)计算业务(6)应预提的企业所得税税额。

(7)计算该企业2013年应纳企业所得税税额。

9. 某企业2014年度境内所得应纳税所得额为200万元，全年已预缴税款50万元，来源于境外某国税前所得100万元，境外实纳税款20万元，该企业当年汇算清缴应补(退)的税款是多少？

10. A国母公司经营所得为2 000万元，在B国设立一子公司的所得额为1 000万元，B国企业所得税率为20%，A国企业所得税为25%，子公司缴纳B国所得税200万元，并从其税后利润800万元中分给A国母公司股息300万元。若A国实施限额间接抵免，则A国母公司应纳所得税额是多少？

第八章　个人所得税税制

伴随着市场经济的深入发展，我国的国民经济得到了快速发展，个人的收入稳步提高。个人所得税在增加财政收入、促进收入公平分配和调节经济运行方面的作用日渐增强，个人所得税已成为我国涉及面最广、利益影响最大和最有发展潜力的税种。

第一节　概　述

一、个人所得税及其征收模式

个人所得税是以自然人取得的各类应税所得为征税对象而征收的一种所得税，是政府利用税收对个人收入进行调节的一种手段。个人所得税的纳税主体不仅包括个人，还包括具有自然人性质的企业。世界各国的个人所得税制大体分为三种类型：分类所得税制、综合所得税制和混合所得税制。

分类所得税制，是将纳税人不同来源、不同性质的所得项目，分别规定不同的税率进行征税。其优点是对纳税人全部所得按不同性质进行差别征税，能够体现国家的政治、经济与社会政策；其缺点是对纳税人整体所得把握得不一定全面，容易导致实际税负不公平。

综合所得税制，是对纳税人全年的各项所得加以汇总，就其总额进行征税。可对纳税人的全部所得征税，从收入的角度体现税收公平；但不能实现差别征税，不利于体现国家的有关社会、经济政策。

混合所得税制，是对纳税人不同来源、不同性质的所得先分别按照不同的税率征税，然后将全年的各项所得进行汇总征税。它既实现税收的政策性调节功能，也体现税收的公平原则。

我国现行个人所得税采用的是分类所得税制。

二、个人所得税的特点

我国现行个人所得税区别于其他税种，主要有以下特点：

（一）实行分类征收

我国现行个人所得税采用的是分类征收制，即将个人取得的各种所得划分为 11 类，分别适用不同的费用减除规定、不同的税率和不同的计税方法。实行分类课征制度，可以广泛采用源泉扣缴办法，加强源泉管控，简化纳税手续，方便征纳双方。同时，还可以对不同所得实行不同的征税方法，便于体现国家的政策。

（二）累进税率与比例税率并用

我国现行个人所得税根据个人各类所得的不同性质和特点，将累进税率与比例税率这两种形式的税率综合运用于个人所得税制。其中，对工资、薪金所得，个体工商户的生产、经营所得，对企事业单位承包、承租经营所得，采用累进税率，实行量能负担。对劳务报酬、稿酬、特许权使用费等其他所得采用比例税率，实行等比负担。

（三）实行不同的费用扣除方式

个人所得税通常以纳税人的收入或报酬扣除有关费用以后的纯所得为计税依据。在我国，由于个人取得所得的类型不同，取得所得的过程中发生的费用也有所差异。目前，这些费用主要包括生计费用、赡养费用、经营费用等多个方面。根据我国现行分类所得税制的要求，在计算个人所得税时，应就不同所得类型确定不同的费用扣除方式。我国现行的个人所得税的费用扣除方式视情况不同有定额扣除、定率扣除、限定据实扣除、据实扣除、对消极所得不扣除费用等多种方法。

（四）采取课源制和申报制两种征纳方法

我国《个人所得税法》规定，对纳税人的应纳税额分别采取由支付单位源泉扣缴和纳税人自行申报两种方法。对凡是可以在应税所得的支付环节扣缴个人所得税的，均由扣缴义务人履行代扣代缴义务。对年所得 12 万元以上的，从中国境内两处或者两处以上取得工资、薪金所得的，从中国境外取得所得的，取得应纳税所得没有扣缴义务人的，以及国务院规定的其他情形，规定由纳税人自行申报纳税。

三、我国个人所得税制的发展历程

（一）20 世纪 50 年代建立阶段

1950 年 1 月，政务院颁布《全国税政实施要则》，明确规定征收“存款利息所得税”和“薪给报酬所得税”，属于个人所得税的组成部分。由于我国当时实行的是低工资制度，极少有人能达到征税标准，故“薪给报酬所得税”始终未能征收。同时，由于居民个人少有存款，“存款利息所得税”也收入甚微。

1980 年 9 月 1 日，《个人所得税法》公布实施，这是中华人民共和国成立以后制定的第一部个人所得税法。至此，个人所得税首次以独立税种的方式出现。

（二）20 世纪 80～90 年代调整阶段

1986 年 1 月，《城乡个体工商户所得税暂行条例》公布实施，其纳税人为城乡个体工商户，与个人所得税并列。1986 年 9 月，针对我国经济体制改革后国内个人收入发生很大变化的情况，国务院颁布了《个人收入调节税暂行条例》，其纳税人为在中国境内居住的中国公民，而个人所得税仅适用于从我国取得所得的外籍人员和其他个人。这样就形成了内外两套个人所得税制。

1993年10月31日，《个人所得税法》修正案通过并于1994年1月1日起实施，规定原来按纳税人类型分别设立的个人所得税、城乡个体工商业户所得税和个人收入调节税合并为统一的个人所得税。至此，形成了中华人民共和国第一部比较完善、统一的个人所得税制度。

(三)21世纪后的改革和完善阶段

2005年10月27日，十届全国人大常委会审议通过《关于修改〈中华人民共和国个人所得税法〉的决定》，决定修改《个人所得税法》：一是将执行了25年的800元个税起征点修改为1 600元；二是决定实行个税自行申报。新的个税法自2006年1月1日起施行。2006年11月8日，国家税务总局印发《个人所得税自行纳税申报办法(试行)》，将个税自行申报对象限定为"年所得12万元以上的纳税人"。这在当时被称为"开启我国个税改革大门"之举。2008年再次提高个税起征点，由1 600元提高到2 000元，于2008年3月1日起施行。

2011年6月30日，十一届全国人大常委会表决通过了《关于修改〈中华人民共和国个人所得税法〉的决定》。个人所得税的费用扣除额为3 500元，适用七级超额累进税率(3%～45%)，修改后的个人所得税法于2011年9月1日起施行。

第二节　纳税人与征税对象

一、纳税人

个人所得税纳税人的确定一般取决于一国采用的税收管辖原则。税收管辖原则即属人原则或属地原则。目前，国际上普遍把两种管辖原则结合起来，对本国公民或居民采用属人原则征税，对非本国公民或本国非居民采用属地原则征税，我国采用此种做法。

现行个人所得税法规定个人所得税纳税人包括自然人个人以及从事生产经营但不具有法人资格的个体工商户、独资合伙企业。依据住所和居住时间两个标准，分为居民纳税人和非居民纳税人，并承担不同的纳税义务。

(一)居民纳税人

根据《个人所得税法》的规定，凡符合下列标准之一的，为居民纳税人：

1. 住所标准

即在中国境内有住所的个人。住所通常是指个人长期生活和活动的主要场所。我国《个人所得税法》将在中国境内有住所的个人界定为因户籍、家庭、经济利益关系而在中国境内习惯性居住的个人。这里所说的习惯性居住，是判定纳税义务人属于居民还是非居民的一个重要依据。它是指个人因学习、工作、探亲等原因消除之后没有理由在其他地方继续居留时所要回到的地方，而不是指实际居住或在某一个特定时期内的居住地。如个人因学习、工作、探亲、旅游等原因而在中国境外居住，这些原因消除之后，他必须回到中国境内居住，那么中国就是该人的习惯性居住地。即使该纳税义务人在一个纳税年度内，甚至连续几个纳税年度都未曾在中国境内居住。

2. 居住时间的标准

即在中国境内无住所而在境内居住满 1 年的个人。“在境内居住满 1 年”是指在一个纳税年度(即公历 1 月 1 日起至 12 月 31 日止)内，在中国境内居住满 365 天。在计算居住天数时，对临时离境应视同在华居住，不扣减其在华居住的天数。“临时离境”是指在一个纳税年度内，一次不超过 30 日或者多次累计不超过 90 日的离境。

(二)非居民纳税人

不符合居民纳税人判定标准的纳税人为我国个人所得税的非居民纳税人，具体为在中国境内无住所又不居住或者无住所而在境内居住不满一年的个人。对于非居民纳税人通常仅对其来自中国境内取得的所得，依法缴纳个人所得税。

(三)居民纳税人与非居民纳税人的纳税义务

居民纳税人负有无限纳税义务。对于其取得的应纳税所得，无论是来源于中国境内还是中国境外，都要在中国缴纳个人所得税。我国为了便于人员的国际交流，本着从宽、从简的原则，对于在中国境内无住所但是居住 1 年以上 5 年以下的个人，其来源于中国境外的所得，经主管税务机关批准，可以只就由中国境内公司、企业以及其他经济组织或者个人支付的部分缴纳个人所得税；居住超过五年的个人，从第六年起应当就其来源于中国境外的全部所得缴纳个人所得税。

非居民纳税人仅负有有限纳税义务，即仅就其来源于中国境内的所得纳税。基于非居民纳税人所得来源及其支付形式多样的复杂情况，我国税法依据国际惯例，在中国境内无住所但是在一个纳税年度中在中国境内连续或者累计居住不超过 90 日(或 183 日)的个人，就其来源于中国境内的所得，由境外雇主支付并且不由该雇主在中国境内的机构、场所负担的部分，免予缴纳个人所得税。

我国个人所得税的纳税人及其纳税义务见表 8.1。

表 8.1　　我国个人所得税的纳税人及其纳税义务

纳税人		境内所得		境外所得	
		境内支付	境外支付	境内支付	境外支付
在中国境内有住所的个人		√	√	√	√
无住所的个人	居住满 5 年的个人	√	√	√	√
	居住满 1 年但不满 5 年的个人	√	√	√	×
	居住超过 90 日(或 183 日)但不满 1 年的个人	√	√	×	×
	居住未超过 90 日(或 183 日)的个人	√	×	×	×

(四)所得来源地的确定

一般而言,居民纳税人应就其来源于中国境内、境外的所得缴纳个人所得税,非居民纳税人仅就来源于中国境内的所得缴纳个人所得税。判定不同所得项目的来源地,对于纳税人特别是非居民纳税人尤为重要。

(1)工资、薪金所得,以纳税人任职、受雇的公司、企事业单位、机关、团体、部队、学校等所在地为所得来源地。

(2)生产、经营所得,以生产、经营活动实现地为所得来源地。

(3)劳务报酬所得,以纳税人实际提供劳务的地点为所得来源地。

(4)不动产转让所得,以不动产坐落地为所得来源地;动产转让所得,以实现转让的地点为所得来源地。

(5)财产租赁所得,以被租赁财产的使用地为所得来源地。

(6)利息、股息、红利所得,以支付利息、股息、红利的企业、机构、组织的所在地为所得来源地。

(7)特许权使用费所得,以特许权的使用地为所得来源地。

(五)扣缴义务人

我国个人所得税实行代扣代缴和个人申报相结合的征收管理制度。我国现行个人所得税法规定,凡支付应纳税所得(个体工商户的生产经营所得除外)的单位或个人都是个人所得税的扣缴义务人。扣缴义务人必须依法履行代扣代缴义务。

二、征税对象

个人所得税的征税对象是个人取得的应税所得。我国个人所得税法规定的应税所得项目有11项。

(一)工资、薪金所得

工资、薪金所得,是指个人因任职或者受雇而取得的工资、薪金、奖金、年终加薪、劳动分红、津贴、补贴以及与任职或受雇有关的其他所得。

一般来说,工资、薪金所得属于非独立个人劳动所得。除工资、薪金以外的奖金、年终加薪、劳动分红、津贴、补贴也被确定为工资、薪金范畴。其中,年终加薪、劳动分红不分种类和取得情况,一律按工资、薪金所得课税。津贴、补贴等则有例外:根据我国目前个人收入的构成情况,规定对于一些不属于工资、薪金性质的补贴、津贴或者不属于纳税人本人工资、薪金所得项目的收入,不予征税。这些项目包括:独生子女补贴;执行公务员工资制度未纳入基本工资总额的补贴、津贴差额和家属成员的副食品补贴;托儿补助费;差旅费津贴、午餐补助。

(二)个体工商户、独资和合伙企业的生产、经营所得

个体工商户、独资和合伙企业的生产、经营所得是指:

(1)个体工商户、独资和合伙企业从事工业、手工业、建筑业、交通运输业、商业、饮食业、服务业、修理业以及其他行业生产、经营取得的所得。

(2)个人经政府有关部门批准,取得执照,从事办学、医疗、咨询以及其他有偿服务活动取得的所得。

(3)其他个人从事个体工商业生产、经营取得的所得。

(4)上述个体工商户、独资和合伙企业个人取得的与生产、经营有关的各项应税所得。

(三)对企事业单位的承包、承租经营所得

对企事业单位的承包、承租经营所得,是指个人承包、承租经营以及转包、转租取得的所得。承包项目可分多种,如生产经营、采购、销售、建筑安装等各种承包。转包包括全部转包或部分转包。

个人对企事业单位的承包、承租经营主要分为两类:

(1)承包、承租人对企业经营成果不拥有所有权,仅按合同(协议)规定取得一定所得的,应按工资、薪金所得项目征收个人所得税。

(2)承包、承租人按合同(协议)规定只向发包、出租方缴纳一定的费用,企业的经营成果归承包、承租人所有,其取得的所得按企事业单位承包、承租经营所得项目征收个人所得税。

外商投资企业采取发包、出租经营且经营人为个人的,对经营人从外商投资企业分享的收益或取得的所得,按照个人对企事业单位的承包、承租经营所得征收个人所得税。

(四)劳务报酬所得

劳务报酬所得,是指个人从事设计、装潢、安装、制图、化验、测试、医疗、法律、会计、咨询、讲学、新闻、广播、翻译、审稿、书画、雕刻、影视、录音、录像、演出、表演、广告、展览、技术服务、介绍服务、经纪服务、代办服务以及其他劳务取得的所得。

劳务报酬所得是指个人独立从事各种非雇佣的各种劳务所取得的所得,而工资、薪金所得是属于受雇的非独立个人劳动的所得,这是区分它们的主要标志。

(五)稿酬所得

稿酬所得,是指个人因其作品以图书、报刊形式出版、发表而取得的所得。作者去世后,财产继承人取得的遗作稿酬也包括在此税目内。而不以图书、报刊形式出版、发表的翻译、审稿、书画所得归为劳务报酬所得。

(六)特许权使用费所得

特许权使用费所得,是指个人提供专利权、商标权、著作权、非专利技术以及其他特许使用权取得的所得。

(七)利息、股息、红利所得

利息、股息、红利所得,是指个人拥有债权、股权而取得的利息、股息、红利所得。利息,是指个人拥有债权而取得的利息,包括存款利息、贷款利息和各种债券的利息。税法规定，个人取得的利息所得，除国债和国家发行的金融债券利息外，应当依法缴纳个人所得税。股息、红利，是指个人拥有股权取得的股息、红利。按照一定的比率对每股发给的息金称为股息，公司、企业应分配的利润按股份分配的称为红利。股息、红利所得，除另有规定外，都应当缴纳个人所得税。

（八）财产租赁所得

财产租赁所得，是指个人出租建筑物、土地使用权、机器设备、车船以及其他财产取得的所得。

（九）财产转让所得

财产转让所得，是指个人转让有价证券、股权、建筑物、土地使用权、机器设备、车船以及其他财产取得的所得。

鉴于我国证券市场发育还不成熟等原因，国务院决定，对股票转让所得暂不征收个人所得税。

（十）偶然所得

偶然所得，是指个人得奖、中奖、中彩以及其他偶然性质的所得。得奖是指参加各种有奖竞赛活动，取得名次得到的奖金；中奖、中彩是指参加各种有奖活动，如有奖销售、有奖储蓄或者购买彩票，经过规定程序，抽中、摇中号码而取得的奖金。偶然所得应缴纳的个人所得税税款，一律由发奖单位或机构代扣代缴。

（十一）其他所得

除上述列举的各项个人应税所得外，其他确有必要征税的个人所得，由国务院财政部门确定。

个人取得的所得，难以界定应纳税所得项目的，由主管税务机关确定。

第三节　税　率

我国个人所得税的税率有比例税率和超额累进税率两种类型。具体税率按所得项目不同又分别有不同的规定。

一、工资、薪金所得

工资、薪金所得，适用3%～45%的七级超额累进税率（见表8.2）。

表8.2　　工资、薪金所得个人所得税税率表

级　数	全月应纳税所得额	税率(%)	速算扣除数
1	不超过1 500元	3	0
2	1 500～4 500元	10	105

续表

级　数	全月应纳税所得额	税率(%)	速算扣除数
3	4 500～9 000 元	20	555
4	9 000～35 000 元	25	1 005
5	35 000～55 000 元	30	2 755
6	55 000～80 000 元	35	5 505
7	超过 80 000 元	45	13 505

注:本表所称全月应纳税所得额是指依照税法的规定以每月收入额减除 3 500 元后的余额或者减除附加减除费用后的余额。

二、个体工商户、独资合伙企业所得

个体工商户、独资和合伙企业的生产经营所得和对企事业单位的承包、承租经营所得,适用 5%～35%的五级超额累进税率(见表 8.3)。

表 8.3　　个体工商户、独资合伙企业所得适应税率表

级　数	全年应纳税所得额	税率(%)	速算扣除数
1	不超过 15 000 元	5	0
2	15 000～30 000 元	10	750
3	30 000～60 000 元	20	3 750
4	60 000～100 000 元	30	9 750
5	超过 100 000 元	35	14 750

注:本表所称全年应纳税所得额,对个体工商户的生产、经营所得,是指以每一纳税年度的收入总额,减除成本、费用以及损失后的余额;对企事业单位的承包经营、承租经营所得,是指以每一纳税年度的收入总额减除必要费用后的余额。

三、劳务报酬所得

劳务报酬所得,适用比例税率,税率为 20%。对劳务报酬所得一次收入畸高的,可以实行加成征收。根据个人所得税法实施条例的规定,对于个人一次取得的劳务报酬,其应纳税所得额超过20 000～50 000元的部分,依照税法规定计算应纳税额后再按照应纳税额加征五成;超过50 000元的部分,加征十成。加成征收导致劳务报酬所得实际上适用 20%～40%的三级超额累进税率(见表 8.4)。

表 8.4　劳务报酬所得个人所得税税率表

级　数	每次应纳税所得额	税率(%)	速算扣除数
1	不超过 20 000 元的部分	20	0
2	超过 20 000～50 000 元的部分	30	2 000
3	超过 50 000 元的部分	40	7 000

注:本表所称每次应纳税所得额,是指每次收入额减除费用 800 元或者减除 20%的费用后的余额。

四、稿酬所得

稿酬所得,适用比例税率,税率为 20%。为体现对这种知识性劳动所得的特殊政策,国家对稿酬所得给予适当的优惠,规定按应纳税额减征 30%。

五、特许权使用费所得,利息、股息、红利所得,财产租赁所得,财产转让所得,偶然所得和其他所得

特许权使用费所得,利息、股息、红利所得,财产租赁所得,财产转让所得,偶然所得和其他所得,适用比例税率,税率为 20%。

第四节　应纳税所得额的计算

个人所得税的计税依据是个人取得的应纳税所得额。目前我国采用分项征收制,需对不同应税项目分项计算应纳税所得额。应纳税所得额是个人取得的每项收入所得减去税法规定的扣除项目或扣除金额之后的余额。

一、费用减除标准

(一)工资、薪金所得

以每月收入额减除费用 3 500 元后的余额为应纳税所得额。

(二)个体工商户、独资和合伙企业的生产、经营所得

以每一纳税年度的收入总额,减除成本、费用以及损失后的余额,为应纳税所得额。成本、费用,是指纳税义务人从事生产、经营所发生的各项直接支出和计入成本的间接费用以及销售费用、管理费用、财务费用;损失,是指纳税义务人在生产、经营过程中发生的各项营业外支出。

个人独资企业的投资者以全部生产经营所得为应纳税所得额。合伙企业的投资者按照合伙企业的全部生产经营所得和合伙协议约定的分配比例,确定应纳税所得额;合伙协议没有约定分配比例的,以全部生产经营所得和合伙人数量平均计算每个投资者的应纳

税所得额。

(三)对企事业单位的承包、承租经营所得

以每一纳税年度的收入总额减除必要费用后的余额，为应纳税所得额。每一纳税年度的收入总额，是指纳税义务人按照承包、承租经营合同规定分得的经营利润和工资、薪金性质的所得；所说的必要费用，是指按月减除 3 500 元。

(四)劳务报酬所得、稿酬所得、特许权使用费所得、财产租赁所得

每次收入不超过 4 000 元的，定额减除费用 800 元；每次收入在 4 000 元以上的，定率减除 20%的费用，其余额为应纳税所得额。

(五)财产转让所得

以转让财产的收入额减除财产原值和合理费用后的余额，为应纳税所得额。

(六)利息、股息、红利所得，偶然所得和其他所得

以每次收入额为应纳税所得额。

二、附加减除费用适用的范围和标准

考虑到外籍人员和在境外工作的中国公民的生活水平比国内公民要高，而且我国汇率的变化情况对他们的工资、薪金所得也有一定的影响，现行税法对外籍人员和在境外工作的中国公民的工资、薪金所得增加了附加减除费用。

(一)附加减除费用适用的范围

(1)在中国境内的外商投资企业和外国企业中工作的外籍人员。

(2)应聘在中国境内的企事业单位、社会团体、国家机关中工作的外籍专家。

(3)在中国境内有住所而在中国境外任职或者受雇取得工资、薪金所得的个人。

(4)国务院财政、税务主管部门确定的其他人员。

(二)附加减除费用标准

上述适用范围内的人员每月工资、薪金所得在减除3 500元的基础上，再减除1 300元。华侨和香港、澳门、台湾同胞参照上述附加减除费用标准执行。

三、每次收入的确定

《个人所得税法》对纳税义务人取得的劳务报酬所得，稿酬所得，特许权使用费所得，利息、股息、红利所得，财产租赁所得，偶然所得和其他所得，都是明确按“次”计算征税的。上述各项所得的应纳税所得额是以每次收入为基础确定的。因此，《个人所得税法实施条例》对不同所得项目的每“次”做了明确规定。

(一)劳务报酬所得

只有一次性收入的，以取得该项收入为一次。例如，从事设计、安装、装潢、制图、化验、测试等劳务，往往是接受客户的委托，按照客户的要求，完成一次劳务后取得收入。属

于同一事项连续取得收入的，以1个月内取得的收入为一次。

（二）稿酬所得

以每次出版、发表取得的收入为一次。具体又可细分为：

(1)同一作品再版取得的所得，应视作另一次稿酬所得计征个人所得税。

(2)同一作品先在报刊上连载然后再出版，或先出版再在报刊上连载的，应视为两次稿酬所得征税，即连载作为一次，出版作为另一次。

(3)同一作品在报刊上连载取得收入的，以连载完成后取得的所有收入合并为一次，计征个人所得税。

(4)同一作品在出版和发表时，以预付稿酬或分次支付稿酬等形式取得的稿酬收入，应合并计算为一次。

(5)同一作品出版、发表后，因添加印数而追加稿酬的，应与之前出版、发表时取得的稿酬合并计算为一次，计征个人所得税。

（三）特许权使用费所得

以一项特许权的一次许可使用所取得的收入为一次。

（四）财产租赁所得

以一个月内取得的收入为一次。

（五）利息、股息、红利所得

以支付利息、股息、红利时取得的收入为一次。

（六）偶然所得、其他所得

以每次收入为一次。

四、应纳税所得额的其他规定

个人将其所得通过中国境内的社会团体、国家机关向教育和其他社会公益事业以及遭受严重自然灾害地区、贫困地区捐赠，捐赠额未超过纳税义务人申报的应纳税所得额30％的部分，可以从其应纳税所得额中扣除。

个人通过非营利的社会团体和国家机关向农村义务教育的捐赠，准予在缴纳个人所得税前的所得额中全额扣除。农村义务教育的范围，是政府和社会力量举办的农村乡镇（不含县和县级市政府所在地的镇）、村的小学和初中以及属于这一阶段的特殊教育学校。纳税人对农村义务教育与高中在一起的学校的捐赠，也享受此项所得税前扣除。

个人的所得（不含偶然所得和经国务院财政部门确定征税的其他所得）用于资助非关联的科研机构和高等学校研究开发新产品、新技术、新工艺所发生的研究开发经费，经主管税务机关确定，可以全额在下月（工资、薪金所得）或下次（按次计征的所得）或当年（按年计征的所得）计征个人所得税时，从应纳税所得额中扣除；不足抵扣的，不得结转抵扣。

第五节　应纳税额的计算

个人所得税的计税依据为应纳税所得额。分项征收制下，因为所得项目的不同，需要依法确定出不同所得项目的应纳税所得额，然后乘上适用税率，得到应纳税额。

一、工资、薪金所得应纳税额的计算

工资、薪金所得应纳税额的计算公式为：

应纳税额＝应纳税所得额×适用税率－速算扣除数

应纳税所得额＝每月收入额－3 500(或 4 800)

【例 8－1】 假定某公司职工 2013 年 6 月取得工资所得5 000元，该纳税人不适用附加减除费用的规定。计算其当月应纳个人所得税税额。

解：

应纳税所得额＝5 000－3 500＝1 500(元)

应纳税额＝1 500×3%＝45(元)

(一)在外商投资企业、外国企业和外国驻华机构工作的中方人员取得的工资、薪金所得的应纳税额的计算

在外商投资企业、外国企业和外国驻华机构工作的中方人员取得的工资、薪金收入，凡是由雇佣单位和派遣单位分别支付的，支付单位应按税法规定代扣代缴个人所得税。税法规定，纳税义务人应以每月全部工资、薪金收入减除规定费用后的余额为应纳税所得额。为了利于征管，对雇佣单位和派遣单位分别支付工资、薪金的，采取由支付者中的一方减除费用的方法，即只由雇佣单位在支付工资、薪金时按税法规定减除费用，计算扣缴个人所得税；派遣单位支付的工资、薪金不再减除费用，以支付金额直接确定适用税率，计算扣缴个人所得税。

上述纳税义务人，应持两处支付单位提供的原始明细工资、薪金单(书)和完税凭证原件，选择并固定到一地税务机关申报每月工资、薪金收入，汇算清缴其工资、薪金收入的个人所得税，多退少补。具体申报期限，由各省、自治区、直辖市税务机关确定。

【例 8－2】 李某为一外商投资企业雇佣的中方人员，2014 年 7 月该外商投资企业支付给李某的薪金为6 800元，李某还收到其所在的派遣单位发给的工资4 300元。请问：该外商投资企业、派遣单位应如何扣缴个人所得税？李某实际应缴的个人所得税为多少？

解：

(1)外商投资企业应为李某扣缴的个人所得税为：

扣缴税额＝(每月收入额－3 500)×适用税率－速算扣除数

＝(6 800－3 500)×10%－105＝225(元)

(2)派遣单位应为李某扣缴的个人所得税为：

扣缴税额＝每月收入额×适用税率－速算扣除数
＝4 300×10％－105＝325(元)

(3)李某实际应缴的个人所得税为：

应纳税额＝(每月收入额－3 500)×适用税率－速算扣除数
＝(6 800＋4 300－3 500)×20％－555＝965(元)

因此，李某到某税务机关申报时还应补缴415元(965－225－325)。

对外商投资企业、外国企业和外国驻华机构发放给中方工作人员的工资、薪金所得，应全额征税。但对可以提供有效合同或有关凭证，能够证明其工资、薪金所得的一部分，按照有关规定上缴派遣(介绍)单位的，可扣除其实际上缴的部分，按其余额计征个人所得税。

(二)对个人取得全年一次性奖金的应纳税额的计算

全年一次性奖金是指行政机关、企事业单位等扣缴义务人根据其全年经济效益和对雇员全年工作业绩的综合考核情况，向雇员发放的一次性奖金。一次性奖金包括年终加薪、实行年薪制和绩效工资办法的单位根据考核情况兑现的年薪和绩效工资。

纳税人取得全年一次性奖金，单独作为1个月工资、薪金所得计算纳税。同时，取得全年一次性资金的当月雇员所取得工资也要单独依法纳税，并且均由扣缴义务人发放时代扣代缴。在一个纳税年度内，对每一个纳税人，该计税办法只允许采用一次。

全年一次性奖金应纳税额的具体计算按以下步骤进行：

1. 确定税率与速算扣除数

若雇员取得全年一次性奖金的当月，其工资数额高于税法规定的费用减除额，则将雇员当月取得的全年一次性奖金，除以12个月，按其商数确定适用税率和速算扣除数；若雇员取得全年一次性奖金的当月，其工资数额低于税法规定的费用减除额，应将全年一次性奖金减除“雇员当月工资薪金所得与费用减除额的差额”后的余额，除以12个月，按其商数确定适用税率和速算扣除数。

2. 将雇员个人当月内取得的全年一次性奖金，依据下列公式计算应纳税额

(1)如果雇员当月工资薪金所得高于(或等于)税法规定的费用扣除额的，适用公式为：

应纳税额＝雇员当月取得全年一次性奖金×适用税率－速算扣除数

(2)如果雇员当月工资薪金所得低于税法规定的费用扣除额的，适用公式为：

应纳税额＝(雇员当月取得全年一次性奖金－雇员当月工资薪金所得与费用扣除额的差额)×适用税率－速算扣除数

【例8－3】 职工王某2013年12月取得工资所得4 800元，当月取得全年一次性奖金25 000元，计算王某12月应纳个人所得税额。

解：

(1)　　当月工资应纳个人所得税额=(4 800-3 500)×3%=39(元)

(2)全年一次性奖金应纳个人所得税额的计算：

确定税率与速算扣除数：25 000/12=2 083.33(元)，适用税率10%，速算扣除数105。

全年一次性奖金应纳个人所得税额=25 000×10%-105=2 395(元)

王某12月应纳个人所得税=39+2 395=2 434(元)

(三)在中国境内无住所的个人取得工资、薪金所得的应纳税额的计算

依照《个人所得税法》及其实施条例和我国对外签订的避免双重征税协定(以下简称税收协定)的有关规定，对在中国境内无住所的个人由于在中国境内公司、企业、经济组织(以下简称中国境内企业)或外国企业在中国境内设立的机构、场所以及税收协定所说的常设机构(以下简称中国境内机构)担任职务，或者由于受雇或履行合同而在中国境内从事工作，取得的工资、薪金所得应分别不同情况确定：

(1)在中国境内无住所的个人，凡在中国境内不满一个月并仅就不满一个月期间的工资、薪金所得申报纳税的，均应按全月工资、薪金所得为依据计算实际应纳税额。其计算公式如下：

$$应纳税额=(当月工资、薪金应纳税所得额×适用税率-速算扣除数)×\frac{当月实际在中国天数}{当月天数}$$

(2)在中国境内无住所而在一个纳税年度中在中国境内连续或累计工作不超过90日或在税收协定规定的期间在中国境内连续或累计居住不超过183日的个人，由中国境外雇主支付并且不是由该雇主的中国境内机构负担的工资、薪金，免于申报缴纳个人所得税。对该个人仅就其实际在中国境内工作期间由中国境内企业或个人雇主支付或者由中国境内机构负担的工资、薪金所得申报纳税。其应纳税额的计算公式为：

$$应纳税额=(当月境内外工资、薪金应纳税所得额×适用税率-速算和除数)×\frac{当月境内支付工资}{当月境内外支付工资总额}×\frac{当月境内工作天数}{当月天数}$$

(3)在中国境内无住所而在一个纳税年度中在中国境内连续或累计工作超过90日或在税收协定规定的期间在中国境内连续或累计居住超过183日但不满1年的个人，其实际在中国境内工作期间取得的由中国境内企业或个人雇主支付和由境外企业或个人雇主支付的工资薪金所得，均应申报缴纳个人所得税；其在中国境外工作期间取得的工资薪金所得，除中国境内企业或高层管理人员，不予征收个人所得税。其应纳税额的计算公式为：

$$应纳税额=(当月境内外工资、薪金应纳税所得额×适用税率-速算扣除数)×\frac{当月境内工作天数}{当月天数}$$

(4)在中国境内无住所但在境内居住满1年而不超过5年的个人，其在中国境内工作期间取得的由中国境内企业或个人雇主支付和由中国境外企业或个人雇主支付的工资、

薪金，均应申报缴纳个人所得税。其应纳税额的计算公式为：

$$应纳税额=(当月境内外工资、薪金应纳税所得额\times适用税率-速算扣除数)\times\left(1-\frac{当月境外支付工资}{当月境内外支付工资总额}\times\frac{当月境内外工作天数}{当月天数}\right)$$

【例 8-4】 某外籍工程师 2013 年 9 月 1 日来我国参与一个项目，工作结束离境，在华工作天数为 28 天。境内企业支付工资35 000元，境外派遣单位支付工资折合人民币 20 000元。计算该外籍工程师 9 月份工资应纳个人所得税。

解：

该外籍工程师在我国居住时间在 90 日（或 183 日）以内，其应纳个人所得税额为：

$$应纳税额=(当月境内外工资、薪金应纳税所得额\times适用税率-速算扣除数)\times\frac{当月境内支付工资}{当月境内外支付工资总额}\times\frac{当月境内工作天数}{当月天数}$$

$$=\{[(35\ 000+20\ 000)-4\ 800]\times30\%-2\ 755\}\times\frac{35\ 000}{55\ 000}\times\frac{28}{30}$$

$$=7\ 308.42(元)$$

（四）关于失业保险费（金）应纳税额的计算

城镇企业事业单位及其职工个人按照《失业保险条例》规定的比例，实际缴付的失业保险费均不计入职工个人当期工资、薪金收入，免予征收个人所得税；超过《失业保险条例》规定的比例缴付失业保险费的，应将其超过规定比例缴付的部分计入职工个人当期的工资、薪金收入，依法计征个人所得税。

（五）个人提前退休取得补贴收入应纳税额的计算

机关、企事业单位对未达到法定退休年龄、正式办理提前退休手续的个人，按照统一标准向提前退休工作人员支付一次性补贴，不属于免税的离退休工资收入，应按照"工资、薪金所得"项目征收个人所得税。个人因办理提前退休手续而取得的一次性补贴收入，应按照办理提前退休手续至法定退休年龄之间所属月份平均分摊计算个人所得税。

二、个体工商户，独资、合伙企业所得应纳税额的计算

（一）个体工商户，独资、合伙企业应税所得的确定

1. 收入总额

收入总额，是指从事与生产、经营有关的活动所取得的各项收入，包括商品（产品）销售收入、营运收入、劳务服务收入、工程价款收入、财产出租或转让收入、利息收入、其他收入和营业外收入。

2. 准予扣除的项目

在计算应纳税所得额时，准予从收入总额中扣除的项目包括成本、费用、损失和准予

扣除的税金。

(1)工资。纳税人雇佣的从业合理工资可以据实扣除,但业主的工资不能扣除。

(2)工会费、职工福利费和职工教育经费。纳税人实际发生的工会费、职工福利费、职工教育经费支出分别在工资薪金总额2%、14%、2.5%的标准内据实扣除。职工教育经费支出不足抵扣的,可以结转到以后年度继续扣除。

(3)广告费和业务宣传费。纳税人每一纳税年度发生的广告费和业务宣传费用不超过当年销售(营业)收入15%的部分,可据实扣除;超过部分,准予在以后纳税年度结转扣除。

(4)业务招待费。纳税人发生的与生产经营业务相关的业务招待费支出,按照发生额的60%在税前扣除,最高不得超过当年销售(营业)收入的5‰。

(5)利息。纳税人在生产、经营期间借款利息支出,凡有合法证明的,不高于按金融机构同类、同期贷款利率计算的数额的部分,准予扣除。

(6)保险费。纳税人发生的与生产、经营有关的财产保险、运输保险和从业人员的养老、医疗以及其他保险费用支出,可以按照国家的有关规定计算扣除。

(7)“三新”研究开发费。纳税人研究开发新产品、新技术、新工艺所发生的开发费用,可以按实际发生额的50%扣除。

(8)税金。纳税人按照规定缴纳的消费税、营业税、城市维护建设税、资源税、城镇土地使用税、土地增值税、房产税、车船使用税、印花税、耕地占用税和教育费附加可以扣除。

3. 不准扣除的项目

纳税人的下列支出不得扣除:资本性支出,被没收的财物、支付的罚款、缴纳的个人所得税和各种税费的滞纳金、罚款和罚金,赞助支出,自然灾害或者意外事故损失有赔偿的部分,分配给投资者的股利,用于个人和家庭的支出,与生产经营无关的其他支出,国家税务总局规定不能扣除的其他支出。

4. 投资者及其家庭支出

投资者及其家庭发生的生活费用不允许在税前扣除。投资者及其家庭发生的生活费用与企业生产经营费用混合在一起,并且难以划分的,全部视为投资者个人及其家庭发生的生活费用,不允许在税前扣除。

5. 投资者兴办两个或两个以上独资企业

年终汇算清缴时,应纳税款的计算按以下方法进行:汇总其投资兴办的所有企业的经营所得作为应纳税所得额,以此确定适用税率,计算出全年经营所得的应纳税额,再根据每个企业的经营所得占所有企业经营所得的比例,分别计算出每个企业的应纳税额和应补缴税额。

(二)个体工商户,独资、合伙企业所得应纳税额的计算

实行查账征税和核定征税两种办法。

1. 查账征税

实行查账征税的个体工商户及独资、合伙企业，应纳税所得额是每一纳税年度的收入总额减除成本、费用以及损失后的余额。

个体工商户及独资、合伙企业所得应纳税额的计算公式为：

$$应纳税额=应纳税所得额\times适用税率-速算扣除数$$

$$应纳税所得额=全年收入总额-(成本+费用+准予扣除的税金+损失)$$

自2011年9月1日起，个体工商户业主的费用扣除标准统一确定为42 000元/年，即3 500元/月。

2. 核定征税

有下列情形之一，主管税务机关应采取核定征税：

(1)企业依照国家有关规定应当设置但未设置账簿的；

(2)企业虽设置账簿但账目混乱，或者成本资料、收入凭证、费用凭证残缺不全，难以查账的；

(3)纳税人发生纳税义务，未按照规定的期限办理纳税申报，经税务机关责令限期申报，逾期仍不申报的。

核定征税方法包括定额征收、核定应税所得率征收以及其他合理的征收方式。实行核定应税所得率征收方式的，应纳所得税额的计算公式如下：

$$应纳税额=应纳税所得额\times适用税率-速算扣除数$$

$$应纳税所得额=收入总额\times应税所得率=\frac{成本费用支出额}{1-应税所得率}\times应税所得率$$

应税所得率按表8.5规定的标准执行。

表8.5　　个人所得税应税所得率表

行　业	应税所得率(%)
农、林、牧、渔业	3～10
批发和零售业	4～15
制造业	5～15
交通运输业	7～15
建筑业	8～20
饮食业	8～25
娱乐业	15～30
其他行业	10～30

企业经营多业的，无论其经营项目是否单独核算，均应根据其主营项目确定其适用的应税所得率。实行核定征税的投资者，不能享受个人所得税的优惠政策。

【例 8—5】 某个人独资企业 2013 年度发生直接成本 120 万元、其他费用 30 万元，收入总额不能准确核算。假定该个人独资企业适用的应税所得率为 15%，请计算该个人独资企业 2013 年度应缴纳的个人所得税。

解：

该个人独资企业采用核定征收方式缴纳个人所得税。

$$应纳税所得额=\frac{120+30}{1-15\%}\times 15\%=26.5(万元)$$

$$应纳的个人所得税=26.5\times 35\%-1.475=7.79(万元)$$

三、对企事业单位的承包、承租经营所得应纳税额的计算

对企事业单位的承包经营、承租经营所得，其个人所得税应纳税额的计算公式为：

应纳税额=应纳税所得额×适用税率－速算扣除数

应纳税所得额=纳税年度收入总额－必要费用

(1)对企事业单位的承包、承租经营所得，以每一纳税年度的收入总额减除必要费用后的余额为应纳税所得额。收入总额是纳税人按照承包、承租经营合同规定分得的经营利润和工资、薪金性质的所得；减除必要费用是按照3 500元/月的标准计算确定；在一个纳税年度中，承包、承租经营期限不足 1 年的，以其实际经营期为纳税年度。

(2)若承包、承租人对企业经营成果不拥有所有权，仅按合同(协议)规定取得一定所得的，应按工资、薪金所得项目征收个人所得税，适用 3%～45%的七级超额累进税率；若承包、承租人按合同(协议)规定只向发包、出租方缴纳一定的费用，缴纳承包、承租费后的企业的经营成果归承包、承租人所有的，其取得的所得，按企事业单位承包、承租经营所得项目征收个人所得税，适用 5%～35%的五级超额累进税率。

【例 8—6】 假定 2013 年 3 月 1 日，某个人与事业单位签订承包合同经营招待所，承包期为 3 年。2013 年招待所实现承包经营利润200 000元，合同规定承包人每年应从承包经营利润中上缴承包费60 000元。计算承包人 2013 年应纳个人所得税额。

解：

(1) 年应纳税所得额=承包经营利润－上缴费用－每月必要费用扣减合计

=200 000－60 000－(3 500×10)=105 000(元)

(2) 应纳税额=年应纳税所得额×适用税率－速算扣除数

=105 000×35%－14 750=22 000(元)

四、劳务报酬所得应纳税额的计算

劳务报酬所得实行按次征收，定额或定率减除规定费用后的余额为应纳税所得额。每次收入不足 4 000 元的，定额减除费用 800 元；每次收入在 4 000 元以上的，定率减除

 20%的费用。

应纳税额的计算公式为：

应纳税额＝应纳税所得额×适用税率－速算扣除数[①]

【例 8－7】 歌星刘某一次取得表演收入60 000元，请计算其应纳个人所得税税额。

解：

应纳税所得额＝60 000×(1－20%)＝48 000(元)

应纳个人所得税额＝48 000×30%－2 000＝12 400(元)

五、稿酬所得应纳税额的计算

稿酬所得实行按次征收，定额或定率减除规定费用后的余额为应纳税所得额。每次收入不足4 000元的，定额减除费用 800 元；每次收入在4 000元以上的，定率减除 20%的费用。

应纳税额的计算公式为：

应纳税额＝应纳税所得额×适用税率×(1－30%)
＝应纳税所得额×20%×(1－30%)

【例 8－8】 2014 年 1 月某作家的长篇小说由某出版社出版，按合同约定，该出版社向作家预付稿酬 5 000 元，作品出版后再付稿酬 15 000 元；后因书籍畅销加印，又取得所得 10 000 元；该作家还授权某晚报连载该小说，历时 2 个月，每天支付稿酬 180 元，共获得稿酬 10 800 元。请计算该作家所获稿酬应缴纳的个人所得税。

解：

出版小说稿酬所得应纳个人所得税＝(5 000＋15 000＋10 000)×(1－20%)
×20%×(1－30%)
＝3 360(元)

连载小说稿酬所得应纳个人所得税＝10 800×(1－20%)×20%×(1－30%)
＝1 209.6(元)

该作家应纳个人所得税＝3 360＋1 209.6＝4 569.6(元)

六、特许权使用费所得应纳税额的计算

特许权使用费所得实行按次征收，定额或定率减除规定费用后的余额为应纳税所得额。每次收入不足4 000元的，定额减除费用 800 元；每次收入在4 000元以上的，定率减除 20%的费用。应纳税额的计算公式为：

应纳税额＝应纳税所得额×20%

---

① 因针对劳务报酬收入畸高者实行加成征收，从而导致劳务报酬所得实际适用税率为 20%～40%的三级超额累进税率。

七、利息、股息、红利所得应纳税额的计算

利息、股息、红利所得应纳税额的计算公式为：

$$应纳税额=每次收入额\times 20\%$$

自2008年10月9日起，暂免征收储蓄存款利息的个人所得税。

八、财产租赁所得应纳税额的计算

财产租赁所得一般以个人每次取得的收入，定额或定率减除规定费用后的余额为应纳税所得额。每次收入不超过4 000元的，定额减除费用800元；每次收入在4 000元以上的，定率减除20%的费用。财产租赁所得以1个月内取得的收入为一次。

在确定财产租赁的应纳税所得额时，纳税人在出租财产过程中缴纳的税金和教育费附加，可持完税（缴款）凭证，从其财产租赁收入中扣除。由纳税人负担的该出租财产实际开支的修缮费用，并能够提供有效、准确的凭证，允许扣除，以每次800元为限，一次扣除不完的，准予在下一次继续扣除，直到扣完为止。

应纳税所得额的计算公式为：

(1)每次（月）收入不超过4 000元的：

$$应纳税所得额=每次(月)收入额-准予扣除项目-修缮费用(800元为限)-800元$$

(2)每次（月）收入超过4 000元的：

$$应纳税所得额=[每次(月)收入额-准予扣除项目-修缮费用(800元为限)]\times(1-20\%)$$

应纳税额的计算公式为：

$$应纳税额=应纳税所得额\times 20\%$$

对个人按市场价格出租的居民住房取得的所得，自2001年1月1日起，暂减按10%的税率征收个人所得税。

【例8—9】 某市居民张先生2014年2月将其住房按市场价格出租，取得出租居民住房租金收入6 000元（当期未发生修缮费用，考虑营业税、城建税、教育费附加、房产税）。计算张先生2月份出租住房应纳的个人所得税。

解：

$$应纳营业税=6\,000\times 3\%\times 50\%=90(元)$$

$$应纳城建税、教育费附加=90\times(7\%+3\%)=9(元)$$

$$应纳房产税=6\,000\times 4\%=240(元)$$

$$应缴纳的个人所得税=(6\,000-90-9-240)\times(1-20\%)\times 10\%=452.88(元)$$

九、财产转让所得应纳税额的计算

财产转让所得以个人每次转让财产取得的收入额减除财产原值和合理费用后的余额

为应纳税所得额。其中，每次是指以一件财产的所有权一次转让取得的收入为一次。

财产转让所得应纳税额的计算公式为：

应纳税额＝应纳税所得额×适用税率＝(收入总额－财产原值－合理税费)×20％

十、偶然所得应纳税额的计算

偶然所得实行按次征收，应纳税额的计算公式为：

应纳税额＝每次收入额×20％

十一、其他所得应纳税额的计算

其他所得实行按次征收，应纳税额的计算公式为：

应纳税额＝每次收入额×20％

十二、境外缴纳税额抵免的计算

在对纳税人的境外所得征税时，会存在其境外所得已在来源国家或者地区缴税的实际情况。针对此情形，我国依据国家之间对同一所得应避免双重征税的原则，对纳税人的境外所得行使税收管辖权时，明确规定：纳税义务人从中国境外取得的所得，准予其在应纳税额中扣除已在境外缴纳的个人所得税额。但扣除额不得超过该纳税人境外所得依照我国税法规定计算的应纳税额。

我国个人所得税实行分国限额抵免。将从中国境外取得的所得，区别不同国家或者地区和不同应税项目，依照我国税法规定的费用减除标准和适用税率计算抵免限额；同一国家或者地区内不同应税项目，依照我国税法计算的应纳税额之和，为该国家或者地区的扣除限额。

纳税人在中国境外某个国家或者地区实际已经缴纳的个人所得税税额，低于抵免限额的，应当在中国缴纳差额部分的税款；超过该抵免限额，其超过限额的部分不得在本纳税年度的应纳税额中扣除，但是可以在以后纳税年度的该国家或者地区扣除限额的余额中补扣，补扣期限最长不得超过5年。

纳税人依照税法的规定申请扣除已在境外缴纳的个人所得税税额时，应当提供境外税务机关填发的完税凭证原件。

【例8－10】 2013年，张某从A、B两国取得应税收入。在A国某公司任职，取得工资、薪金收入72 000元(平均每月6 000元)；因提供一项专利技术使用权，一次取得特许权使用费收入20 000元，该两项收入在A国缴纳个人所得税3 000元。在B国出版著作，获得稿酬收入15 000元，并在B国缴纳该项收入的个人所得税1 720元。请计算张某2013年应补缴的个人所得税。

解：

来源于A国所得的抵免限额=[(6 000−4800)×3%]×12+[20 000×(1−20%)×20%]

=432+3 200=3 632(元)

在A国已缴纳的个人所得税额=3 000元

张某应在我国补缴的个人所得税额=3 632−3 000=632(元)

来源于B国所得的抵免限额=[15 000×(1−20%)×20%]×(1−30%)

=1 680(元)

在B国已缴纳的个人所得税额=1 720元

张某应在我国补缴的个人所得税额为0元，对于在B国实缴的税额超过抵免限额的部分(1 720−1 680=40元)不能在本年度扣除，可在以后5个纳税年度的该国减除限额的余额中抵扣。

第六节　税收优惠

《个人所得税法》及其实施条例以及财政部、国家税务总局的若干规章都对个人所得项目给予了减税免税的优惠，主要有：

一、免征个人所得税的优惠

(1)省级人民政府、国务院部委和中国人民解放军军以上单位，以及外国组织颁发的科学、教育、技术、文化、卫生、体育、环境保护等方面的奖金。

(2)国债和国家发行的金融债券利息。国债利息，是指个人持有中华人民共和国财政部发行的债券而取得的利息所得以及2009年、2010年和2011年发行的地方政府债券利息所得；国家发行的金融债券利息，是指个人持有经国务院批准发行的金融债券而取得的利息所得。

(3)按照国家统一规定发给的补贴、津贴。按照国家统一规定发给的补贴、津贴，是指按照国务院规定发给的政府特殊津贴和国务院规定免纳个人所得税的补贴、津贴。

中国科学院资深院士和中国工程院资深院士每人每年1万元的资深院士津贴免予征收个人所得税。

(4)福利费、抚恤金、救济金。这里所说的福利费，是指根据国家有关规定，从企业、事业单位、国家机关、社会团体提留的福利费或者工会经费中支付给个人的生活补助费；救济金，是指国家民政部门支付给个人的生活困难补助费。

(5)保险赔款。

(6)军人的转业费、复员费。

(7)按照国家统一规定发给干部、职工的安家费、退职费、退休工资、离休工资、离休生活补助费。

(8)依照我国有关法律规定应予免税的各国驻华使馆、领事馆的外交代表、领事官员和其他人员的所得。

上述“所得”,是指《中华人民共和国外交特权与豁免条例》和《中华人民共和国领事特权与豁免条例》规定免税的所得。

(9)中国政府参加的国际公约以及签订的协议中规定免税的所得。

(10)关于发给见义勇为者的奖金问题。对乡、镇(含乡、镇)以上人民政府或经县(含县)以上人民政府主管部门批准成立的有机构、有章程的见义勇为基金或者类似性质组织,奖励给见义勇为者的奖金或奖品,经主管税务机关核准,免征个人所得税。

(11)企业和个人按照省级以上人民政府规定的比例提取并缴付的住房公积金、医疗保险金、基本养老保险金、失业保险金,不计入个人当期的工资、薪金收入,免予征收个人所得税。超过规定的比例缴付的部分,计征个人所得税。

个人领取原提存的住房公积金、医疗保险金、基本养老保险金时,免予征收个人所得税。

(12)对个人取得的教育储蓄存款利息所得以及国务院财政部门确定的其他专项储蓄存款或者储蓄性专项基金存款的利息所得,免征个人所得税。

(13)储蓄机构内从事代扣代缴工作的办税人员取得的扣缴利息税手续费所得,免征个人所得税。

(14)生育妇女按照县级以上人民政府根据国家有关规定制定的生育保险办法,取得的生育津贴、生育医疗费或其他属于剩余保险性质的津贴、补贴,免征个人所得税。

(15)个人举报、协查各种违法、犯罪行为而获得的奖金。

(16)个人办理代扣代缴税款手续,按规定取得的扣缴手续费。

(17)个人转让自用达5年以上并且是唯一的家庭居住用房取得的所得。

(18)对按《国务院关于高级专家离休退休若干问题的暂行规定》和《国务院办公厅关于杰出高级专家暂缓离休审批问题的通知》精神,达到离休、退休年龄,但确因工作需要,适当延长离休、退休年龄的高级专家,其在延长离休、退休期间的工资、薪金所得,视同退休工资、离休工资,免征个人所得税。

延长离休、退休年龄的高级专家是指:

①享受国家方面的政府特殊津贴的专家、学者。

②中国科学院、中国工程院院士。

(19)外籍个人从外商投资企业取得的股息、红利所得,以非现金形式或实报实销形式取得的住房补贴、伙食补贴、搬迁费、洗衣费,按合理标准取得的境内外出差补贴,取得的探亲费、语言训练费、子女教育费等,经当地税务机关审核为合理的部分,免征个人所得税。

(20)凡符合下列条件之一的外籍专家取得的工资、薪金所得,可免征个人所得税:

①根据世界银行专项贷款协议，由世界银行直接派往我国工作的外国专家。

②联合国组织直接派往我国工作的专家。

③为联合国援助项目来华工作的专家。

④援助国派往我国专为该国无偿援助项目工作的专家。

⑤据两国政府签订文化交流项目来华工作 2 年以内的文教专家，其工资、薪金所得由该国负担的。

⑥根据我国大专院校国际交流项目来华工作 2 年以内的文教专家，其工资、薪金所得由该国负担的。

⑦通过民间科研协定来华工作的专家，其工资、薪金所得由该国政府机构负担的。

(21)对被拆迁人按照国家有关城镇房屋拆迁管理办法规定的标准取得的拆迁补偿款，免征个人所得税。

(22)自 2006 年 6 月 1 日起，对保险营销员佣金中的展业成本，免征个人所得税；对佣金中的劳务报酬部分，扣除实际缴纳的营业税及附加后，依照税法有关规定计算征收个人所得税。保险营销员的佣金由展业成本和劳务报酬构成，“展业成本”即营销费。根据目前保险营销员展业的实际情况，佣金中展业成本的比例暂定为 40%。

(23)经国务院财政部门批准免税的所得。

二、减征个人所得税的优惠

(1)残疾、孤老人员和烈属的所得。

(2)因严重自然灾害造成重大损失的。

(3)其他经国务院财政部门批准减税的。

第七节　征收管理

我国个人所得税实行代扣代缴纳税和自行申报纳税两种纳税办法。

一、代扣代缴纳税

代扣代缴，是指按照税法规定负有扣缴税款义务的单位或者个人，在向个人支付应纳税所得时，应计算应纳税额，从其所得中扣除并缴入国库，同时向税务机关报送扣缴个人所得税报告表。这种方法有利于控制税源、防止漏税和逃税。

(一)扣缴义务人

凡支付个人应纳税所得的企事业单位、机关、社团组织、军队、驻华机构(不包括外国驻华使领馆和联合国及其他依法享有外交特权和豁免的国际组织驻华机构)、个体户等单位或者个人，为个人所得税的扣缴义务人。

（二）代扣代缴的范围

扣缴义务人向个人支付工资、薪金所得；对企事业单位的承包经营、承租经营所得；劳务报酬所得；稿酬所得；特许权使用费所得；利息、股息、红利所得；财产租赁所得；财产转让所得；偶然所得以及经国务院财政部门确定征税的其他所得，应代扣代缴个人所得税。

（三）扣缴义务人的义务及应承担的责任

扣缴义务人向个人支付应纳税所得（包括现金、实物和有价证券）时，不论纳税人是否属于本单位人员，均应代扣代缴其应纳的个人所得税税款。

（1）扣缴义务人应指定支付应纳税所得的财务会计部门或其他有关部门的人员为办税人员，由办税人员具体办理个人所得税的代扣代缴工作。

代扣代缴义务人的有关领导要对代扣代缴工作提供便利，支持办税人员履行义务；确定办税人员或办税人员发生变动时，应将名单及时报告主管税务机关。

（2）扣缴义务人的法人代表（或单位主要负责人）、财会部门的负责人及具体办理代扣代缴税款的有关人员，共同对依法履行代扣代缴义务负法律责任。

（3）同一扣缴义务人的不同部门支付应纳税所得时，应报办税人员汇总。

（4）扣缴义务人在代扣税款时，必须向纳税人开具税务机关统一印制的代扣代收税款凭证，并详细注明纳税人姓名、工作单位、家庭住址和居民身份证或护照号码（无上述证件的，可用其他能有效证明身份的证件）等个人情况。对工资、奖金所得和利息、股息、红利所得等，因纳税人数众多、不便一一开具代扣代收税款凭证的，经主管税务机关同意，可不开具代扣代收税款凭证，但应通过一定形式告知纳税人已扣缴税款。纳税人为持有完税依据而向扣缴义务人索取代扣代收税款凭证的，扣缴义务人不得拒绝。

扣缴义务人应主动向税务机关申领代扣代收税款凭证，据以向纳税人扣税。非正式扣税凭证，纳税人可以拒收。

（5）扣缴义务人应设立代扣代缴税款账簿，正确反映个人所得税的扣缴情况，并如实填写扣缴个人所得税报告表及其他有关资料。

（四）代扣代缴期限

扣缴义务人每月所扣的税款，应当在次月 7 日内缴入国库，并向主管税务机关报送扣缴个人所得税报告表、代扣代收税款凭证和包括每一纳税人姓名、单位、职务、收入、税款等内容的支付个人收入明细表以及税务机关要求报送的其他有关资料。

扣缴义务人违反上述规定不报送或者报送虚假纳税资料的，一经查实，其未在支付个人收入明细表中反映的向个人支付的款项，在计算扣缴义务人应纳税所得额时不得作为成本费用扣除。

扣缴义务人因有特殊困难不能按期报送扣缴个人所得税报告表及其他有关资料的，经县级税务机关批准，可以延期申报。

（五）扣缴义务人应承担的法律责任

扣缴义务人对纳税人应扣未扣的税款，其应纳税款仍然由纳税人缴纳，扣缴义务人应承担应扣未扣税款50%以上至3倍的罚款。

二、自行申报纳税

自行申报纳税，是指由纳税人自行在税法规定的纳税期限内，向税务机关申报取得的应税所得项目和数额，如实填写个人所得税纳税申报表，并按照税法规定计算应纳税额，据此缴纳个人所得税的一种方法。

（一）自行申报纳税的适用范围

税法规定，凡有下列情形之一的，纳税人必须自行向税务机关申报所得并缴纳税款：

(1)自2006年1月1日起，年所得12万元以上的；

(2)从中国境内两处或者两处以上取得工资、薪金所得的；

(3)从中国境外取得所得的；

(4)取得应税所得，没有扣缴义务人的；

(5)国务院规定的其他情形。

（二）自行申报纳税的申报期限

(1)年所得12万元以上的纳税人，在纳税年度终了后3个月内向主管税务机关办理纳税申报。

(2)个体工商户和个人独资、合伙企业投资者取得的生产、经营所得应纳的税款，分月预缴的，纳税人在每月终了后7日内办理纳税申报；分季预缴的，纳税人在每个季度终了后7日内办理纳税申报；纳税年度终了后，纳税人在3个月内进行汇算清缴。

(3)纳税人年终一次性取得对企事业单位的承包经营、承租经营所得的，自取得所得之日起30日内办理纳税申报；在1个纳税年度内分次取得承包经营、承租经营所得的，在每次取得所得后的次月7日内申报预缴；纳税年度终了后3个月内汇算清缴。

(4)从中国境外取得所得的纳税人，在纳税年度终了后30日内向中国境内主管税务机关办理纳税申报。

(5)除以上规定的情形外，纳税人取得其他各项所得须申报纳税的，在取得所得的次月7日内向主管税务机关办理纳税申报。

(6)纳税人不能按照规定的期限办理纳税申报，需要延期的，按照《税收征收管理法》和《税收征管法实施细则》的有关规定办理。

（三）自行申报纳税的申报地点

(1)在中国境内有任职、受雇单位的，向任职、受雇单位所在地主管税务机关申报。

(2)在中国境内有两处或者两处以上任职、受雇单位的，选择并固定向其中一处单位所在地主管税务机关申报。

(3)在中国境内无任职、受雇单位,年所得项目中有个体工商户的生产、经营所得或者对企事业单位的承包经营、承租经营所得(以下统称生产、经营所得)的,向其中一处实际经营所在地主管税务机关申报。

(4)在中国境内无任职、受雇单位,年所得项目中无生产、经营所得的,向户籍所在地主管税务机关申报。在中国境内有户籍但户籍所在地与中国境内经常居住地不一致的,选择并固定向其中一地主管税务机关申报。在中国境内没有户籍的,向中国境内经常居住地主管税务机关申报。

(5)其他所得的纳税人,纳税申报地点分别为:

①从两处或者两处以上取得工资、薪金所得的,选择并固定向其中一处单位所在地主管税务机关申报。

②从中国境外取得所得的,向中国境内户籍所在地主管税务机关申报。在中国境内有户籍,但户籍所在地与中国境内经常居住地不一致的,选择并固定向其中一地主管税务机关申报。在中国境内没有户籍的,向中国境内经常居住地主管税务机关申报。

③个体工商户向实际经营所在地主管税务机关申报。

④个人独资、合伙企业投资者兴办两个或两个以上企业的,区分不同情形确定纳税申报地点:兴办的企业全部是个人独资性质的,分别向各企业的实际经营管理所在地主管税务机关申报;兴办的企业中含有合伙性质的,向经常居住地主管税务机关申报;兴办的企业中含有合伙性质,个人投资者经常居住地与其兴办企业的经营管理所在地不一致的,选择并固定向其参与兴办的某一合伙企业的经营管理所在地主管税务机关申报。除以上情形外,纳税人应当向取得所得所在地主管税务机关申报。

纳税人不得随意变更纳税申报地点;因特殊情况变更纳税申报地点的,须报原主管税务机关备案。

(四)自行申报纳税的申报方式

纳税人可以直接到主管税务机关申报,可以委托有税务代理资质的中介机构或者他人代为办理纳税申报,还可以采取数据电文、邮寄等方式申报,或者采取符合主管税务机关规定的其他方式申报。

(五)自行申报纳税的申报管理

(1)主管税务机关应当将各类申报表登载到税务机关的网站上,或者摆放到税务机关受理纳税申报的办税服务厅,免费供纳税人随时下载或取用。

(2)主管税务机关应当在每年法定申报期间,通过适当方式,提醒年所得12万元以上的纳税人办理自行纳税申报。

(3)受理纳税申报的主管税务机关根据纳税人的申报情况,按照规定办理税款的征、补、退、抵手续。

(4)主管税务机关按照规定为已经办理纳税申报并缴纳税款的纳税人开具完税凭证。

(5)税务机关依法为纳税人的纳税申报信息保密。

(6)纳税人变更纳税申报地点,并报原主管税务机关备案的,原主管税务机关应当及时将纳税人变更纳税申报地点的信息传递给新的主管税务机关。

(7)主管税务机关对已办理纳税申报的纳税人建立纳税档案,实施动态管理。

思考题

1. 简述目前我国个人所得税的征收模式及优缺点。
2. 如何划分居民纳税人和非居民纳税人?
3. 简述居民纳税人和非居民纳税人的纳税义务。
4. 个人所得税的应税项目有哪些?
5. 什么情况下对个人所得采取减征或加成征税?
6. 如何区别法定退休、内部退休与提前退休?
7. 对取得的全年一次性奖金如何征税?
8. 个人经营两家以上独资企业应如何计算缴税?
9. 合伙企业的合伙人如何计算征税?
10. 稿酬实行按次征税的"次"是如何确定的?
11. 境外缴纳税额抵免如何计算?
12. 在什么情况下个人应自行申报纳税?

计算题

1. 中国公民张某 2014 年 1 月份工资4 800元,当月一次取得上年奖金36 000元。计算张某 2014 年 1 月份应纳个人所得税。

2. 某个人独资企业 2014 年度发生直接成本 85 万元、其他费用 20 万元,收入总额不能准确核算。假定该个人独资企业适用的应税所得率为 15%。计算该个人独资企业 2014 年度应缴纳的个人所得税。

3. 某作家 2014 年 8 月出版小说,获得稿酬8 500元;9 月在另一个出版社出版取得稿酬3 700元。计算该作家应缴纳的个人所得税额。

4. 王某持有上市公司股票10 000股,该上市公司 2013 年度的利润方案为每 10 股送 3 股,并于 2014 年 6 月份实施。该股票的面值为每股 1 元。计算上市公司应扣缴王某的个人所得税。

5. 2014 年中国某教授在美国演讲取得收入50 000元,按该国税法规定缴纳了个人所得税6 500元;还取得偶然所得10 000元,按该国税法规定缴纳了个人所得税3 000元。计算该教授在中国应补缴的个人所得税。

6. 公民李某为一企业员工,2014 年 1 月取得以下收入:(1)当月工资9 000元,年终奖

64 000元;(2)通过拍卖行将一幅珍藏多年的名人字画拍卖,取得收入80 000元,不能提供财产原值凭证。计算李某应缴纳的个人所得税。

7. 中国公民王先生在甲公司工作了15年,201×年1月与甲公司解除聘用关系,取得一次性补偿收入150 000元。甲公司所在地上年职工平均工资为28 000元。计算王先生的补偿收入应缴纳的个人所得税。

8. 我国居民王某2013年6月份将市区内闲置的一处住房按市场价格出租给他人居住,租期1年,每月租金2 000元,可提供实际缴纳营业税(3%,减半征收)和房产税(4%)的完税凭证,7月发生漏雨修缮费1 000元。计算王某7月份应纳个人所得税。

9. 美国某公司派其雇员乔治来我国某企业安装、调试电器生产线。乔治于2013年3月1日来华,工作时间为9个月,但其中9月份仅在我国境内居住18天。其工资由美方企业支付,月工资折合人民币30 000元。计算乔治9月份在我国应缴纳的个人所得税。

10. 2013年9月1日起,张某承包一招待所,合同规定张某每月取得工资4 000元,年终从企业所得税税后利润上缴承包费50 000元,其余经营成果归张某所有。2013年该招待所税后利润95 000元。计算2013年张某应缴纳的个人所得税。

11. 某个人独资企业自行申报取得产品销售收入300万元,购买国库券利息收入2万元;本年应结转的产品销售成本150万元;发生管理费用80万元,其中家庭生活费10万元;发生营业外支出30万元;应缴纳的增值税20万元、城市维护建设税1.4万元、教育费附加0.6万元。计算该个人独资企业应纳个人所得税额。

12. 张某收入情况如下:(1)出版小说一部,取得稿酬50 000元,后因小说加印和报纸连载,分别取得出版社稿酬10 000元和报社稿酬3 800元。(2)临时担任会议翻译,取得收入3 000元。(3)在A国讲学取得收入30 000元,在B国卖书画取得收入70 000元,已分别按收入来源国税法规定缴纳了个人所得税5 000元和18 000元。计算张某应缴纳的个人所得税额。

13. 王某8月份收入情况如下:(1)雇佣单位支付工资、薪金8 000元;(2)派遣单位支付工资、薪金4 000元;(3)从国外一次取得特许权使用费收入折合人民币18 000元,并提供来源国纳税凭证,纳税折合人民币1 800元;(4)从国内另一单位一次取得工程设计费30 000元。计算王某应缴纳的个人所得税。

14. 有一中国公民,(1)6月份从中国境内取得工资、薪金收入9 000元,取得稿酬收入5 000元;(2)从A国取得特许权使用费收入8 000元,从B国取得债券利息收入3 000元。该纳税人已按A国、B国税法规定分别缴纳了个人所得税1 400元和500元。计算该纳税人应纳个人所得税额。

15. 某大学教授7月份收入情况如下:(1)工资8 600元;(2)担任兼职律师取得收入20 000元,从中捐给"希望工程"教育基金会10 000元;(3)出售自有自用6年的家庭唯一住房,扣除当初购买住房的价格和售房时按规定支付的有关税费后,取得净收入32万元。计算该教授7月份应缴纳的个人所得税额。

第九章 资源税税制

第一节 概 述

一、资源税的定义

资源涵盖的范围较广，包括自然界存在的所有天然物质财富，如地下水、海洋资源、石油、天然气及埋藏在地下的其他矿产资源，地上的土地、水、动植物资源，存在于空间中的太阳能资源、空气资源，等等。

从税收征管效率的角度来看，并不是所有的自然资源都要纳入资源税的征税范围。就我国目前资源税征税范围看，我国的资源税主要是选择一些开采利用价值较高、级差收益大、税基较广、税源相对集中的大宗自然资源进行征收，如盐、原油、天然气、煤炭等资源。这样一方面便于征收管理，保证国家的财政收入，并实现对经济的调节功能，同时也有利于引导对自然资源的合理开发利用。通过差别税率的设置，也在一定程度上保证了开采（或生产）单位和个人之间的公平竞争。

因此，我国开征的资源税是以部分自然资源为课税对象，对在我国境内开采应税矿产品及生产盐的单位和个人，就其应税产品销售数量或自用数量为计税依据而征收的一种税。

二、资源税的特点

从我国《资源税暂行条例》及实施细则的规定来看，我国现行资源税具有以下三方面特点：

1. 征税范围的有限性

从税收征管效率和税收调节等角度考虑，目前我国资源税只选择了盐、原油、天然气、煤炭、其他非金属矿原矿等七大类列举出的自然资源进行课征，而不是就所有的自然资源进行征税。而且资源税的课征对象仅限于开采（或生产）自然资源的单位和个人，对于以自然资源为对象生产加工出来的制成品则不属于其征税范围。

2. 采用级差税进行调节

各种自然资源客观上都存在地理位置、储存状况、开采条件、矿质优劣的差异。如果采取单一税率的形式,既无法引导各地对矿产资源的合理开采和有效配置,也使不同的资源开采(或生产)单位和个人陷入不公平竞争状态,从而无法达到国家开征资源税的目的。我国现行资源税采取地区差别税率的形式,以调节因客观因素不同而产生的级差收入,促进对矿产资源的有效开采和利用,并使资源开采(或生产)单位和个人处于基本公平的竞争状态。

3. 实行从量定额征收

课征对象的计征方法有从量计征和从价计征两种。我国现行的资源税依据自然资源的特点,从征管便利等角度出发,采用从量定额征收。其计量单位主要包括吨、克拉和立方米三种。采用定额税率征收,应纳税额的计算只与资源的开采量或销售量有关,与企业成本和产品价格无关,因而计算简单,便于征管。

三、资源税制度演变历程

资源税自古有之。盐税是延续时间较长的比较典型的资源税,是历代王朝国库收入的重要来源之一。中华人民共和国成立后,中央人民政府政务院于 1950 年发布的《全国税政实施要则》中,明确将盐税列为一个税种进行征收。这是我国税制中唯一具有资源税性质的税种。

(一)资源税演变历程

1984 年 9 月 18 日,国务院发布《资源税条例(草案)》,从 1984 年 10 月 1 日起施行,实际征收范围限于部分石油、煤炭、天然气及铁矿石的开采。同期,耕地占用税、土地使用税等税种陆续开征,盐税被继续保留。上述税种初步构建了我国的资源税体系。

国务院于 1993 年 12 月 25 日颁布了新的《资源税暂行条例》及《实施细则》,并于 1994 年 1 月 1 日起施行。此次修正将原资源税与盐税两个税种合并,统一构成资源税。贯彻普遍征收、级差调节的原则,对全行业普遍征收,并采用地区差别税率调节不同企业的级差收入,适当提高了资源税的税负。

2011 年国务院发布《资源税暂行条例》[①]、财政部发布《资源税暂行条例实施细则》,[②]并于 2011 年 11 月 1 日施行。此次改革的焦点是在全国范围内实施石油、天然气资源税从价计征。此次修订和施行,意味着我国资源税改革步入新阶段。

2014 年 10 月 9 日,财政部、国家税务总局联合发布《关于调整原油、天然气资源税有关政策的通知》[③](简称《原油、天然气资源税通知》)、《关于实施煤炭资源税改革的通知》[④]

---

① 《资源税暂行条例》,国务院令 2011 年第 605 号。
② 《资源税暂行条例实施细则》,2011 年第 66 号。
③ 《关于调整原油、天然气资源税有关政策的通知》,财税〔2014〕73 号。
④ 《关于实施煤炭资源税改革的通知》,财税〔2014〕72 号。

(简称《煤炭资源税改革通知》)。《原油、天然气资源税通知》对原油、天然气适用税率和优惠政策再次做出调整。《煤炭资源税改革通知》规定自2014年12月1日起在全国范围内实施煤炭资源税从价计征改革,同时清理相关收费基金。煤炭资源税税率幅度为2%~10%。

(二)城镇土地使用税演变历程

我国开征的资源税还包括对土地的征税。从本质上讲,对土地征税应属财产税的范畴。之所以将对土地的税种包含在资源税制中,是因为我国土地的所有权属于国家和集体所有,所有的单位和个人只拥有在一定期限内该土地的使用权,因而无法将土地作为使用者的一项财产征税,只能将它作为一项资源征税。我国对土地的征税依据其地理位置、用途等设置了城镇土地使用税、耕地占用税和土地增值税三个税种。早在1950年,政务院颁布了《城市房地产税暂行条例》,规定在城市征收房产税和地产税。1973年将对国内企业征收的房地产税并入工商税。1987年、1988年分别开征了耕地占用税和城镇土地使用税。2006年12月30日,国务院第163次常务会议通过《关于修改〈中华人民共和国城镇土地使用税暂行条例〉的决定》,并自2007年1月1日起施行。此次修订主要提高了城镇土地使用税的税额标准,并将征税范围扩大到外商投资企业和外国企业。

(三)耕地占用税

现行的耕地占用税主要依据国务院于2007年12月1日修订颁布的《耕地占用税暂行条例》,以及财政部、国家税务总局于2008年2月26日公布的《耕地占用税暂行条例实施细则》。

第二节　资源税

一、纳税人与扣缴义务人

(一)纳税人

资源税是对在中华人民共和国领域及管辖海域从事应税矿产品开采和生产盐的单位和个人课征的一种税。其中,单位是指国有企业、集体企业、私有企业、股份制企业、其他企业和行政单位、事业单位、军事单位、社会团体及其他单位;个人是指个体经营者及其他个人;其他单位和其他个人包括外商投资企业、外国企业及外籍人员。

(二)扣缴义务人

为了加强资源税的征管,对那些税源小、零散、不定期开采等税务机关认为不易管控的行为,《资源税暂行条例》规定了扣缴义务人,主要包括独立矿山、联合企业及其他收购未税矿产品的单位。

独立矿山是指只有采矿或只有采矿和选矿并实行独立核算、自负盈亏的单位。作为独立矿山，其生产的原矿和精矿主要用于对外销售。联合企业是指采矿、选矿、冶炼(或加工)连续生产的企业，其采矿单位一般是该企业的二级或二级以下的核算单位。其他收购未税矿产品的单位包括收购未税矿产品的非矿山企业、单位和个体户等。

未税矿产品是指资源税纳税人在销售其矿产品时不能向扣缴义务人提供资源税管理证明的矿产品。"资源税管理证明"是证明销售的矿产品已缴纳资源税或已向当地税务机关办理纳税申报的有效凭证。

二、税目与税率

(一)税目

《资源税暂行条例》规定，我国目前开征的资源税只将原油、天然气、煤炭、其他非金属矿原矿、黑色金属矿原矿、有色金属矿原矿和盐列入征税范围。具体包括：

(1)原油。原油是指开采的天然原油，不包括人造石油。

(2)天然气。天然气是指专门开采或与原油同时开采的天然气，暂不包括煤矿生产的天然气。

(3)煤炭。煤炭是指原煤，不包括洗煤、选煤及其他原煤加工品。

(4)其他非金属矿原矿。其他非金属矿原矿是指上述产品和井矿盐以外的非金属矿原矿。

(5)黑色金属矿原矿。黑色金属矿原矿是指纳税人开采后自用、销售的，用于直接入炉冶炼或作为主产品先入选精矿、制造人工矿，再最终入炉冶炼的黑色金属矿石原矿，包括铁矿石、锰矿石、铬矿石。

(6)有色金属矿原矿。有色金属矿原矿包括铜矿石、铅锌矿石、铝土矿石、钨矿石、锡矿石、锑矿石、钼矿石、镍矿石、黄金矿石、钒矿石(含石煤钒)等。

(7)盐。盐包括固体盐和液体盐。固体盐是指用海水、湖水或地下湖水晒制和加工出来呈现固体颗粒状态的盐，具体包括海盐原盐、湖盐原盐和井矿盐。液体盐是指卤水。

纳税人在开采主矿产品的过程中伴采的其他应税矿产品，凡未单独规定适用税额的，一律按主矿产品或视同主矿产品税目征收资源税。

未列举名称的其他非金属矿原矿和其他有色金属矿原矿，由省、自治区、直辖市人民政府决定征收或暂缓征收资源税，并报财政部和国家税务总局备案。

(二)税率

资源税的税率采用从价定率或从量定额的办法征收，分别以应税产品的销售额乘以纳税人具体适用的比例税率或者以应税产品的销售数量乘以纳税人具体适用的定额税率计算，具体见表9.1。

表 9.1　　　　　　　　　　资源税税目税率表

税目		税率
原油		销售额的 6%
天然气		销售额的 6%
煤炭①		销售额的 2%～10%
其他非金属矿原矿	普通非金属矿原矿	0.5～20 元/吨或每立方米
	贵重非金属矿原矿	0.5～20 元/千克或每克拉
黑色金属矿原矿		2～30 元/吨
有色金属矿原矿	稀土矿	0.4～60 元/吨
	其他有色金属矿原矿	0.4～30 元/吨
盐	固体盐	10～60 元/吨
	液体盐	2～10 元/吨

现行资源税税目税额明细表和几个主要品种的矿山资源等级表，对各品种各等级矿山的税额作了明确规定。对未列举名单的纳税人(指在已列举的部分纳税人名单中尚未列举到的纳税人)适用的税额，由各省、自治区、直辖市人民政府根据纳税人的资源状况，参照该表中确定的邻近矿山的税额标准，在上下 30%的幅度内浮动核定，并报财政部和国家税务总局备案。

三、应纳税额的计算

(一)计税依据

1. 从价定率征收的计税依据

实行从价定率征收资源税的产品以销售额为计税依据。销售额是指为纳税人销售应税产品向购买方收取的全部价款和价外费用，但不包括收取的增值税销项税额。

价外费用，包括价外向购买方收取的手续费、补贴、基金、集资费、返还利润、奖励费、违约金、滞纳金、延期付款利息、赔偿金、代收款项、代垫款项、包装费、包装物租金、储备费、优质费、运输装卸费以及其他各种性质的价外收费。但下列项目不包括在内：

(1)同时符合以下条件的代垫运输费用：

①承运部门的运输费用发票开具给购买方的；

②纳税人将该项发票转交给购买方的。

(2)同时符合以下条件代为收取的政府性基金或者行政事业性收费：

① 《关于实施煤炭资源税改革的通知》，财税〔2014〕72 号。

①由国务院或者财政部批准设立的政府性基金，由国务院或者省级人民政府及其财政、价格主管部门批准设立的行政事业性收费；

②收取时开具省级以上财政部门印制的财政票据；

③所收款项全额上缴财政。

如果纳税人以人民币以外的货币结算销售额的，应当折合成人民币计算。其销售额的人民币折合率可以选择销售额发生的当天或者当月 1 日的人民币汇率中间价。纳税人应在事先确定采用何种折合率计算方法，确定后 1 年内不得变更。

2. 从量定额征收的计税依据

销售数量包括纳税人开采或者生产应税产品的实际销售数量和视同销售的自用数量。

纳税人不能准确提供应税产品销售数量的，以应税产品的产量或者主管税务机关确定的折算比换算成的数量为计征资源税的销售数量。

纳税人在资源税纳税申报时，除财政部、国家税务总局另有规定外，应当将其应税和减免税项目分别计算和报送。

（二）应纳税额的计算

1. 实行从价定率征收的，根据应税产品的销售额和规定的适用税率计算应纳税额

其计算公式为：

应纳税额＝销售额×适用税率

如果纳税人申报的应税产品销售额明显偏低并且无正当理由的、有视同销售应税产品行为而无销售额的，除财政部、国家税务总局另有规定外，按下列顺序确定销售额：

(1)按纳税人最近时期同类产品的平均销售价格确定；

(2)按其他纳税人最近时期同类产品的平均销售价格确定；

(3)按组成计税价格确定。组成计税价格计算公式为：

组成计税价格＝成本×(1＋成本利润率)÷(1－税率)

公式中的成本是指应税产品的实际生产成本。公式中的成本利润率由省、自治区、直辖市税务机关确定。

2. 煤炭实行从价计征后销售额的确定

自 2014 年 12 月 1 日起在全国范围内实施煤炭资源税从价计征改革，同时清理相关收费基金。

(1)纳税人开采原煤直接对外销售的，以原煤销售额作为应税煤炭销售额计算缴纳资源税。

原煤应纳税额＝原煤销售额×适用税率

原煤销售额不含从坑口到车站、码头等的运输费用。

纳税人同时销售（包括视同销售）应税原煤和洗选煤的，应当分别核算原煤和洗选煤

的销售额；未分别核算或者不能准确提供原煤和洗选煤销售额的，一并视同销售原煤计算缴纳资源税。

(2)纳税人将其开采的原煤，自用于连续生产洗选煤的，在原煤移送使用环节不缴纳资源税；自用于其他方面的，视同销售原煤，依照《资源税暂行条例实施细则》第七条有关规定确定销售额，计算缴纳资源税。

(3)纳税人将其开采的原煤加工为洗选煤销售的，以洗选煤销售额乘以折算率作为应税煤炭销售额计算缴纳资源税。

$$洗选煤应纳税额=洗选煤销售额\times折算率\times适用税率$$

洗选煤销售额包括洗选副产品的销售额，不包括洗选煤从洗选煤厂到车站、码头等的运输费用。

纳税人同时以自采未税原煤和外购已税原煤加工洗选煤的，应当分别核算；未分别核算的，则按照全部销售额乘以折算率后作为应税煤炭销售额计算缴纳资源税。

折算率可通过洗选煤销售额扣除洗选环节成本、利润计算，也可通过洗选煤市场价格与其所用同类原煤市场价格的差额及综合回收率计算。折算率由省、自治区、直辖市财税部门或其授权地市级财税部门确定。

(4)纳税人将其开采的原煤加工为洗选煤自用的，视同销售洗选煤，依照《资源税暂行条例实施细则》第七条的有关规定确定销售额，计算缴纳资源税。

【例 9－1】 内蒙古自治区某煤矿 2014 年 12 月开采煤炭 80 万吨，销售额 60 万吨，每吨售价 190 元；自用 10 万吨进一步加工洗选煤。当月开采煤炭伴生的天然气 500 万立方米。已知该煤矿适用煤炭税率为 5%，本地天然气适用税额为每千立方米 5 元。

解：

该煤矿 12 月份应纳资源税税额为：

$$应纳税额=600\ 000\times190\times5\%=5\ 700\ 000(元)$$

《资源税暂行条例》规定，煤矿生产的天然气不征收资源税。

3. 实行从量定额征收的，根据应税产品的课税数量和规定的单位税额计算应纳税额其计算公式为：

$$应纳税额=课税数量\times单位税额$$

$$代扣代缴税额=收购的未税矿产品数量\times适用的单位税额$$

单位税额的确定原则如下：独立矿山、联合企业收购与本单位矿种相同的矿产品，按本单位相同矿种应税产品确定单位税额；独立矿山、联合企业收购与本单位矿种不同的未税矿产品以及其他收购单位收购的未税矿产品，按照收购地相应矿种规定的单位税额确定；收购地没有相同品种矿产品的，按收购地主管税务机关核定的单位税额确定。

【例 9－2】 某盐场自产湖盐并加工精制盐。某年 10 月份销售自产湖盐原盐 3 万吨，将自产原盐 4 万吨加工成精盐。当月外购已税液体盐3 000吨加工成固体盐1 000吨。

已知该盐场湖盐原盐适用税额为每吨 20 元，外购液体盐适用税额为每吨 2 元。该盐场当月应纳资源税税额为：

应纳税额＝(30 000＋40 000＋1 000)×20－3 000×2＝1 360 000(元)

四、减免税

我国《资源税暂行条例》规定，有下列情形之一的，可以减征或者免征资源税：

(1)开采原油过程中用于加热、修井的原油，免税。

(2)对油田范围内运输稠油过程中用于加热的原油、天然气，免征资源税。

(3)对稠油、高凝油和高含硫天然气资源税减征 40%。稠油，是指地层原油黏度大于或等于 50 毫帕/秒或原油密度大于或等于 0.92 克/立方厘米的原油。高凝油，是指凝固点大于 40℃的原油。高含硫天然气，是指硫化氢含量大于或等于 30 克/立方米的天然气。

(4)对三次采油资源税减征 30%。三次采油，是指二次采油后继续以聚合物驱、复合驱、泡沫驱、气水交替驱、二氧化碳驱、微生物驱等方式进行采油。

(5)对低丰度油气田资源税暂减征 20%。陆上低丰度油田，是指每平方公里原油可采储量丰度在 25 万立方米(不含)以下的油田；陆上低丰度气田，是指每平方公里天然气可采储量丰度在 2.5 亿立方米(不含)以下的气田。海上低丰度油田，是指每平方公里原油可采储量丰度在 60 万立方米(不含)以下的油田；海上低丰度气田，是指每平方公里天然气可采储量丰度在 6 亿立方米(不含)以下的气田。

(6)对深水油气田资源税减征 30%。深水油气田，是指水深超过 300 米(不含)的油气田。

符合上述减免税规定的原油、天然气划分不清的，一律不予减免资源税；同时符合上述两项及两项以上减税规定的，只能选择其中一项执行，不能叠加适用。

(7)为便于征管，对开采稠油、高凝油、高含硫天然气、低丰度油气资源及三次采油的陆上油气田企业，根据以前年度符合上述减税规定的原油、天然气销售额占其原油、天然气总销售额的比例，确定资源税综合减征率和实际征收率，计算资源税应纳税额。其计算公式为：

$$综合减征率＝\sum(减税项目销售额×减征幅度×6\%)÷总销售额$$

$$实际征收率＝6\%－综合减征率$$

$$应纳税额＝总销售额×实际征收率$$

(8)对衰竭期煤矿开采的煤炭，资源税减征 30%。衰竭期煤矿，是指剩余可采储量下降到原设计可采储量的 20%(含)以下，或者剩余服务年限不超过 5 年的煤矿。

(9)对充填开采置换出来的煤炭，资源税减征 50%。

纳税人开采的煤炭，同时符合上述减税情形的，纳税人只能选择其中一项执行，不能叠加适用。

(10)纳税人开采或者生产应税产品过程中,因意外事故或者自然灾害等原因遭受重大损失的,由省、自治区、直辖市人民政府酌情决定减税或者免税。

(11)国务院规定的其他减税、免税项目。

此外,为了准确确定减免税额,《资源税暂行条例》规定,纳税人的减税、免税项目,应当单独核算课税数量;未单独核算或者不能准确提供课税数量的,不予减税或者免税。

五、征收管理

(一)纳税义务发生时间

纳税义务发生时间是指纳税人发生应税行为,应当承担纳税义务的起始时间。依据《资源税暂行条例》及其实施细则的规定,资源税纳税义务发生时间确定如下:

(1)纳税人销售应税产品,其纳税义务发生时间是:

①纳税人采取分期收款结算方式的,其纳税义务发生时间为销售合同规定的收款日期的当天;

②纳税人采取预收货款结算方式的,其纳税义务发生时间为发出应税产品的当天;

③纳税人采取其他结算方式的,其纳税义务发生时间为收讫销售款或者取得索取销售款凭据的当天。

(2)纳税人自产自用应税产品的纳税义务发生时间,为移送使用应税产品的当天。

(3)扣缴义务人代扣代缴税款的纳税义务发生时间,为支付首笔货款或首次开具支付货款凭据的当天。

(二)纳税期限

依据《资源税暂行条例》的规定,资源税的纳税期限确定如下:纳税人的纳税期限为1日、3日、5日、10日、15日或者1个月,由主管税务机关根据实际情况具体核定。不能按固定期限计算纳税的,可以按次计算纳税。其中,纳税人以一个月为一期纳税的,自期满之日起10日内申报纳税;以1日、3日、5日、10日或者15日为一期纳税的,自期满之日起5日内预缴税款,于次月1日起10日内申报纳税并结清上月税款。扣缴义务人的解缴税款期限,也依照上述规定执行。

(三)纳税地点

依据《资源税暂行条例》及其实施细则的规定,纳税人应当向应税产品的开采或生产所在地主管税务机关缴纳资源税。具体实施时,纳税人在本省、自治区、直辖市范围内开采或者生产应税产品,其纳税地点需要调整的,由省、自治区、直辖市税务机关决定。跨省开采资源税应税产品的单位,其下属生产单位与核算单位不在同一省、自治区、直辖市的,对其开采的矿产品,一律在开采地纳税,其应纳税款由独立核算、自负盈亏的单位按照开采地的实际销售量(或者自用量)及适用的单位税额计算划拨。

独立矿山、联合企业等扣缴义务人代扣代缴的资源税，应当向收购地主管税务机关缴纳。

第三节　城镇土地使用税

一、概述

依据《城镇土地使用税暂行条例》的规定，城镇土地使用税是以纳税人实际占用的土地面积为计税依据，对在城市、县城、建制镇、工矿区范围内使用国有土地的单位和个人按规定税额征收的一种税。

开征城镇土地使用税的目的主要在于促进土地的有效利用。通过差别税率的设定以调节土地的级差收入，从而鼓励企业间的公平竞争。同时对稳固的土地资源征税也构成地方财政一项稳定的收入来源，在扩充地方财力上起到很大的作用。

从本质上讲，土地是一种财产，对土地课税属于财产税的范畴。但我国城镇土地依据宪法规定属于国家所有，任何单位和个人对占有的土地只具有使用权。因此，我国现行的城镇土地使用税是对占有土地资源的行为征收的一种税，而非财产税。

二、纳税人与征税范围

(一)纳税人

依据《城镇土地使用税暂行条例》的规定，在城市、县城、建制镇、工矿区范围内使用土地的单位和个人，为城镇土地使用税(以下简称土地使用税)的纳税人。其中，单位包括国有企业、集体企业、私营企业、股份制企业、外商投资企业、外国企业以及其他企业和事业单位、社会团体、国家机关、军队以及其他单位。个人包括个体工商户以及其他个人。

现实中，为了保证税额及时、足额入库，《城镇土地使用税暂行条例》及其实施细则根据用地者的实际情况，对纳税人做了具体规定：城镇土地使用税由拥有土地使用权的单位和个人缴纳。如果拥有土地使用权的单位和个人不在土地所在地，由代管人或实际使用人缴纳。如果土地使用权未确定或权属纠纷未解决的，由实际使用人缴纳。如果土地使用权共有的，由共有各方分别缴纳。

(二)征税范围

城镇土地使用税的征税范围为在中华人民共和国境内的城市、县城、建制镇和工矿区使用的非农业用地，不包括农业用地。

城市、县城、建制镇和工矿区是由各级政府批准设立的。并且，在同一城镇或工矿区的不同地方，其自然条件和经济发展程度也各不相同。为了公平税负、促进各地经济协调发展，国家税务总局在《关于土地使用税若干具体问题的解释和暂行规定》中指出，“城市、县城、建制镇和工矿区的具体征税范围，由各省、自治区、直辖市人民政府划定”。

三、应纳税额的计算

(一)计税依据

《城镇土地使用税暂行条例》规定，城镇土地使用税以纳税人实际占用的土地面积为计税依据，依照规定税额计算征收。土地占用面积的组织测量工作，由省、自治区、直辖市人民政府根据实际情况确定。

(二)税额

城镇土地使用税实行地区差别幅度税率，按纳税人所处地区分别规定不同幅度的单位税额。《城镇土地使用税暂行条例》对每平方米土地年税额规定如下：

(1)大城市 1.5～30 元；

(2)中等城市 1.2～24 元；

(3)小城市 0.9～18 元；

(4)县城、建制镇、工矿区 0.6～12 元。

依据《城镇土地使用税暂行条例》的规定，各省、自治区、直辖市人民政府，应当在法定税额幅度内，根据自身市政建设状况、经济繁荣程度等条件，确定所辖地区的适用税额幅度。市、县人民政府应当根据实际情况，将本地区土地划分为若干等级，在省、自治区、直辖市人民政府确定的税额幅度内，制定相应的适用税额标准，报省、自治区、直辖市人民政府批准执行。

(三)应纳税额的计算

城镇土地使用税应纳税额的计算以纳税人实际占用的土地面积为计税依据，依照规定税额计算征收。其具体计算公式如下：

应纳税额＝计税土地面积(平方米)×适用税额

【例 9—3】 某企业共计拥有使用土地65 000平方米，其中，子弟学校占地3 000平方米，幼儿园占地1 200平方米，企业内部绿化占地2 000平方米。城镇土地使用税 14 元/平方米。计算该企业应缴纳的城镇土地使用税。

解：

应纳城镇土地使用税＝(65 000－3 000－1 200)×14＝851 200(元)

四、减免税

《城镇土地使用税暂行条例》针对各地不同的经济发展水平，规定各地可根据经济发展水平确定相应的减税幅度或适当提高税额。具体如下：经省、自治区、直辖市人民政府批准，经济落后地区土地使用税的适用税额标准可以适当降低，但降低额不得超过《城镇土地使用税暂行条例》规定最低税额的 30%。经济发达地区土地使用税的适用税额标准可以适当提高，但须报经财政部批准。

此外，《城镇土地使用税暂行条例》还列出了七项免缴土地使用税的情况：

(1)国家机关、人民团体、军队自用的土地；

(2)由国家财政部门拨付事业经费的单位自用的土地；

(3)宗教寺庙、公园、名胜古迹自用的土地；

(4)市政街道、广场、绿化地带等公共用地；

(5)直接用于农、林、牧、渔业的生产用地；

(6)经批准开山填海整治的土地和改造的废弃土地，从使用的月份起免缴土地使用税5～10年；

(7)由财政部另行规定免税的能源、交通、水利设施用地和其他用地。

除上述减免税规定外，《城镇土地使用税暂行条例》还规定，对于纳税人缴纳土地使用税确有困难需要定期减免的，可由省、自治区、直辖市税务机关审核后，报国家税务局批准。

五、征收管理

土地使用税由土地所在地的税务机关负责征收。采取按年计算、分期缴纳的办法。具体缴纳期限由省、自治区、直辖市人民政府结合当地实际情况，按月、季、半年或1年等不同期限确定缴纳期限。

一般情况下，城镇土地使用税于办理房产使用、产权变更手续或移交使用权等行为发生次月起开始计征土地使用税。但对新征用的土地作了例外规定：

(1)征用的耕地，自批准征用之日起满1年时开始缴纳土地使用税；

(2)征用的非耕地，自批准征用次月起缴纳土地使用税。

第四节　耕地占用税

一、概述

耕地占用税是对占用耕地建房或从事其他非农业建设的单位和个人，按其实际占用的耕地面积和规定税额征收的一种一次税。它属于对特定土地资源占用行为的课税。

我国是一个人多地少、耕地资源严重不足的国家。人均耕地占有面积远低于世界平均水平。与此同时，人口的快速增加、大规模的经济建设、城市化以及农村居民建房等行为又占用了大量耕地，造成我国人均耕地面积持续减少。在缺乏制度约束和市场化运作机制的情况下，又造成土地尤其是耕地资源的大量浪费。为了合理利用土地资源，加强土地管理，提高耕地的使用效率，开征耕地占用税，运用税收的经济作用与法律、行政手段相配合，以有效保护耕地、促进农业可持续发展，保护农民的切身利益。

二、纳税人与征税范围

（一）纳税人

依据《耕地占用税暂行条例》及实施细则的规定，耕地占用税的纳税人为占用耕地建房或者从事非农业建设的单位或者个人。其中，单位包括国有企业、集体企业、私营企业、股份制企业、外商投资企业、外国企业以及其他企业和事业单位、社会团体、国家机关、部队以及其他单位；个人包括个体工商户以及其他个人。

（二）征税范围

《耕地占用税暂行条例》规定，耕地占用税的征税范围包括纳税人为建房或者从事其他非农业建设而占用国家或集体所有的耕地。其中，耕地是指用于种植农作物的土地，其中包括基本农田、菜地和园地等农用地。

三、应纳税额的计算

（一）计税依据

耕地占用税以纳税人实际占用的耕地面积为计税依据，以每平方米为计量单位。

（二）税率

由于我国幅员辽阔，各地人口和耕地资源分布极不平衡，各地的经济发展水平也大不相同。耕地占用税的税率设置在考虑上述客观条件及税收调节作用和纳税人负担能力的基础上，规定实行地区差别定额税率。具体税额规定如下：

（1）人均耕地不超过 1 亩的地区（以县级行政区域为单位，下同），每平方米为 10～50 元；

（2）人均耕地超过 1 亩但不超过 2 亩的地区，每平方米为 8～40 元；

（3）人均耕地超过 2 亩但不超过 3 亩的地区，每平方米为 6～30 元；

（4）人均耕地超过 3 亩的地区，每平方米为 5～25 元。

各地适用税额，由省、自治区、直辖市人民政府在税额幅度内，根据本地区情况核定。国务院财政、税务主管部门根据人均耕地面积和经济发展情况确定各省、自治区、直辖市的平均税额。各省、自治区、直辖市人民政府核定的适用税额的平均水平，不得低于国务院财政、税务主管部门规定的平均税额。

经济特区、经济技术开发区和经济发达且人均耕地特别少的地区，适用税额可以适当提高，但是提高的部分最高不得超过当地适用税额的 50%。占用基本农田的，适用税额应当在当地适用税额的基础上提高 50%。

（三）应纳税额的计算

耕地占用税应纳税额＝计税耕地面积（平方米）×适用税额

【例 9－4】 某农村一村民新建住宅，经批准占用耕地 200 平方米；该农村一小学扩建，经批准占用耕地 600 平方米；铁路线路经过占用耕地 300 平方米。该地区耕地占用税适用税额为 7 元/平方米。计算应缴纳的耕地占用税。

解：

应纳耕地占用税＝200×7×50％＋300×2＝1 300(元)

四、减免税

为了保障国家公用建设用地，体现国家对老少边穷地区的照顾，《耕地占用税暂行条例》作了如下减免税规定：

(1)军事设施占用耕地，学校、幼儿园、养老院、医院占用耕地，免征耕地占用税。

(2)铁路线路、公路线路、飞机场跑道、停机坪、港口、航道占用耕地，减按每平方米 2 元的税额征收耕地占用税。

(3)农村居民占用耕地新建住宅，按照当地适用税额减半征收耕地占用税。

(4)农村烈士家属、残疾军人、鳏寡孤独以及革命老区、少数民族聚居区和边远贫困山区生活困难的农村居民，在规定用地标准以内新建住宅缴纳耕地占用税确有困难的，经所在地乡(镇)人民政府审核，报经县级人民政府批准后，可以免征或者减征耕地占用税。

其中，依据(1)、(2)条规定免征或者减征耕地占用税后，纳税人改变原占地用途，不再属于免征或者减征耕地占用税情形的，应当按照当地适用税额补缴耕地占用税。

五、征收管理

耕地占用税由地方税务机关负责征收。土地管理部门在通知单位或者个人办理占用耕地手续时，应当同时通知耕地所在地同级地方税务机关。获准占用耕地的单位或者个人应当在收到土地管理部门的通知之日起 30 日内缴纳耕地占用税。土地管理部门凭耕地占用税完税凭证或者免税凭证和其他有关文件发放建设用地批准书。

纳税人临时占用耕地，应当依照规定缴纳耕地占用税。纳税人在批准临时占用耕地的期限内恢复所占用耕地原状的，全额退还已经缴纳的耕地占用税。

占用林地、牧草地、农田水利用地、养殖水面以及渔业水域滩涂等其他农用地建房或者从事非农业建设的，依照《耕地占用税暂行条例》的规定征收耕地占用税。建设直接为农业生产服务的生产设施占用农用地的，不征收耕地占用税。

思考题

1. 资源税的征收原则是什么？
2. 如何确定资源税的纳税人和征收范围？
3. 资源税的税率有何特点？
4. 资源税有哪些减免税规定？

5. 如何确定城镇土地使用税的征税范围和税率?

6. 城镇土地使用税的税收优惠有哪些?

7. 如何确定耕地占用税的征税范围和税率?

8. 耕地占用税有哪些减免税规定?

计算题

1. 陕西省某煤矿2014年12月生产销售原煤50万吨,每吨售价210元。已知该煤矿资源税适用税率为5%。计算该煤矿12月应纳资源税税额。

2. 2014年12月,山西太原某煤矿使用本矿生产的原煤加工成洗煤7 000吨,税务部门无法正确计算原煤移送使用量,经查该矿加工产品的综合回收率为70%。已知该矿原煤售价350/吨,适用税率为4%。计算该矿应纳资源税税额。

3. 2014年12月,某油田生产原油25万吨,当月销售20万吨,加热、修井用2万吨,赠送给协作单位3万吨;开采并销售天然气600万立方米。已知该油田原油6 000元/吨,天然气2元/立方米。原油、天然气的资源税税率均为5%。计算应纳资源税税额。

4. 某纳税人本期以自产液体盐5万吨和外购液体盐1万吨(每吨已缴纳资源税15元)加工固体盐1.2万吨对外销售,取得销售收入600万元。已知固体盐税额为每吨60元。计算该纳税人本期应缴纳资源税税额。

5. 2013年初,A省甲铜矿兼并了B省乙铜矿,并将其作为下属非独立核算生产单位。2013年11月,甲铜矿共计销售精矿10万吨,选矿比为20%,其中60%为乙铜矿移送。已知铜矿资源税原矿单位税额10元/吨。计算甲铜矿当月在A省应缴纳的资源税税额。

6. 2013年年底某会计师事务所与政府机关因各自办公所需共同购得一栋办公楼,占地面积5 000平方米,建筑面积40 000平方米,楼高10层,政府机关占用7层。该楼所在地城镇土地使用税为5元/平方米。计算该会计师事务所与政府机关2013年共计应缴纳的城镇土地使用税税额。

7. 某企业实际占地面积共计30 000平方米,其中,2 000平方米为厂区以外的绿化区,企业内学校和医院共占地3 500平方米,另外该企业出租800平方米的土地使用权,借1 000平方米土地给部队作训练场地。城镇土地使用税8元/平方米。计算该企业应缴纳的城镇土地使用税税额。

8. 某人民团体有A、B两栋办公楼,A栋占地3 000平方米,B栋占地1 000平方米。2013年3月30日至12月31日该人民团体将B栋楼出租。当地城镇土地使用税为15元/平方米。计算该团体2013年应缴纳的城镇土地使用税税额。

9. 某地食品加工厂扩建,占用耕地1 200平方米;新建一养老院,占用耕地800平方米;当地居民新建住宅,占用耕地240平方米;修建公路,占用耕地1 000平方米。该地区耕地占用税适用税额为7元/平方米。计算该企业本期应纳耕地占用税税额。

第十章　财产税税制

第一节　概　述

一、概念及特点

财产税是对财产所有人、占用人或使用人所拥有或支配的应税财产，就其数量或价值依法征收的一种税。

财产税有着悠久的历史，作为最早的税收形式的土地税就属于财产税。随着社会经济的发展，财产税体系及其对经济发展所起的作用也在不断变化。目前世界上许多实行分税制财政体制的国家，多把财产税作为地方税，并成为地方财政收入的主要来源。

财产税按照财产占有的多少征税，符合公平税负原则。财产税按价值课税，受纳税人收入变化等因素影响较小，因而构成地方财政一项稳定的收入来源。对财产课税，能促使资源得到有效利用，促进经济发展。但财产税同样存在诸多缺点，如不能完全体现量能负担原则(如丧失劳动能力的老年人所拥有的财产)；在确定一些动产价值方面存在一定的不确定性，从而影响计税基数的确定；财产税税收弹性差，容易出现重复课税现象，从而对经济发展形成一定的阻力。

二、分类

财产税从不同的角度可以有多种不同的分类。

(一)一般财产税和特别财产税

按照征税范围的宽窄，可将财产税分为一般财产税和特别财产税。

一般财产税是对纳税人所拥有或支配的一切财产综合课征的税收。现代国家设立的一般财产税，基本上按财产净值征税，即按财产价值减去负债后的财产净值征税。特别财产税又称个别财产税，是对纳税人所有或支配的某些特定财产(如土地、房屋、资本等)分别课征的税收。

(二)静态财产税和动态财产税

按照课征时财产所处的运动状态划分，又可分为动态财产税和静态财产税。

动态财产税是对财产的所有权或使用权等权益发生转移时，以其转移价值或增值额为课税对象进行的一次性课征，如遗产税、赠与税等。因此，动态财产税往往又称为财产转移税。静态财产税则是对某一时点纳税人所拥有或支配的财产占有者为课税对象的税收，不管其财产的来源和未来的变化。因此，静态财产税又称为财产占有税。

三、我国财产税制度的演变

我国现行财产税主要包括房产税、契税、车船税以及处于酝酿中的遗产税等。

我国于 1950 年就建立了财产税制度，政务院颁布的《全国税政实施要则》列举有遗产税、房产税、地产税。1950 年 4 月，政务院颁布《契税暂行条例》。上述税制的颁布初步构成我国财产税体系。

1950 年 4 月中华人民共和国成立后颁布的第一个税收法规是《契税暂行条例》。该条例明确规定，保证人民土地房屋所有权，并便利其移转变动。改革开放后，财政部于 1981 年和 1990 年对契税政策进行了一些补充和调整，契税征收开始全面实施，现行契税于 1997 年修订后实施。

1951 年，将房产税与地产税合并，统称为城市房地产税，并颁布了《城市房地产税暂行条例》。1984 年税制改革，把城市房地产税分为房产税和城镇土地使用税，并于 1986 年颁布《房产税暂行条例》，同时保留城市房地产税，适用于涉外企业和个人。2008 年 12 月 31 日，国务院总理温家宝签署第 546 号国务院令，宣布自 2009 年 1 月 1 日起，外商投资企业、外国企业和组织以及外籍个人依照《房产税暂行条例》缴纳房产税，自 2009 年 1 月 1 日起废止政务院于 1951 年公布的《城市房地产税暂行条例》。2011 年，上海[①]和重庆[②]推出房产税试点改革，对部分个人房产征收房产税。扩大试点和全面推行仍处于探讨之中。

我国的车船使用牌照税开征于 1951 年。1986 年 9 月 15 日通过《车船使用税暂行条例》并于 1986 年 10 月 1 日起在全国实施，恢复对车船征税。现行车船税，是将原车船使用牌照税和车船使用税合并后修订而成，于 2011 年 11 月 23 日经国务院常务会议审议通过《中华人民共和国车船税法实施条例》[③]，自 2012 年 1 月 1 日起实行。

第二节　房产税

房产税是以房产为课税对象，按照房产的评估值向房产所有人或承典人征收的一种

---

① 《上海市人民政府关于印发〈上海市开展对部分个人住房征收房产税试点的暂行办法〉的通知》，沪府发〔2011〕113 号。

② 《重庆市关于开展对部分个人住房征收房产税改革试点的暂行办法》和《重庆市个人住房房产税征收管理实施细则》，渝府发〔2011〕247 号。

③ 《中华人民共和国车船税法实施条例》，中华人民共和国国务院令〔2011〕611 号。

税。房产税对于调节纳税人的收入水平，积累建设资金，提高房产的使用效益以及增加地方财政收入，都具有重要作用。

一、纳税人

依据我国《房产税暂行条例》，凡在我国境内拥有房屋产权的单位和个人，均为房产税的纳税义务人。其中：

(1)产权属于国家所有的，由经营管理的单位缴纳；产权属于集体和个人所有的，由集体单位和个人纳税。

所称单位，包括国有企业、集体企业、私营企业、股份制企业、外商投资企业、外国企业以及其他企业和事业单位、社会团体、国家机关、军队以及其他单位；所称个人，包括个体工商户以及其他个人。

(2)产权出典的，由承典人缴纳。所谓产权出典，是指产权所有人将房屋、生产资料等的产权，在一定期限内典当给他人使用而取得资金的一种融资业务。

(3)产权所有人、承典人不在房产所在地的，或者产权未确定及租典纠纷未解决的，由房产代管人或者使用人缴纳。

上述列举的产权所有人、经营管理单位、承典人、房产代管人或者使用人，统称为房产税的纳税义务人(简称纳税人)。

(4)无租使用其他房产的问题。纳税单位和个人无租使用房产管理部门、免税单位及纳税单位房产，应由使用人代为缴纳房产税。

二、征税范围

《房产税暂行条例》规定，房产税的征税范围是城市、县城、建制镇和工矿区。其中：城市是经国务院批准设立的市。城市的征税范围为市区、郊区和市辖县县城，不包括农村。县城是指县人民政府所在地。建制镇是指经省、自治区、直辖市人民政府批准设立的建制镇。建制镇的征税范围为镇人民政府所在地，不包括所辖的行政村。工矿区是指工商业发达、人口比较集中，符合国务院规定的建制镇标准，但尚未设立建制镇的大中型工矿企业所在地。开征房产税的工矿区须经省、自治区、直辖市人民政府批准。

三、计税依据与税率

(一)计税依据

房产税按照房产原值减按一定比例扣除后的余值和按房产租金收入两种办法确定，即从价计征与从租计征。

从价计征，即按照房产原值一次减除 10%～30%后的余值计算缴纳。具体减除幅度由省、自治区、直辖市人民政府规定。没有房产原值作为依据的，由房产所在地税务机关参考同类房产核定。其中，房产原值是指纳税人按照会计制度规定，在账簿固定资产科目中记载的房屋造价。房产出租的，以房产租金收入为房产税的计税依据。

（二）税率

房产税的税率，依据计征办法的不同规定了不同的税率。依照房产余值计算缴纳的，税率为1.2%；依照房产租金收入计算缴纳的，税率为12%。2008年3月1日起，对个人出租住房，不区分用途，按4%的税率征收房产税。对企事业单位、社会团体以及其他组织按市场价格向个人出租用于居住的住房，减按4%的税率征收房产税。

（三）应纳税额的计算

房产税应纳税额的计算公式为：

应纳税额＝房产计税余值（或租金收入）×适用税率

其中：　　房产计税余值＝房产原值×（1－原值减除比例）

【例10－1】 某供热企业2013年拥有的生产用房原值5 000万元，全年取得供热总收入2 500万元，其中直接向居民供热的收入为800万元。企业所在省规定计算房产余值的扣除比例为30%。计算该企业2013年应缴纳的房产税。

解：

应纳房产税＝5 000×（1－30%）×1.2%×（2 500－800）÷2 500＝28.56（万元）

四、减、免税规定

《房产税暂行条例》规定，属下述房产之一的，免征房产税：

（1）国家机关、人民团体、军队自用的房产；

（2）由国家财政部门拨付事业经费的单位自用的房产；

（3）宗教寺庙、公园、名胜古迹自用的房产；

（4）个人所有非营业用的房产；

（5）经财政部批准免税的其他房产。

除上述房产免税外，纳税人纳税确有困难的，可由省、自治区、直辖市人民政府确定，定期减征或者免征房产税。

五、征收管理

房产税采取按年征收、分期缴纳的征收管理办法。具体纳税期限由省、自治区、直辖市人民政府规定。

房产税由房产所在地的税务机关征收。纳税人按规定向当地税务机关办理申报纳税时，须申报房产的坐落地点、建筑结构、间数面积和房产原值。如果纳税人住址发生变更、产权发生变化以及出现扩建、改建、拆除等行为，而影响房屋原值或租金收入，应及时到当地税务机关办理变更登记，经税务机关核定后，作为征税依据。

第三节　车船税

车船税是对在中华人民共和国境内车辆、船舶(以下简称车船)的所有人或者管理人，按照车船的种类、吨位和规定的税额计算征收的一种税。

一、纳税人

我国《车船税暂行条例》规定，中华人民共和国境内车辆、船舶(简称车船)的所有人或者管理人为车船税的纳税人，应当依照规定缴纳车船税。所称车船，是指依法应当在车船管理部门登记的车船。管理人，是指对车船具有管理使用权、不具有所有权的单位。

车船的所有人或者管理人未缴纳车船税的，使用人应当代为缴纳车船税。

为了便于车船税的征收，除上述纳税人外，《车船税暂行条例》还规定了车船税的扣缴义务人，将从事机动车交通事故责任强制保险业务的保险机构设置为机动车车船税的扣缴义务人，由其依法代收代缴车船税。

二、征税对象

车船税的征税对象是车辆和船舶。《车船税暂行条例》规定，凡在中华人民共和国境内依法应当在车船管理部门登记的车船均为车船税的征税范围。其中车船管理部门，是指公安、交通、农业、渔业、军事等依法具有车船管理职能的部门。在机场、港口以及其他企业内部场所行驶或者作业，并在车船管理部门登记的车船，也应当缴纳车船税。

三、税额

车船税采用定额税率，即对征税的车船规定单位固定税额。车船税的适用税额，依照条例所附的《车船税税目税额表》执行(见表10.1)。

表10.1　车船税税目税额表

	目　录	计税单位	年基准税额(元)	备注
乘用车(按发动机汽缸容量分档)	1.0升(含)以下	每辆	60～360	核定载客人数9人(含)以下
	1.0升以上至1.6升(含)		300～540	
	1.6升以上至2.0升(含)		360～660	
	2.0升以上至2.5升(含)		660～1 200	
	2.5升以上至3.5升(含)		1 200～2 400	
	3.5升以上至4.0升(含)		2 400～3 600	
	4.0升以上		3 600～5 400	

续表

	目　录	计税单位	年基准税额(元)	备注
商用车	客车	每辆	480～1 440	核定载客人数 9 人(包括电车)以上
	货车	整备质量每吨	16～120	1. 包括半挂牵引车、挂车、客货两用汽车、三轮汽车和低速载货汽车等 2. 挂车按照货车税额的 50%计算
其他车辆	专用作业车	整备质量每吨	16～120	不包括拖拉机
	轮式专用机械车	整备质量每吨	16～120	
摩托车		每辆	36～180	
船舶	机动船舶	净吨位每吨	3～6	拖船、非机动驳船分别按照机动船舶税额的 50%计算；游艇的税额另行规定
	游艇	艇身长度每米	600～2 000	

注：专项作业车、轮式专用机械车的计税单位及每年税额由国务院财政部门、税务主管部门参照本表确定。

依据《车船税暂行条例》确定的税目税额，财政部、国家税务总局颁布了《车船税暂行条例实施细则》，在《车船税税目税额表》规定的税目范围和税额幅度内，划分子税目，并明确车辆的子税目税额幅度和船舶的具体适用税额。

车船税采用定额税率，总的原则是：非机动车船的税负轻于机动车船；人力车的税负轻于畜力车；小吨位船舶的税负轻于大船舶。由此形成了级次鲜明的车船税税目与税率。

(一)机动船舶的税额划分

《车船税暂行条例实施细则》对《车船税税目税额表》中机动船舶的具体适用税额也作了详细规定：

(1)净吨位小于或者等于 200 吨的，每吨 3 元；

(2)净吨位 201～2 000吨的，每吨 4 元；

(3)净吨位2 001～10 000吨的，每吨 5 元；

(4)净吨位10 001吨及以上的，每吨 6 元。

其中，《车船税税目税额表》中的拖船，是指专门用于拖(推)动运输船舶的专业作业船舶。拖船按照发动机功率每 1 千瓦折合净吨位 0.67 吨。

(二)游艇的具体适用税额划分

(1)艇身长度不超过 10 米的游艇,每米 600 元;

(2)艇身长度超过 10 米但不超过 18 米的游艇,每米 900 元;

(3)艇身长度超过 18 米但不超过 30 米的游艇,每米2 000元;

(4)艇身长度超过 30 米的游艇,每米1 300元;

(5)辅助动力帆艇,每米 600 元。

游艇艇身长度,是指游艇的总长。

上述所涉及的核定载客人数、自重、净吨位、马力等计税标准,以车船管理部门核发的车船登记证书或者行驶证书相应项目所载数额为准。纳税人未按照规定到车船管理部门办理登记手续的,上述计税标准以车船出厂合格证明或者进口凭证相应项目所载数额为准;不能提供车船出厂合格证明或者进口凭证的,由主管地方税务机关根据车船自身状况并参照同类车船核定。

四、应纳税额的计算

(一)计税依据

车船税实行从量计征的办法,以车船的辆数、净吨位、自重吨位为标准计算征收,具体见表 10.1。

(二)应纳税额的计算

购置的新车船,购置当年的应纳税额自纳税义务发生的当月起按月计算。其计算公式为:

$$应纳税额=(年应纳税额/12)\times 应纳税月份数$$

五、减税、免税

(一)法定减免

(1)捕捞、养殖渔船。这是指在渔业船舶管理部门登记为捕捞船或者养殖船的渔业船舶。不包括在渔业船舶管理部门登记为捕捞船或者养殖船以外类型的渔业船舶。

(2)军队、武警专用的车船。这是指按照规定在军队、武警车船管理部门登记,并领取军用牌照、武警牌照的车船。

(3)警用车船。这是指公安机关、国家安全机关、监狱、劳动教养管理机关和人民法院、人民检察院领取警用牌照的车辆和执行警务的专用船舶。

(4)依照我国有关法律和我国缔结或者参加的国际条约的规定应当予以免税的外国驻华使馆、领事馆和国际组织驻华机构及其有关人员的车船。

(5)对节约能源、使用新能源的车船可以减征或者免征车船税;对遭受严重自然灾害影响纳税困难以及有其他特殊原因确需减税、免税的,可以减征或者免征车船税。

(6)省、自治区、直辖市人民政府根据当地实际情况，可以对公共交通车船，农村居民拥有并主要在农村地区使用的摩托车、三轮汽车和低速载货汽车定期减征或者免征车船税。

(二)特定减免

(1)临时入境的外国车船和香港特别行政区、澳门特别行政区、台湾地区的车船，不征收车船税。

(2)按照规定缴纳船舶吨税的机动船舶，自车船税法实施之日起5年内免征车船税。

(3)依法不需要在车船登记管理部门登记的机场、港口、铁路站场内部行驶或者作业的车船，自车船税法实施之日起5年内免征车船税。

六、征收管理

(一)纳税期限

车船税的纳税义务发生时间，为车船管理部门核发的车船登记证书或者行驶证书所记载日期的当月。

纳税人未按照规定到车船管理部门办理应税车船登记手续的，以车船购置发票所载开具时间的当月作为车船税的纳税义务发生时间。对未办理车船登记手续且无法提供车船购置发票的，由主管地方税务机关核定纳税义务发生时间。

由扣缴义务人代收代缴机动车车船税的，纳税人应当在购买机动车交通事故责任强制保险的同时缴纳车船税。

(二)纳税申报

车船税采取按年申报、分月计算、一次缴纳。具体申报纳税期限由省、自治区、直辖市人民政府确定。纳税人在购买机动车交通事故责任强制保险时缴纳车船税的，不再向地方税务机关申报纳税。

规定减免车船税的车辆，纳税人在购买机动车交通事故责任强制保险时，应当向扣缴义务人提供地方税务机关出具的本年度车船税的完税凭证或者减免税证明。不能提供完税凭证或者减免税证明的，应当在购买保险时按照当地的车船税税额标准计算缴纳车船税。

机动车车船税的扣缴义务人依法代收代缴车船税时，纳税人不得拒绝。扣缴义务人在代收车船税时，应当在机动车交通事故责任强制保险的保险单上注明已收税款的信息，作为纳税人完税的证明。除另有规定外，扣缴义务人不再给纳税人开具代扣代收税款凭证。纳税人如有需要，可以持注明已收税款信息的保险单，到主管地方税务机关开具完税凭证。纳税人对扣缴义务人代收代缴税款有异议的，可以向纳税所在地的主管地方税务机关提出。

在一个纳税年度内，已完税的车船被盗抢、报废、灭失的，纳税人可以凭有关管理机关出具的证明和完税证明,向纳税所在地的主管地方税务机关申请退还自被盗抢、报废、灭失月份起至该纳税年度终了期间的税款。已办理退税的被盗抢车船失而复得的,纳税人应当从公安机关出具相关证明的当月起计算缴纳车船税。

(三)纳税地点

车船税纳税地点,由省、自治区、直辖市人民政府根据当地实际情况确定。车船税由地方税务机关负责征收。跨省、自治区、直辖市使用的车船,纳税地点为车船的登记地。各级车船管理部门应当在提供车船管理信息等方面,协助地方税务机关加强对车船税的征收管理。

第四节　契　税

一、概述

契税是以所有权发生转移的不动产为征税对象,向产权承受人征收的一种财产税。契税不仅有利于从法律的角度确定房产的产权,而且有利于增加地方财政收入,调动地方税收管理的积极性。

二、纳税人与税率

(一)纳税人

依据我国《契税暂行条例》的规定,凡在中华人民共和国境内转移土地、房屋权属,承受的单位和个人为契税的纳税人,应当依照条例规定缴纳契税。其中,转移土地、房屋权属是指转移土地使用权和房屋产权。转移土地使用权不包括农村集体土地承包经营权的转移。承受是指以受让、购买、受赠、交换等方式取得土地、房屋权属的行为。单位包括企业单位、事业单位、国家机关、军事单位和社会团体以及其他组织。个人是指个体经营者及其他个人。

(二)税率

契税实行幅度比例税率,税率幅度为3%～5%。具体适用税率,由省、自治区、直辖市人民政府在规定的幅度内按照本地区的实际情况确定,并报财政部和国家税务总局备案。

三、征税范围

契税的征税对象为发生土地使用权和房屋所有权权属转移的土地和房屋。具体征税范围包括:

(一)国有土地使用权出让

国有土地使用权出让,是指土地使用者向国家交付土地使用权出让费用,国家将国有土地使用权在一定年限内让予土地使用者的行为。

(二)土地使用权转让

这里的土地使用权转让,是指土地使用者以出售、赠予、交换或者其他方式将土地使用权转移给其他单位和个人的行为,但不包括农村集体土地承包经营权的转移。所称土地使用权出售,是指土地使用者以土地使用权作为交易条件,取得货币、实物、无形资产或者其他经济利益的行为。土地使用权赠予,是指土地使用者将其土地使用权无偿转让给受赠者的行为。土地使用权交换,是指土地使用者之间相互交换土地使用权的行为。

(三)房屋买卖

这是指房屋所有者将其房屋出售,由承受者交付货币、实物、无形资产或者其他经济利益的行为。

(四)房屋赠予

这是指房屋所有者将其房屋无偿转让给受赠者的行为。

(五)房屋交换

这是指房屋所有者之间相互交换房屋的行为。

除上述规定外,《契税暂行条例》还将下述土地、房屋转移行为视同土地使用权转让、房屋买卖或者房屋赠予而征收契税:

(1)以土地、房屋权属作价投资、入股;

(2)以土地、房屋权属抵债;

(3)以获奖方式承受土地、房屋权属;

(4)以预购方式或者预付集资建房款方式承受土地、房屋权属。

四、应纳税额的计算

(一)计税依据

现行《契税暂行条例》规定契税计税依据如下:

(1)国有土地使用权出让、土地使用权出售、房屋买卖,为成交价格;

(2)土地使用权赠予、房屋赠予,由征收机关参照土地使用权出售、房屋买卖的市场价格核定;

(3)土地使用权交换、房屋交换,为所交换的土地使用权、房屋的价格的差额。

上述成交价格,是指土地、房屋权属转移合同确定的价格。包括承受者应交付的货币、实物、无形资产或者其他经济利益。如果纳税人申报的成交价格明显低于市场价格并且无正当理由的,或者所交换土地使用权、房屋的价格的差额明显不合理并且无正当理由的,由征收机关参照市场价格核定。

土地使用权交换、房屋交换,交换价格不相等的,由多交付货币、实物、无形资产或者其他经济利益的一方缴纳税款。交换价格相等的,免征契税。土地使用权与房屋所有权之间相互交换，比照土地使用权交换、房屋交换的规定征税。

对于以划拨方式取得土地使用权的，经批准转让房地产时，应由房地产转让者补缴契税。其计税依据为补缴的土地使用权出让费用或者土地收益。

（二）应纳税额的计算

契税应纳税额的计算公式为：

应纳税额＝计税依据×税率

五、减、免税规定

现行《契税暂行条例》规定，有下列情形之一的，减征或者免征契税：

（1）国家机关、事业单位、社会团体、军事单位承受土地、房屋用于办公、教学、医疗、科研和军事设施的，免征；

（2）城镇职工按规定第一次购买公有住房的，免征；

（3）因不可抗力灭失住房而重新购买住房的，酌情准予减征或者免征；

（4）财政部规定的其他减征、免征契税的项目。

上述所称用于办公的，是指办公室（楼）、教室（教学楼）、门诊部、科学试验的场所以及其他直接用于办公、教学、医疗、科研的土地、房屋。所称用于军事设施的土地、房屋包括地上和地下的军事指挥作战工程，军用的机场、港口、码头，军用的库房、营区、训练场、试验场，军用的通信、导航、观测台站以及其他直接用于军事设施的土地、房屋。上述其他直接用于办公、教学、医疗、科研的以及其他直接用于军事设施的土地、房屋的具体范围，由省、自治区、直辖市人民政府确定。

所称城镇职工按规定第一次购买公有住房的，是指经县以上人民政府批准，在国家规定标准面积以内购买的公有住房。城镇职工享受免征契税，仅限第一次购买的公有住房。超过国家规定标准面积的部分，仍应按照规定缴纳契税。

所称不可抗力，是指自然灾害、战争等不能预见、不能避免并不能克服的客观情况。

上述所指财政部规定的其他减征、免征契税的项目包括：

（1）土地、房屋被县级以上人民政府征用、占用后，重新承受土地、房屋权属的，是否减征或者免征契税，由省、自治区、直辖市人民政府确定。

（2）纳税人承受荒山、荒沟、荒丘、荒滩土地使用权，用于农、林、牧、渔业生产的，免征契税。

（3）依照我国有关法律规定以及我国缔结或参加的双边和多边条约或协定的规定应当予以免税的外国驻华使馆、领事馆、联合国驻华机构及其外交代表、领事官员和其他外交人员承受土地、房屋权属的，经外交部确认，可以免征契税。

六、征收管理

契税的纳税义务发生时间，为纳税人签订土地、房屋权属转移合同的当天，或者纳税人取得其他具有土地、房屋权属转移合同性质凭证（是指具有合同效力的契约、协议、合约、单据、确认书以及由省、自治区、直辖市人民政府确定的其他凭证）的当天。纳税人因改变土地、房屋用途应当补缴已经减征、免征契税的，其纳税义务发生时间为改变有关土地、房屋用途的当天。

纳税人应当自纳税义务发生之日起10日内，向土地、房屋所在地的契税征收机关办理纳税申报，并在契税征收机关核定的期限内缴纳税款。纳税人符合减征或者免征契税规定的，应当在签订土地、房屋权属转移合同后10日内，向土地、房屋所在地的契税征收机关办理减征或者免征契税手续。经批准减征、免征契税的纳税人改变有关土地、房屋的用途，不再属于条例规定的减征、免征契税范围的，应当补缴已经减征、免征的税款。

契税征收机关为土地、房屋所在地的财政机关或者地方税务机关。具体征收机关由省、自治区、直辖市人民政府确定。征收机关可以根据征收管理的需要，委托有关单位代征契税，具体代征单位由省、自治区、直辖市人民政府确定。

纳税人办理纳税事宜后，契税征收机关应当向纳税人开具契税完税凭证。纳税人应当持契税完税凭证和其他规定的文件材料，依法向土地管理部门、房产管理部门办理有关土地、房屋的权属变更登记手续。纳税人未出具契税完税凭证的，土地管理部门、房产管理部门不予办理有关土地、房屋的权属变更登记手续。土地管理部门、房产管理部门应当向契税征收机关提供有关资料，并协助契税征收机关依法征收契税。其中所称有关资料，是指土地管理部门、房产管理部门办理土地、房屋权属变更登记手续的有关土地、房屋权属、土地出让费用、成交价格以及其他权属变更方面的资料。

思考题

1. 简述财产税的特点。
2. 财产税的分类及其主要区别是什么？
3. 如何确定房产税的纳税人？
4. 房产税的计税依据是如何规定的？
5. 房产税的减免税项目有哪些？
6. 契税的特点和政策原则是什么？
7. 契税的征税项目有哪些？
8. 契税的计税依据是如何规定的？
9. 车船税的征税对象是如何规定的？
10. 车船税的税额设计是如何规定的？

计算题

1. 某公司拥有商住楼一栋，房产原值2 000万元。其中，一半作本公司经营用房，另一半出租给其他单位使用，年租金收入 95 万元。计算应纳税额(房产原值一次扣除率为20%)。

2. 某公司 2012 年购进一处房产，2013 年 5 月 1 日用于投资联营(收取固定收入，不承担联营风险)，投资期 3 年，当年取得固定收入 160 万元。该房产原值3 000万元，当地政府规定的减除幅度为 30%。计算该公司 2013 年应缴纳的房产税。

3. 某企业上半年共有房产原值4 000万元，7 月 1 日起企业将原值 200 万元、占地面积 400 平方米的一栋仓库出租给某商场存放货物，租期 1 年，每月租金收入 1.5 万元。8 月 10 日对委托施工单位建设的生产车间办理验收手续，由在建工程转入固定资产原值 500 万元。房产税计算余值的扣除比例为 20%。计算该企业应纳房产税。

4. 居民甲 2013 年购置了一套价值 100 万元的新住房，同时对原有的两套住房处理如下：一套出售给居民乙，成交价格 50 万元；另一套市场价格 80 万元的住房与居民丙进行等价交换。假定当地省政府规定的契税税率为 4%，计算居民甲、乙、丙 2013 年应缴纳的契税。

5. 居民乙因拖欠居民甲 180 万元的款项无力偿还，2013 年 6 月经当地有关部门调解，以房产抵偿该笔债务，居民甲因此取得该房产的产权并支付给居民乙差价款 20 万元。当地省政府规定的契税税率为 5%。计算居民甲、乙应缴纳的契税。

6. 2013 年 2 月，甲某的住房被政府按规定征收，甲某选择货币补偿用以重新购置房屋，共获得补偿款 50 万元；5 月，购入面积为 86 平方米的普通住宅作为家庭唯一住房，支付价款 70 万元。计算甲某应缴纳契税。

7. 某小型运输公司拥有并使用以下车辆：从事运输用吨位为 2 吨的拖拉机挂车 5 辆；5 吨载货卡车 10 辆；吨位为 4 吨的汽车挂车 5 辆。当地政府规定，载货汽车的车辆税额为 80 元/吨。计算该公司当年应纳车船税。

8. 某航运公司 2013 年拥有机动船 4 艘，每艘净吨位为3 000吨；拖船 1 艘，发动机功率为1 800马力。其所在省车船税计税标准为净吨位2 000吨以下的，每吨 4 元；2001～10 000吨的，每吨 5 元。计算该航运公司 2013 年应缴纳的车船税。

9. 某渔业公司 2013 年拥有捕捞船 5 艘，每艘净吨位 20.6 吨；非机动驳船 2 艘，每艘净吨位 10 吨；机动补给船 1 艘，净吨位 15.2 吨；机动运输船 10 艘，每艘净吨位 7.5 吨。当地船舶适用年税额为每吨 3 元。计算该公司当年应缴纳的车船税。

第十一章　行为税税制

行为税是以纳税人的某种特定行为为征税对象而征收的税。所谓特定行为，是国家为特定的社会经济政策目的和意图而特定选择的经济行为和非经济行为。行为税应有时效性，即在一定时期内开征，当政府的政策意图和目的完成后应停征[①]。

行为税通常具有以下特点：

(1)具有特殊的目的性。行为税的课征往往出于特定的目的，诸如保护国家有限资源、保障人民生活安定等。同时开征取得的收入往往指定用途，多用于社会公共设施。

(2)具有不稳定性。行为税往往具有临时性和偶然性。由于多数行为税具有特定的调节目的和明确的政策意图，因此当客观社会政治经济条件发生变化时，就可能面临修改、缓征、停征以及新设税种的问题。

(3)课征具有灵活性。行为税作为辅助性税种，多作为地方政府的财政收入，由地方政府在国家统一规定的征收幅度或限额内，对课税范围、计税依据、税率、征收管理方法等因时、因地制定相应的具体办法。

(4)税负难以转嫁。行为税纳税人与负税人通常是一致的，从而行为税具有税负直接、难以转嫁的特点。也正是因为这个特点，才使行为税能够较好地实现其开征的目的。

我国现行的行为税有城市维护建设税、印花税和车辆购置税、土地增值税和烟叶税等。

第一节　城市维护建设税

城市维护建设税(简称城建税)是对从事工商经营，缴纳增值税、消费税、营业税的单位和个人征收的一种税。我国现行的城市维护建设税自 1985 年 1 月 1 日开征，它以纳税人实际缴纳的增值税、消费税、营业税税额(简称“三税”)为计税依据，随“三税”同时征收，本身没有特定的课税对象，并且所征税款专项用于城市公用事业和公共设施的维护和建设。

① 胡怡建：《税收学》(第三版)，上海财经大学出版社 2011 年版。

一、纳税义务人

城市维护建设税的纳税义务人，是指负有缴纳增值税、消费税和营业税“三税”义务的单位和个人，包括国有企业、集体企业、私营企业、股份制企业、其他企业和行政单位、事业单位、军事单位、社会团体、其他单位，以及个体工商户及其他个人，包括外商投资企业、外国企业及外籍个人。

二、税率

城市维护建设税按纳税人所在地的不同，设置了三档地区差别比例税率，即：

(1)纳税人所在地在市区的，税率为7%；

(2)纳税人所在地在县城、镇的，税率为5%；

(3)纳税人所在地不在市区、县城或者镇的，税率为1%。

城市维护建设税的适用税率一般按纳税人所在地确定。但是对于以下三种特殊情形例外：

(1)由受托方代扣代缴、代收代缴“三税”的单位和个人，其代扣代缴、代收代缴的城建税按受托方所在地适用税率执行。

(2)流动经营等无固定纳税地点的单位和个人，在经营地缴纳“三税”的，其城建税的缴纳按经营地适用税率执行。

(3)开采海洋石油资源的中外合作油(气)田所在地在海上的，其城市维护建设税适用1%的税率。

三、应纳税额的计算

应纳城市维护建设税＝计税依据×税率

城建税的计税依据是纳税人实际缴纳的增值税、消费税和营业税(简称“三税”)的税额。纳税人违反“三税”有关税法而加收的滞纳金和罚款，不作为城建税的计税依据。如果免征或者减征“三税”，也就同时免征或者减征城建税。但对出口产品退还增值税、消费税的，不退还已缴纳的城建税。另外，海关对进口产品代征的增值税、消费税，不征收城建税。

自2005年1月1日起，经国家税务总局正式审核批准的当期免抵的增值税税额应纳入城市维护建设税和教育费附加的计征范围，分别按规定的税(费)率征收城市维护建设税和教育费附加。2005年1月1日前，已按抵免的增值税税额征收的城市维护建设税和教育费附加不再退还，未征的不再补征。

【例11－1】 某市区一企业2013年9月进口货物一批，缴纳进口关税60万元，进口环节增值税87.43万元，进口环节消费税154.29万元；本月实际缴纳增值税50万元，营业税 12 万元，消费税 80 万元。在税务检查过程中，税务机关发现该企业所属宾馆上月隐瞒饮食服务收入 20 万元，本月被查补相关税金。计算该企业 9 月份应纳城市维护建设税税额。

解：

$$应纳城建税额=(50+12+80)\times 7\%+20\times 5\%\times 7\%=10.01(万元)$$

四、税收优惠

城建税具有附加税性质，通常随主税减免而减免，原则上不单独减免。城建税的税收减免具体有以下几种情况：

(1)城建税按减免后实际缴纳的"三税"税额计征，即随"三税"的减免而减免。

(2)对于因减免税而需进行"三税"退库的，城建税也可同时退库。

(3)海关对进口产品代征的增值税、消费税，不征收城建税。

(4)对"三税"实行先征后返、先征后退、即征即退办法的，除另有规定外，对随"三税"附征的城市维护建设税和教育费附加，一律不予退(返)还。

五、征收管理

城建税以纳税人实际缴纳的增值税、消费税、营业税税额为计税依据，分别与"三税"同时缴纳。因此，城建税的纳税环节、纳税义务发生时间和纳税期限与"三税"相同。缴纳"三税"的地点通常就是城建税的纳税地点。

第二节　印花税

印花税是以经济活动和经济交往中书立、领受应税凭证的行为为征税对象征收的一种税。印花税因其采用在应税凭证上粘贴印花税票的方法缴纳税款而得名。现行印花税的基本规定是 1988 年 8 月国务院颁布的《中华人民共和国印花税暂行条例》(简称《印花税暂行条例》，于同年 10 月 1 日起开始实施)。

一、纳税义务人

印花税的纳税义务人，是在中国境内书立、使用、领受印花税法所列举的凭证并应依法履行纳税义务的单位和个人。单位和个人，是指国内各类企业、事业、机关、团体、部队以及中外合资企业、合作企业、外资企业、外国公司和其他经济组织及其在华机构等单位和个人。

印花税纳税义务人按照书立、使用、领受应税凭证的不同，可以分别确定为立合同人、立据人、立账簿人、领受人和使用人。

（一）立合同人

立合同人是指合同的当事人。当事人，是指对凭证有直接权利义务关系的单位和个人，但不包括合同的担保人、证人、鉴定人。各类合同的纳税人是立合同人。各类合同包括购销、加工承揽、建设工程承包、财产租赁、货物运输、仓储保管、借款、财产保险、技术合同或者具有合同性质的凭证。

（二）立据人

产权转移书据的纳税人是立据人。立据人，是指土地、房屋权属转移过程中买卖双方的当事人。

（三）立账簿人

营业账簿的纳税人是立账簿人。立账簿人，是指设立并使用营业账簿的单位和个人。

（四）领受人

权利、许可证照的纳税人是领受人。领受人，是指领取或接受并持有该项凭证的单位和个人。

（五）使用人

在国外书立、领受但在国内使用的应税凭证，其纳税人是使用人。

（六）各类电子应税凭证的签订人

各类电子应税凭证的签订人，即以电子形式签订的各类应税凭证的当事人。

对应税凭证，凡由两方或两方以上当事人共同书立的，其当事人各方都是印花税的纳税人，应各就其所持凭证的计税金额履行纳税义务。

二、征税对象

印花税的征税对象为在中国境内书立、领受应税凭证的行为。应税凭证包括：

（一）合同

合同，包括购销、加工承揽、建设工程承包、财产租赁、货物运输、仓储保管、借款、财产保险、技术合同或者具有合同性质的凭证。

（1）购销合同，包括供应、预购、采购、购销结合及协作、调剂、补偿、贸易等合同。此外，还包括出版单位与发行单位之间订立的图书、报纸、期刊和音像制品的应税凭证以及发电厂与电网之间、电网与电网之间（国家电网公司系统、南方电网公司系统内部各级电网互供电量除外）签订的购售电合同。

（2）加工承揽合同，包括加工、定做、修缮、修理、印刷、广告、测绘、测试等合同。

（3）建设工程勘察设计合同，包括勘察、设计合同。

（4）建筑安装工程承包合同，包括建筑、安装工程承包合同。

（5）财产租赁合同，包括租赁房屋、船舶、飞机、机动车辆、机械、器具、设备等的合同，还包括企业、个人出租门店、柜台等签订的合同。

(6)货物运输合同,包括民用航空、铁路运输、海上运输、公路运输和联运合同,以及作为合同使用的单据。

(7)仓储保管合同,包括仓储、保管合同,以及作为合同使用的仓单、栈单等。

(8)借款合同,包括银行及其他金融组织与借款人(不包括银行同业拆借)所签订的合同,以及只填开借据并作为合同使用、取得银行借款的借据。银行及其他金融机构经营的融资租赁业务所书立的融资租赁合同也属于借款合同。

(9)财产保险合同,包括财产、责任、保证、信用保险合同,以及作为合同使用的单据。

(10)技术合同,包括技术开发、转让、咨询、服务等合同,以及作为合同使用的单据。

(二)产权转移书据

产权转移书据,是指单位和个人产权的买卖、继承、赠予、交换、分割等所立的书据,包括财产所有权和版权、商标专用权、专利权、专有技术使用权等转移书据和土地使用权的出让合同、土地使用权转让合同、商品房销售合同等权力转移合同。

(三)营业账簿

营业账簿,是指单位或者个人记载生产经营活动的财务会计核算账簿。营业账簿按其反映内容的不同,可分为记载资金的账簿和其他账簿。记载资金的账簿,是指反映生产经营单位资本金数额增减变化的账簿。其他账簿,是指除上述账簿以外的有关其他生产经营活动内容的账簿,包括日记账簿和各明细分类账簿。

(四)权利、许可证照

权利、许可证照,包括政府部门发给的房屋产权证、工商营业执照、商标注册证、专利证、土地使用证。

纳税人以电子形式签订的各类应税凭证也按规定征收印花税。

三、税率

为了体现税负从轻、共同负担的原则,印花税的适用税率较低。目前,我国印花税的税率根据税目的不同,适用比例税率和定额税率两种形式。其中:

各类合同以及具有合同性质的凭证(含以电子形式签订的各类应税凭证)、产权转移书据、营业账簿中记载资金的账簿,适用比例税率。具体为:“借款合同”适用 0.05‰的税率;“购销合同”、“建筑安装工程承包合同”和“技术合同”适用 0.3‰的税率;“财产租赁合同”、“仓储保管合同”、“股权转让书据”和“财产保险合同”适用 1‰的税率;“加工承揽合同”、“建筑工程勘察设计合同”、“货物运输合同”、“产权转移书据”、“营业账簿”税目中记载资金的账簿适用 0.5‰的税率。

“权利、许可证照”和“营业账簿”税目中的其他账簿,适用定额税率,均为按件贴花,税额为 5 元。印花税税目、税率见表 11.1。

表 11.1 **印花税税目、税率表**

税目	范围	税率	纳税人	说明
购销合同	包括供应、预购、采购、购销结合及协作、调剂、补偿、易货等合同	按购销金额 0.3‰贴花	立合同人	
加工承揽合同	包括加工、定做、修缮、修理、印刷、广告、测绘、测试等合同	按加工或承揽收入 0.5‰贴花	立合同人	
建设工程勘察设计合同	包括勘察、设计合同	按收取费用 0.5‰贴花	立合同人	
建筑安装工程承包合同	包括建筑、安装工程承包合同	按承包金额 0.3‰贴花	立合同人	
财产租赁合同	包括租赁房屋、船舶、飞机、机动车辆、机械、器具、设备等合同	按租赁金额 1‰贴花。税额不足 1 元按 1 元贴花	立合同人	
货物运输合同	包括民用航空运输、铁路运输、海上运输、内河运输、公路运输和联运合同	按运输收取费用的 0.5‰贴花	立合同人	单据作为合同使用的，按合同贴花
仓储保管合同	包括仓储、保管合同	按仓储收取保管费用的 1‰贴花	立合同人	仓单或栈单作为合同使用的，按合同贴花
借款合同	银行及其他金融组织和借款人(不包括银行同业拆借)所签订的借款合同	按借款金额 0.5‰贴花	立合同人	单据作为合同使用的，按合同贴花
财产保险合同	包括财产、责任、保证、信用等保险合同	按收取保险费收入的 1‰贴花	立合同人	单据作为合同使用的，按合同贴花
技术合同	包括技术开发、转让、咨询、服务等合同	按所记载金额 0.3‰贴花	立合同人	
产权转移书据	包括财产所有权和版权、商标专用权、专利权、专有技术使用权等转移书据、土地使用权出让合同、土地使用权转让合同、商品房销售合同	按所记载金额 0.5‰贴花	立据人	
营业账簿	生产、经营用账册	记载资金的账簿。按实收资本和资本公积的合计金额 0.5‰贴花。其他账簿按件贴花 5 元	立账簿人	
权利、许可证照	包括政府部门发给的房屋产权证、工商营业执照、商标注册证、专利证、土地使用证	按件贴花 5 元	领受人	

四、应纳税额的计算

印花税根据适用税率的不同，有从价定率和从量定额计征两种方式。

(一)计税依据的一般规定

印花税的计税依据为各种应税凭证上所记载的计税金额。具体规定为：

(1)购销合同的计税依据为合同记载的购销金额。

(2)加工承揽合同的计税依据是加工或承揽收入的金额。具体规定为：

①对于由受托方提供原材料的加工、定做合同，凡在合同中分别记载加工费金额和原材料金额的，应分别按“加工承揽合同”、“购销合同”计税；若合同中未分别记载，则应就全部金额依照加工承揽合同计税。

②对于由委托方提供主要材料或原料，受托方只提供辅助材料的加工合同，无论加工费和辅助材料金额是否分别记载，均以辅助材料与加工费的合计数，依照加工承揽合同计税。

(3)建设工程勘察设计合同的计税依据为收取的费用。

(4)建筑安装工程承包合同的计税依据为承包金额。

(5)财产租赁合同的计税依据为租赁金额。

(6)货物运输合同的计税依据为取得的运输费金额(即运费收入)，不包括所运货物的金额、装卸费和保险费等。

(7)仓储保管合同的计税依据为收取的仓储保管费用。

(8)借款合同的计税依据为借款金额。

(9)财产保险合同的计税依据为支付(收取)的保险费。

(10)技术合同的计税依据为合同所载的价款、报酬或使用费。为了鼓励技术研究开发，对技术开发合同，只就合同所载的报酬金额计税，研究开发经费不作为计税依据。单对合同约定按研究开发经费一定比例作为报酬的，应按一定比例的报酬金额贴花。

(11)产权转移书据的计税依据为所载金额。

(12)营业账簿税目中记载资金的账簿的计税依据为“实收资本”与“资本公积”两项的合计金额。实收资本，包括现金、实物、无形资产和材料物资。现金按实际收到或存入纳税人开户银行的金额确定。实物，指房屋、机器等，按评估确认的价值或者合同、协议约定的价格确定。无形资产和材料物资按评估确认的价值确定。资本公积，包括接受捐赠、法定财产重估增值、资本折算差额、资本溢价等。如果是实物捐赠，则按同类资产的市场价格或有关凭据确定。其他账簿的计税依据为应税凭证件数。

(13)权利、许可证照的计税依据为应税凭证件数。

(二)计税依据的特殊规定

(1)同一凭证，载有两个或两个以上经济事项而适用不同税目税率，如分别记载金额的，应分别计算应纳税额，相加后按合计税额贴花；如未分别记载金额的，按税率高的计税贴花。

（2）按金额比例贴花的应税凭证，未标明金额的，应按照凭证所载数量及国家牌价计算金额；没有国家牌价的，按市场价格计算金额，然后按规定税率计算应纳税额。

（3）应税凭证所载金额为外国货币的，应按照凭证书立当日国家外汇管理局公布的外汇牌价折合成人民币，然后计算应纳税额。

（4）有些合同在签订时无法确定计税金额，对这类合同，可在签订时先按定额5元贴花，以后结算时再按实际金额计税，补贴印花。

（5）应税合同在签订时纳税义务即已产生，因此不论合同是否兑现或是否按期兑现，均应贴花。对已履行并贴花的合同，所载金额与合同履行后实际结算金额不一致的，只要双方未修改合同金额一般不再办理完税手续。

（6）对有经营收入的事业单位，凡属由国家财政拨付事业经费、实行差额预算管理的单位，其记载经营业务的账簿，按其他账簿定额贴花，不记载经营业务的账簿不贴花；凡属经费来源实行自收自支的单位，其营业账簿，应对记载资金的账簿和其他账簿分别计算应纳税额；跨地区经营的分支机构使用的营业账簿，应由各分支机构于其所在地计算贴花。对上级单位核拨资金的分支机构，其记载资金的账簿按核拨的账面资金额计税贴花，其他账簿按定额贴花；对上级单位不核拨资金的分支机构，只就其他账簿按件定额贴花。为避免对同一资金重复计税贴花，上级单位记载资金的账簿，应按扣除拨给下属机构资金数额后的其余部分计税贴花。

（7）采用以货换货方式进行商品交易签订的合同，应按合同所载的购、销合计金额计税贴花。合同未列明金额的，应按合同所载购、销数量，依照国家牌价或者市场价格计算应纳税额。

（8）施工单位将自己承包的建设项目，分包或者转包给其他施工单位所签订的分包合同或者转包合同，应按新的分包合同或转包合同所载金额计算应纳税额。

（9）一项信贷业务既签订借款合同又一次或分次填开借据的，只以借款合同所载金额为计税依据计税贴花。凡只填开借据并作为合同使用的，应以借据所载金额为计税依据计税贴花；借贷双方签订的流动资金周转性借款合同，一般按年（期）签订，规定最高限额，借款人在规定的期限和最高限额内随借随还。对这类合同只以其规定的最高限额为计税依据，在签订时贴花一次。借款方以财产作抵押，从贷款方取得一定数量抵押贷款的合同，应按借款合同贴花。在借款方因无力偿还借款而将抵押财产转移给贷款方时，应再就双方书立的产权书据，按产权转移书据的有关规定计税贴花。对银行及其他金融组织的融资租赁业务签订的融资租赁合同，应按合同所载租金总额，暂按借款合同计税。在贷款业务中，如果贷方系由若干银行组成的银团，银团各方均承担一定的贷款数额。对这类合同借款方与贷款银团各方应分别在所执的合同正本上，按各自的借款金额计税贴花。基本建设贷款中，如果按年度用款计划分年签订借款合同，在最后一年按总概算签订借款总合同，且总合同的借款金额包括各个分合同的借款金额的，对这类基建借款合同，应按分合同分别贴花，最后签订的总合同，只就借款总额扣除分合同借款金额后的余额计税贴花。

(10)因购买、继承、赠予所书立的股权转让书据，均依书立时证券市场当日实际成交价格计算的金额计税贴花。

(11)对国内各种形式的货物联运，凡在起运地统一结算全程运费的，应以全程运费作为计税依据，由起运地运费结算双方缴纳印花税；凡分程结算运费的，应以分程的运费作为计税依据，分别由办理运费结算的各方缴纳印花税。对国际货运，凡由我国运输企业运输的，不论在我国境内、境外起运或中转分程运输，我国运输企业所持的一份运费结算凭证，均按本程运费计算应纳税额；托运方所持的一份运费结算凭证，按全程运费计算应纳税额。由外国运输企业运输进出口货物的，外国运输企业所持的一份运费结算凭证免纳印花税；托运方所持的一份运费结算凭证应缴纳印花税。国际货运运费结算凭证在国外办理的，应在凭证转回我国境内时按规定缴纳印花税。

印花税票为有价证券，其票面金额分为1角、2角、5角、1元、2元、5元、10元、50元、100元九种，最低税额是1角。因此，按规定应纳税额不足1角的，免纳印花税；1角以上的，其税额尾数不满5分的不计，满5分的按1角计算。

【例11－2】 甲公司2014年1月发生以下应税业务：(1)与A公司签订一项易货合同，约定用100万元市场价格的库存商品换取市场价格为110万元的原材料，支付A公司差价10万元。(2)接受B公司委托，加工产品一批，总金额为200万元，据此签订了加工承揽合同。合同记载加工产品的主要材料由B公司提供，金额为130万元；辅助材料由甲公司提供，金额为20万元；加工费50万元。(3)将闲置厂房出租给C公司，合同约定每月租金3 000元，租期未定。签订合同时，预收租金8 000元。与D公司订立转移专用技术使用权书据1份，所载金额100万元。计算甲公司应纳印花税额。

解：

$$\begin{aligned}\text{应纳印花税额}&=(100+110)\times 10\ 000\times 0.3‰+(20+50)\times 10\ 000\times 0.5‰+5\\&\quad+1\ 000\ 000\times 0.5‰\\&=1\ 485(\text{元})\end{aligned}$$

五、税收优惠

下列凭证免纳印花税：

(1)已缴纳印花税凭证的副本或者抄本。

(2)财产所有人将财产赠予政府、社会福利单位、学校所立的书据。

(3)国家指定的收购部门与村民委员会、农民个人书立的农副产品收购合同。

(4)无息、贴息贷款合同。

(5)外国政府或者国际金融组织向我国政府及国家金融机构提供优惠贷款所书立的合同。

(6)房地产管理部门与个人签订的用于生活居住的租赁合同。

(7)农牧业保险合同。

(8)军事物资运输凭证、抢险救灾物资运输凭证、新建和铁路的工程临管线运输凭证。

六、征收管理

(一)纳税方法

印花税的纳税办法，根据税额大小、贴花次数以及税收征收管理的需要，分别采用以下三种纳税办法：

1. 自行贴花

自行贴花即通常所说的自行购花、自行贴花和自行划销的“三自”纳税办法，一般适用于应税凭证较少或者贴花次数较少的纳税人。具体做法是纳税人书立、领受或者使用印花税法列举的应税凭证的同时，应当根据应纳税凭证的性质和适用的税目税率，自行计算应纳税额，自行购买印花税票，自行一次贴足印花税票并加以注销或划销，纳税义务才算全部履行完毕。对已贴花的凭证，修改后所载金额增加的，其增加部分应当补贴印花税票。凡多贴印花税票者，不得申请退税或者抵用。

2. 汇贴或汇缴

汇贴或汇缴一般适用于应纳税额较大或者贴花次数频繁的纳税人。

一份凭证应纳税额超过500元的，应向当地税务机关申请填写缴款书或者完税证，将其中一联粘贴在凭证上，或者由税务机关在凭证上加注完税标记代替贴花。这就是通常所说的“汇贴”办法。

同一种类应纳税凭证，需频繁贴花的，纳税人可以根据实际情况自行决定是否采用按期汇总缴纳印花税的方式，汇总缴纳的期限为1个月。实行印花税按期汇总缴纳的单位，对征税凭证和免税凭证汇总时，凡分别汇总的，按本期征税凭证的汇总金额计算缴纳印花税；凡确属不能分别汇总的，应按本期全部凭证的实际汇总金额计算缴纳印花税。凡汇总缴纳印花税的凭证，应加注税务机关指定的汇缴戳记、编号并装订成册后，将已贴印花或者缴款书的一联黏附册后，盖章注销，保存备查。

3. 委托代征

委托代征是通过税务机关的委托，经由发放或者办理应纳税凭证的单位代为征收印花税税款。税务机关应与代征单位签订代征委托书。发放或者办理应纳税凭证的单位，负有监督纳税人应纳税凭证是否已粘贴印花、粘贴的印花是否按规定注销以及督促纳税人完成纳税的义务。

（二）违章处罚

（1）在应纳税凭证上未贴或者少贴印花税票的，或者已粘贴在应税凭证上的印花税票未注销或者未划销的，由税务机关追缴其不缴或者少缴的税款、滞纳金，并处不缴或者少缴税款50%以上5倍以下的罚款。

（2）已贴用的印花税票揭下重用造成未缴或少缴印花税的，由税务机关追缴其不缴或者少缴的税款、滞纳金，并处不缴或者少缴税款50%以上5倍以下的罚款；构成犯罪的，依法追究刑事责任。

（3）伪造印花税票的，由税务机关责令改正，处以2 000元以上1万元以下的罚款；情节严重的，处以1万元以上5万元以下的罚款；构成犯罪的，依法追究刑事责任。

（4）按期汇总缴纳印花税的纳税人，超过税务机关核定的纳税期限，未缴或少缴印花税款的，由税务机关追缴其不缴或者少缴的税款、滞纳金，并处不缴或者少缴的税款50%以上5倍以下的罚款；情节严重的，同时撤销其汇缴许可证；构成犯罪的，依法追究刑事责任。

（5）纳税人违反以下规定的，由税务机关责令限期改正，可处以2 000元以下的罚款；情节严重的，处以2 000元以上1万元以下的罚款。

①凡汇总缴纳印花税的凭证，应加注税务机关指定的汇缴戳记，编号并装订成册后，将已贴印花或者缴款书的一联黏附册后，盖章注销，保存备查。

②纳税人对纳税凭证应妥善保存。凭证的保存期限，凡国家已有明确规定的，按规定办；没有明确规定的，其余凭证均应在履行完毕后保存1年。

③代售户对取得的税款逾期不缴或者挪作他用，或者违反合同将所领印花税票转托他人代售或者转至其他地区销售，或者未按规定详细提供领、售印花税票情况的，税务机关可视其情节轻重，给予警告或者取消其代售资格的处罚。

第三节　车辆购置税

车辆购置税是以在中国境内购置规定车辆为课税对象、在特定的环节向车辆购置者征收的一种税。我国现行的车辆购置税于2001年1月1日起施行。车辆购置税实行一次课征制，只在退出流通进入消费领域的特定环节征收。

一、纳税义务人

车辆购置税的纳税人是指在我国境内购置应税车辆的单位和个人。其中，购置是指购买使用行为、进口使用行为、受赠使用行为、自产自用行为、获奖使用行为以及以拍卖、抵债、走私、罚没等方式取得并使用的行为；单位，包括国有企业、集体企业、私营企业、股份制企业、外商投资企业、外国企业以及其他企业，事业单位、社会团体、国家机关、部队以及其他单位。个人，包括个体工商户及其他个人，既包括中国公民又包括外国公民。

二、征税范围

车辆购置税以列举的车辆作为征税对象，未列举的车辆不纳税。其征税范围包括汽车、摩托车、电车、挂车、农用运输车。

三、税率

车辆购置税实行统一比例税率，税率为 10%。自 2015 年 10 月 1 日起至 2016 年 12 月 31 日止，对购置 1.6 升及以下排量乘用车减按 5%的税率征收。

四、应纳税额的计算

车辆购置税实行从价定率的方法计算应纳税额，其计算公式为：

应纳车辆购置税额＝计税依据×税率

车辆购置税实行价外征收，其计税依据为应税车辆的价格，不包含车辆购置税税额。由于应税车辆购置的来源不同，应税行为的发生不同，计税价格的组成也就不一样。具体规定为：

(1)纳税人购买自用的应税车辆的计税依据为纳税人购买应税车辆而支付给销售方的全部价款和价外费用(包括销售方价外向购买方收取的手续费、基金、违约金、包装费、运输费、保管费、代垫款项、代收款项和其他各种性质的价外收费，但不包括增值税税款)。随所购买车辆支付的工具件和零部件价款应作为购车价款的一部分并入计税依据中。支付的车辆装饰费应作为价外费用并入计税依据。另外，车辆销售单位受托代收的款项，凡使用代收单位(受托方)票据收取的款项，应视作代收单位价外收费，购买者支付的价费款，应并入计税依据中一并征税。凡使用委托方票据收取，受托方只履行代收义务和收取代收手续费的款项，应按其他税收政策规定征税。

(2)纳税人进口自用的应税车辆以组成计税价格为计税依据，其计算公式为：

组成计税价格＝关税完税价格＋关税＋消费税

(3)纳税人自产自用、受赠使用、获奖使用和以其他方式取得并自用的应税车辆，凡不能或不能准确提供车辆价格的，一般以国家税务总局核定的最低计税价格为计税依据。

纳税人购买自用或者进口自用应税车辆，申报的计税价格低于同类型应税车辆的最低计税价格，又无正当理由的，按照最低计税价格征收车辆购置税。

(4)最低计税价格由国家税务总局依据全国市场的平均销售价格制定。根据纳税人购置应税车辆的不同情况，几种特殊情形应税车辆的最低计税价格规定如下：

①对已缴纳并办理了登记注册手续的车辆，其底盘和发动机同时发生更换，其最低计税价格按同类型新车最低计税价格的 70%计算。

②免税、减税条件消失的车辆，其最低计税价格的确定方法为：

最低计税价格＝同类型新车最低计税价格×(1－已使用年限÷规定使用年限)×100%

其中，规定使用年限为：国产车辆按10年计算；进口车辆按15年计算。超过使用年限的车辆，不再征收车辆购置税。

③非贸易渠道进口车辆的最低计税价格，为同类型新车最低计税价格。

车辆购置税的计税依据和应纳税额应使用统一货币单位计算。纳税人以外汇结算应税车辆价款的，按照申报纳税之日中国人民银行公布的人民币基准汇价，折合成人民币计算应纳税额。

【例11－3】 2014年2月，赵某从某汽车销售公司购买轿车一辆供自己使用，支付含增值税的价款234 000元，另支付销售公司代收保险费等5 850元，购置工具件和零配件价款3 000元，车辆装饰费8 700元，所支付的款项均由该汽车销售公司开具“机动车销售统一发票”和有关票据。请计算赵某应纳车辆购置税。

解：

应纳车辆购置税＝(234 000＋5 850＋3 000＋8 700)÷1.17×10%＝21 500(元)

【例11－4】 某外贸进出口公司2014年2月进口10辆小轿车。该公司报关进口这批小轿车时，经报关地海关对有关报关资料的审查，确定关税完税价格为200 000元/辆，海关按关税政策规定每辆征收了关税220 000元，并按消费税、增值税有关规定分别代征了每辆小轿车的进口消费税和增值税。该公司当月销售7辆，取得不含税销售收入4 704 000元；1辆企业自用，2辆用于抵偿债务。请计算该公司应纳车辆购置税额(消费税税率为25%)

解：

应纳车辆购置税额＝(200 000＋220 000)÷(1－25%)×10%＝56 000(元)

五、税收优惠

(一)减免税

我国车辆购置税实行法定减免，减免税范围的具体规定是：

(1)外国驻华使馆、领事馆和国际组织驻华机构及其外交人员自用车辆免税。

(2)中国人民解放军和中国人民武装警察部队列入军队武器装备订货计划的车辆免税。

(3)设有固定装置的非运输车辆免税。

(4)国务院规定予以免税或者减税的其他情形，按照规定免税或减税。目前具体有：

①防汛部门和森林消防部门用于指挥、检查、调度、报汛(警)、联络的设有固定装置的指定型号的车辆；

②回国服务的留学人员用现汇购买1辆自用国产小汽车；

③长期来华定居专家购买1辆自用小汽车。

（二）退税

纳税人已经缴纳车辆购置税但在办理车辆登记手续前，因下列原因需要办理退还车辆购置税的，由纳税人申请，征收机构审查后办理退还车辆购置税手续。

（1）公安机关车辆管理机构不予办理车辆登记注册手续的，凭公安机关车辆管理机构出具的证明办理退税手续。

（2）因质量等原因发生退回所购车辆的，凭经销商的退货证明办理退税手续。

六、征收管理

车辆购置税实行一车一申报制度，纳税人应当在向公安机关等车辆管理机构办理车辆登记注册手续前，缴纳车辆购置税。纳税人在办理纳税申报时应如实填写车辆购置税纳税申报表，同时提供车主身份证明、车辆价格证明、车辆合格证明及税务机关要求提供的其他资料的原件和复印件，经车购办审核后，由税务机关保存有关复印件。

纳税人购买自用的应税车辆，自购买之日起60日内申报纳税；进口自用的应税车辆，应当自进口之日起60日内申报纳税；自产、受赠、获奖和以其他方式取得并自用的应税车辆，应当自取得之日起60日内申报纳税。这里的“购买之日”是指纳税人购车发票上注明的销售日期；“进口之日”是指纳税人报关进口的当天。

纳税人购置应税车辆，应当向车辆登记注册地的主管税务机关申报纳税；购置不需办理车辆登记注册手续的应税车辆，应当向纳税人所在地主管税务机关申报纳税。车辆登记注册地是指车辆的上牌落籍地或落户地。

第四节　土地增值税

一、土地增值税概述

土地增值税是对转让国有土地使用权、地上的建筑物及附着物并取得收入的单位和个人，就其所获增值收入按照超率累进税率征收的一种税。

土地属于不动产，对土地课税是一种古老的税收形式。由于土地及其附着物之间的依存关系，各国对土地征税普遍采取两种方式：将土地单列为一种税进行征收；将土地及其附着物一同征税。

中华人民共和国成立后，在较长的时期内，土地采取无偿划拨的方式使用。这一行政分配土地的方式造成了对土地资源的较大浪费，尽管其间也开征了契税、城市房地产税、房产税、城镇土地使用税等税种，但这些税种对调节房地产市场、促进土地资源的有效利用的作用有限。对此，国务院于1993年12月13日发布了《土地增值税暂行条例》，决定自 1994 年 1 月 1 日起在全国开征土地增值税，这是我国(台湾地区除外)第一个对土地增值额征收的税种。随后，财政部于 1995 年 1 月 27 日颁布了《土地增值税暂行条例实施细则》，规定了土地增值税的具体实施办法。上述两项构成了我国现行土地增值税的基本制度规范。

二、纳税人

土地增值税的纳税人为转让国有土地使用权、地上建筑物及附着物并取得收入的单位和个人。其中，转让国有土地使用权、地上建筑物及其附着物并取得收入，是指以出售或者其他方式有偿转让房地产的行为，不包括以继承、赠予方式无偿转让房地产的行为。所称单位，是指各类企业单位、事业单位、国家机关和社会团体及其他组织。个人包括个体经营者。

三、征税范围

(一)一般规定

依据《土地增值税暂行条例》及其实施细则的规定，土地增值税是对转让国有土地使用权、地上建筑物及附着物并取得收入的单位和个人，就其转让国有土地使用权及其地上建筑物及附着物所获收入征收的一种税。国有土地，是指按国家法律规定属于国家所有的土地。地上建筑物，是指建于土地上的一切建筑物，包括地上地下的各种附属设施。附着物，是指附着于土地上的不能移动，一经移动即遭损坏的物品。要正确理解土地增值税的征税范围，关键要掌握以下几点：

第一，只有转让国有土地使用权的行为才是土地增值税的征收范围，转让集体所有土地和出让国有土地的行为均不属于土地增值税的征税范围。依据我国《宪法》和《土地管理法》等法律规定，我国土地的所有权属于国家和农村集体所有。农村集体所有土地不能由村集体自行转让，各项建设占用农村集体土地只能采取先征后用的方式。因此，农村集体土地只能在国家征用转为国家所有后才能进行土地使用权的转让，此时才纳入土地增值税的征税范围。出让国有土地是指国家以所有者身份将国有土地使用权让与土地使用者，并由土地使用者向国家支付土地出让金的行为。由于其转让方为国家，因此土地出让也不列入土地增值税的征税范围。

第二，土地增值税不仅对转让土地使用权的行为课税，也对转让地上建筑物及其他附着物的产权征税。税法规定，土地增值税按照纳税人转让房地产所取得的增值额及相应的税率征税，既包括转让土地使用权所获收入，也包括转让地上建筑物及其附着物所获收入。

第三，土地增值税只对以出售或其他方式有偿转让的房地产征税，对以继承、赠予方式无偿转让房地产的行为不予征税。

（二）具体规定

土地增值税的征税对象是纳税人转让房地产而获得的增值额。该增值额是指纳税人转让房地产所取得的收入减除税法规定允许扣除项目金额后的余额，即：

增值额＝房地产转让收入－税法允许扣除项目的金额

《土地增值税暂行条例》及其实施细则详细规定了如何正确确定房地产转让收入和扣除项目金额。

1. 房地产转让收入的确定

依据《土地增值税暂行条例》及其实施细则的规定，纳税人转让房地产所取得的收入，包括货币收入、实物收入和其他收入在内的全部价款和有关的经济利益。

在确定房地产转让收入时，纳税人有下列情形之一的，税务机关有权按照房地产评估价格调整确定转让收入：隐瞒、虚报房地产成交价格的；提供扣除项目金额不实的；转让房地产成交价格低于房地产评估价格，又无正当理由的。

2. 税法允许扣除项目金额的确定

《土地增值税暂行条例》及其实施细则详细规定了纳税人在确定土地增值税的增值额时允许扣除的项目，包括：

（1）取得土地使用权所支付的金额，是指纳税人为取得土地使用权所支付的地价款和按国家统一规定缴纳的有关费用，包括纳税人通过协议、招标、拍卖等方式取得土地使用权所支付的土地出让金，以及通过行政划拨方式获得土地使用权的纳税人，在转让土地使用权时按规定补交的土地出让金。纳税人在取得土地使用权时按国家统一规定缴纳的有关费用与登记费、过户手续费等也可一并计入扣除。

（2）开发土地和新建房及配套设施（简称房地产开发）的成本，是指纳税人房地产开发项目实际发生的成本（简称房地产开发成本），包括土地征用及拆迁补偿费、前期工程费、建筑安装工程费、基础设施费、公共配套设施费、开发间接费用。

土地征用及拆迁补偿费，包括土地征用及拆迁补偿的净支出、安置动迁用房支出等。前期工程费，包括规划、设计、项目可行性研究和水文、地质、勘察、测绘、“三通一平”等支出。建筑安装工程费，是指以发包方式支付给承包单位的建筑安装工程费，以自营方式的建筑安装工程费。基础设施费，包括开发小区内道路、供水、供电、供气、排污、通信、照明、环卫、绿化等工程发生的支出。公共配套费用，是指直接组织、管理开发项目发生的费用，包括工资、职工福利费、折旧费、修理费、办公费、水电费、劳动保护费、周转房摊销等。

（3）开发土地和新建房及配套设施的费用（简称房地产开发费用），是指与房地产开发项目有关的销售费用、管理费用、财务费用。

①财务费用中的利息支出，凡能够按转让房地产项目计算分摊并提供金融机构证明的，允许据实扣除，但最高不超过按商业银行同类同期贷款利率计算的金额。其他房地产开发费用为：利息＋（取得土地使用权所支付的金额＋房地产开发成本）×5％以内。

②财务费用中的利息支出，凡不能按转让房地产项目计算分摊利息支出或不能提供金融机构证明的，允许扣除的房地产开发费用为：(取得土地使用权所支付的金额＋房地产开发成本)×10%以内。

③全部使用自有资金没有利息支出的，按照以上方法扣除。

上述计算扣除的具体比例，由各省、自治区、直辖市人民政府规定。

(4)旧房及建筑物的评估价格，是指在转让已使用的房屋及建筑物时，由政府批准设立的房地产评估机构评定的重置成本价乘以成新度折扣率后的价格。评估价格须经当地税务机关确认。

(5)与转让房地产有关的税金，是指在转让房地产时缴纳的营业税、城市维护建设税、印花税。因转让房地产缴纳的教育费附加，也可视同税金予以扣除。

(6)根据条例规定，对从事房地产开发的纳税人可按前述(1)、(2)项规定计算金额之和，加计20%扣除。

土地增值税以纳税人房地产成本核算的最基本的核算项目或核算对象为单位计算。纳税人成片受让土地使用权后，分期分批开发、转让房地产的，其扣除项目金额的确定，可按转让土地使用权的面积占总面积的比例计算分摊，或按建筑面积计算分摊，也可按税务机关确认的其他方式计算分摊。

四、应纳税额的计算

(一)计税依据

土地增值税是按照纳税人转让房地产所取得的增值额和规定的税率计算征收。其计税依据是纳税人转让房地产所取得的增值额。

(二)土地增值税的税率

土地增值税实行四级超率累进税率(参见表11.2)，每级“增值额未超过扣除项目金额”的比例均包括本比例税数。

表11.2　土地增值税四级超率累进税率表

级数	增值额与扣除项目金额的比率	税率(%)	速算扣除系数(%)
1	不超过50%的部分	30	0
2	不超过50%～100%的部分	40	5
3	超过100%～200%的部分	50	15
4	超过200%的部分	60	35

(三)土地增值税应纳税额的计算

土地增值税应纳税额的计算公式为：

应纳税额＝土地增值额×税率

或

应纳税额＝土地增值税×税率－扣除项目金额×速算扣除系数

【例 11－5】 某房地产开发公司出售开发的普通住宅一批，取得房产销售收入16 000万元。该公司为开发此房产共发生如下支出：支付土地使用费及相关费用共2 500万元，共发生房屋开发成本3 500万元，支付开发费用共计 800 万元（其中利息能按转让项目计算分摊并提供金融机构证明，其金额未超过银行同类同期贷款利率）。该公司适用的营业税税率为 5%，城建税和教育费附加为 10%。计算该房地产开发公司出售该批房产应纳的土地增值税。

解：

$$\text{允许扣除项目金额} = 800 + (2\,500 + 3\,500) \times (1 + 20\%) + 16\,000 \times 5\% \times (1 + 10\%) = 8\,880(\text{万元})$$

$$\text{增值率} = \frac{16\,000 - 8\,880}{8\,880} = 80.18\%$$

$$\text{应纳土地增值税} = \text{土地增值额} \times \text{税率} - \text{扣除项目金额} \times \text{速算扣除数} = 7\,120 \times 40\% - 8\,880 \times 5\% = 2\,404(\text{万元})$$

五、减免税规定

《土地增值税暂行条例》及其实施细则作了如下几种情形的减、免征规定：

(1)纳税人建造普通标准住宅出售，增值额未超过扣除项目金额 20%的。其中普通标准住宅，是指按所在地一般民用住宅标准建造的居住住宅，高级公寓、别墅、度假村等不属于普通标准住宅。纳税人建造普通标准住宅出售，增值额未超过扣除项目金额之和20%的，免征土地增值税；增值额超过扣除项目金额之和 20%的，应就其全部增值额按规定征税。

(2)因国家建设需要依法征用、收回房地产的。这是指因城市实施规划、国家建设的需要而被政府批准征用的房产或收回的土地使用权。因城市实施规划、国家建设的需要而搬迁，由纳税人自行转让原房地产的，按照规定免征土地增值税。

(3)个人因工作调动或改善居住条件而转让原自用住房的，经向税务机关申报核准，凡居住满三年未满五年的，减半征收土地增值税；居住未满三年的，按规定计征土地增值税。

六、土地增值税的征收管理

《土地增值税暂行条例》规定，土地增值税由税务机关征收。土地管理部门、房产管理部门不得办理有关的权属变更手续。纳税人应当自转让房地产合同签订之日起七日内向房地产所在地主管税务机关办理纳税申报，并在税务机关核定的期限内缴纳土地增值税。

第五节 烟叶税

烟叶税是对在中华人民共和国境内收购烟叶的行为征收的一种税。我国现行的烟叶税于 2006 年 4 月 28 日通过并开征。

一、纳税人

在中华人民共和国境内收购烟叶的单位为烟叶税的纳税人。“收购烟叶的单位”，是指依照《烟草专卖法》的规定有权收购烟叶的烟草公司或者受其委托收购烟叶的单位。

二、征税对象

烟叶税的征税对象为收购烟叶的行为，这里所称的烟叶是指晾晒烟叶、烤烟叶。其中，“晾晒烟叶”包括列入晾晒烟名录的晾晒烟叶和未列入晾晒烟名录的其他晾晒烟叶。

三、税率

烟叶税实行比例税率，税率为 20%。

四、应纳税额的计算

烟叶税实行从价定率计征，其计算公式为：

应纳税额＝烟叶收购金额×税率

烟叶的收购金额包括纳税人支付给烟叶销售者的烟叶收购价款和价外补贴。其中，价外补贴统一暂按烟叶收购价款的 10%确定。收购金额的具体计算公式为：

收购金额＝收购价款×(1＋10%)

依照我国《烟草专卖法》查处没收的违法收购的烟叶，由收购罚没烟叶的单位按照购买金额计算缴纳烟叶税。

【例 11－6】 某卷烟厂 2014 年 6 月收购烟叶生产卷烟，收购凭证上注明价款 100 万元，并向烟叶生产者支付了价外补贴。请计算该卷烟厂应纳的烟叶税。

解：

应纳烟叶税额＝100×(1＋10%)×20%＝22(万元)

五、征收管理

烟叶税的纳税义务发生时间为纳税人收购烟叶的当天，即纳税人向烟叶销售者付讫收购烟叶款项或者开具收购烟叶凭据的当天。

烟叶税由地方税务机关负责征收。纳税人收购烟叶，应当向烟叶收购地的主管税务机关(通常指烟叶收购地的县级地方税务局或者其指定的税务分局、所)申报纳税。

纳税人应当自纳税义务发生之日起30日内申报纳税。具体纳税期限由主管税务机关核定。

思考题

1. 行为税包含哪些税种?
2. 征收车辆购置税有哪些作用?
3. 城市维护建设税的课税对象有何特点?
4. 车船税的征税范围是什么?
5. 你认为征收车船税是否合理?请说明理由。
6. 车船税和车辆购置税有何区别?如何计算相应的税费?
7. 征收印花税的税目有哪些?
8. 土地增值税计算时的扣除对象是如何规定的?

计算题

1. 某企业2014年5月缴纳增值税100万元，缴纳消费税80万元，缴纳营业税10万元，缴纳企业所得税20万元。计算该企业应纳的城市维护建设税税额。

2. 某企业2014年6月缴纳增值税300万元，消费税100万元，营业税20万元。进口一批商品缴纳关税70万元，进口环节增值税20万元，进口环节消费税25万元。同期税务部门检查发现该企业少缴纳增值税10万元、营业税5万元，对其处以补缴税款，并加收滞纳金2万元。计算该企业应缴纳的城市维护建设税税额和补缴的城市维护建设税。

3. 2014年1月，李某从某汽车4S店购入一辆2.0升排量的轿车自用，支付全部价款25万元(含税)，另支付购买工具件和零配件价款4 500元，新车登记费、上牌办证费、手续费等共计8 000元，并取得该汽车4S店开具的普通发票。计算该汽车应缴纳的车辆购置税。

4. 2014年2月，王某购入两辆汽车，其中一辆是未上牌的新车，不含税成交价为150 000元，国家税务总局核定同类型车辆的最低计税价格为140 000元；另一辆轿车是从某汽车有限公司购入的已使用2年的轿车(可取得完税证明)，不含税成交价为100 000元。计算王某应纳的车辆购置税。

5. 2010年3月1日，回国服务留学人员张某用现汇购买了一辆个人自用国产小汽车，该车使用年限为10年，取得的普通发票上的金额为195 000元。2014年6月5日，张某将该小汽车转让并过户给陈某，转让价为120 000元。国家税务总局最近核定该型车辆的车辆购置税的最低计税价格为150 000元/辆。陈某应纳车辆购置税是多少?

6. 2014 年 11 月，甲公司与乙公司签订了一份以货易货合同，用共计150 000元的钢材换取价值130 000元的铝合金，甲公司收到补价20 000元。甲公司应纳印花税是多少？

7. 甲公司受乙公司委托，加工制作一批横幅，双方签订的加工承揽合同注明加工费50 000元，甲公司提供价值5 000元的辅助材料，乙公司提供价值55 000元的原材料。甲公司签订的这份合同应缴纳的印花税是多少？

8. 某电厂与某水运公司签订一份保管合同，合同注明的费用是500 000元(运费和保管费未分别记载)。货物运输合同的印花税税率为 0.5‰，仓储保管合同的印花税税率为1‰。该项合同双方各应缴纳的印花税税额是多少？

9. 2014 年 3 月某企业开业，注册资金为1 000万元，当年发生以下有关业务：领受工商营业执照、房屋产权证、土地使用证各一份；建立了 5 本账簿，其中资金账簿记载实收资本1 000万元；订立产品销售合同 2 份，共记载金额 100 万元；订立借款合同 1 份，记载金额 50 万元。试计算该企业 2014 年应纳印花税税额。

10. 2014 年 9 月，某房地产开发公司出售一幢写字楼，取得收入15 000万元。该公司支付的地价款及费用为3 000万元；房地产开发成本为4 000万元；房地产开发费用中的利息支出为1 200万元(不能按转让房地产项目计算分摊利息支出，也不能提供金融机构证明)；缴纳有关税金 825 万元；该机构所在省政府规定房地产开发费用计算扣除比例为10%。计算该公司应纳的土地增值税税额。

11. 某企业 2014 年销售一幢 5 年前建造的办公楼，取得销售收入1 200万元。该办公楼原值 700 万元，已计提折旧 400 万元。经房地产评估机构评估，该办公楼的重置成本为1 400万元，成新度折扣率为五成，销售时缴纳各种税金共计 72 万元。计算该企业应缴纳的土地增值税税额。

第十二章　税收管理

税收管理就是国家的财政、税务、海关等职能部门，为了实现税收分配的目标，依据税收分配活动的特点与规律，对税收分配活动的全过程进行决策、计划、组织、协调和监督的一种管理活动。

第一节　税收立法管理

税收立法也称为税法的制定，即国家立法部门依照一定的程序，制定、修改、废止税法的一种专门管理活动。税收立法对加强税收法制建设，利用税法正确处理国家、集体、个人之间以及中央政府与地方政府之间的利益关系，促使征收部门依法征税和依法行政，维护纳税人的合法权益，促进经济发展，保证国家财政收入及时足额入库等，都有着十分重要的作用。

一、税收立法原则

我国的税收立法原则是立法部门根据我国社会经济活动、经济关系特别是税收征纳双方的特点确定的，并贯穿于税收立法工作始终的指导方针。税收立法主要遵循以下几个原则：

1. 从实际出发原则

贯彻这一原则要求税收立法必须根据经济、政治发展的客观需要，充分尊重社会经济发展规律和税收分配理论。在此基础上，充分运用科学知识和技术手段，不断丰富税收立法理论，完善税法体系，以适应社会主义市场经济发展的客观需要。

2. 公平原则

在税收立法中要体现合理负担原则。公平主要体现在三个方面：一是从税收负担能力上看，负担能力大的应多纳税，负担能力小的应少纳税，没有负担能力的不纳税。二是从纳税人所处的生产和经营环境看，由于客观环境优越而取得超额收入或级差受益者应多纳税，反之则少纳税。三是从税负平衡看，不同地区、不同行业间及多种经济成分之间的实际税负必须尽可能公平。

3. 民主决策原则

民主决策原则主要是指税收立法过程中必须充分倾听群众的意见,严格按照法定程序进行,确保税收法律能体现广大群众的根本利益。坚持这一原则要求对税收法案的审议进行充分辩论,倾听各方意见;税收立法过程要公开化,让广大公众及时了解税收立法的全过程。

4. 确定性与灵活性相结合原则

在制定税法时必须贯彻法制的统一性与因时、因地制宜相结合原则。法制的统一性要求税收立法权由国家最高权力机关来行使。鉴于我国是一个幅员辽阔、人口众多、多民族的国家,为了照顾不同地区尤其是少数民族地区,则需要考虑各地的实际情况。

二、税收法律体系

广义的税收法律体系是指立法机关和有关国家机关根据国家税收立法体制,所制定的一系列税收法律、法规、规章等法律文件的统称。狭义的税收法律体系则指由全国人民代表大会及其常务委员会制定并颁布实施的调整税收经济关系的法律。本教材所指的是广义的"税收法律"概念。

(一)税收法律

根据《立法法》的规定,全国人民代表大会及其常务委员会行使国家立法权,制定基本经济制度以及财政、税收、海关、金融和外贸的基本制度。全国人民代表大会及其常务委员会制定的税收法律是国务院制定税收行政法规、地方人大制定税收地方性法规以及部门或地方政府制定税收规章的立法依据和基础。

据此原则,我国《企业所得税法》《个人所得税法》《税收征收管理法》均由全国人民代表大会通过后颁布实施;这些法律的修正则由全国人民代表大会常务委员会进行,如1991年、1993年、2007年对《企业所得税法》,1993年、1999年、2005年、2007年、2011年对《个人所得税法》,1995年、2001年对《税收征管法》的修正。

(二)税收法规

税收法规包括税收行政法规和税收地方性法规两种,前者由国务院制定发布,后者由地方人大及其常委会制定发布。行政法规的效力高于地方性法规。

1. 税收行政法规

按照宪法规定,国务院可以"根据宪法和法律,规定行政措施,制定行政法规,发布决定和命令"。从税收行政法规的名称来看,通常使用的是"条例"、"实施条例"和"暂行条例",如《进出口关税条例》《个人所得税法实施条例》《增值税暂行条例》等。有时也用"实施细则"等名称,如国务院颁布的《税收征收管理法实施细则》。

2. 税收地方性法规

根据《立法法》的规定,省、自治区、直辖市,省、自治区的人民政府所在地的市(27

个),经济特区所在地的市(4 个)和经国务院批准的较大的市(18 个)的人民代表大会及其常务委员会可以制定地方性法规。目前,除海南省人大按照全国人大授权立法规定、民族自治地方的人大依照制定自治条例和单行条例的规定,可以制定有关税收的地方性法规外,其他省、市的人大及其常委会均无权制定税收的地方性法规。

(三)税收规章

税收规章是由国务院税务主管部门或地方人民政府制定的,分为税收行政规章和税收地方性规章两种。

1. 税收行政规章

有权制定税收行政规章的国务院税务主管部门是指财政部和国家税务总局。从税收行政规章的名称来看,通常有"实施细则"、"办法"、"规定"、"通知"等多种,如财政部制定的《增值税暂行条例实施细则》《企业所得税暂行条例实施细则》《发票管理办法》等,国家税务总局颁发的《税务代理试行办法》《发票管理办法实施细则》《增值税专用发票使用规定》等。

2. 税收地方性规章

国务院颁布实施的城镇土地使用税、耕地占用税、城市维护建设税、车船税、房产税等地方性税种暂行条例,都规定省、自治区、直辖市的人民政府可根据条例制定实施细则,即地方税种的开征、停征的立法权仍由国务院掌握,由税收行政法规所规定;而其具体实施办法则可由省一级地方政府制定,由税收地方性规章明确。

三、税收立法部门和立法权限

税收立法权是国家立法权的重要组成部分,是指政权部门依据一定程序制定、颁布、实施、修改、补充和废止税收法律、法规的权力。

(一)我国税收立法权的划分现状

从我国目前税收立法的现状来看,仍由中央(包括全国人大、国务院和国务院税务主管部门)掌握绝大部分的税收立法权,只给了地方(主要是省级人大和省级政府)极其有限的税收立法权。

具体来看,中央税、中央与地方共享税以及全国统一实行的地方税的立法权均集中在中央,以保证政令的统一,维护市场秩序和企业的公平竞争。其中,中央税指维护国家权益、实施宏观调控所必需的税种,目前有国内消费税、关税、车辆购置税、海关代征的增值税和消费税等;中央与地方共享税是指同经济发展直接相关的主要税种,目前有国内增值税、营业税、城市维护建设税、企业所得税、个人所得税、资源税和证券交易印花税等;而适合地方征管的税种虽然划分为地方税,但包括土地增值税、城镇土地使用税、房产税、车船税在内的绝大多数地方税税种仍属于全国统一实行的地方税,其立法权均掌握在中央。

(二)我国税收立法部门及其权限

从税收立法部门和其权限的角度看,我国税收立法权划分如下:

(1)全国人民代表大会及其常务委员会掌握全国性税种的立法权,包括全部中央税、共享税和在全国范围内征收的地方税税法的制定、颁布和税种的开征、停征权。

(2)国务院经全国人大及其常委会授权,可对全国性税种先行立法,以“暂行条例”等形式发布实行,条件成熟、修改完善后由全国人大及其常委会正式立法。经全国人大及其常委会授权,国务院还有权制定税法的实施细则、增减税目、调整税率和对税法进行解释。当然,国务院在自己的行政管理职权范围内,也有权制定相关的税收行政法规并颁布实施。

(3)国务院税务主管部门(主要是指财政部和国家税务总局)经国务院授权,有税收条例的解释权,可制定税收条例实施细则、税收相关规定或办法并发布执行。

(4)省级人民代表大会及其常务委员会在不违背国家统一税法,不影响中央财政收入,不妨碍社会主义统一市场的前提下,有权根据本地区经济发展的具体情况和实际需要,开征全国性税种以外的地方税种。所立税法在公布实施前须报全国人大常委会备案。

(5)省级人民政府经省级人大及其常委会授权,可制定本地区地方税法的实施细则、调整税目税率和对地方税法进行解释,也可以在上述规定的前提下,制定地方税收征收办法。省级政府还可以在全国性地方税条例规定的幅度内,确定本地区适用的税率或税额,在国务院的授权下确定少数税种的开停征和制定具体征收办法。上述权力除税法解释权外,在发布实施前或行使后须报国务院备案。

四、税收立法程序

税收立法程序是指享有立法权的国家部门在制定、认可、修改、补充和废止各种税收规范性文件等税收立法活动中,必须遵循的法定工作方法、步骤和次序。

我国税收立法程序分为:提议阶段、审议阶段、通过和公布阶段。

第二节　税收基础管理

税收基础管理在税收管理体系中居于重要地位,主要包括:税务登记,账簿、凭证管理,发票管理和纳税申报。其中,税务登记是整个税收征收管理工作的首要环节。

一、税务登记制度

税务登记又称纳税登记,是纳税人在开业、歇业前以及生产经营期间发生较大变动时,在法定期间内就其经营情况向主管税务部门办理书面登记的一项法定手续。我国《税收征管法》及其《实施细则》明确规定,纳税人必须依法办理税务登记,并对登记的范围、时间、内容及程序等作出具体规定。国家税务总局于1998年5月发布《税务登记管理办法》,对税务登记作了进一步明确规范。

与工商登记一致,根据办理登记的时间与内容的不同,税务登记主要分为三种类型:开业登记、变更登记和注销登记。与工商登记不同的是,根据税务管理的需要,税务登记还包括停业与复业登记、外出经营报验登记两种类型。

(一)开业税务登记

开业税务登记是指纳税人经由工商登记而设立或者依照法律、行政法规的规定成为法定纳税人时,依法向税务部门办理的税务登记。

1. 登记范围

办理开业税务登记的纳税人主要分为两类:从事生产、经营的纳税人和其他纳税人。其中,从事生产、经营的纳税人具体包括企业、企业在外地设立的分支机构和从事生产、经营的场所、个体工商户、从事生产、经营的事业单位。其他纳税人是指从事生产、经营以外的纳税人,即非从事生产、经营但依照法律、行政法规的规定负有纳税义务的单位和个人。上述两类主体具体办理税务登记的时间、程序和内容有所不同。

2. 登记时间

从事生产、经营的纳税人应当自领取营业执照之日起30日内,持有关证件向生产经营地或者纳税义务发生地的主管税务部门申报办理税务登记。从事生产、经营的纳税人所属的跨地区的非独立经济核算的分支机构,除由总机构申报办理税务登记外,应当自设立之日起30日内,向所在地税务部门申报办理税务登记。

其他纳税人,除国家部门和个人以外,应当自纳税义务发生之日起30日内,持有关证件向所在地的主管税务部门申报办理税务登记。个人所得税的纳税人办理税务登记的办法由国务院另行规定。

3. 登记程序及内容

(1)从事生产、经营的纳税人应当在规定的时间内,向税务部门提出申请办理税务登记的书面报告,如实填写税务登记表。

(2)纳税人向税务部门填报税务登记表的同时,应当根据不同情况相应提供下列有关证件、资料:①营业执照;②有关合同、章程、协议书;③银行账号证明;④居民身份证、护照或者其他合法证件;⑤税务部门要求提供的其他有关证件、资料。

(3)对纳税人填报的税务登记表,提供的有关证件及资料,税务部门应当自收到之日起30日内审核完毕。符合规定的,予以登记,并发给税务登记证件;对不符合规定的,应给予答复。

(4)建立纳税人登记资料档案。

所有登记工作完毕后,税务登记部门应将纳税人填报的各种表格以及提供的有关资料及证件复印件建成纳税人登记资料档案,并制成纳税人分户电子档案,为以后的税收征管提供可靠的信息来源。

（二）变更税务登记

变更税务登记，是指纳税人办理开业税务登记后，因登记内容发生变化而向主管税务部门申请办理的税务登记。

《税收征管法》规定，纳税人在办理税务登记后、有关事项发生变化时，必须按期主动向税务部门申报办理变更税务登记，否则要承担与不办理开业税务登记相同的法律后果。这对于有效掌握纳税人的生产经营情况，防止税款流失以及保护征纳双方的合法权益极为必要。

1. 变更情形

纳税人在办理税务登记之后，凡发生下列情形之一的，均应到原税务登记部门申报办理变更税务登记：(1)改变单位名称；(2)改变法定代表人或业主姓名；(3)改变住所、经营地点(不涉及主管税务部门变动的)；(4)改变经济性质；(5)改变企业形式、核算方式；(6)改变生产经营方式；(7)增减注册资金(资本)、投资总额；(8)改变或增减开户银行账号；(9)改变生产经营期限；(10)改变财务负责人或办税人员；(11)增设或撤销分支机构；(12)改变其他税务登记内容。

2. 申办期限

纳税人税务登记内容发生变化的，应当自工商行政管理部门或者其他部门办理变更登记之日起 30 日内，持有关证件向原税务登记部门申报办理变更税务登记；按照规定不需要在工商行政管理部门或者其他部门办理变更登记的纳税人，则应当自发生变化之日起 30 日内，持有关证件向原税务登记部门申报办理变更税务登记。

3. 变更程序及内容

(1)纳税人在办理变更税务登记时，税务登记变更内容与工商登记变更内容一致的，应提供如下资料：①变更税务登记申请书；②工商变更登记表及营业执照(注册登记执照)复印件；③纳税人变更登记内容的决议以及有关证明文件；④原税务登记证件(登记证正、副本及登记表)；⑤其他有关资料。

变更税务登记内容与工商登记内容无关的，则只需提供上列①、③、⑤项。被取消增值税一般纳税人资格的，应向税务部门提交如下资料：①取消增值税一般纳税人的决定文件；②增值税一般纳税人申请认定表原件；③税务登记证(正、副本原件)；④纳税人税种登记表；⑤其他有关资料。

(2)在提交资料齐全的基础上，纳税人领取税务登记变更表，7 日内填登完毕，交税务部门审核。

(3)税务部门审核无误后，收回原税务登记证件正副本，按变更后的内容重新打印并核发税务登记证件正副本。

(4)上述工作完成后，税务部门将税务登记变更表及有关资料归入纳税人分户档案，

 同时录入计算机。

（三）注销税务登记

注销税务登记是指纳税人发生解散、破产、撤销以及其他情形，引起纳税人在税收征管中主体地位变化而依法应终止纳税义务时，向税务部门申请办理的税务登记。

1. 申办情形及期限

依照《税收征管法实施细则》的规定，办理注销税务登记情形及期限包括以下三种：

（1）纳税人发生解散、破产、撤销以及其他情形，依法终止纳税义务的，应当在向工商行政管理部门或者其他部门办理注销登记前，持有关证件向原税务登记部门申报办理注销税务登记；按照规定不需要在工商行政管理部门或者其他部门办理注册登记的，应当自有关部门批准或者宣告终止之日起 15 日内，持有关证件向原税务登记部门申报办理注销税务登记。

（2）纳税人因住所、经营地点变动而涉及改变税务登记部门的，应当在向工商行政管理部门或者其他部门申请办理变更或注销登记前或者住所、经营地点变动前，向原税务登记部门申报办理注销税务登记，并在 30 日内向迁达地税务部门申报办理税务登记。

（3）纳税人被工商行政管理部门吊销营业执照或者被其他部门予以撤销登记的，应当自营业执照被吊销或者被撤销登记之日起 15 日内，向原税务登记部门申报办理注销税务登记。

2. 办理程序及内容

（1）纳税人在办理注销税务登记之前，首先应向税务部门结清应纳税款、滞纳金、罚款，缴销发票、税务登记证件和其他税务证件。

（2）纳税人办理注销税务登记时应提交如下资料：注销税务登记申请书；上级主管部门批文或董事会、职代会的决议和其他有关资料。经税务部门审核后符合注销登记条件的，可领取并填写注销税务登记申请审批表。

（3）税务管理部门经稽查、审核后办理注销税务登记手续。纳税人因住所、经营地点发生变化需改变税务登记部门而办理注销税务登记的，原税务登记部门应在对其办理注销手续后，向迁达地税务部门递解纳税人迁移通知书，并附纳税人档案资料移交清单，由迁达地税务登记部门为纳税人重新办理税务登记。

（四）外出经营报验登记

纳税人到外县（市）临时从事生产经营活动的，应当在外出生产经营之前，持税务登记证向主管税务部门申请开具外出经营活动税收管理证明（简称外管证）。税务部门按照一地一证的原则，核发外管证，外管证的有效期限一般为 30 日，最长不得超过 180 日。

纳税人应当在外管证注明地进行生产经营前向当地税务部门报验登记，并提交下列证件、资料：（1）税务登记证件副本。（2）外管证。纳税人在外管证注明地销售货物的，除提交以上证件、资料外，应如实填写外出经营货物报验单，申报查验货物。纳税人外出经营活动结束，应当向经营地税务部门填报外出经营活动情况申报表，并结清税款、缴销发票。纳税人应当在外管证有效期届满后10日内，持外管证回原税务登记地税务部门办理外管证缴销手续。

二、账簿、凭证管理制度

账簿是纳税人、扣缴义务人连续地记录其各种经济业务的账册或簿籍。凭证是纳税人用来记录经济业务，明确经济责任，并据以登记账簿的书面证明。账簿、凭证管理是继税务登记之后税收征管的又一重要环节，在税收征管中占有十分重要的地位。

（一）关于对账簿、凭证设置的管理

1. 设置账簿的范围

根据《征管法》第19条及其《细则》第22条的有关规定，所有的纳税人和扣缴义务人必须按照有关法律、行政法规和国务院财政、税务主管部门的规定设置账簿。

所称账簿，是指总账、明细账、日记账以及其他辅助性账簿。总账、日记账应当采用订本式。从事生产、经营的纳税人应当自领取营业执照或者发生纳税义务之日起15日内设置账簿。扣缴义务人应当自税收法律、行政法规规定的扣缴义务发生之日起10日内，按照所代扣、代收的税种，分别设置代扣代缴、代收代缴税款账簿。

生产、经营规模小又确无建账能力的纳税人，可以聘请经批准从事会计代理记账业务的专业机构或者经税务部门认可的财会人员代为建账和办理账务；聘请上述机构或者人员有实际困难的，经县以上税务部门批准，可以按照税务部门的规定，建立收支凭证粘贴簿、进货销货登记簿或者使用税控装置。

2. 对会计核算的要求

根据《征管法》第19条的规定，所有纳税人和扣缴义务人都必须根据合法、有效的凭证进行账务处理。

纳税人建立的会计电算化系统应当符合国家有关规定，并能正确、完整核算其收入或者所得。纳税人使用计算机记账的，应当在使用前将会计电算化系统的会计核算软件、使用说明书及有关资料报送主管税务部门备案。

纳税人、扣缴义务人会计制度健全，能够通过计算机正确、完整计算其收入和所得或者代扣代缴、代收代缴税款情况的，其计算机输出的完整的书面会计记录，可视同会计账簿。

纳税人、扣缴义务人会计制度不健全，不能通过计算机正确、完整计算其收入和所得或者代扣代缴、代收代缴税款情况的，应当建立总账及与纳税或者代扣代缴、代收代缴税款有关的其他账簿。

（二）财务会计制度的备案管理制度

根据《征管法》第20条及其《细则》第24条的规定，凡从事生产、经营的纳税人必须将

所采用的财务、会计制度和具体的财务、会计处理办法，按税务部门的规定，自领取税务登记证件之日起15日内，及时报送主管税务部门备案。

（三）关于账簿、凭证的保管

账簿、记账凭证、报表、完税凭证、发票、出口凭证以及其他有关涉税资料的保管期限，根据《细则》第29条，除另有规定者外，应当保存10年。

三、发票管理制度

《征管法》第21条规定："税务部门是发票的主管部门，负责发票的印制、领购、开具、取得、保管、缴销的管理和监督。"

（一）发票印制

增值税专用发票由国务院税务主管部门指定的企业印制；其他发票，按照国务院税务主管部门的规定，分别由省、自治区、直辖市国家税务局、地方税务局指定企业印制。

（二）发票领购

依法办理税务登记的单位和个人，在领取税务登记证后，向主管税务部门申请领购发票。对无固定经营场地或者财务制度不健全的纳税人申请领购发票，主管税务部门有权要求其提供担保人；不能提供担保人的，可以视其情况，要求其提供保证金，并限期缴销发票。对发票保证金应设专户储存，不得挪作他用。纳税人可以根据自己的需要申请领购普通发票。增值税专用发票只限于增值税一般纳税人领购使用。

（三）发票开具、使用、取得

《征管法》第21条规定："单位、个人在购销商品、提供或者接受经营服务以及从事其他经营活动中，应当按照规定开具、使用、取得发票。"图12－1是增值税专用发票和普通发票的票样。

普通发票开具、使用、取得的管理，应注意以下几点（增值税专用发票开具、使用、取得的管理，按增值税有关规定办理）：

（1）销货方按规定填开发票。

（2）购买方按规定索取发票。

（3）纳税人进行电子商务必须开具或取得发票。

（4）发票要全联一次填写。

（5）发票不得跨省、直辖市、自治区使用。发票仅限于领购单位和个人在本省、自治区、直辖市内开具。发票领购单位未经批准不得跨规定使用区域携带、邮寄、运输空白发票，禁止携带、邮寄或者运输空白发票出入境。

（6）开具发票要加盖财务印章或发票专用章。

（7）开具发票后，如发生销货退回需开红字发票的，必须收回原发票并注明"作废"字样或取得对方有效证明；发生销售折让的，在收回原发票并证明"作废"后，重新开具发票。

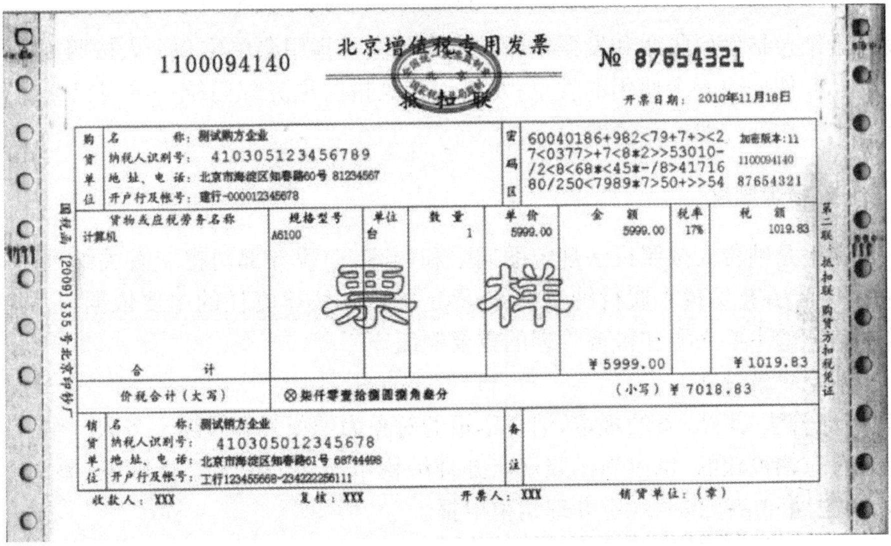

1100094140　北京增值税专用发票　№ 87654321

抵扣联

开票日期：2010年11月18日

购货单位	名　　称：测试购方企业 纳税人识别号：410305123456789 地址、电话：北京市海淀区知春路60号 81234567 开户行及帐号：建行-000012345678	密码区	60040186+982<79+7+><2 7<0377>+7<8*2>>53010- /2<8<68*<45*-/8>41716 80/250<7989*7>50+>>54 加密版本：11 1100094140 87654321

货物或应税劳务名称	规格型号	单位	数量	单价	金额	税率	税额
计算机	A6100	台	1	5999.00	5999.00	17%	1019.83
合　　计					¥5999.00		¥1019.83
价税合计（大写）	⊗柒仟零壹拾捌圆捌角叁分				（小写）¥7018.83		

销货单位	名　　称：测试销方企业 纳税人识别号：410305012345678 地址、电话：北京市海淀区知春路61号 68744498 开户行及帐号：工行123455668-234222256111	备注	

收款人：XXX　复核：XXX　开票人：XXX　销货单位：（章）

票样

国税函[2009]335号北京印钞厂

第二联：抵扣联　购货方扣税凭证

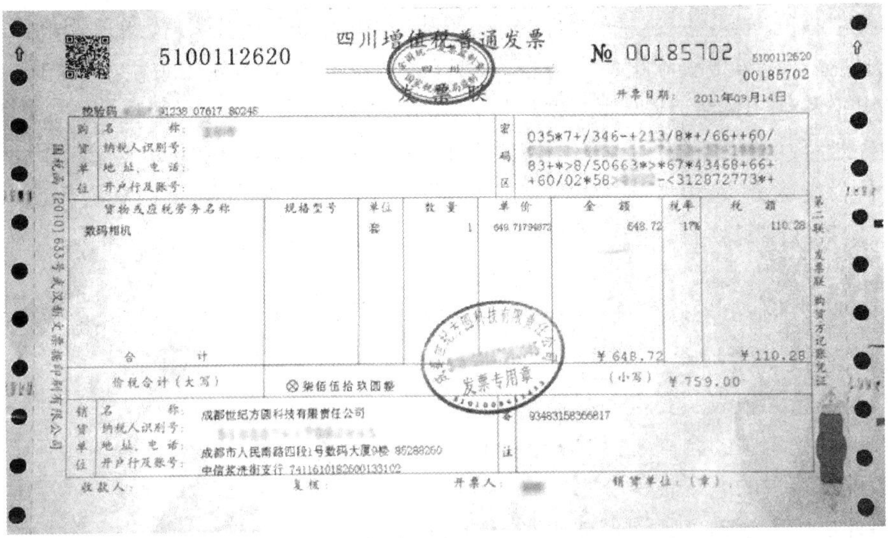

5100112620　四川增值税普通发票　№ 00185702

5100112620
00185702

发票联

开票日期：2011年09月14日

校验码 91238 07617 80245

购货单位	名　　称： 纳税人识别号： 地址、电话： 开户行及账号：	密码区	035*7+/346-+213/8*+/66++60/ 83+*>8/50663*>*67*43468+66+ +60/02*58>-<312872773*+

货物或应税劳务名称	规格型号	单位	数量	单价	金额	税率	税额
数码相机		套	1	648.71794872	648.72	17%	110.28
合　　计					¥648.72		¥110.28
价税合计（大写）	⊗柒佰伍拾玖圆整				（小写）¥759.00		

销货单位	名　　称：成都世纪方圆科技有限责任公司 纳税人识别号： 地址、电话：成都市人民南路四段1号数码大厦9楼 85288260 开户行及账号：中信抚琴街支行 7411610182600133102	备注	93483158366817

收款人：　复核：　开票人：　销货单位：（章）

发票专用章

国税函[2010]633号武汉虹之彩包装印刷有限公司

第二联：发票联　购货方记账凭证

图 12.1　增值税专用发票和普通发票的票样

（四）发票保管

根据发票管理的要求，发票保管分为税务部门保管和用票单位、个人保管两个层次，都必须建立严格的发票保管制度。包括：专人保管制度；专库保管制度；专账登记制度；保管交接制度；定期盘点制度。

（五）发票缴销

发票缴销包括发票收缴和发票销毁。发票收缴是指用票单位和个人按照规定向税务部门上缴已经使用或者未使用的发票；发票销毁是指由税务部门统一将自己或者他人已使用或者未使用的发票进行销毁。

四、纳税申报制度

纳税申报是纳税人按照税法规定的期限和内容，向税务部门提交有关纳税事项书面报告的法律行为，是纳税人履行纳税义务、界定纳税人法律责任的主要依据，是税务部门税收管理信息的主要来源和税务管理的重要制度。

（一）纳税申报对象

根据《征管法》第25条的规定，纳税申报的对象为纳税人和扣缴义务人。纳税人在纳税期内没有应纳税款的，也应当按照规定办理纳税申报。纳税人享受减税、免税待遇的，在减税、免税期间应当按照规定办理纳税申报。

（二）纳税申报内容

纳税申报的内容，主要在各税种的纳税申报表和代扣代缴、代收代缴税款报告表中体现，有的是在纳税申报表附报的财务报表和有关纳税资料中体现。纳税人和扣缴义务人的纳税申报和代扣代缴、代收代缴税款报告的主要内容包括：税种、税目，应纳税项目或者应代扣代缴、代收代缴税款项目，计税依据，扣除项目及标准，适用税率或者单位税额，应退税项目及税额、应减免税项目及税额，应纳税额或者应代扣代缴、代收代缴税额，税款所属期限、延期缴纳税款、欠税、滞纳金等。

（三）纳税申报要求

纳税人办理纳税申报时，应当如实填写纳税申报表，并根据不同情况相应报送下列有关证件、资料：

（1）财务会计报表及其说明材料。

（2）与纳税有关的合同、协议书及凭证。

（3）税控装置的电子报税资料。

（4）外出经营活动税收管理证明和异地完税凭证。

（5）境内或者境外公证机构出具的有关证明文件。

（6）税务部门规定应当报送的其他有关证件、资料。

（7）扣缴义务人办理代扣代缴、代收代缴税款报告时，应当如实填写代扣代缴、代收代缴税款报告表，并报送代扣代缴、代收代缴税款的合法凭证以及税务部门规定的其他有关证件、资料。

（四）纳税申报的方式

《征管法》第26条规定："纳税人、扣缴义务人可以直接到税务部门办理纳税申报或者报送代扣代缴、代收代缴税款报告表，也可以按照规定采取邮寄、数据电文或者其他方式办理上述申报、报送事项。”目前，纳税申报的形式主要有以下三种方式：

(1)直接申报，是指纳税人自行到税务部门办理纳税申报。这是一种传统申报方式。

(2)邮寄申报，是指经税务部门批准的纳税人使用统一规定的纳税申报特快专递专用信封，通过邮政部门办理交寄手续，并向邮政部门索取收据作为申报凭据的方式。

(3)数据电文，是指经税务部门确定的电话语音、电子数据交换和网络传输等电子方式申报。例如目前纳税人的网上申报，就是数据电文申报方式的一种。

纳税人采取电子方式办理纳税申报的，应当按照税务部门规定的期限和要求保存有关资料，并定期书面报送主管税务部门。纳税人、扣缴义务人采取数据电文方式办理纳税申报的，其申报日期以税务部门计算机网络系统收到该数据电文的时间为准。

(五)延期申报管理

延期申报是指纳税人、扣缴义务人不能按照税法规定的期限办理纳税申报或扣缴税款报告。根据《征管法》第 27 条及其《细则》第 37 条及有关法规的规定，纳税人因有特殊情况，不能按期进行纳税申报的，经县以上税务部门核准，可以延期申报。但应当在规定的期限内向税务部门提出书面延期申请，经税务部门核准，在核准的期限内办理。如纳税人、扣缴义务人因不可抗力，不能按期办理纳税申报或者报送代扣代缴、代收代缴税款报告表的，可以延期办理，但应当在不可抗力情形消除后立即向税务部门报告。

经核准延期办理纳税申报的，应当在纳税期内按照上期实际缴纳的税额或者税务部门核定的税额预缴税款，并在核准的延期内办理纳税结算。

第三节　税款征收制度

税款征收是税务部门将纳税人应纳税额及时足额地缴入国库的一系列活动的总称。税款征收是税收征收管理工作的中心环节，也是全部税收征管工作的目的和归宿，在整个税收工作中占据着极其重要的地位。

一、依法进行税款征收

税收的开征、停征以及减税、免税、退税、补税，依照法律的规定执行；法律授权国务院规定的，依照国务院制定的行政法规的规定执行。任何部门、单位和个人不得违反法律、行政法规的规定，擅自做出税收开征、停征以及减税、免税、退税、补税和其他同税收法律、行政法规相抵触的决定。国务院税务主管部门主管全国税收征收管理工作。各地国家税务局和地方税务局应当按照国务院规定的税收征收管理范围分别进行征收管理。地方各级人民政府应当依法加强对本行政区域内税收征收管理工作的领导或者协调，支持税务部门依法执行职务，依照法定税率计算税额，依法征收税款。各有关部门和单位应当支持、协助税务部门依法执行职务。税务部门依法执行职务,任何单位和个人不得阻挠。

税务部门依照法律、行政法规的规定征收税款,不得违反法律、行政法规的规定开征、停征、多征、少征、提前征收、延缓征收或者摊派税款。除税务部门、税务人员以及经税务部门依照法律、行政法规委托的单位和人员外,任何单位和个人不得进行税款征收活动。

二、税款征收方式

税务部门根据保证国家税款及时足额入库、方便纳税人、降低税收成本的原则,确定税款征收的方式。实践中,税款征收一般采用查账征收、查定征收、查验征收、定期定额征收以及税法允许的其他方式。

查账征收,是指税务部门按照纳税人提供的账表所反映的经营情况,依照适用税率计算缴纳税款的方式。这一征收方式普遍适用于财务核算制度健全的企业,由纳税人在规定期限内,用规定的纳税申报表向税务部门申报销售额、营业额或所得额,经税务部门审查核实后填写缴款书征缴入库。

查定征收,是指税务部门根据纳税人的作业人员、生产设备、采用原材料等因素,在正常生产经营条件下,对其产制的应税货物查实核定产量、销售额并据以征收税款的一种方式。这一征收方式主要适用于生产规模较小、账册不健全、产品零星、税源分散的小型厂矿和作坊。

查验征收,是指税务部门对纳税人应税商品通过查验数量,按市场一般销售单价计算其销售收入并据以征税的方式。这一征收方式主要适用于城乡集贸市场的临时经营和机场、码头等场外经销商品的课税。

定期定额征收,是指对一些营业额、所得额不能准确计算的小型工商户,经过自报评议,由税务部门核定一定经营时期的营业额和所得税附征率,实行多税种合并征收的一种征收方式。这一征收方式适用于没有记账能力、无法查实其应纳税收入或所得额的个体或小型工商业户。实行定期定额缴纳税款的纳税人,可以实行简易申报、简并征期等申报纳税方式。

代扣代缴征收方式,是指由税法规定负有代扣代缴义务的单位和个人从其所持有的纳税人收入中扣缴其应纳税款并向税务部门解缴的一种征收方式,税务部门按照规定付给扣缴义务人代扣、代收手续费。扣缴义务人依法履行代扣、代收税款义务时,纳税人不得拒绝;纳税人拒绝的,扣缴义务人应当及时报告税务部门处理。

代收代缴征收方式,是指与纳税人有经济往来的单位和个人借助经济往来关系向纳税人收取其应纳税款并向税务部门解缴的征收方式。代扣代缴、代收代缴征收方式适用于税源零星分散、不易控管的纳税人。

委托代征方式,是指为了加强对零星分散税源的源泉控管,方便纳税人缴税,国家税法规定或由税务部门委托某些单位和个人征收税款。税务部门根据有利于税收控管和方便纳税的原则，可以按照国家有关规定委托有关单位和人员代征零星分散和异地缴纳的税收，并发给委托代征证书。受托单位和人员按照代征证书的要求，以税务部门的名义依法征收税款，纳税人不得拒绝；纳税人拒绝的，受托代征单位和人员应当及时报告税务部门。

三、减免税收制度

纳税人可以向主管税务部门申请减免税，也可以直接向有权审批的税务部门申请。由纳税人所在地主管税务部门受理、应当由上级税务部门审批的减免税申请，主管税务部门应当自受理申请之日起10个工作日内直接上报有权审批的上级税务部门。

纳税人享受减税、免税的条件发生变化时，应当自发生变化之日起15日内向税务部门报告，经税务部门审核后，停止其减税、免税；对不报告的，又不再符合减税、免税条件的，税务部门有权追回已减免的税款。减税、免税期满，纳税人应当自期满次日起恢复纳税。

四、税收保全措施

税收保全措施，是指税务部门在规定的纳税期之前，在由于纳税人的行为或者某种客观原因致使以后税款的征收不能保证或难以保证的情况下而采取的限制纳税人处理或转移商品、货物或其他财产的措施。

《税收征管法》规定，税务部门有根据认为从事生产、经营的纳税人有逃避纳税义务行为的，可以在规定的纳税期之前，责令限期缴纳应纳税款；在限期内发现纳税人有明显的转移、隐匿其应纳税的商品、货物以及其他财产或者应纳税的收入的迹象的，税务部门可以责令纳税人提供纳税担保。如果纳税人不能提供纳税担保，经县以上税务局(分局)局长批准，税务部门可以采取下列税收保全措施：(1)书面通知纳税人开户银行或者其他金融机构冻结纳税人的金额相当于应纳税款的存款；(2)扣押、查封纳税人的价值相当于应纳税款的商品、货物或者其他财产。这里有必要注意两点：一是新修订的《税收征管法》明确规定，个人及其所扶养家属维持生活必需的住房和用品不在税收保全措施的范围之内。二是上述纳税担保包括经税务部门认可的纳税保证人为纳税人提供的纳税保证，以及纳税人或者第三人以其未设置或未全部设置担保物权的财产提供的担保。纳税保证人是指在中国境内具有纳税担保能力的自然人、法人或者其他经济组织；法律、行政法规规定的没有担保资格的单位和个人不得作为纳税担保人。纳税担保人同意为纳税人提供纳税担保的，应当填写纳税担保书，写明担保对象、担保范围、担保期限和担保责任以及其他有关事项。担保书须经纳税人、纳税担保人签字盖章并经税务部门同意，方为有效。纳税人或者第三人以其财产提供纳税担保的，应当填写财产清单，并写明财产价值以及其他有关事项。纳税担保财产清单须经纳税人、第三人签字盖章并经税务部门确认，方为有效。纳税人在上述规定的限期内缴纳税款的，税务部门必须立即解除税收保全措施；限期期满仍未缴纳税款的，经县以上税务局（分局）局长批准，可采取强制执行措施，税务部门可以书面通知纳税人开户银行或者其他金融机构从其冻结的存款中扣缴税款，或者依法拍卖或者变卖所扣押、查封的商品、货物或者其他财产，以拍卖或者变卖所得抵缴税款。

实施税收保全措施直接影响到纳税人的利益，税务部门在行使时应当慎重，必须在有比较可靠证据的情况下，才可以进行税收保全，同时必须依照法定权限和法定程序进行。税务部门执行扣押、查封商品、货物或者其他财产时，应当由两名以上税务人员执行，并通知被执行人。被执行人是自然人的，应当通知被执行人本人或其成年家属到场；被执行人是法人或者其他组织的，应当通知其法定代表人或者主要负责人到场；拒不到场的，不影响执行。税务部门扣押商品、货物或者其他财产时必须开付收据；查封商品、货物或者其他财产时，必须开付清单。

税收保全措施是在纳税人偷逃税款事实尚不完全清楚的情况下采取的措施，而且具有很大的强制性，对纳税人财产采取保全措施不当很容易侵犯纳税人的合法权益。纳税人在税务部门采取税收保全措施后，按照税务部门规定的期限缴纳税款的，税务部门应当自收到税款或银行转回的完税凭证之日起 1 日内解除税收保全。出于对纳税人合法权益的保护，《税收征管法》规定，纳税人在限期内已缴纳税款的，税务部门未立即解除税收保全措施，使纳税人的合法利益遭受损失的；税务部门滥用职权违法采取税收保全措施或者采取税收保全措施不当使纳税人、扣缴义务人或者纳税担保人的合法权益遭受损失的，税务部门应当承担赔偿责任。赔偿主要应以支付赔偿金的形式进行，能够返还财产或者恢复原状的，予以返还财产或者恢复原状；不能恢复原状的，按照损害程度给予相应的赔偿金；应当返还的财产灭失的，也应给予相应的赔偿金。

五、税收强制执行措施

税收强制执行措施，是指当纳税人和其他纳税当事人在规定的期限内未履行税法规定的义务，税务部门为迫使其履行义务而采取的法定强制手段。具体来说，从事生产、经营的纳税人、扣缴义务人未按照规定的限期缴纳或解缴税款，纳税担保人未按照规定的限期缴纳所担保的税款，由税务部门责令限期（最长期限不得超过 15 日）缴纳，逾期仍未缴纳的，经县以上税务局（分局）局长批准，税务部门可以采取下列强制执行措施：(1)书面通知其开户银行或者其他金融机构从其存款中扣缴税款；(2)扣押、查封、依法拍卖或者变卖其价值相当于应纳税款的商品、货物或者其他财产，以拍卖或者变卖所得抵缴税款。税务部门采取强制执行措施时，对纳税人、扣缴义务人、纳税担保人未缴纳的滞纳金同时强制执行。这里，“其他金融机构”是指信托投资公司、信用合作社、邮政储蓄机构以及经中国人民银行、中国证券监督管理委员会等批准设立的其他金融机构；“存款”包括独资企业投资人、合伙企业合伙人、个体工商户的储蓄存款以及股东资金账户中的资金等；“其他财产”包括纳税人的房地产、现金、有价证券等不动产和动产。

对未按照规定办理税务登记的从事生产、经营的纳税人以及临时从事经营的纳税人，由税务部门核定其应纳税额，责令缴纳；不缴纳的，税务部门可以扣押其价值相当于应纳税款的商品、货物。扣押后缴纳应纳税款的，税务部门必须立即解除扣押，并归还所扣押的商品、货物；扣押后仍不缴纳应纳税款的，经县以上税务局（分局）局长批准，依法拍卖或者变卖所扣押的商品、货物，以拍卖或者变卖所得抵缴税款。

税务部门依照税收征管法有关规定扣押、查封价值相当于应纳税款的商品、货物或者其他财产时，应参照同类商品的市场价、出厂价或者评估价估算。税务部门按照前款方法确定应扣押、查封的商品、货物或者其他财产的价值时，还应当包括滞纳金和扣押、查封、保管、拍卖、变卖所发生的费用。对价值超过应纳税额且不可分割的商品、货物或者其他财产，税务部门在纳税人、扣缴义务人或者纳税担保人无其他可供强制执行财产的情况下，可以整体扣押、查封、拍卖，以拍卖所得抵缴税款、滞纳金、罚款以及扣押、查封、保管、拍卖等费用。税务部门依法实施扣押、查封时，对有产权证件的动产或者不动产，税务部门可以责令当事人将产权证件交税务部门保管，同时可以向有关部门发出协助执行通知书，有关部门在扣押、查封期间不再办理该动产或者不动产的过户手续。对查封的商品、货物或者其他财产，税务部门可以指令被执行人负责保管，保管责任由被执行人承担。继续使用被查封的财产不会减少其价值的，税务部门可以允许被执行人继续使用。因被执行人保管或者使用的过错造成的损失，由被执行人承担。

税务部门将扣押、查封的商品、货物或者其他财产变价抵缴税款时，应当交由依法成立的拍卖机构拍卖；无法委托拍卖或者不适于拍卖的，可以交由当地商业企业代为销售，也可以责令纳税人限期处理；无法委托商业企业销售，纳税人也无法处理的，可以由税务部门变价处理，具体办法由国家税务总局规定。国家禁止自由买卖的商品，应当交有关单位按照国家规定的价格收购。拍卖或者变卖所得抵缴税款、滞纳金、罚款以及扣押、查封、保管、拍卖、变卖等费用后，剩余部分应当在 3 日内退还被执行人。

税务部门依照《税收征管法》第 37 条规定，扣押其商品、货物的，当事人应当自扣押之日起 15 日内缴纳税款。对扣押的鲜活、易腐烂变质或者易失效的商品、货物，税务部门根据被扣押物品的保质期，可以缩短前款规定的扣押期限。

税收强制执行措施的权力不得由法定的税务部门以外的单位和个人行使。税收部门采取强制执行措施必须依照法定权限和法定程序进行，不得查封、扣押纳税人个人及其所扶养家属维持生活必需的住房和用品，个人及其所扶养家属维持生活必需的住房和用品不在强制执行措施的范围之内。这里所称个人所扶养家属，是指与纳税人共同居住生活的配偶、直系亲属以及无生活来源并由纳税人扶养的其他亲属。机动车辆、金银饰品、古玩字画、豪华住宅或者一处以外的住房不属于《税收征管法》第 38 条、第 40 条、第 42 条所称个人及其所扶养家属维持生活必需的住房和用品；税务部门对单价5 000元以下的其他生活用品，不采取税收保全措施和强制执行措施。税务部门滥用职权违法采取强制措施，或者采取强制执行措施不当，使纳税人、扣缴义务人或者纳税担保人的合法权益遭受损失的，税务部门应当依法承担赔偿责任。这里所称损失，是指因税务部门的责任使纳税人、扣缴义务人或者纳税担保人的合法利益遭受的直接损失。

六、欠税清缴措施

县级以上各级税务部门应当将纳税人的欠税情况，在办税场所或者广播、电视、报纸、期刊、网络等新闻媒体上定期公告。

欠缴税款的纳税人或者其法定代表人需要出境的，应当在出境前向税务部门结清应纳税款、滞纳金或者提供担保。未结清税款、滞纳金，又不提供担保的，税务部门可以通知出境管理部门阻止其出境。

税务部门征收税款，税收优先于无担保债权，法律另有规定的除外；纳税人欠缴的税款发生在纳税人以其财产设定抵押、质押或者纳税人的财产被留置之前的，税收应当先于抵押权、质押权、留置权执行。纳税人有欠税情形而以其财产设定抵押、质押的，应当向抵押权人、质权人说明其欠税情况。抵押权人、质权人可以请求税务部门提供有关的欠税情况。纳税人欠缴税款，同时又被行政部门决定处以罚款、没收违法所得的，税收优先于罚款、没收违法所得。税务部门应当对纳税人欠缴税款的情况定期予以公告。

纳税人有合并、分立情形的，应当向税务部门报告，并依法缴清税款。纳税人合并时未缴清税款的，应当由合并后的纳税人继续履行未履行的纳税义务；纳税人分立时未缴清税款的，分立后的纳税人对未履行的纳税义务应当承担连带责任。欠缴税款数额较大（欠缴税款 5 万元以上）的纳税人在处分其不动产或者大额资产之前，应当向税务部门报告。

纳税人有解散、撤销、破产情形的，在清算前应当向其主管税务部门报告；未结清税款的，由其主管税务部门参加清算。

欠缴税款的纳税人因怠于行使到期债权，或者放弃到期债权，或者无偿转让财产，或者以明显不合理的低价转让财产而受让人知道该情形的，对国家税收造成损害的，税务部门可以依照《合同法》第 73 条、第 74 条的规定行使代位权、撤销权。税务部门依照上述规定行使代位权、撤销权的，免除欠缴税款的纳税人尚未履行的纳税义务和应承担的法律责任。代位权、撤销权是合同保全制度的两种手段。代位权，是指在债务人怠于行使其债权，危及债权的实现时，债权人可以代债务人行使其权利，即代替债务人对其债务人（即第三人）提起诉讼、请求第三人给付的权利。《合同法》第 73 条规定，因债务人怠于行使其到期债权，对债权人造成损害的，债权人可以请求人民法院以自己的名义代位行使债务人的债权，但该债权专属于债务人自身的除外。代位权的行使范围以债权人的债权为限，债权人行使代位权的必要费用由债务人承担。撤销权，是指在债务人做出无偿处分财产或以明显低价处分财产给第三人而有害于债权人的行为时，债权人有请求人民法院予以撤销的权利。《合同法》第74条规定，因债务人放弃到期债权或者无偿转让财产，给债权人造成损害的，债权人可以请求人民法院撤销债务人的行为；债务人以明显不合理的低价转让财产，对债权人造成损害，并且受让人知道该情形的，债权人也可以请求人民法院撤销债务人的行为。撤销权的行使范围以债权人的债权为限，债权人行使撤销权的必要费用由债务人承担。

七、税收调整制度

企业或外国企业在中国境内设立的从事生产、经营的机构、场所与其关联企业之间的业务往来，应当按照独立企业之间的业务往来收取或支付价款、费用；不按照独立企业之间的业务往来收取或支付价款、费用，而减少其应纳税的收入或所得额的，税务部门有权进行合理调整。这里所称关联企业，是指有下列关系之一的公司、企业和其他经济组织：(1)在资金、经营、购销等方面，存在直接或者间接的拥有或者控制关系；(2)直接或者间接地同为第三者所拥有或者控制；(3)在利益上具有相关联的其他关系。这里所称独立企业之间的业务往来，是指没有关联关系的企业之间按照公平成交价格和营业常规所进行的业务往来。

纳税人有义务就其与关联企业之间的业务往来，向当地税务部门提供有关的价格、费用标准等资料。纳税人可以向主管税务部门提出与其关联企业之间业务往来的定价原则和计算方法，主管税务部门审核、批准后，与纳税人预先约定有关定价事项，监督纳税人执行。

纳税人与其关联企业之间的业务往来有下列情形之一的，税务部门可以调整其应纳税额：(1)购销业务未按照独立企业之间的业务往来作价；(2)融通资金所支付或者收取的利息超过或者低于没有关联关系的企业之间所能同意的数额，或者利率超过或者低于同类业务的正常利率；(3)提供劳务，未按照独立企业之间业务往来收取或者支付劳务费用；(4)转让财产、提供财产使用权等业务往来，未按照独立企业之间业务往来作价或者收取、支付费用；(5)未按照独立企业之间业务往来作价的其他情形。

税务部门对上述情形可以按照下列方法调整计税收入额或者所得额：(1)按照独立企业之间进行的相同或者类似业务活动的价格；(2)按照再销售给无关联关系的第三者的价格所应取得的收入和利润水平；(3)按照成本加合理的费用和利润；(4)按照其他合理的方法。纳税人与其关联企业未按独立企业之间的业务往来支付价款、费用的，税务部门自该业务往来发生的纳税年度起3年内进行调整；有特殊情况的，可以自该业务往来发生的纳税年度起10年内进行调整。

八、税款的退还与追征

税款征收应当做到将纳税人的应纳税款及时、足额地征缴入库，纳税人要按照规定的期限缴纳税款，征纳双方必须依照税法的规定征缴。税务部门既不能多收，也不能少收，更不能不收。但是，由于税务部门征收税款、纳税人缴纳税款是一项政策性强、技术难度高的经常性工作，在征纳税款的过程中，由于对税法理解有误，或者计算错误、错用税率、财务处理失当等原因，可能出现多征多缴税款的情况，对这部分多征多缴的税款就存在退还的问题。税款征纳过程中，由于征纳双方的疏忽、计算错误等原因，也可能造成纳税人、扣缴义务人未缴或者少缴税款的情况，这就存在依法对未征少征的税款进行补征追缴的问题。

纳税人超过应纳税额缴纳的税款，税务部门发现后应当自发现之日起 10 日内办理退还手续；纳税人自结算缴纳税款之日起三年内发现的，可以向税务部门要求退还多缴的税款并加算银行同期存款利息，税务部门应当自接到纳税人退还申请之日起 30 日内查实并办理退还手续；涉及从国库中退库的，依照法律、行政法规有关国库管理的规定退还。当纳税人既有应退税款又有欠缴税款的，税务部门可以将应退税款和利息先抵扣欠缴税款；抵扣后有余额的，退还纳税人。加算银行同期存款利息的多缴税款退税，不包括依法预缴税款形成的结算退税、出口退税和各种减免退税。退税利息按照税务部门办理退税手续当天中国人民银行规定的活期存款利率计算。

因税务部门适用税收法律、行政法规不当或者执法行为违法，致使纳税人、扣缴义务人未缴或者少缴税款的，税务部门在三年内可以要求纳税人、扣缴义务人补缴税款，但不得加收滞纳金。因纳税人、扣缴义务人计算错误等失误（指非主观故意的计算公式运用错误以及明显的笔误），未缴或者少缴税款的，税务部门在三年内可以追征税款、滞纳金；有特殊情况的，追征期可以延长到五年。这里所称的特殊情况，是指纳税人或者扣缴义务人因计算错误等失误，未缴或者少缴、未扣或者少扣、未收或者少收税款，累计数额在 10 万元以上的。补缴和追征税款、滞纳金的期限，自纳税人、扣缴义务人应缴未缴或者少缴税款之日起计算。对偷税、抗税、骗税的，税务部门追征其未缴或者少缴的税款、滞纳金或者所骗取的税款，不受前述规定期限的限制。

第四节　纳税评估

纳税评估是税务部门对纳税人履行纳税义务情况进行事中税务管理、提供纳税服务的方式，旨在进一步强化税源管理，减少税款流失，不断提高税收征管的质量和效率。纳税评估作为一种监控手段，贯穿税收征管的始终。税收征管的各个环节都包含在纳税评估的范畴之内。从这个意义上讲，税收征管过程就是税收征收管理每一个环节的评估过程。本节参照国家税务总局 2005 年印发的《纳税评估管理办法（试行）》（国税发〔2005〕43 号）。

一、纳税评估的概念

（一）概念

纳税评估是指税务部门运用数据信息对比分析的方法，对纳税人和扣缴义务人纳税申报（包括减免缓抵退税申请）情况的真实性和准确性做出定性和定量的判断，并采取进一步征管措施的管理行为。由此可知，纳税评估的核心不是对税收评估，而是对纳税人申报税源的真实性、准确性进行评估。

（二）主要内容

纳税评估的主要工作内容是根据宏观税收分析和行业税负监控结果以及相关数据设立评估指标及其预警值；综合运用各类对比分析方法筛选评估对象；对所筛选出的异常情况进行深入分析并做出定性和定量的判断；对评估分析中发现的问题分别采取税务约谈、调查核实、处理处罚、提出管理建议、移交稽查部门查处等方法进行处理；维护更新税源管理数据，为税收宏观分析和行业税负监控提供基础信息等。

二、纳税评估的主体与评估对象

（一）纳税评估主体

纳税评估工作主要由基层税务部门的税源管理部门及其税收管理员负责，重点税源和重大事项的纳税评估也可由上级税务部门负责。这里所指的基层税务部门是指直接面向纳税人负责税收征收管理的税务部门；税源管理部门是指基层税务部门所属的税务分局、税务所或内设的税源管理科（股）。也就是说，无论哪一级税务部门或税源管理部门，只要你直接面向纳税人，负责税务征收、管理工作，就是纳税评估的主体。因此，纳税评估的主体是基层税务部门的税源管理部门及其税收管理员。

（二）纳税评估对象

纳税评估的对象为主管税务部门负责管理的所有纳税人及其应纳所有税种。纳税评估对象可采用计算机自动筛选、人工分析筛选和重点抽样筛选等方法。筛选纳税评估对象，要依据税收宏观分析、行业税负监控结果等数据，结合各项评估指标及其预警值和税收管理员掌握的纳税人实际情况，参照纳税人所属行业、经济类型、经营规模、信用等级等因素进行全面、综合的审核对比分析。综合审核对比分析中发现有问题或疑点的纳税人，要作为重点评估分析对象；重点税源户、特殊行业的重点企业、税负异常变化、长时间零税负和负税负申报、纳税信用等级低下、日常管理和税务检查中发现较多问题的纳税人，要列为纳税评估的重点分析对象。

但在实际工作中不会对所有纳税人进行评估，而是有重点地选择部分纳税人进行评估。正确地筛选纳税评估对象，是优质高效开展纳税评估的首要环节，通常依据税收经济关系的宏观分析、行业税负规律特征分析结果等数据，建立预警体系，确立重点评估对象，进而实施具体的纳税评估。

三、纳税评估的特点

(一)客观性

纳税评估是建立在纳税人自行申报基础上的一种征管制度,是基于纳税申报资料和涉税信息展开定性和定量判断的管理行为,依据实践信息构成纳税评估工作的基础。

(二)系统性

纳税评估是一个包括特定工作内容、程序以及操作方法的系统分析过程。纳税评估通过构建分析指标、量化分析模型,对纳税申报各种数据进行逻辑分析,判断其是否存在异常情况。

(三)专业性

纳税评估是一项业务性极强的综合性工作,它不仅要求评估人员能够相当熟练地掌握财务、税收、法律、计算机、统计等业务知识,而且要求评估人员具备较强的逻辑判断与推理等能力。

(四)目的性

纳税评估的目的是加强税源监控。纳税评估对纳税人纳税申报及有关纳税事项的真实性、合法性进行审核,能够全面掌握税源及其变动情况,从而保证税款征收与税务稽查的有效衔接,并为实施纳税信誉等级管理奠定基础。

四、纳税评估的作用

(一)防止虚假申报

纳税评估的信息资料不仅包括税务部门内部采集的信息,还包括通过信息网络获取的来自其他经济管理部门的外部信息。通过全面掌握纳税信息,防止纳税申报的虚假信息。

(二)信息反馈机制

纳税评估通过建立信息反馈机制,解决征收管理中“疏于管理、淡化责任”的问题。纳税评估处于税款征收与税务稽查的中间环节,因而纳税评估可将相关信息反馈到税务登记、发票管理、行政审批等各个征管环节,既保证了税收征管各个环节的协调统一,又可发现问题。

(三)纳税服务过程

纳税评估是一个全面的纳税服务过程,税务部门通过信息化手段掌握纳税人财务核算和相关经营情况,结合审查账簿报表,及时发现并纠正纳税申报中的错误与偏差,帮助纳税人提高纳税申报质量。

五、纳税评估的主要依据

纳税评估工作根据国家税收法律、行政法规、部门规章和其他相关经济法规的规定，按照属地管理原则和管户责任开展；对同一纳税人申报缴纳的各个税种的纳税评估要相互结合、统一进行，避免多头重复评估。

（一）纳税评估的主要依据及数据来源

（1）“一户式”存储的纳税人各类纳税信息资料主要包括：纳税人税务登记的基本情况，各项核定、认定、减免缓抵退税审批事项的结果，纳税人申报纳税资料，财务会计报表以及税务部门要求纳税人提供的其他相关资料，增值税交叉稽核系统各类票证比对结果等。

（2）税收管理员通过日常管理所掌握的纳税人生产经营实际情况，主要包括：生产经营规模、产销量、工艺流程、成本、费用、能耗、物耗情况等各类与税收相关的数据信息。

（3）上级税务部门发布的宏观税收分析数据、行业税负的监控数据、各类评估指标的预警值。

（4）本地区的主要经济指标、产业和行业的相关指标数据、外部交换信息，以及与纳税人申报纳税相关的其他信息。

（二）对纳税人申报纳税资料进行审核分析的重点内容

（1）纳税人是否按照税法规定的程序、手续和时限履行申报纳税义务，各项纳税申报附送的各类抵扣、列支凭证是否合法、真实、完整。

（2）纳税申报主表、附表及项目、数字之间的逻辑关系是否正确，适用的税目、税率及各项数字计算是否准确，申报数据与税务部门所掌握的相关数据是否相符。

（3）收入、费用、利润及其他有关项目的调整是否符合税法规定，申请减免缓抵退税、亏损结转、获利年度的确定是否符合税法规定并正确履行相关手续。

（4）与上期和同期申报纳税情况有无较大差异。

（5）税务部门和税收管理员认为应进行审核分析的其他内容。

（6）对实行定期定额（定率）征收税款的纳税人以及未达到起征点的个体工商户，可参照其生产经营情况，利用相关评估指标定期进行分析，以判断定额（定率）的合理性和是否已经达到起征点并恢复征税。

六、纳税评估方法与流程

（一）纳税评估方法

纳税评估需根据税源、纳税人的经营过程确定评估方法和评估流程。基于纳税人经营的多样性，相应采取灵活多样的评估分析方法，主要有：

（1）定量分析法。对纳税人申报纳税资料进行案头的初步审核比对，以确定进一步评估分析的方向和重点。

(2)指标分析法。通过各项指标与相关数据的测算,设置相应的预警值,将纳税人的申报数据与预警值相比较。

(3)比较分析法。将纳税人申报数据与财务会计报表数据进行比较,与同行业相关数据或类似行业同期相关数据进行横向比较,将纳税人申报数据与历史同期相关数据进行纵向比较。

(4)关联性分析法。根据不同税种之间的关联性和钩稽关系,参照相关预警值进行税种之间的关联性分析,分析纳税人应纳相关税种的异常变化。

(5)差异分析法。应用税收管理员日常管理中所掌握的情况和积累的经验,将纳税人申报情况与其生产经营实际情况相对照,分析其合理性,以确定纳税人申报纳税中存在的问题及其原因。

(6)趋势预测法。通过对纳税人生产经营结构,主要产品能耗、物耗等生产经营要素的当期数据、历史平均数据、同行业平均数据以及其他相关经济指标进行比较,推测纳税人实际纳税能力。

(二)纳税评估流程

纳税评估工作流程主要包括:

(1)信息采集。税务部门广泛采集纳税人报送的纳税申报资料、财务资料和日常掌握的征管资料及其他信息资料。

(2)确定评估对象。根据纳税人或扣缴义务人报送的各种纳税资料和日常掌握的纳税人情况,税务部门通过一定的方法和手段进行筛选,确定待评估对象。

(3)评估分析。通过纳税评估系统,对纳税人申报内容及扣缴义务人代扣代缴情况的真实性、合法性、准确性进行审核、分析、比较,对存在问题或疑点的企业进行举证确认。

(4)约谈举证。针对存在的问题和疑点可对相关资料和情况再做多方面、深层次的分析、比较、核证,通过约谈举证的方式,约见企业相关负责人员,由其对评析中发现的问题或疑点做出解释、说明或提供有关举证资料。约谈纳税人时应有两名以上评税人员在场,并确定主问人和记录人;被约谈人应为企业法人或企业法人授权的其他人;对于纳税人出示的证据资料,应在约谈举证记录中注明,对于需留存待审核的应填写举证资料签收单。约谈结束后,应要求被约谈人在约谈举证记录上签字。对于需其他环节或异地税务部门协查取证的,应填写协查函核查取证。

(5)评估处理。根据核实情况,对评析过程中发现的问题或疑点,依照相关税收法律法规的规定逐一认定,提出认定的事实和依法处理意见,制作纳税评估认定结论。

①经纳税评估一切正常的纳税人,做无问题无疑点户处理。

②对纳税人解释理由充分、证据确凿的,可认定其为纳税情况正常,免予处理。经核实有问题的,纳税评估人员应提出处理意见,填入纳税评估结论处理意见栏,同时填写纳

税评估处理审批表，将处理意见上报主管领导审批。批准后纳税评估人员下发纳税评估税务处理通知书，并要求被处理对象限期报送纳税评估处理结果回执单。

③凡经纳税评估发现的涉及偷、骗、避税问题的，以及纳税人或扣缴义务人解释理由不充分的，或无故不按期约谈的，纳税评估人员均应填写纳税评估问题移送通知单，报经主管局长批准同意后，可移交检查审计部门或反避税部门进行检查审计。以上部门实施调查审计结束后，应填写税务检查审计结果反馈单，将有关情况及时反馈给纳税评估人员。

(6)评估结果反馈。纳税评估工作完毕后，应按期或按项目制作纳税评估综合报告，包括当期或专项纳税评估工作开展情况、纳税人存在的问题、税务部门在征收管理上存在的问题、稽查环节在检查中应重点注意的问题及改进建议等(要求有数据、有对比、有实例、有建议、有结论)。按期填报涉及税款入库、罚款、滞纳金统计表等。纳税评估资料应当按照税收征管档案管理有关规定进行整理归档。

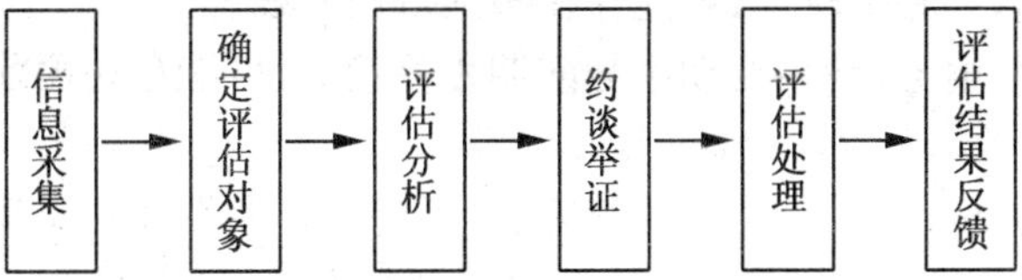

图 12.2　纳税评估流程

七、纳税评估指标

纳税评估指标是税务部门筛选评估对象、进行重点分析时所选用的主要指标，分为通用分析指标和特定分析指标两大类。

(一)通用分析指标

1.通用指标的种类及功能

(1)收入类评估分析指标及其计算公式和指标功能。

$$主营业务收入变动率=\frac{本期主营业务收入-基期主营业务收入}{基期主营业务收入}\times 100\%$$

如主营业务收入变动率超出预警值范围，可能存在少计收入和多列成本等问题，需运用其他指标进一步分析。

(2)成本类评估分析指标及其计算公式和功能。

$$单位产成品原材料耗用率=\frac{本期投入原材料}{本期产成品成本}\times 100\%$$

分析单位产品当期耗用原材料与当期产出的产成品成本比率，判断纳税人是否存在账外销售问题、是否错误使用存货计价方法、是否人为调整产成品成本或应纳所得额等问题。

$$主营业务成本变动率=\frac{本期主营业务成本-基期主营业务成本}{基期主营业务成本}\times 100\%$$

其中，主营业务成本变动率超出预警值范围，可能存在销售未计收入、多列成本费用、扩大税前扣除范围等问题。

$$主营业务成本率=\frac{主营业务成本}{主营业务收入}$$

$$主营业务费用变动率=\frac{本期主营业务费用-基期主营业务费用}{基期主营业务费用}\times 100\%$$

(3)费用类评估分析指标及其计算公式和指标功能。

$$主营业务费用率=\frac{主营业务费用}{主营业务收入}\times 100\%$$

其中，与预警值相比，如相差较大，可能存在多列费用问题。

如果营业(管理、财务)费用变动率与前期相差较大，可能存在税前多列支营业(管理、财务)费用问题。

$$营业管理、财务费用变动率=\frac{本期营业管理、财务费用-基期营业管理、财务费用}{基期营业管理、财务费用}\times 100\%$$

分析纳税人期间费用与销售成本之间的关系，与预警值相比较，如相差较大，企业可能存在多列期间费用问题。

$$成本费用率=\frac{本期营业费用+本期管理费用+本期财务费用}{本期主营业务成本}\times 100\%$$

其中，成本费用总额=主营业务成本总额+费用总额。与预警值比较，如果企业本期成本费用利润率异常，可能存在多列成本、费用等问题。

$$成本费用率=\frac{利润总额}{成本费用总额}\times 100\%$$

税前列支费用评估分析指标包括：工资扣除限额、“三费”(职工福利费、工会经费、职工教育经费)扣除限额、交际应酬费列支额(业务招待费扣除限额)、公益救济性捐赠扣除限额、开办费摊销额、技术开发费加计扣除额、广告费扣除限额、业务宣传费扣除限额、财产损失扣除限额、呆(坏)账损失扣除限额、总机构管理费扣除限额、社会保险费扣除限额、无形资产摊销额、递延资产摊销额等。

如果申报扣除(摊销)额超过允许扣除(摊销)标准，可能存在未按规定进行纳税调整，擅自扩大扣除(摊销)基数等问题。

(4)利润类评估分析指标及其计算公式和指标功能。

$$主营业务利润变动率=\frac{本期主营业务利润-基期主营业务利润}{基期主营业务利润}\times 100\%$$

$$其他业务利润变动率=\frac{本期其他业务利润-基期其他业务利润}{基期其他业务利润}\times 100\%$$

上述指标若与预警值相比相差较大,可能存在多结转成本或不计、少计收入问题。

按税法规定,审核分析允许弥补的亏损数额。如申报弥补亏损额大于税前弥补亏损扣除限额,可能存在未按规定申报税前弥补等问题。

营业外收入增减额与基期相比减少较多,可能存在隐瞒营业外收入问题。营业外支出增减额与基期相比支出增加较多,可能存在将不符合规定支出列入营业外支出。

(5)资产类评估分析指标及其计算公式和指标功能。

$$净资产收益率=\frac{净利润}{平均净资产}\times 100\%$$

分析纳税人资产综合利用情况,如指标与预警值相差较大,可能存在隐瞒收入或闲置未用资产计提折旧问题。

$$总资产周转率=\frac{利润总额+利息支出}{平均总资产}\times 100\%$$

$$存货周转率=\frac{主营业务成本}{\frac{期初存货成本+期末存货成本}{2}}\times 100\%$$

分析总资产和存货周转情况,推测销售能力。如总资产周转率或存货周转率加快,而应纳税税额减少,可能存在隐瞒收入、虚增成本的问题。

$$应收(付)账款变动率=\frac{期末应收(付)账款-期初应收(付)账款}{期初应收(付)账款}\times 100\%$$

分析纳税人应收(付)账款增减变动情况,判断其销售实现和可能发生坏账情况。如应收(付)账款增长率增高,而销售收入减少,可能存在隐瞒收入、虚增成本的问题。

$$固定资产综合折旧率=\frac{基期固定资产折旧总额}{基期固定资产原值总额}\times 100\%$$

固定资产综合折旧率高于基期标准值,可能存在税前多列支固定资产折旧额问题。要求企业提供各类固定资产的折旧计算情况,分析固定资产综合折旧率变化的原因。

$$资产负债率=\frac{负债总额}{资产总额}\times 100\%$$

其中:负债总额=流动负债+长期负债;资产总额是扣除累计折旧后的净额。

分析纳税人经营活力,判断其偿债能力。如果资产负债率与预警值相差较大,则企业偿债能力有问题,要考虑由此对税收收入产生的影响。

2.通用指标的配比分析

(1)主营业务收入变动率与主营业务利润变动率配比分析。在正常情况下,两者基本同步增长。

①当比值<1，且相差较大，两者都为负时，可能存在企业多列成本费用、扩大税前扣除范围等问题。

②当比值>1，且相差较大，两者都为正时，可能存在企业多列成本费用、扩大税前扣除范围等问题。

③当比值为负数，且前者为正后者为负时，可能存在企业多列成本费用、扩大税前扣除范围等问题。

对产生疑点的纳税人可从以下三方面进行分析：结合"主营业务利润率"指标进行分析，了解企业历年主营业务利润率的变动情况；对"主营业务利润率"指标异常的企业，应通过年度申报表及附表分析企业收入构成情况，以判断是否存在少计收入问题；结合资产负债表中"应付账款"、"预收账款"和"其他应付款"等科目的期初、期末数进行分析，如出现"应付账款"和"其他应付账款"红字和"预收账款"期末大幅度增长等情况，应判断存在少计收入问题。

(2)主营业务收入变动率与主营业务成本变动率配比分析。在正常情况下，两者基本同步增长，比值接近1。当比值<1，且相差较大，两者都为负时，可能存在企业多列成本费用、扩大税前扣除范围等问题；当比值>1，且相差较大，两者都为正时，可能存在企业多列成本费用、扩大税前扣除范围等问题；当比值为负数，且前者为正后者为负时，可能存在企业多列成本费用、扩大税前扣除范围等问题。

对产生本疑点的纳税人可以从以下三个方面进行分析：结合"主营业务收入变动率"指标，对企业主营业务收入情况进行分析，通过分析企业年度申报表及附表营业收入表，了解企业收入的构成情况，判断是否存在少计收入的情况；结合资产负债表中"应付账款"、"预收账款"和"其他应付账款"等科目的期初、期末数额进行分析，如"应付账款"和"其他应付账款"出现红字和"预收账款"期末大幅度增长情况，应判断存在少计收入问题；结合主营业务成本率对年度申报表及附表进行分析，了解企业成本的结转情况，分析是否存在改变成本结转方法、少计存货(含产成品、在产品和材料)等问题。

(3)主营业务收入变动率与主营业务费用变动率配比分析。在正常情况下，两者基本同步增长。当比值<1，且相差较大，两者都为负时，可能存在企业多列成本费用、扩大税前扣除范围等问题；当比值>1，且相差较大，两者都为正时，可能企业存在多列成本费用、扩大税前扣除范围等问题；当比值为负数，且前者为正后者为负时，可能存在企业多列成本费用、扩大税前扣除范围等问题。

对产生疑点的纳税人可从以下三个方面进行分析：结合资产负债表中"应付账款"、"预收账款"和"其他应付账款"等科目的期初、期末数进行分析。如"应付账款"和"其他应付账款"出现红字和"预收账款"期末大幅度增长等情况，应判断存在少计收入问题；结合主营业务成本，通过年度申报表及附表分析企业成本的结转情况，以判断是否存在改变成本结转方法、少计存货(含产成品、在产品和材料)等问题；结合"主营业务费用率"、"主营业务费用变动率”两项指标进行分析，与同行业比较；通过损益表对营业费用、财务费用、管理费用的若干年度数据分析三项费用中增长较多的费用项目，对财务费用增长较多的，结合资产负债表中短期借款、长期借款的期初、期末数进行分析，以判断财务费用增长是否合理，是否存在基建贷款利息列入当期财务费用等问题。

(4)主营业务成本变动率与主营业务利润变动率配比分析。当两者比值大于1且都为正时，可能存在多列成本的问题；前者为正、后者为负时，视为异常，可能存在多列成本、扩大税前扣除范围等问题。

(5)资产利润率、总资产周转率、销售利润率配比分析。综合分析本期资产利润率与上年同期资产利润率，本期销售利润率与上年同期销售利润率，本期总资产周转率与上年同期总资产周转率。如本期总资产周转率－上年同期总资产周转率>0，本期销售利润率－上年同期销售利润率≤0，而本期资产利润率－上年同期资产利润率≤0时，说明本期的资产使用效率提高，但收益不足以抵补销售利润率下降造成的损失，可能存在隐匿销售收入、多列成本费用等问题。如本期总资产周转率－上年同期总资产周转率≤0，本期销售利润率－上年同期销售利润率>0，而本期资产利润率－上年同期资产利润率≤0时，说明资产使用效率降低，导致资产利润率降低，可能存在隐匿销售收入等问题。

(6)存货变动率、资产利润率、总资产周转率配比分析。比较分析本期资产利润率与上年同期资产利润率，本期总资产周转率与上年同期总资产周转率。若本期存货增加不大，即存货变动率≤0，本期总资产周转率－上年同期总资产周转率≤0，可能存在隐匿销售收入问题。

(二)特定分析指标

特定分析指标是按税种划分的纳税评估分析指标。下面分别介绍增值税、企业所得税、印花税和资源税评估分析指标及使用方法。

1. 增值税评估分析指标及使用方法

(1)增值税税收负担率(简称税负率)

计算分析纳税人税负率，与销售额变动率等指标配合使用，将销售额变动率和税负率与相应的正常峰值进行比较，销售额变动率高于正常峰值，税负率低于正常峰值的以及销售额变动率低于正常峰值的，税负率低于正常峰值的和销售额变动率及税负率均高于正常峰值的均可列入疑点范围。运用全国丢失、被盗增值税专用发票查询系统对纳税评估对象的抵扣联进行检查验证。

$$税负率=\frac{本期应纳税额}{本期应税主营业务收入}\times 100\%$$

根据评估对象报送的增值税纳税申报表、资产负债表、损益表和其他有关纳税资料，进行毛利率测算分析、存货、负债、进项税额综合分析和销售额分析指标的分析，对其形成异常申报的原因做出进一步判断。

销售额变动率高于正常峰值及税负率低于预警值，或销售额变动率正常而税负率低于预警值的，以进项税额为评估重点，查证有无扩大进项抵扣范围、骗抵进项税额、不按规定申报抵扣等问题，对应核实销项税额计算的正确性。

对销项税额的评估，应侧重查证有无账外经营、瞒报、迟报计税销售额、混淆增值税与营业税征税范围、错用税率等问题。

(2)工(商)业增加值分析指标

①应纳税额与工(商)业增加值弹性分析：

$$应纳税额与工商业增加值弹性系数=\frac{应纳税额增长率}{工商业增加值增长率}\times 100\%$$

其中：

$$应纳税额增长率=\frac{本期应纳税额-基期应纳税额}{基期应纳税额}\times 100\%$$

$$工商业增加值增长率=\frac{本期工商业增加值-基期工商业增加值}{基期工商业增加值}\times 100\%$$

应纳税额是指纳税人缴纳的增值税应纳税额；工(商)业增加值是指工资、利润、折旧、税金的合计。弹性系数小于预警值，则企业可能有少缴税金的问题。应通过其他相关纳税评估指标与评估方法，并结合纳税人生产经营的实际情况做进一步分析，对其申报真实性进行评估。

②工(商)业增加值税负分析：

$$本企业工商业增加值税负率=\frac{本企业应纳税额}{本企业工商业增加值}$$

其中：

$$工商业增加值税负差异率=\frac{本企业工商业增加值税负}{同行业工商业增加值税负}\times 100\%$$

$$同行业工商业增加值税负=\frac{同行业应纳税额总额}{同行业工商业增加值}$$

应用该指标分析本企业工(商)业增加值税负与同行业工(商)业增加值税负的差异，如低于同行业工(商)业增加值平均税负，则企业可能存在隐瞒收入、少缴税款等问题，结合其他相关评估指标和方法进一步分析，对其申报真实性进行评估。

(3)进项税金控制额

本期进项税金控制额=(期末存货较期初增加额+本期销售成本+期末应付账款较期初减少额)

×主要外购货物的增值税税率+本期运费支出数

×纳税人适用税率(一般纳税人11%或小规模企业纳税人3%)

将增值税纳税申报表计算的本期进项税额，与纳税人财务会计报表计算的本期进项税额进行比较，与该纳税人历史同期的进项税额控制额进行纵向比较，与同行业、同等规模的纳税人本期进项税额控制额进行横向比较，与税收管理员掌握的本期进项税额实际情况进行比较，查找问题，对评估对象的申报真实性进行评估。

具体分析时，先计算本期进项税金控制额，以进项税金控制额与增值税申报表中的本期进项税额核对，若前者明显小于后者，则可能存在虚抵进项税额和未付款的购进货物提前申报抵扣进项税额的问题。

(4)投入产出评估分析指标

$$\text{投入产出评估分析指标}=\frac{\text{当期原材料燃料、动力等投入量}}{\text{单位产品原材料燃料、动力等使用量}}$$

单位产品原材料(燃料、动力等)使用量是指同地区、同行业单位产品原材料(燃料、动力等)使用量的平均值。对投入产出指标进行分析，测算出企业实际产量。根据测算的实际产量与实际库存进行对比，确定实际销量，从而进一步推算出企业销售收入。如测算的销售收入大于其申报的销售收入，则企业可能有隐瞒销售收入的问题。通过其他相关纳税评估指标与评估方法，并与税收管理员掌握的税负变化实际情况进行比较，对评估对象的申报真实性进行评估。

2. 企业所得税评估分析指标及使用方法

2006 年后我国内资、外资企业所得税合并，相似业务的评估分析指标是一致的，针对外商投资企业、中外合作企业、外国企业(简称“三资”企业)的关联交易则单独分析。

(1)内资、“三资”企业分析指标

①所得税税收负担率(简称税负率)

$$\text{税负率}=\frac{\text{应纳所得税额}}{\text{利润总额}}\times 100\%$$

与当地同行业同期和本企业基期所得税负担率相比，低于标准值可能存在不计或少计销售(营业)收入、多列成本费用、扩大税前扣除范围等问题，运用其他相关指标深入评估分析。

②主营业务利润税收负担率(简称利润税负率)

$$\text{利润税负率}=\frac{\text{本期应纳税额}}{\text{本期主营业务利润}}\times 100\%$$

可对上述指标设定预警值，并与预警值对照，与当地同行业同期和本企业基期所得税负担率相比。如果低于预定值，企业可能存在销售未计收入、多列成本费用、扩大税前扣除范围等问题，应作进一步分析。

③应纳税所得额变动率

$$\text{应纳税所得额变动率}=\frac{\text{评估期累计应纳税所得额}-\text{基期累计应纳税所得额}}{\text{基期累计应纳税所得额}}\times 100\%$$

企业税收优惠期前后该指标如果发生较大变化，可能存在少计收入、多列成本、人为调节利润等问题，也可能存在费用配比不合理等问题。

④所得税贡献率

$$所得税贡献率=\frac{应纳所得税额}{主营业务收入}\times100\%$$

将当地同行业同期与本企业基期所得税贡献率相比，低于标准值视为异常，可能存在不计或少计销售(营业)收入、多列成本费用、扩大税前扣除范围等问题，应运用所得税变动率等相关指标作进一步评估分析。

⑤所得税贡献变动率

$$所得税贡献变动率=\frac{评估期所得税贡献率-基期所得税贡献率}{基期所得税贡献率}\times100\%$$

与企业基期指标和当地同行业同期指标相比，低于标准值可能存在不计或少计销售(营业)收入、多列成本费用、扩大税前扣除范围等问题。

运用其他相关指标深入评估，并结合上述指标评估结果，进一步分析企业销售(营业)收入、成本、费用的变化和异常情况及其原因。

⑥所得税负担变动率

$$所得税负担变动率=\frac{评估期所得税负担率-基期所得税负担率}{基期所得税负担率}\times100\%$$

与企业基期和当地同行业同期指标相比，低于标准值可能存在不计或少计销售(营业)收入、多列成本费用、扩大税前扣除范围等问题。

运用其他相关指标深入评估，并结合上述指标评估结果，进一步分析企业销售(营业)收入、成本、费用的变化和异常情况及其原因。

(2)内资、"三资"企业评估分析指标的分类与综合运用

①企业所得税纳税评估指标的分类。对企业所得税进行评估时，为便于操作，可将通用指标中涉及所得税评估的指标进行分类并综合运用。

一类指标：主营业务收入变动率、所得税税收负担率、所得税贡献率、主营业务利润税收负担率。

二类指标：主营业务成本变动率、主营业务费用变动率、营业(管理、财务)费用变动率、主营业务利润变动率、成本费用率、成本费用利润率、所得税负担变动率、所得税贡献变动率、应纳税所得额变动率及通用指标中的收入、成本、费用、利润配比指标。

三类指标：存货周转率、固定资产综合折旧率、营业外收支增减额、税前弥补亏损扣除限额及税前列支费用评估指标。

②企业所得税评估指标的综合运用。各类指标出现异常，应对可能影响异常的收入、成本、费用、利润及各类资产的相关指标进行审核分析：

一类指标出现异常，要运用二类指标中相关指标进行审核分析，并结合原材料、燃料、动力等情况进一步分析异常情况及其原因。

二类指标出现异常，要运用三类指标中的相关项目和指标进行深入审核分析，并结合原材料、燃料、动力等情况进一步分析异常情况及其原因。

在运用上述指标的同时，对影响企业所得税的其他指标也应进行审核分析。

(3)“三资”企业特有的分析指标

①资本金到位额。

不得税前列支的利息支出＝按规定而未到位资本×借款利率

如果注册资本金未按照税法规定实际到位，则相应的利息支出不得在税前列支。

②境外应补所得税发生额。如果存在境外应补所得税额不实或者有误等问题，应进一步审核、分析。

③生产性企业兼营生产性和非生产性经营收入划分额：

$$\text{非生产性经营收入} \div \text{全部收入} \geqslant 50\%$$

$$\text{生产性经营收入} \div \text{全部收入} \geqslant 50\%$$

如果生产性经营收入未超过全部业务收入的 50%(或非生产性经营收入≥50%)时，按照税法规定不能享受当年度生产性企业相关的减免税待遇。

④借款利息。分析时应考虑以下两点：是否存在关联企业间借贷利息支出问题；借款金额是否过大。如果存在关联企业间借款金额过大，考虑借款和权益的比率，分析是否存在资本弱化现象。

⑤出口销售毛利率。按照公平交易原则，如果该指标明显低于可比对象，可能存在关联企业间交易价格偏低，有转移利润的嫌疑，需提示作进一步反避税调查。

$$\text{出口销售毛利率} = \frac{\text{出口收入} - \text{出口成本}}{\text{出口收入}} \times 100\%$$

⑥资产(财产)转让利润率。如果该指标小于零，可能存在企业向较低税率的关联企业转让资产(财产)避税的问题。

$$\text{资产(财产)转让利润率} = \frac{\text{资产(财产)转让实际收取的价款} - \text{资产(财产)原账面价值转让费用}}{\text{资产(财产)原账面价值}}$$

⑦关联出口销售比例。如果本指标较大并且可能存在关联交易的，应重点关注。

$$\text{关联出口销售比例} = \frac{\text{关联出口收入}}{\text{主营业务收入}} \times 100\%$$

⑧关联采购比率。本比值重点分析购销价格。如果关联采购占全部采购额的比值较大，应对相关纳税人重点关注。

$$\text{关联采购比率} = \frac{\text{关联采购额}}{\text{全部采购额}} \times 100\%$$

⑨无形资产关联交易额。需特别关注特许权使用费，如数额较大且超过预警值，应对相关纳税人重点关注。

⑩融通资金关联交易额。应特别关注筹资企业的负债与权益比例。如果融通资金数

额较大，可能存在资本弱化问题，应对相关纳税人重点关注。

⑪关联劳务交易额。如果劳务费数额过高，或劳务费收取标准高于市场水平，应对相关纳税人重点关注。

⑫关联销售比率。如果该比值较大，应作为反避税重点作进一步分析。

$$关联销售比率=\frac{关联销售额}{全部销售额}\times 100\%$$

⑬关联采购变动率：

$$关联采购变动率=\frac{本期关联采购额-上期关联采购额}{上期关联采购额}\times 100\%$$

本指标通过分析关联企业间采购的变动情况，了解企业是否通过转让定价转移利润的问题。如果对比值较大并且可能存在关联交易的，应重点关注。

⑭关联销售变动率：

$$关联销售变动率=\frac{本期关联销售额-上期关联销售额}{上期关联销售额}\times 100\%$$

如果对比值较大并且可能存在关联交易的，应重点关注。

(4)“三资”企业综合对比审核分析

外商投资企业和外国企业所得税纳税评估时，除对纳税人申报纳税资料进行审核分析的重点内容审核外，还应包括以下内容：

①会计师查账报告中涉及的税收问题是否在纳税申报中做出正确的反映或说明；

②预提所得税代扣代缴是否完整、及时，所涉及的使用费转让是否有合同，收取比例是否合理；

③纳税人存在关联交易的，是否就其关联交易进行申报，与关联企业的业务往来是否有明显异常；

④主管税务部门认为应审核分析的其他内容。

在纳税评估审核分析时，应特别关注下列类型的企业：长期亏损企业；由免税期或减税期进入获利年度后，利润陡降或由盈利变亏损的企业；盈利但利润率水平明显低于同行业平均水平或持续低于同行业利润水平的企业等。

(5)“三资”企业关联交易类配比分析

①关联销售变动率与销售收入变动率配比分析。重点分析关联销售商品金额占总销售商品金额比例较大的企业，如关联销售变动率小于销售收入变动率，则说明企业关联销售商品金额的变化没有带来相应的关联销售收入的变化，销售同样数量商品，关联销售收入小于非关联销售收入，可能存在关联交易定价低于非关联交易定价的问题，存在转让定价避税嫌疑。

②关联销售变动率与销售利润变动率配比分析。重点分析关联销售商品金额占总销

售商品金额比例较大的企业，如关联销售变动率大于销售利润变动率，则说明企业关联销售商品金额的变化没有带来相应的销售利润的变化，销售同样数量商品，关联销售利润小于非关联销售利润，可能存在关联交易定价低于非关联交易定价的问题，存在转让定价避税嫌疑。

③关联采购变动率与销售成本变动率配比分析。重点分析关联购进原材料金额占总购进原材料金额比例较大的企业，如关联采购变动率大于销售成本变动率，则说明企业关联购进原材料金额的变化导致过大的关联销售成本的变化，采购同样数量原材料，关联采购成本大于非关联采购成本，可能存在关联交易定价高于非关联交易定价的问题，存在转让定价避税嫌疑。

④关联采购变动率与销售利润变动率配比分析。重点分析关联购进原材料金额占总购进原材料金额比例较大的企业，如关联采购变动率大于销售利润变动率，则说明企业关联购进原材料金额的变化导致过大的关联销售成本的变化，影响了销售利润，采购同样数量原材料，关联采购成本大于非关联采购成本，可能存在关联交易定价高于非关联交易定价的问题，存在转让定价避税嫌疑。

⑤无形资产关联购买变动率与销售利润变动率配比分析。重点分析存在无形资产关联交易的企业支付特许权使用费等，如无形资产关联购买变动率大于销售利润变动率，则说明企业购买的无形资产没有带来相应的收益增长，可能支付了过高的无形资产购买价格或通过购买无形资产的形式转移利润，存在转让定价避税嫌疑。

3. 印花税评估分析指标及使用方法

(1)印花税税负变动系数

$$\text{印花税税负变动系数}=\frac{\text{本期印花税负担率}}{\text{上年同期印花税负担率}}$$

其中：

$$\text{印花税负担率}=\frac{\text{应纳税额}}{\text{计税收入}}\times 100\%$$

本指标用于分析可比口径下印花税额占计税收入的比例及其变化情况。本期印花税负担率与上年同期对比，正常情况下两者的比值应接近1；当比值小于1，可能存在未足额申报印花税问题，进入下一工作环节处理(下同)。

(2)印花税同步增长系数

$$\text{印花税同步增长系数}=\frac{\text{应纳税额增长率}}{\text{主营业务收入增长率}}$$

其中：

$$\text{主营业务收入增长率}=\frac{\text{本期累计主营业务收入额}-\text{上年同期累计主营业务收入额}}{\text{上年同期累计主营业务收入额}}\times 100\%$$

$$应纳税增长率=\frac{本期累计应纳税额-上年同期累计应纳税额}{上年同期累计应纳税额}\times 100\%$$

本指标用于分析印花税应纳税额增长率与主营业务收入增长率，评估纳税人申报（贴花）纳税情况真实性，适用于工商、建筑安装等行业应纳税额增长率与主营业务收入增长率对比分析。正常情况下两者应基本同步增长，比值应接近1；当比值小于1，可能存在未足额申报印花税问题。分析中发现高于或低于预警值的，要借助其他指标深入分析并按照总局纳税评估管理办法处理。

（3）综合审核分析

①审核纳税申报表中本期各税目应纳税额与上期应纳税额、上年同期应纳税额相比有无重大差异，能否合理解释。

②是否连续零申报，能否合理解释。

③适用税目税率等是否正确；是否有错用税目以适用低税率；有无将按比例税率和按定额税率计征的凭证相互混淆；有无将载有多项不同性质经济业务的经济合同误用税目税率；应税合同计税依据是否正确。

④申报单位所属行业所对应的应税凭证是否申报纳税（如工商企业的购销合同是否申报）。

⑤参考同行业合同签订情况以及其他影响印花税纳税的情况进行调查，评估纳税人印花税的纳税情况。

⑥对于签订时无法确定金额的应税凭证，在最终结算实际金额时是否按规定补贴了印花。

⑦审核营业税纳税申报表中申报项目是否有租赁、建筑安装、货物运输、销售不动产、转让无形资产等应税收入，是否申报缴纳了印花税。

⑧实行印花税汇总缴纳的纳税人，其利润表中的“主营业务收入”与申报的“购销合同”计税金额或“加工承揽合同”的计税金额是否合理，有无异常现象，能否合理解释。

⑨根据利润表中“财务费用”以及资产负债表中的“短期借款”和“长期借款”项目的变动情况，确定申报“借款合同”的计税金额是否合理。

⑩资产负债表中“实收资本”项目和“资本公积”项目的本期数与上期数相比是否增加，增加数是否申报缴纳印花税。

⑪“管理费用”等科目中体现的保险支出与已申报情况进行对比是否有出入。

⑫审核资产负债表中的“固定资产”科目中“不动产”项目增加或减少情况，据此检查纳税人书立领受的产权转移书据是否缴纳了印花税。

⑬审核资产负债表中的“在建工程”科目是否有建筑、设备安装等项目，“委托加工物资”科目是否发生委托加工业务，是否申报缴纳了印花税。

⑭审核其他业务收入和营业外收入项目是否有应税收入。

⑮审核有无查补收入。

⑯其他需要审核、分析的内容。

4. 资源税评估分析指标及使用方法

(1)资源税税负变动系数。

$$资源税税负变动系数=\frac{本期资源税税收负担率}{上年同期资源税税收负担率}$$

分析纳税人申报缴纳的资源税占应税产品销售收入的比例及其变化情况，评估纳税人申报的真实性。其中：

$$资源税税收负担率=\frac{应纳税额}{主营业务收入(产品销售收入)}\times 100\%$$

本指标是本期资源税负担率与上年同期资源税负担率的对比分析。在产品售价相对稳定的情况下，两者的比值应接近1；比值小于1，可能存在未足额申报资源税问题，进入下一工作环节处理；比值大于1，则没有问题。

(2)资源税同步增长系数。

$$资源税同步增长系数=\frac{应纳税额增长率}{主营业务收入(产品销售收入)增长率}$$

分析资源税应纳税额增长率与主营业务收入(产品销售收入)增长率，评估纳税人申报情况的真实性。其中：

$$主营业务收入(产品销售收入)增长率=\frac{本期累计产品销售收入-上年同期累计产品销售收入}{上年同期累计产品销售收入}\times 100\%$$

本指标是应纳税额增长率与主营业务收入(产品销售收入)增长率的对比分析。正常情况下两者应基本同步增长(在产品销售单价没有较大波动的情况下)，比值应接近1；比值小于1，可能存在未足额申报资源税问题。分析中发现高于或低于预警率指标的，要借助其他指标深入分析，并按照总局纳税评估管理办法处理。

(3)综合审核分析：

①审核资源税纳税申报表中项目、数字填写是否完整，适用税目、单位税额、应纳税额及各项数字计算是否准确。

②审核资源税纳税申报表及代扣代缴、代收代缴税款报告表中的申报项目是否有收购未税矿产品。

③是否连续零申报，能否合理解释。

④是否以矿产品的原矿作为课税数量，折算比率是否合理。

⑤纳税人自产自用的产品是否纳税。

⑥纳税人开采或者生产不同税目的产品，是否分别核算纳税；未分别核算的，是否有从低选择税率的问题。

⑦纳税人本期各税目、税额与上期应纳税额、上年同期应纳税额相比有无较大差异，能否合理解释。

⑧减税、免税项目的课税数量是否单独核算；未单独核算或者不能准确提供课税数量的，是否按规定申报缴纳了资源税。

⑨与上期申报表进行比对，审核增减变化情况，并与同期矿产资源补偿费增减变化进行比对。

⑩审核扣缴义务人取得的资源税管理证明。

⑪审核利润表中的应税矿产品"销售(营业)收入"与企业产品产销明细表中应税矿产品产量比率增减变化情况，同时与申报表中资源税申报额进行比对，审核增减变化情况。

⑫审核纳税人申报的课税数量与其利润表中的"主营业务收入"或者"其他业务收入"的比率是否合理，以期发现纳税人有无少申报课税数量的情况。

⑬是否有将销售收入直接记入"营业外收入""盈余公积"等账户。

⑭是否有将已实现的销售收入挂"应付账款"账户，不结转销售收入。

⑮审核应税产品期初库存量加当期产量减当期销量减当期自用量是否与期末库存量一致。

⑯其他需要审核、分析的内容。

八、纳税评估结果处理

纳税评估结果做出之后，纳税管理部门和企业应对不同的纳税评估结果，采取不同的处理方式，主要分为以下几种：

(1)对纳税评估中发现的计算和填写错误、政策和程序理解偏差等一般性问题，或存在的疑点问题经约谈、举证、调查核实等程序认定事实清楚，不具有偷税等违法嫌疑，无须立案查处的，可提请纳税人自行改正。需要纳税人自行补充的纳税资料，以及需要纳税人自行补正申报、补缴税款、调整账目的，税务部门应督促纳税人按照税法规定逐项落实。

(2)对纳税评估中发现的需要提请纳税人进行陈述说明、补充提供举证资料等问题，应由主管税务部门约谈纳税人。税务约谈要经所在税源管理部门批准并事先发出税务约谈通知书，提前通知纳税人。

税务约谈的对象主要是企业财务会计人员。因评估工作需要，必须约谈企业其他相关人员的，应经税源管理部门批准并通过企业财务部门进行安排。纳税人因特殊困难不能按时接受税务约谈的，可向税务部门说明情况，经批准后延期进行。纳税人可以委托具有执业资格的税务代理人进行税务约谈。税务代理人代表纳税人进行税务约谈时，应向税务部门提交纳税人委托代理合法证明。

(3)对评估分析和税务约谈中发现的必须到生产经营现场了解情况、审核账目凭证的，应经所在税源管理部门批准，由税收管理员进行实地调查核实。对调查核实的情况，要做认真记录。需要处理处罚的,要严格按照规定的权限和程序执行。

(4)发现纳税人有偷税、逃避追缴欠税、骗取出口退税、抗税或其他需要立案查处的税收违法行为嫌疑的,要移交税务稽查部门处理。对税源管理部门移交稽查部门处理的案件,税务稽查部门要将处理结果定期向税源管理部门反馈。

发现外商投资和外国企业与其关联企业之间的业务往来不按照独立企业业务往来收取或支付价款、费用,需要调查、核实的,应移交上级税务部门国际税收管理部门(或有关部门)处理。

(5)对纳税评估工作中发现的问题要做出评估分析报告,提出进一步加强征管工作的建议,并将评估工作内容、过程、证据、依据和结论等记入纳税评估工作底稿。纳税评估分析报告和纳税评估工作底稿是税务部门内部资料,不发纳税人,不作为行政复议和诉讼的依据。

九、纳税评估工作管理

为了强化税源管理,提高管理质量和效率,防范和降低征纳双方的税收风险,在纳税评估工作管理中,基层税务及其税源管理部门应当注意以下几个方面:

(1)基层税务部门及其税源管理部门要根据所辖税源的规模、管户的数量等工作实际情况,结合自身纳税评估的工作能力,制定评估工作计划,合理确定纳税评估工作量,要保证每年至少对重点税源户重点评估分析一次。

(2)基层税务部门及其税源管理部门要充分利用现代化信息手段,广泛收集和积累纳税人各类涉税信息,不断提高评估工作水平;要经常对评估结果进行分析研究,提出加强征管工作的建议;要做好评估资料整理工作,本着"简便、实用"的原则,建立纳税评估档案,妥善保管纳税人报送的各类资料,并注重保护纳税人的商业秘密和个人隐私;要建立健全纳税评估工作岗位责任制、岗位轮换制、评估复查制和责任追究制等各项制度,加强对纳税评估工作的日常检查与考核;要加强对从事纳税评估工作人员的培训,不断提高纳税评估工作人员的综合素质和评估能力。

(3)各级税务部门的征管部门负责纳税评估的组织协调工作,制定纳税评估工作业务规程,建立健全纳税评估规章制度和反馈机制,指导基层税务部门开展纳税评估工作,明确纳税评估职责分工,并定期对评估工作开展情况进行总结和交流。

各级税务部门的计划统计部门负责对税收完成情况、税收与经济的对应规律、总体税源和税负的增减变化等情况进行定期的宏观分析,为基层税务部门开展纳税评估提供依据和指导。

各级税务部门的专业管理部门(包括各税种、国际税收、出口退税管理部门以及县级税务部门的综合业务部门)负责进行行业税负监控、建立各税种的纳税评估指标体系、测算指标预警值、制定分税种的具体评估方法,为基层税务部门开展纳税评估工作提供依据和指导。

(4)从事纳税评估的工作人员，在纳税评估工作中徇私舞弊或者滥用职权，或为有涉嫌税收违法行为的纳税人通风报信致使其逃避查处的，或瞒报评估真实结果、应移交案件不移交的，或致使纳税评估结果失真、给纳税人造成损失的，不构成犯罪的，由税务部门按照有关规定给予行政处分；构成犯罪的，要依法追究刑事责任。

(5)各级国家税务局、地方税务局要加强纳税评估工作的协作，提高相关数据信息的共享程度，简化评估工作程序，提高评估工作实效，最大限度地方便纳税人。

第五节　税务检查与担保制度

一、税务检查制度

税务检查制度是税务部门根据国家税法和财务会计制度的规定，对纳税人履行纳税义务的情况进行监督、审查的制度。税务检查是税收征收管理的重要内容，也是税务监督的重要组成部分。

(一)税务检查方法

(1)全查法。全查法是对被查纳税人一定时期内所有会计凭证、账簿、报表及各种存货进行全面、系统检查的一种方法。

(2)抽查法。抽查法是对被查纳税人一定时期内的会计凭证、账簿、报表及各种存货抽取一部分进行检查的一种方法。

(3)顺查法。顺查法与逆查法对称，是对被查纳税人按照其会计核算的顺序，依次检查会计凭证、账簿、报表，并将其相互核对的一种检查方法。

(4) 逆查法。逆查法与顺查法对称，指逆会计核算的顺序，依次检查会计报表、账簿及凭证，并将其相互核对的一种稽查方法。

(5)现场检查法。现场检查法与调账检查法对称，是指税务部门派人员到被查纳税人的办公地点对其账务资料进行检查的一种方法。

(6)调账检查法。调账检查法与现场检查法对称，是指将被查纳税人的账务资料调到税务部门进行检查的一种方法。

(7)比较分析法。比较分析法是将被查纳税人检查期有关财务指标的实际完成数进行纵向或横向比较，分析其异常变化情况，从中发现纳税问题线索的一种方法。

(8)控制计算法。控制计算法也称逻辑推算法，是指根据被查纳税人财务数据的相互关系，用可靠或科学测定的数据，验证其检查期账面记录或申报的资料是否正确的一种检查方法。

(9)审阅法。审阅法是指对被查纳税人的会计账簿、凭证等账务资料，通过直观的审查阅览，发现在纳税方面存在问题的一种检查方法。

(10)核对法。核对法是指通过对被查纳税人的各种相关联的会计凭证、账簿、报表及实物进行相互核对，验证其在纳税方面存在问题的一种检查方法。

(11)观察法。观察法是指通过观察被查纳税人的生产经营场所、仓库、工地等现场，实地观察其生产经营及存货等情况，以发现纳税问题或验证账中可疑问题的一种检查方法。

(12)外调法。外调法是指对被查纳税人有怀疑或已掌握一定线索的经济事项，通过向与其有经济联系的单位或个人进行调查，予以查证核实的一种方法。

(13)盘存法。盘存法是指通过对被查纳税人的货币资金、存货及固定资产等实物进行盘点清查，核实其账实是否相符，进而发现纳税问题的一种检查方法。

(14)交叉稽核法。国家为加强增值税专用发票管理，应用计算机将开出的增值税专用发票抵扣联与存根联进行交叉稽核，以查出虚开及假开发票行为，避免国家税款流失。目前这种方法通过"金税工程"体现，对利用增值税专用发票偷逃税款行为起到了极大的遏制作用。

(二)税务检查职责

1. 税务部门有权进行下列检查：

(1)检查纳税人的账簿、记账凭证、报表和有关资料，检查扣缴义务人代扣代缴、代收代缴税款账簿、记账凭证和有关资料。因检查需要时，经县以上税务局(分局)局长批准，可以将纳税人、扣缴义务人以前会计年度的账簿、记账凭证、报表和其他有关资料调回税务部门检查，但税务部门必须向纳税人、扣缴义务人开付清单，并在3个月内完整退还；有特殊情况的，经设区的市、自治州以上税务局局长批准，税务部门可以将纳税人、扣缴义务人当年的账簿、记账凭证、报表和其他有关资料调回检查，但税务部门必须在30日内退还。

(2)到纳税人的生产、经营场所和货物存放地检查纳税人应纳税的商品、货物或者其他财产，检查扣缴义务人与代扣代缴、代收代缴税款有关的经营情况。

(3)责成纳税人、扣缴义务人提供与纳税或者代扣代缴、代收代缴税款有关的文件、证明材料和有关资料。

(4)询问纳税人、扣缴义务人与纳税或者代扣代缴、代收代缴税款有关的问题和情况。

(5)到车站、码头、机场、邮政企业及其分支机构检查纳税人托运、邮寄、应税商品、货物或者其他财产的有关单据凭证和资料。

(6)经县以上税务局(分局)局长批准，凭全国统一格式的检查存款账户许可证明，查询从事生产、经营的纳税人、扣缴义务人在银行或者其他金融机构的存款账户。税务部门在调查税收违法案件时，经设区的市、自治州以上税务局(分局)局长批准，可以查询案件涉嫌人员的储蓄存款。税务部门查询所获得的资料，不得用于税收以外的用途。上述所称的“经设区的市、自治州以上税务局局长”包括地(市)一级(含直辖市下设区)的税务局局长。税务部门查询的内容,包括纳税人存款账户余额和资金往来情况。查询时应当指定专人负责,凭全国统一格式的检查存款账户许可证明进行,并有责任为被检查人保守秘密。

2. 税务部门对纳税人以前纳税期的纳税情况依法进行税务检查时,发现纳税人有逃避纳税义务的行为,并有明显的转移、隐匿其应纳税的商品、货物、其他财产或者应纳税收入的迹象的,可以按照批准权限采取税收保全措施或者强制执行措施。这里的批准权限是指县级以上税务局(分局)局长批准。税务部门采取税收保全措施的期限一般不得超过6个月;重大案件需要延长的,应当报国家税务总局批准。

3. 纳税人、扣缴义务人必须接受税务部门依法进行的税务检查,如实反映情况,提供有关资料,不得拒绝、隐瞒。

4. 税务部门依法进行税务检查时,有权向有关单位和个人调查纳税人、扣缴义务人和其他当事人与纳税或者代扣代缴、代收代缴税款有关的情况。有关单位和个人有义务向税务部门如实提供有关资料及证明材料。

5. 税务部门调查税务违法案件时,对与案件有关的情况和资料,可以记录、录音、录像、照相和复制。

6. 税务人员进行税务检查时,应当出示税务检查证和税务检查通知书;无税务检查证和税务检查通知书的,纳税人、扣缴义务人及其他当事人有权拒绝检查。税务部门对集贸市场及集中经营业户进行检查时,可以使用统一的税务检查通知书。

税务部门对纳税人、扣缴义务人及其他当事人处以罚款或者没收违法所得时,应当开付罚没凭证;未开付罚没凭证的,纳税人、扣缴义务人以及其他当事人有权拒绝给付。对采用电算化会计系统的纳税人,税务部门有权对其会计电算化系统进行检查,并可复制与纳税有关的电子数据作为证据。

税务部门进入纳税人电算化系统进行检查时,有责任保证纳税人会计电算化系统的安全性,并保守纳税人的商业秘密。

二、纳税担保

纳税担保是指经税务部门同意或确认,纳税人或其他自然人、法人、经济组织以保证、抵押、质押的方式,为纳税人应当缴纳的税款及滞纳金提供担保的行为。

(一)纳税保证

纳税保证,是指纳税保证人向税务部门保证,当纳税人未按照税收法律、行政法规规定或者税务部门确定的期限缴清税款、滞纳金时,由纳税保证人按照约定履行缴纳税款及滞纳金的行为。

1. 纳税保证人

纳税保证人是指在中国境内具有纳税担保能力的自然人、法人或者其他经济组织。法人或其他经济组织财务报表资产净值超过需要担保的税额及滞纳金2倍以上的，自然人、法人或其他经济组织所拥有或者依法可以处分的未设置担保的财产的价值超过需要担保的税额及滞纳金的，为具有纳税担保能力。

国家部门，学校、幼儿园、医院等事业单位、社会团体不得作为纳税保证人。企业法人的职能部门不得作为纳税保证人。企业法人的分支机构有法人书面授权的，可以在授权范围内提供纳税担保。

有以下情形之一的，不得作为纳税保证人：

(1)有偷税、抗税、骗税、逃避追缴欠税行为，被税务部门、司法部门追究过法律责任未满2年的。

(2)因有税收违法行为正在被税务部门立案处理或涉嫌刑事犯罪被司法部门立案侦查的。

(3)纳税信誉等级被评为C级以下的。

(4)在主管税务部门所在地的市(地、州)没有住所的自然人或税务登记不在本市(地、州)的企业。

(5)无民事行为能力或限制民事行为能力的自然人。

(6)与纳税人存在担保关联关系的。

(7)有欠税行为的。

2. 纳税担保范围

纳税担保范围包括税款、滞纳金和实现税款、滞纳金的费用。费用包括抵押、质押登记费用，质押保管费用，以及保管、拍卖、变卖担保财产等相关费用支出。纳税人有下列情况之一的，适用纳税担保：

(1)税务部门有根据认为从事生产、经营的纳税人有逃避纳税义务行为，在规定的纳税期之前经责令其限期缴纳应纳税款，在限期内发现纳税人有明显的转移、隐匿其应纳税的商品、货物以及其他财产或者应纳税收入的迹象，责成纳税人提供纳税担保的。

(2)欠缴税款、滞纳金的纳税人或者其法定代表人需要出境的。

(3)纳税人同税务部门在纳税上发生争议而未缴清税款，需要申请行政复议的。

(4)税收法律、行政法规规定可以提供纳税担保的其他情形。

3. 纳税保证责任

纳税保证为连带责任保证，纳税人和纳税保证人对所担保的税款及滞纳金承担连带责任。保证人用于纳税担保的财产、权利的价值不得低于应当缴纳的税款、滞纳金，并考虑相关的费用。纳税担保的财产价值不足以抵缴税款、滞纳金的，税务部门应当向提供担保的纳税人或纳税担保人继续追缴。

用于纳税担保的财产、权利的价格估算，除法律、行政法规另有规定外，由税务部门按照《税收征管法实施细则》第 64 条的规定，参照同类商品的市场价、出厂价或者评估价估算。

4. 纳税担保时限

(1)纳税担保从税务部门在纳税担保书签字盖章之日起生效。

(2)保证期间为纳税人应缴纳税款期限届满之日起 60 日内，即税务部门自纳税人应缴纳税款的期限届满之日起 60 日内有权要求纳税保证人承担保证责任，缴纳税款、滞纳金。履行保证责任的期限为 15 日，即纳税保证人应当自收到税务部门的纳税通知书之日起 15 日内履行保证责任，缴纳税款及滞纳金。纳税保证期间内税务部门未通知纳税保证人缴纳税款及滞纳金以承担担保责任的，纳税保证人免除担保责任。

(3)纳税人在规定的期限届满未缴清税款及滞纳金，税务部门在保证期限内书面通知纳税保证人的，纳税保证人应按照纳税担保及约定的范围，自收到纳税通知书之日起 15 日内缴纳税款及滞纳金，履行担保责任。

(二)纳税抵押

纳税抵押是指纳税人或纳税担保人不转移下列可抵押财产的占有，将该财产作为税款及滞纳金的担保。纳税人逾期未缴清税款及滞纳金的，税务部门有权依法处置该财产以抵缴税款及滞纳金。

1. 可抵押财产

(1)抵押人所有的房屋和其他地上定着物。

(2)抵押人所有的机器、交通运输工具和其他财产。

(3)抵押人依法有权处分的国有的房屋和其他地上定着物。

(4)抵押人依法有权处分的国有的机器、交通运输工具和其他财产。

(5)经设区的市、自治州以上税务部门确认的其他可以抵押的合法财产。以依法取得的国有土地上的房屋抵押的，该房屋占用范围内的国有土地使用权同时抵押。以乡(镇)、村企业的厂房等建筑物抵押的，其占用范围内的土地使用权同时抵押。

2. 财产不得抵押

(1)土地所有权。

(2)土地使用权，上述抵押范围规定的除外。

(3)学校、幼儿园、医院等以公益为目的的事业单位、社会团体、民办非企业单位的教育设施、医疗卫生设施和其他社会公益设施；学校、幼儿园、医院等以公益为目的的事业单位、社会团体，可以其教育设施、医疗卫生设施和其他社会公益设施以外的财产为其应缴纳的税款及滞纳金提供抵押。

(4)所有权、使用权不明或者有争议的财产。

(5)依法被查封、扣押、监管的财产。

(6)依法定程序确认为违法、违章的建筑物。

(7)法律、行政法规规定禁止流通的财产或者不可转让的财产。

(8)经设区的市、自治州以上税务部门确认的其他不予抵押的财产。

3. 抵押财产的处理

抵押期间，经税务部门同意，纳税人可以转让已办理登记的抵押物，并告知受让人转让物已经抵押的情况。纳税人转让抵押物所得的价款，应当向税务部门提前缴纳所担保的税款、滞纳金。超过部分，归纳税人所有；不足部分，由纳税人缴纳或提供相应的担保。

(三)纳税质押

纳税质押是指经税务部门同意，纳税人或纳税担保人将其动产或权利凭证移交税务部门占有，将该动产或权利凭证作为税款及滞纳金的担保。纳税人逾期未缴清税款及滞纳金的，税务部门有权依法处置该动产或权利凭证以抵缴税款及滞纳金。纳税质押分为动产质押和权利质押。动产质押包括现金以及其他除不动产以外的财产提供的质押。权利质押包括汇票、支票、本票、债券、存款单等权利凭证提供的质押。对于实际价值波动很大的动产或权利凭证，经设区的市、自治州以上税务部门确认，税务部门可以不接受其作为纳税质押。

关于质押的处理有以下三种方式：

(1)纳税担保人以其动产或财产权利为纳税人提供纳税质押担保的，按照纳税人提供质押担保的规定执行；纳税担保书和纳税担保财产清单须经纳税人、纳税担保人签字盖章并经税务部门确认。

(2)纳税人在规定的期限内未缴清税款、滞纳金的，税务部门应当在期限届满之日起15日内书面通知纳税担保人自收到纳税通知书之日起15日内缴纳担保的税款、滞纳金。

(3)纳税担保人未按照前款规定的期限缴纳所担保的税款、滞纳金，由税务部门责令限期在15日内缴纳；缴清税款、滞纳金的，税务部门自纳税担保人缴清税款及滞纳金之日起3个工作日内返还质押物、解除质押关系；逾期仍未缴纳的，经县以上税务局(分局)局长批准，税务部门依法拍卖、变卖质押物，抵缴税款、滞纳金。

(四)法律责任

(1)纳税人、纳税担保人采取欺骗、隐瞒等手段提供担保的，由税务部门处以1 000元以下的罚款；属于经营行为的，处以10 000元以下的罚款。

(2)非法为纳税人、纳税担保人实施虚假纳税担保提供方便的，由税务部门处以1 000元以下的罚款。

(3)纳税人采取欺骗、隐瞒等手段提供担保，造成应缴税款损失的，由税务部门按照《征管法》第68条规定处以未缴、少缴税款50%以上5倍以下的罚款。

(4)税务部门负有妥善保管质押物的义务。因保管不善致使质押物灭失或者毁损，或未经纳税人同意擅自使用、出租、处分质押物而给纳税人造成损失的，税务部门应当对直接损失承担赔偿责任。纳税义务期限届满或担保期间，纳税人或者纳税担保人请求税务部门及时行使权力，而税务部门怠于行使权力致使质押物价格下跌造成损失的，税务部门应当对直接损失承担赔偿责任。

(5)税务部门工作人员有下列情形之一的，根据情节轻重给予行政处分：①违反本办法规定，对符合担保条件的纳税担保，不予同意或故意刁难的；②违反本办法规定，对不符合担保条件的纳税担保，予以批准，致使国家税款及滞纳金遭受损失的；③私分、挪用、占用、擅自处分担保财物的；④其他违法情形。

思考题

1. 税务登记的四种类型中，纳税人的情况以及登记时限分别是什么？
2. 账簿设置和保管有哪些要求？
3. 发票印制、领购、开具和保管有哪些要求？
4. 现行的纳税申报方式有哪几种？今后应如何改进？
5. 税收保全措施和税收强制执行措施的不同点、相同点以及两者之间的关系是什么？
6. 税务检查的形式、方法和职责有哪些？
7. 纳税保证、纳税抵押与纳税质押有什么不同？

第十三章　税务行政法制与税务服务

税务行政法制是税法体系中有关程序法的内容，主要阐述纳税人及其他税务当事人违反税法规定的处罚程序、税收征管过程中税务争议的处理程序以及税务部门应承担的行政赔偿责任等。

第一节　税务行政法制与税务司法

一、税务行政处罚

税务行政处罚是指公民、法人或者其他组织有违反税收征收管理秩序的违法行为，尚未构成犯罪，依法应当承担行政责任的，由税务部门给予行政处罚。

（一）税务行政处罚的原则

（1）法定原则。对公民和组织实施税务行政处罚必须有法定依据，无明文规定不得处罚。税务行政处罚必须由法定的国家部门在其职权范围内按照法定程序设定和实施。

（2）公正、公开原则。公正就是要防止偏听偏信，要使当事人了解其违法行为的性质，并给其申辩的机会。公开，一是指税务行政处罚的规定要公开，凡是需要公开的法律规范都要事先公布；二是指处罚程序要公开，如依法举行听证会等。

（3）以事实为依据原则。

（4）过罚相当原则。过罚相当是指在税务行政处罚的设定和实施方面，都要根据税务违法行为的性质、情节、社会危害性的大小而定，防止畸轻畸重或者“一刀切”的行政处罚现象。

（5）处罚与教育相结合原则。税务行政处罚的目的是纠正违法行为，教育公民自觉守法，处罚只是手段。因此，税务部门在实施行政处罚时，要责令当事人改正或者限期改正违法行为，对情节轻微的违法行为也不一定都实施处罚。

（6）监督、制约原则。对税务部门实施行政处罚实行两方面的监督制约：一是内部的，如对违法行为的调查与处罚决定的分开，决定罚款的部门与收缴的机构分离，当场做出的处罚决定向所属行政部门备案等。二是外部的，包括税务系统上下级之间的监督制约和司法监督，具体体现主要是税务行政复议和诉讼。

(二)税务行政处罚的设定和种类

1. 税务行政处罚的设定

税务行政处罚的设定是指由特定的国家部门通过一定形式首次独立规定公民、法人或者其他组织的行为规范,并规定违反该行为规范的行政制裁措施。我国现行税收法制的原则是税权集中、税法统一,税收的立法权主要集中在中央。

(1)全国人民代表大会及其常务委员会可以通过法律的形式设定各种税务行政处罚。

(2)国务院可以通过行政法规的形式设定除限制人身自由以外的税务行政处罚。

(3)国家税务总局可以通过规章的形式设定警告和罚款。税务行政规章对非经营活动中的违法行为设定罚款不得超过 1 000 元;对经营活动中的违法行为,有违法所得的,设定罚款不得超过违法所得的 3 倍,且最高不得超过 3 万元,没有违法所得的,设定罚款不得超过 1 万元;超过限额的,应当报国务院批准。

省、自治区、直辖市和计划单列市国家税务局、地方税务局及其以下各级税务部门制定的税收法律、法规、规章以外的规范性文件,在税收法律、法规、规章规定给予行政处罚的行为、种类和幅度的范围内做出具体规定,是一种执行税收法律、法规、规章的行为,不是对税务行政处罚的设定。因此,这类规范性文件与行政处罚法规定的处罚设定原则并不矛盾,是有效的,是可以执行的。

2. 税务行政处罚的种类

根据税务行政处罚的设定原则,税务行政处罚的种类是可变的,它将随着税收法律、法规、规章设定的变化而变化或者增减。根据税法的规定,现行税务行政处罚种类主要有四种:(1)罚款;(2)没收非法所得;(3)停止出口退税权;(4)收缴发票和暂停供应发票。

(三)税务行政处罚的主体与管辖

1. 主体

税务行政处罚的实施主体主要是县以上的税务部门。税务部门是指能够独立行使税收征收管理职权,具有法人资格的行政部门。我国税务部门的组织构成包括国家税务总局,省、自治区、直辖市国家税务局和地方税务局,地(市、州、盟)国家税务局和地方税务局,县(市、旗)国家税务局和地方税务局四级。这些税务部门都具有税务行政处罚主体资格。

各级税务部门的内设机构、派出机构不具处罚主体资格,不能以自己的名义实施税务行政处罚。但是税务所可以实施罚款额在 2 000 元以下的税务行政处罚。这是《征管法》对税务所的特别授权。

2. 管辖

根据《行政处罚法》和《征管法》的规定,税务行政处罚由当事人税收违法行为发生地的县(市、旗)以上税务部门管辖。这一管辖原则有以下几层含义:(1)从税务行政处罚的地域管辖来看,税务行政处罚实行行为发生地原则。只有当事人违法行为发生地的税务部门才有权对当事人实施处罚，其他地方的税务部门则无权实施。(2)从税务行政处罚的级别管辖来看，必须是县(市、旗)以上的税务部门。法律特别授权的税务所除外。(3)从税务行政处罚的管辖主体的要求来看，必须有税务行政处罚权。

(四)税务行政处罚的简易程序

税务行政处罚的简易程序是指税务部门及其执法人员对于公民、法人或者其他组织违反税收征收管理秩序的行为，当场做出税务行政处罚决定的行政处罚程序。简易程序的适用条件包括：一是案情简单、事实清楚、违法后果比较轻微且有法定依据应当给予处罚的违法行为；二是给予的处罚较轻，仅适用于对公民处以 50 元以下和对法人或者其他组织处以1 000元以下罚款的违法案件。

税务行政执法人员当场制作的税务行政处罚决定书，应当报所属税务部门备案。

(五)税务行政处罚的一般程序

除了适用简易程序的税务违法案件外，对于其他违法案件，税务部门在做出处罚决定之前都要经过立案、调查取证(有的案件还要举行听证)、审查、决定、执行程序。适用一般程序的案件一般是情节比较复杂、处罚比较重的案件。

1. 调查与审查

对税务违法案件的调查取证由税务部门内部设立的调查机构(如管理、检查机构)负责。调查机构进行调查取证后，对依法应当给予行政处罚的，应及时提出处罚建议，以税务部门的名义制作税务行政处罚事项告知书并送达当事人，告知当事人做出处罚建议的事实、理由和依据，以及当事人依法享有的陈述申辩或要求听证的权利。调查终结，调查机构应当制作调查报告，并及时将调查报告连同所有案卷材料移交审查机构审查。

对税务违法案件的审查由税务部门内部设立的比较超脱的机构(如法制机构)负责。审查机构收到调查机构移交的案卷后，应对案卷材料进行登记，填写税务案件审查登记簿。审查机构应在自收到调查机构移交案卷之日起 10 日内审查终结，制作审查报告，并连同案卷材料报送税务部门负责人审批。

2. 听证

听证是指税务部门在对当事人某些违法行为做出处罚决定之前，按照一定形式听取调查人员和当事人意见的程序。税务行政处罚听证的范围是对公民做出2 000元以上或者对法人或其他组织做出 1 万元以上罚款的案件。税务行政处罚听证主持人应由税务部门内设的非本案调查机构的人员(如法制机构工作人员)担任。听证结束后，主持人应当制作听证报告并连同听证笔录附卷移交审查机构审查。

3. 决定

审查机构做出审查意见并报送税务部门负责人审批后，应当在收到审批意见之日起 3 日内，根据不同情况分别制作以下处理决定书再报税务部门负责人签发：(1)有应受行政处罚的违法行为的，根据情节轻重及具体情况予以处罚；(2)违法行为轻微、依法可以不予行政处罚的，不予行政处罚；(3)违法事实不能成立，不得予以行政处罚；(4)违法行为已构成犯罪的，移送公安部门。

税务部门做出罚款决定的行政处罚决定书应当载明罚款代收机构的名称、地址和当事人应当缴纳罚款的数额、期限等，并明确当事人逾期缴纳是否加处罚款。

(六)税务行政处罚的执行

税务部门做出行政处罚决定后，应当依法送达当事人执行。税务行政处罚的执行是指履行税务部门依法做出的行政处罚决定的活动。税务部门依法做出行政处罚决定后，当事人应当在行政处罚决定规定的期限内，予以履行。当事人在法定期限内不申请复议又不起诉，并且在规定期限内又不履行的，税务部门可以依法强制执行或者申请法院强制执行。

税务部门对当事人做出罚款行政处罚决定的，当事人应当在收到行政处罚决定书之日起15日内缴纳罚款，到期不缴纳的，税务部门可以对当事人每日按罚款数额的3%加处罚款。

二、税务行政复议

税务行政复议是我国行政复议制度的一个重要组成部分。税务行政复议是指当事人(纳税人、扣缴义务人、纳税担保人及其他税务当事人)不服税务部门及其工作人员做出的税务具体行政行为，依法向上一级税务部门(复议部门)提出申请，复议部门经审理对原税务部门具体行政行为依法做出维持、变更、撤销等决定的活动。

对于大多数行政案件来说，当事人可以选择行政复议或者行政诉讼程序解决。当事人对行政复议决定不服的，可以向法院提起行政诉讼。税务行政复议是税务行政诉讼的必经前置程序，未经复议不能向法院起诉；经复议仍不服的，才能起诉。对于因处罚、保全措施及强制执行引起的争议，当事人可以选择适用复议或诉讼程序，如选择复议程序，对复议决定仍不服的，可以向法院起诉。

(一)税务行政复议的受案范围

根据《征管法》《行政复议法》和《税务行政复议规则(试行)》的规定，税务行政复议的受案范围仅限于税务部门做出的税务具体行政行为。税务具体行政行为是指税务部门及其工作人员在税务行政管理活动中行使行政职权，针对特定的公民、法人或者其他组织，就特定的具体事项，做出的有关该公民、法人或者其他组织权利、义务的单方行为。主要包括：

(1)税务部门做出的征税行为，包括确认纳税主体、征税对象、征税范围、减税、免税及退税、适用税率、计税依据、纳税环节、纳税期限、纳税地点以及税款征收方式等具体行政行为和征收税款、加收滞纳金及扣缴义务人、受税务部门委托征收的单位做出的代扣代缴行为。

(2)税务部门做出的税收保全措施：①书面通知银行或者其他金融机构冻结纳税人存款；②扣押、查封商品、货物或其他财产。

(3)税务部门未及时解除税收保全措施，使纳税人及其他当事人合法权益遭受损失的行为。

(4)税务部门做出的税收强制执行措施：①书面通知银行或者其他金融机构从当事人存款中扣缴税款；②拍卖或者变卖扣押、查封的商品、货物或其他财产。

(5)税务部门做出的税务行政处罚行为：①罚款；②没收非法所得；③停止出口退税权。

(6)税务部门不予依法办理或答复的行为：①不予审批减免税或出口退税；②不予抵扣税款；③不予退还税款；④不予颁发税务登记证、发售发票；⑤不予开具完税凭证和出具票据；⑥不予认定为增值税一般纳税人；⑦不予核准延期申报；⑧批准延期缴纳税款。

(7)税务部门做出的取消增值税一般纳税人资格的行为。

(8)收缴发票、停止发售发票。

(9)税务部门责令纳税人提供纳税担保或者不依法确认纳税担保有效的行为。

(10)税务部门不依法给予举报奖励的行为。

另外，《税务行政复议规则(试行)》规定，纳税人可以对税务部门做出的具体行政行为所依据的规定提出行政复议申请，如：(1)国家税务总局和国务院其他部门的规定；(2)其他各级税务部门的规定；(3)地方各级人民政府的规定；(4)地方人民政府工作部门的规定。

(二)税务行政复议管辖

(1)对各级税务部门做出的具体行政行为不服的，向其上一级税务部门申请行政复议。对省、自治区、直辖市地方税务局做出的具体行政行为不服的，可以向国家税务总局或者省、自治区、直辖市人民政府申请行政复议。

(2)对国家税务总局做出的具体行政行为不服的，向国家税务总局申请行政复议。对行政复议决定不服，申请人可以向人民法院提起行政诉讼，也可以向国务院申请裁决，国务院的裁决为终局裁决。

(3)对上述第(1)条、第(2)条规定以外的其他税务部门、组织等做出的具体行政行为不服的，按照下列规定申请行政复议：①对计划单列市税务局做出的具体行政行为不服的，向省税务局申请行政复议。②对税务所、各级税务局的稽查局做出的具体行政行为不服的，向其主管税务局申请行政复议。③对扣缴义务人做出的扣缴税款行为不服的，向主管该扣缴义务人的税务部门的上一级税务部门申请行政复议；对受税务部门委托的单位做出的代征税款行为不服的，向委托税务部门的上一级税务部门申请行政复议。④对国税局(稽查局、税务所)与地税局(稽查局、税务所)共同做出的具体行政行为不服的，向国家税务总局申请行政复议；对税务部门与其他行政部门共同做出的具体行政行为不服的，向其共同上一级行政部门申请行政复议。⑤对被撤销的税务部门在撤销前所做出的具体行政行为不服的，向继续行使其职权的税务部门的上一级税务部门申请行政复议。有前款②、③、④、⑤项所列情形之一的，申请人也可以向具体行政行为发生地的县级地方人民政府提出行政复议申请，由接受申请的县级地方人民政府依法进行转送。

（三）税务行政复议申请

（1）申请人可以在知道税务部门做出具体行政行为之日起 60 日内提出行政复议申请。因不可抗力或者被申请人设置障碍等其他正当理由耽误法定申请期限的，申请期限自障碍消除之日起继续计算。

（2）扣缴义务人及纳税担保人对复议范围第 1 项和第 6 项第①、②、③目行为不服的，应当先向复议部门申请行政复议；对行政复议决定不服，可以再向人民法院提起行政诉讼。申请人按前款规定申请行政复议的，必须先依照税务部门根据法律、行政法规确定的税额、期限，缴纳或者解缴税款及滞纳金或者提供相应的担保，方可在实际缴清税款和滞纳金后或者所提供的担保得到做出具体行政行为的税务部门确认之日起 60 日内提出行政复议申请。申请人提供担保的方式包括保证、抵押及质押。

（3）申请人对复议范围第 1 项和第 6 项第①、②、③目以外的其他具体行政行为不服的，可以申请行政复议，也可以直接向人民法院提起行政诉讼。

（4）申请人申请行政复议，可以书面申请，也可以口头申请。口头申请的，复议部门应当当场记录申请人的基本情况、行政复议请求以及申请行政复议的主要事实、理由和时间。

（5）依法提起行政复议的纳税人及其他当事人为税务行政复议申请人，具体是指纳税义务人、扣缴义务人、纳税担保人和其他当事人。有权申请行政复议的公民死亡的，其近亲属可以申请行政复议；有权申请行政复议的公民为无行为能力人或者限制行为能力人，其法定代理人可以代理申请行政复议。有权申请行政复议的法人或者其他组织发生合并、分立或终止的，承受其权利义务的法人或者其他组织可以申请行政复议。与申请行政复议的具体行政行为有利害关系的其他公民、法人或者其他组织，可以作为第三人参加行政复议。虽非具体行政行为的相对人，但其权利直接被该具体行政行为所剥夺、限制或者被赋予义务的第三人，在行政管理相对人没有申请行政复议时，可以单独申请行政复议。申请人、第三人可以委托代理人代为参加行政复议；被申请人不得委托代理人代为参加行政复议。

（6）纳税人及其他当事人对税务部门的具体行政行为不服，申请行政复议的，做出具体行政行为的税务部门是被申请人。

（7）申请人向复议部门申请行政复议，复议部门已经受理的，在法定行政复议期限内申请人不得再向人民法院提起行政诉讼；申请人向人民法院提起行政诉讼，人民法院已经依法受理的，不得申请行政复议。

（四）税务行政复议受理

复议部门收到行政复议申请后，应当在5日内进行审查，决定是否受理。对不符合本规则规定的行政复议申请，决定不予受理，并书面告知申请人。对有下列情形之一的行政复议申请，决定不予受理：(1)不属于行政复议的受案范围；(2)超过法定的申请期限；(3)没有明确的被申请人和行政复议对象；(4)已向其他法定复议部门申请行政复议，且被受理；(5)已向人民法院提起行政诉讼，人民法院已经受理；(6)申请人就纳税发生争议，没有按规定缴清税款、滞纳金，并且没有提供担保或者担保无效；(7)申请人不具备申请资格。

对不属于本部门受理的行政复议申请，应当告知申请人向有关复议部门提出。复议部门收到行政复议申请后未按前款规定期限审查并做出不予受理决定的，视为受理。对符合规定的行政复议申请，自复议部门法制工作机构收到之日起即为受理；受理行政复议申请，应当书面告知申请人。

对应当先向复议部门申请行政复议，对行政复议决定不服再向人民法院提起行政诉讼的具体行政行为，复议部门决定不予受理或者受理后超过复议期限不作答复的，纳税人及其他当事人可以自收到不予受理决定书之日起或者行政复议期满之日起15日内，依法向人民法院提起行政诉讼。

纳税人及其他当事人依法提出行政复议申请，复议部门无正当理由而不予受理且申请人没有向人民法院提起行政诉讼的，上级税务部门应当责令其受理；必要时，上级税务部门也可以直接受理。

行政复议期间具体行政行为不停止执行。但有下列情形之一的，可以停止执行：(1)被申请人认为需要停止执行的；(2)复议部门认为需要停止执行的；(3)申请人申请停止执行，复议部门认为其要求合理，决定停止执行的；(4)法律规定停止执行的。

行政复议期间，有下列情形之一的，行政复议中止：(1)申请人死亡，须等待其继承人表明是否参加行政复议的；(2)申请人丧失行为能力，尚未确定法定代理人的；(3)作为一方当事人的行政部门、法人或者其他组织终止，尚未确定其权利义务承受人的；(4)因不可抗力原因，致使复议部门暂时无法调查了解情况的；(5)依照《税务行政复议规则（试行）》第39条和第40条规定，依法对具体行政行为的依据进行处理的；(6)案件的结果须以另一案件的审查结果为依据，而另一案件尚未审结的；(7)申请人请求被申请人履行法定职责，被申请人正在履行的；(8)其他应当中止行政复议的情形。

行政复议中止应当书面告知当事人。中止行政复议的情形消除后，应当立即恢复行政复议。行政复议期间，有下列情形之一的，行政复议终止：(1)行政复议决定做出前，申请人要求撤回行政复议申请的。(2)行政复议申请受理后，发现其他复议部门或者人民法院已经先于本部门受理的。(3)申请人死亡，没有继承人或者继承人放弃行政复议权利的。(4)作为申请人的法人或者其他组织终止后，其权利义务的承受人放弃行政复议权利的；因行政复议中止第(1)、(2)、(3)项原因中止行政复议满60日仍无人继续复议的，行政复议终止，但有正当理由的除外。(5)行政复议申请受理后，发现不符合受理条件的，行政复议终止，应当书面告知当事人。

(五)税务行政复议决定

行政复议原则上采用书面审查的办法，但是申请人提出要求或者法制工作机构认为有必要时，应当听取申请人、被申请人和第三人的意见，并可以向有关组织和人员调查了解情况。复议部门对被申请人做出的具体行政行为所依据的事实证据、法律程序、法律依据及设定的权利义务内容的合法性、适当性进行全面审查。

复议部门法制工作机构应当自受理行政复议申请之日起7日内，将行政复议申请书副本或者行政复议申请笔录复印件发送被申请人。被申请人应当自收到申请书副本或者申请笔录复印件之日起10日内，提出书面答复，并提交当初做出具体行政行为的证据、依据和其他有关材料。行政复议决定做出前，申请人要求撤回行政复议申请的，可以撤回，但不得以同一基本事实或理由重新申请复议。

申请人在申请行政复议时可以一并提出行政赔偿请求，复议部门对符合国家赔偿法的有关规定应当给予赔偿的，在决定撤销、变更具体行政行为或者确认具体行政行为违法时，应当同时决定被申请人依法给予赔偿。申请人在申请行政复议时没有提出行政赔偿请求的，复议部门在依法决定撤销或者变更原具体行政行为确定的税款、滞纳金、罚款以及对财产的扣押、查封等强制措施时，应当同时责令被申请人退还税款、滞纳金和罚款，解除对财产的扣押、查封等强制措施，或者赔偿相应的价款。

复议部门应当自受理申请之日起60日内做出行政复议决定。情况复杂，不能在规定期限内做出行政复议决定的，经复议部门负责人批准，可以适当延长，并告知申请人和被申请人；但延长期限最多不得超过30日。复议部门做出行政复议决定，应当制作行政复议决定书，并加盖印章。行政复议决定书一经送达，即发生法律效力。

三、税务行政诉讼

行政诉讼是人民法院处理行政纠纷、解决行政争议的法律制度，与刑事诉讼、民事诉讼一起，共同构筑起现代国家的诉讼制度。具体来讲，行政诉讼是指公民、法人和其他组织认为行政部门及其工作人员的具体行政行为侵犯其合法权益，依照行政诉讼法向人民法院提起诉讼，由人民法院进行审理并做出裁判的诉讼制度和诉讼活动。

(一)税务行政诉讼的概念

税务行政诉讼是指公民、法人和其他组织认为税务部门及其工作人员的具体税务行政行为违法或者不当，侵犯了其合法权益，依法向人民法院提起行政诉讼，由人民法院对具体税务行政行为的合法性和适当性进行审理并做出裁判的司法活动。其目的是保证人民法院正确、及时审理税务行政案件，保护纳税人、扣缴义务人等当事人的合法权益，维护和监督税务部门依法行使行政职权。

从税务行政与税务行政复议及其他行政诉讼活动的比较中可以看出，税务行政诉讼具有以下特殊性：

1. 税务行政诉讼是由人民法院进行审理并做出裁判的一种诉讼活动

这是税务行政诉讼与税务行政复议的根本区别。税务行政复议和税务行政诉讼是解决税务行政争议的两条重要途径。由于税务行政争议范围广、数量多、专业性强，大量税务行政争议由税务部门以税务复议方式解决，只有由人民法院对税务行政争议进行审理并做出裁判的活动，才是税务行政诉讼。

2. 税务行政诉讼以解决税务行政争议为前提

这是税务行政诉讼与其他行政诉讼活动的根本区别，具体体现在：(1)被告必须是税务部门，或经法律、法规授权的行使税务行政管理权的组织，而不是其他行政部门或组织；(2)税务行政诉讼解决的争议发生在税务行政管理过程中；(3)因税款征纳问题发生的争议，当事人在向人民法院提起行政诉讼前，必须先经税务行政复议程序，即复议前置。

(二)税务行政诉讼的原则

除共有原则外(如人民法院独立行使审判权，实行合议、回避、公开、辩论、两审、终审等)，税务行政诉讼还必须遵循以下几个特有原则：

(1)人民法院特定主管原则。人民法院对税务行政案件只有部分管辖权，只能受理因具体行政行为引起的税务行政争议案。

(2)合法性审查原则。除审查税务部门是否滥用权力、税务行政处罚是否显失公正外，人民法院只对具体税务行为是否合法予以审查。与此相适应，人民法院原则上不直接判决变更具体行政行为。

(3)不适用调解原则。税收行政管理权是国家权力的重要组成部分，税务部门无权依自己意愿进行处置，因此，人民法院也不能对税务行政诉讼法律关系的双方当事人进行调解。

(4)起诉不停止执行原则。当事人不能以起诉为理由而停止执行税务部门所做出的具体行政行为，如税收保全措施和税收强制执行措施。

(5)税务部门负举证责任原则。由于税务行政行为是税务部门单方依一定事实和法律做出的，只有税务部门最了解做出该行为的证据。如果税务部门不提供或不能提供证据，就可能败诉。

(6)由税务部门负责赔偿的原则。税务部门及其工作人员因执行职务不当，给当事人造成人身及财产损害，应负担赔偿责任。

(三)税务行政诉讼的管辖

税务行政诉讼管辖，是指人民法院受理第一审税务案件的职权分工。具体来讲，税务行政诉讼的管辖分为级别管辖、地域管辖和裁定管辖。

1. 级别管辖

级别管辖是上下级人民法院之间受理第一审税务案件的分工和权限：基层人民法院管辖一般的税务行政诉讼案件；中高级人民法院管辖本辖区内重大、复杂的税务行政诉讼案件；最高人民法院管辖全国范围内重大、复杂的税务行政诉讼案件。

2. 地域管辖

地域管辖是同级人民法院之间受理第一审行政案件的分工和权限，分一般地域管辖和特殊地域管辖两种。

(1)一般地域管辖，是指按照最初做出具体行政行为的部门所在地来确定管辖法院。凡是未经复议直接向人民法院提起诉讼的，或者经过复议，复议裁决维持原具体行政行为，当事人不服向人民法院提起诉讼的，均由最初做出具体行政行为的税务部门所在地人民法院管辖。

(2)特殊地域管辖，是指根据特殊行政法律关系或特殊行政法律关系所指的对象来确定管辖法院。税务行政案件的特殊地域管辖主要是指，经过复议的案件，复议部门改变原具体行政行为的，由原告选择最初做出具体行政行为的税务部门所在地的人民法院，或者复议部门所在地人民法院管辖。原告可以向任何一个有管辖权的人民法院起诉，最先收到起诉状的人民法院为第一审法院。

3. 裁定管辖

裁定管辖是指人民法院依法自行裁定的管辖，包括移送管辖、指定管辖及管辖权的转移三种情况。

(1)移送管辖，是指人民法院将已经受理的案件，移送有管辖权的人民法院审理。移送管辖必须具备三个条件：一是移送人民法院已经受理了该案件；二是移送法院发现自己对该案件没有管辖权；三是接受移送的人民法院必须对该案件确有管辖权。

(2)指定管辖，是指上级人民法院以裁定的方式，指定某下一级人民法院管辖某一案件。有管辖权的人民法院因特殊原因不能行使对行政诉讼的管辖权的，由其上级人民法院指定管辖；人民法院对管辖权发生争议且协商不成的，由它们共同的上级人民法院指定管辖。

(3)管辖权的转移。上级人民法院有权审理下级人民法院管辖的第一审税务行政案件，也可以将自己管辖的第一审行政案件移交下级人民法院审判；下级人民法院对其管辖的第一审税务行政案件，认为需要由上级人民法院审判的，可以报请上级人民法院决定。

(四)税务行政诉讼的受案范围

税务行政诉讼的受案范围，是指人民法院对税务部门的哪些行为拥有司法审查权。换言之，公民、法人或者其他组织对税务部门的哪些行为不服可以向人民法院提起税务行政诉讼。在实际生活中，税务行政争议种类多、涉及面广，不可能也没有必要都诉诸人民法院通过诉讼程序解决。界定税务行政诉讼的受案范围，便于明确人民法院、税务部门及其他国家部门间在解决税务行政争议方面的分工和权限。

税务行政诉讼案件的受案范围除受《行政诉讼法》有关规定的限制外，也受《征管法》及其他相关法律、法规的调整和制约。具体来说，税务行政诉讼的受案范围与税务行政复议的受案范围基本一致，包括：

(1)税务部门做出的征税行为：一是征收税款、加收滞纳金；二是扣缴义务人、受税务部门委托的单位做出代扣代缴、代收代缴行为及代征行为。

(2)税务部门做出的责令纳税人提缴纳税保证金或者纳税担保行为。

(3)税务部门做出的行政处罚行为：一是罚款；二是没收违法所得；三是停止出口退税权；四是收缴发票和暂停供应发票。

(4)税务部门做出的通知出境管理部门阻止出境行为。

(5)税务部门做出的税收保全措施：一是书面通知银行或者其他金融机构冻结存款；二是扣押、查封商品、货物或者其他财产。

(6)税务部门做出的税收强制执行措施：一是书面通知银行或者其他金融机构扣缴税款；二是拍卖所扣押、查封的商品、货物或者其他财产抵缴税款。

(7)认为符合法定条件申请税务部门颁发税务登记证和发售发票，税务部门拒绝颁发、发售或者不予答复的行为。

(8)税务部门的复议行为：一是复议部门改变了原具体行政行为；二是期限届满，税务部门不予答复。

(五)税务行政诉讼的起诉和受理

1. 税务行政诉讼的起诉

税务行政诉讼起诉，是指公民、法人或者其他组织认为自己的合法权益受到税务部门具体行政行为的侵害，而向人民法院提出诉讼请求，要求人民法院行使审判权，依法予以保护的诉讼行为。起诉，是法律赋予税务行政管理相对人、用以保护其合法权益的权利和手段。在税务行政诉讼等诉讼中，起诉权是单向性的权利，税务部门不享有起诉权，只有应诉权，即税务部门只能作为被告；与民事诉讼不同，作为被告的税务部门不能反诉。

纳税人、扣缴义务人等税务管理相对人在提起税务行政诉讼时，必须符合下列条件：(1)原告是认为具体税务行为侵犯其合法权益的公民、法人或者其他组织；(2)有明确的被告；(3)有具体的诉讼请求和事实、法律依据；(4)属于人民法院的受案范围和受诉人民法院管辖。

此外，提起税务行政诉讼，还必须符合法定的期限和必经的程序。根据《征管法》第88条及其他相关规定，对税务部门的征税行为提起诉讼，必须先经过复议；对复议决定不服的，可以在接到复议决定书之日起15日内向人民法院起诉。对其他具体行政行为不服的，当事人可以在接到通知或者知道之日起15日内直接向人民法院起诉。

税务部门做出具体行政行为时，未告知当事人诉权和起诉期限，致使当事人逾期向人民法院起诉的，其起诉期限从当事人实际知道诉权或者起诉期限时计算，但最长不得超过2年。

2. 税务行政诉讼的受理

原告起诉，经人民法院审查，认为符合起诉条件并立案审理的行为，称为受理。对当事人的起诉，人民法院一般从以下几方面进行审查并做出是否受理的决定：一是审查是否属于法定的诉讼受案范围；二是审查是否具备法定的起诉条件；三是审查是否已经受理或者正在受理；四是审查是否有管辖权；五是审查是否符合法定的期限；六是审查是否经过必经复议程序。

根据法律规定，人民法院接到诉状，经过审查，应当在7日内立案或者做出裁定不予受理。原告对不予受理的裁定不服的，可以提起上诉。

（六）税务行政诉讼的审理和判决

1. 税务行政诉讼的审理

人民法院审理行政案件实行合议、回避、公开审判和两审终审的审判制度。审理的核心是审查被诉具体行政行为是否合法，即做出该行为的税务部门是否依法享有该税务行政管理权；该行为是否依据一定的事实和法律做出；税务部门做出该行为是否遵照必备的程序等。

2. 税务行政诉讼的判决

人民法院对受理的税务行政案件，经过调查、收集证据、开庭审理之后，分别做出如下判决：(1)维持判决。适用于具体行政行为证据确凿，适用法律、法规正确，符合法定程序的案件。(2)撤销判决。被诉的具体行政行为主要证据不足，适用法律、法规错误，违反法定程序，或者超越职权、滥用职权，人民法院应判决撤销或部分撤销，同时可判决税务部门重新做出具体行政行为。(3)履行判决。税务部门不履行或拖延履行法定职责的，判决其在一定期限内履行。(4)变更判决。税务行政处罚显失公正的，可以判决变更。

对一审人民法院的判决不服，当事人可以上诉。对发生法律效力的判决，当事人必须执行，否则人民法院有权依对方当事人的申请予以强制执行。

第二节　税务代理

税务代理，是指税务代理人在国家法律规定的代理范围内，以代理机构的名义，接受纳税人、扣缴义务人的委托，依据国家税收法律和行政法规的规定，代其办理涉税事宜的各项民事法律行为的总称。按照代理权产生的依据不同，代理可分为委托代理、法定代理和指定代理三种。税务代理是代理业的一个组成部分，具有代理的一般共性，属于民事代理中委托代理的一种。税务代理根据代理权限范围的不同可分为全面代理、单项代理或临时代理。

实行税务代理是建立社会主义市场经济体制的客观要求，是加强税收征收管理的内在需要，也是发挥社会力量协税护税的一种比较好的形式。随着我国税制体系的日趋健全、税收征收管理制度改革的逐步深入和税收宣传体系透明度的日益提高，以及一批具有税务代理资格人员的出现和《税收征收管理法》为税务代理提供了法律依据，全面推行和规范税务代理既是一种需要，也具备了基本条件。为此，我国应积极推行和规范税务代理制度，按照国际通行做法，实行会计师事务所、税务师事务所和律师事务所等社会中介机构代理办税的制度，使其逐步成为税收征收管理体系中一个不可缺少的环节。

一、税务代理的特点

税务代理作为民事代理中的一种委托代理，主要表现为如下五个方面：

(1)公正性。税务代理机构不是税务行政部门，而是征纳双方的中介机构，因而只能站在公正的立场上，客观地评价被代理人的经济行为；同时代理人必须在法律范围内为被代理人办理税收事宜，独立、公正地执行业务。既维护国家利益，又保护委托人的合法权益。

(2)自愿性。税务代理的选择一般有单向选择和双向选择，无论哪种选择都是建立在双方自愿的基础上的。也就是说，税务代理人实施税务代理行为，应当以纳税人、扣缴义务人自愿委托和自愿选择为前提。

(3)有偿性。税务代理机构是社会中介组织，它不是国家行政部门的附属机构，因此同其他企事业单位一样要自负盈亏，实行有偿服务，通过代理取得收入并抵补费用，获得利润。

(4)独立性。税务代理机构与国家行政部门、纳税人或扣缴义务人等没有行政隶属关系，既不受税务行政部门的干预，又不受纳税人、扣缴义务人所左右，独立代办税务事宜。

(5)确定性。税务代理人的税务代理业务范围，是以法律、行政法规和行政规章的形式确定的。因此，税务代理人不得超越规定的内容从事代理活动。除税务部门按照法律、行政法规规定委托其代理外，代理人不得代理应由税务部门行使的行政职权。

二、税务代理制度在税收征纳关系中的作用

税务代理是税务部门和纳税人之间的桥梁和纽带，它不仅有利于纳税人依法纳税、税务部门依法征税，也有利于国家税收政策的贯彻执行。

1. 税务代理有利于促进依法治税

依法治税是税收工作的基本原则。依法治税的基本要求是税务部门依法行政，纳税人、扣缴义务人依法纳税。代理人可以站在客观公正的立场协调征纳双方的行为，纠正征纳双方可能背离税法规定的行为。税务代理制度的推广和完善必将有利于促进依法治税。

2. 税务代理有利于完善税收征管的监督制约机制

税务代理机构作为征纳双方的中介人，处于第三者的地位，隔离了税务部门、税务人员与纳税人、扣缴义务人的直接接触，营造出一种纳税人、扣缴义务人依法纳税，税务部门及税务人员严格执法、廉洁奉公的良好社会制约机制。这不仅有利于维护征纳双方的合法权益，而且有利于促进税务部门的廉政建设，防止税务人员因权力过于集中而导致的以权谋私现象，杜绝纳税人、扣缴义务人的违法行为。同时由于税务代理人员具有较高的专业水平，并且税务代理机构内部建立了严格的管理机制、业务审核机制，最大限度地降低了工作失误率，有利于纳税人、扣缴义务人降低被税务部门处罚的可能性。使征纳双方的权利都能得到维护，双方的义务都能认真履行，从而严格区分各方的责任，使税务部门和纳税人之间的沟通关系正常化。实行税务代理制度，可在税收征纳双方之间通过税务代理这个中介体，形成纳税人、代理人、税务部门的三方制约关系。纳税人履行纳税义务要受税务部门和代理人的监督和制约。税务部门要严格执法，同时也受纳税人和代理人的监督。代理人在开展代理活动中，也要受纳税人和税务部门的监督和制约。这必将有利于完善税务征管的监督制约机制。

3. 税务代理有利于保护征纳双方的合法权益

市场经济的建立和完善以及我国税制的不断完善和规范，使涉税事宜越来越专业化，计算手续也趋复杂。由于纳税人往往忙于生产经营，很难自行处理有关纳税问题。实行税务代理，税务代理人站在客观、公正的立场上帮助纳税人依法正确履行纳税义务。纳税人一旦和税务师事务所业务有约，企业的日常纳税就有专业人员把关，同时税务代理人还随时对纳税人进行纳税辅导和帮助企业进行税收自查工作。税务代理人在代办涉税事务时依照国家税法有关规定进行，并向税务部门提交内容详尽、完备的纳税资料，以备税务部门查核。这样不但避免了由于纳税人对税收政策缺乏了解以及计算错误等原因而受到税务部门的罚款、滞纳金的损失，而且也保证了国家税款顺利入库。

三、税务代理的范围

税务代理的范围是指按照国家有关法律的规定，允许税务代理人从事的业务内容。尽管世界各国所规定的业务不尽相同，但其基本原则是大致一样的，即税务代理的业务范围主要是纳税人、扣缴义务人所委托的各项涉税事宜。

《税务代理业务规程》规定，代理人可以接受纳税人、扣缴义务人的委托，从事下列范围内的业务代理：(1)办理税务登记、变更税务登记和注销税务登记手续；(2)办理纳税、退税和减免税申报；(3)建账建制，办理账务；(4)办理除增值税专用发票外的发票领购手续；(5)办理纳税申报或扣缴税款报告；(6)制作涉税文书；(7)开展税务咨询(顾问)、税收筹划、涉税培训等涉税服务业务；(8)税务行政复议手续；(9)审查纳税情况；(10)办理增值税一般纳税人资格认定申请；(11)利用主机共享服务系统为增值税一般纳税人代开增值税专用发票;(12)国家税务总局规定的其他业务。

除此之外,涉税签证业务范围包括:(1)企业所得税汇算清缴纳税申报签证;(2)企业所得税税前弥补亏损和财产损失的签证;(3)国家税务总局和省税务局规定的其他涉税签证业务。

四、税务代理的法律关系

税务代理的法律关系,是指纳税人、扣缴义务人委托具有税务代理资格的代理人,办理纳税事宜而产生的委托方与受托方之间的权利、义务和责任关系。

(一)税务代理关系的成立

1. 税务代理关系确立的前提

税务代理不同于一般民事代理,税务代理关系的确定要受代理人资格、代理范围的限制。因此,税务代理关系的确立有其特定条件:

(1)委托项目必须符合法律规定。《税务代理业务规程》规定,代理人可以接受纳税人、扣缴义务人的委托,从事规定范围内的业务代理。代理人不得超越法律规定范围进行代理,并严禁代理偷税、骗税行为和其他违法行为。

(2)受托代理机构及专业人员必须具有一定资格。税务代理是一项政策性较强、法律约束较严的工作。因此,受托代理机构及从业人员必须取得一定资格,未经政府有关部门确认批准,所有机构不得从事税务代理业务。同时,税务代理专业人员必须经过严格考试取得中华人民共和国执业资格证书并经省、自治区、直辖市及计划单列市代理人管理机构注册登记,方可从事代理业务。

(3)代理人承办业务必须由所在地代理机构统一受理。代理人以个人名义承接的代理业务不受法律保护。

(4)签订委托代理协议书。税务代理关系的确立,必须书面签订委托代理协议书,而不得以口头或其他形式。未经签订委托代理协议书而擅自开展代理业务的,不受法律保护。

2. 税务代理关系的确立

税务代理关系的确立大致有两个阶段:第一阶段是签约前的准备阶段,主要就委托内容与权利、义务进行洽谈;第二阶段是签约阶段,即委托代理关系确立阶段。

(1)税务代理关系确立的准备阶段。税务代理关系确立前代理双方应就委托项目及服务标准协商一致,并对双方的权利、义务进行商定,特别是纳税人、扣缴义务人提供的与委托税务事宜有关的情况、数据、证件、资料等必须如期、完整、准确地提供,以保证代理事宜的顺利进行。同时,双方应就代理费收取等事宜协商一致。这一阶段,代理人处于税务代理关系确立前的主导地位,必须向委托人阐明税务代理业务范围、税务代理责任、双方权利与义务以及税务代理收费标准等,取得委托人认同。

(2)委托代理协议书签订阶段。在委托方、受托方就协议约定取得一致后,委托方、受托方应就约定内容签订委托代理协议书。委托代理协议书应当载明委托方和受托方名称、代理事项、代理权限、代理期限以及其他明确事项,并由代理人及其所在地代理机构和委托方签名盖章。协议书经委托方、受托方签章后,正式生效。

(二)税务代理关系的变更

委托代理协议书签订后,代理人应按协议约定的税务代理事项开展工作。但遇到下列问题之一时,协议双方应当协商,可对原定协议书进行修改和补充:

(1)委托代理项目发生变化的。委托代理项目发生变化的原因有两种:第一种是原委托代理项目有了新发展,代理内容超越了原约定范围,经双方同意增加或减少代理内容的。如原来签订的是单向代理,后改为综合代理。第二种是由于客观原因,委托代理内容发生变化,需要相应修改或补充原协议内容的。

(2)代理人发生变化的。

(3)由于客观原因,需要延长完成协议时间的。

上述内容的变化都将使税务代理关系发生变化,因此,必须先修订委托代理协议书,并经过委托方和受托方共同签章后才能生效。修订后的协议书具有同等法律效力。

(三)税务代理关系的终止

税务代理关系终止分两种情况:

一是自然终止。按照法律规定,税务代理期限届满,委托代理协议书届满时失效,税务代理关系自然终止。

二是人为终止。有下列情况之一的,被代理人在代理期限内可单方终止代理行为:(1)代理人已死亡;(2)代理人被注销资格的;(3)税务代理机构已破产、解体或被解散的。

有下列情况之一的,代理人及其代理机构在委托期限内也可单方面终止代理行为:(1)委托方死亡或解体;(2)委托方授意代理人实施违反国家法律、行政法规的行为,经劝告仍不停止其违法活动的;(3)委托方提供虚假的生产、经营情况和财务会计报表,造成代理错误或代理人自己实施违反国家法律、行政法规的行为。

委托方或受托方按规定单方终止委托代理关系的,终止方应及时通知另一方,并向当地税务部门报告,同时公布终止决定。

(四)税务代理的法律责任

为了维护税务代理双方的合法权益,保证税务代理活动顺利进行,必须明确税务代理的法律责任。规范税务代理法律责任的法律是我国《民法通则》《经济合同法》《税收征收管理法》及其实施细则和其他有关法律、行政法规。承担的法律责任既包括民事法律责任,也包括刑事法律责任。

1. 委托方的法律责任

我国《合同法》规定,当事人一方不履行合同义务或者履行合同义务不符合约定的,应当承担继续履行、采取补救措施或者赔偿损失等违约责任。因此，如果委托方违反代理协议的规定，致使代理人不能履行或不能完全履行代理协议，由此而产生法律后果的法律责任应全部由委托方承担。其中，纳税人除了应按规定承担本身承担的税收法律责任外，还应按规定向受托方支付违约金和赔偿金。

2. 受托方的法律责任

(1)代理人不履行职责而给被代理人造成损害的应当承担民事责任。根据这项规定，税务代理如因工作失误或未按期完成税务代理事务等未履行税务代理职责，给委托方造成不应有的损失的，应由受托方负责。

(2)税务代理违反税收法律、行政法规，造成纳税人未缴或者少缴税款的，除由纳税人缴纳或者补缴应纳税款、滞纳金外，对税务代理人处纳税人未缴或者少缴税款50%以上3倍以下的罚款。

3. 对属于共同法律责任的处理

代理人知道受委托代理的事项违法，仍进行代理活动的，或者被代理人知道代理人的代理行为违法，不表示反对的，由被代理人和代理人负连带责任。根据这项规定，代理人与纳税人、扣缴义务人如果互相勾结、偷税抗税、共同违法，应按共同违法论处，双方都要承担法律责任。涉及刑事犯罪的，还要移送司法部门依法处理。

第三节　税务咨询

一、税务咨询的概念

税务咨询，是指具有税务代理从业资质的人员运用税收相关知识，通过电话、信函、晤谈、网络等方式，对纳税人、扣缴义务人以及其他单位和个人的税务专业请求提供帮助的行为。帮助的内容主要有税收政策、办税程序及有关涉税事项等。税务咨询是税务代理业务中最普遍性的服务内容。

税务咨询是一项智能和知识转让的服务行为。税务政策繁杂，通常难以把握和操作，所有纳税主体都会遇到纳税方面的问题。税务咨询针对纳税人、扣缴义务人遇到的税务问题，有依据地给予咨询指导，避免因政策把握不准或操作不当而产生麻烦和损失。提供税务咨询服务的专业人员应当具有较高的专业知识、技能或经验，能够根据客户的实际情况，经济、有效地完成客户委托的业务。

税务咨询机构分为两种形式：一是税务部门咨询机构，一般只承担税收政策、法律法规的释义；二是民间税务咨询机构，业务内容比较广泛。税务部门咨询机构提供的是无偿服务；民间税务咨询机构作为社会中介机构提供的是有偿服务，其提供咨询的人员需具备一定资质或资格。本章讨论的税务咨询主要指后者。

税务咨询的委托主体具有广泛性和咨询要求层次性的特点,受托主体具有独立性和咨询方式多样性的特点。税务咨询结论具有一定的权威性,但是税务咨询报告对委托人的纳税只起指导和参考作用,其目的是影响委托人的纳税行为。税务咨询报告一般不对外产生作用,不直接涉及第三方(即税务部门)。税务咨询的结果对税务部门也不直接产生影响。

二、税务咨询的形式

税务咨询的形式一般有口头咨询、书面咨询、网络咨询、常年税务顾问等。

1. 口头咨询

口头咨询包括电话咨询、中介机构场所咨询、委托方现场咨询、专场咨询会咨询等。口头咨询主要用于简单明了的税务问题的咨询服务。通过电话交谈、晤谈就能给予纳税人、扣缴义务人一个简要的答复。咨询的内容一般涉及税收法律、法规条文的查询,税收政策主要规定的查询,办税程序的查询,以及由咨询双方经共同研讨、最后由专业咨询人员做出结论的问题。口头咨询的特点是简便快捷,但是,对涉及税收征免、应纳税额计算等复杂问题时要慎重对待,最好在口头答复之后再发出一份书面备忘函,以便分清责任。对不能够确定解答问题的内容时,税务咨询人员必须在进行案头书面准备之后,再予以答复。

2. 书面咨询

书面咨询是税务咨询最为常用的一种咨询方法,它是以书面的方式释疑解难。咨询时,专业人员要根据纳税人、扣缴义务人提出的有关问题制作文书,予以解答。制作的文书要求题目明确、解答清楚、证据充分,引用的法律、法规准确。书面文书的形式如"税务咨询备忘函""关于××问题的解答"等,文书的格式可以固定化,以方便纳税人、扣缴义务人了解问题的要点所在。在计算机网络化的情况下,书面咨询也可以电子信件的形式传输。书面咨询的优点是有助于税务咨询服务的规范化,责任明确。

3. 网络咨询

网络咨询是新兴的也是发展最快、影响最大、前景看好的咨询方式。网络咨询以专业咨询网站为载体,人员由专家、学者、具有实际工作经验或特长的人员等组成,服务内容比任何个人的知识和经验、技能更丰富,咨询采取在线咨询、预约咨询、留言解答等方式。网络咨询与其他咨询最大的区别在于网络咨询不仅仅是咨询的手段、方式,更是咨询业务建立、开展、跟踪的集中场所,是税务中介服务的最大平台。虽然是虚拟的,但比现场咨询更便捷,不受时间和场所的限制。

4. 常年税务顾问

常年税务顾问是指税务咨询人员依照与委托人约定的时期,为委托人提供专门的税务咨询服务或其他相关服务。常年税务顾问是一种综合性的税务咨询服务形式,主要通过上门服务的方式为纳税人、扣缴义务人提供税收方面的咨询服务。与一般税务咨询相比,税务顾问权威性更强、咨询内容更广泛,服务对象专一,服务的时间比较连续。税务咨询人员执行税务顾问业务应该在签订协议前与委托方沟通税务顾问服务范围。常年税务顾问服务的内容主要包括政策指导、办税指导、提供信息三个方面。

三、税务咨询的内容

税务咨询的内容较为广泛,其特点是以税收方面的疑难问题为主导,并涉及财务、会计、投资、金融、海关、外汇管理等诸多方面的专业知识和操作实务。其内容主要有:税收征纳咨询、办税程序咨询、涉税会计咨询、税务案件咨询、综合筹划咨询。结合咨询内容和现实业务范围,税务咨询的内容主要包括以下几个方面:

1. 税收法律法规和政策规定方面的咨询

纳税人、扣缴义务人在日常投资、生产经营过程中,为了实现正确纳税、准确决策或者维护权益、避免涉税风险等,向中介机构查询有关的税收法律、法规、政策等具体规定。咨询的内容包括有关纳税义务人、征税对象、计税依据、适用税率、税目、纳税环节、减税免税等税收实体法的规定和有关税务登记、发票管理、纳税申报、建账建制等税收程序法的规定。注册会计师在进行这方面服务时,主要涉及税收法律、法规、行政规章等法律文件的政策规定,以及其他关于税收方面问题的政策规定。

2. 税收法律法规和政策运用方面的咨询

这是关于税收疑难问题的咨询,也是税务咨询最主要的内容。就我国的税法来看,涉及的内容繁、条款多、层次多、变化快,要让纳税人全部掌握和理解难度很大,因此纳税人会就税收法律法规、政策性的条款,就国务院、财政部、国家税务总局以及地方政府所颁布和规定的税收政策在适用范围及具体执行等方面的问题进行咨询。特别是减免税政策和征免界限的划分问题,纳税责任的承担与回避问题,以及税务部门、司法部门的权利与义务等方面的问题被咨询比较多。税收法律、法规及政策运用方面的咨询涉及的税种多,政策面宽,问题具体,这就要求专业从事咨询工作的人员能够通晓各种税收法律、法规、政策,并能够正确理解和综合运用,准确地向咨询人提供适用的政策依据。

3. 纳税操作规程方面的咨询

这主要是纳税人、扣缴义务人查询具体办税过程中的有关操作规程,是有关税收程序法方面政策操作、运用的咨询。纳税人、扣缴义务人在依法履行纳税义务过程中,为了能够准确、顺利、快捷地办理有关涉税事宜,会对税收征管规程,办税实务操作环节、操作程序,需报送的资料,需办理的相关手续以及技术处理等具体办税事项进行咨询。这就要求专业从事税务咨询的人员既要具备办税方面的专业知识,对税收征管法律、法规和税务部门日常管理的具体要求进行深入细致的研究,又应具备实务操作技能,具有丰富的办税经验,掌握办税技巧,以满足纳税人、扣缴义务人的咨询需求,使其能够顺利完成办税操作事宜。

4. 涉税会计处理的咨询

这主要是纳税人、扣缴义务人对涉税会计处理的相关问题进行咨询。咨询内容包括现行各税计算、列支、缴纳的会计处理,减税、免税的相关会计处理,纳税审查及税务部门查补税款后所涉及会计账务的调整等。咨询人员提供会计处理方面的咨询,要以财务、会计、税收法律、法规等专业知识和操作实务为基础,在符合财务、会计处理一般原则的前提下,做到准确无误地运用会计科目。

四、税务咨询的业务流程

(一)税务咨询业务流程规则

税务咨询的业务流程规则是咨询人员自接洽税务咨询业务开始到税务咨询方案执行完毕,执行咨询协议、履行咨询职务、开展咨询活动所应坚持的程序、步骤和按咨询活动规律办事的要求。流程规则主要有:

1. 签署协议

除了口头简答并免收费用者外,均应与委托方签署税务咨询协议。这是明确双方各自职责的要求。

2. 委派专人

受托方承接税务咨询后,无论是否收费,均应委派具有专业能力的相关人员为委托方提供咨询服务。

3. 制定计划

执行所有签署协议的税务咨询项目必须制定税务咨询工作计划,做出周全的工作安排。

4. 调查研究

税务咨询人员执行所有税务咨询任务都必须全面客观地调查了解与咨询事项相关的事实依据,对需要进行论证的事项进行认真研究,并对收集的各种事实依据作全面分析、推敲,在综合分析、充分论证的基础上做出咨询结论。

5. 谨慎执业

税务咨询人员应以职业谨慎态度执行税务咨询业务,发表税务咨询意见。对所有工作程序安排和所有咨询活动采取的咨询方法、技术以及做出的咨询结论都要充分顾及风险,在咨询的全过程时刻关注、评估风险,并采取得力措施将风险控制在可接受的范围内。

6. 以服务为宗旨

税务咨询人员应以服务者的身份执行税务咨询任务,提供咨询服务。在咨询的过程中要对委托方进行必要的宣传、辅导、解释,对咨询结论的执行应提出便于委托方落实或操作的建议,并对委托方执行咨询结论做全程跟踪指导服务;对建立在客观证据之上而委托方又未认同的咨询结论,应与委托方进行沟通,以达成一致意见。必要时,帮助委托方树立正确的守法观念、社会信用观念,增强委托方的社会责任感和使命感。

(二)税务咨询的业务流程

税务咨询业务主要分为以下步骤:

(1)由委托人提出书面或口头的委托咨询意向后，税务咨询机构派人与委托人初步接触，了解委托人的咨询要求和其他相关情况。

(2)税务咨询机构对委托人的咨询项目进行初步评价，认为所委托项目具有合作意向的，用电子邮件或电话等方式约见委托人，确定所咨询问题，初步提交项目建议书。

(3)双方达成一致意见后，签订税务咨询协议书。咨询协议书应当载明咨询人、受理人名称、咨询事项、权限、完成期限以及其他应明确的内容，相关人员签名盖章。

(4)税务咨询机构委派专人或成立项目组，对委托方进行仔细考察，对委托事项进行详细了解，对委托咨询项目所需相关资料进行搜集。通过调查研究，根据有关法律法规文件，拟订方案。

(5)在征求委托方的意见后，出具税务咨询报告书。

(6)完成委托事项，结清费用，移交委托咨询的相关文件资料。

(7)跟踪服务，指导实施，并对实施效果进行评价。

(8)及时听取反馈信息，并从中改进服务，提出补充建议。

五、税务咨询的技术要点和操作规范

(一)税务咨询人员的素质要求

进行税务咨询特别是综合性的涉税咨询，咨询人员必须具有较高的税法、会计、管理的理论知识和良好的职业道德及娴熟的实践经验，熟悉企业运作、市场行情，善于使用相关咨询技术方法，能够综合运用各科知识与技能，可以借助成熟的咨询经验与各方进行沟通，会全面收集、调查相关资料、数据，并对调查收集的情况或资料进行整理、归纳、分析，做出缜密推理、证明，得出科学、合理、合法的结论。

(二)税务咨询的技术规则

税务咨询的技术规则是咨询人员进行税务咨询所应遵守的专业活动技术准则，可以概括为 12 字，即：科学、合理、实用、效率、整体、超前。

(1)科学。尊重客观事实、客观规律，采用科学手段，主动全面地调查核实咨询活动涉及的事实依据、法律依据，积极运用税务咨询专业技术和经验，依照税务咨询执业规范，综合分析、全面研究，做出合乎科学的咨询结论。

(2)合理。遵循客观规律、科学原理和社会公理，以及成熟的税务咨询经验。税务咨询活动所依据的事实或证据要取而有据，用而有理。

(3)实用。提供给委托方的税务咨询结论中包含的建议或方案，要具有现实的、切实可行的使用价值，切忌理论上可行而实际上不可用。

(4)效率。一要考虑委托方付出咨询费用以后有所经济收获；二要考虑委托方执行咨询的便捷性；三要考虑委托方执行咨询建议的投入产出或成本效益比率。

(5)整体。从整体利益出发，综合运用各种知识、技能和经验，综合分析咨询事项所涉及的各种因素，将税务、会计、法律和企业经营、市场营销有机结合起来，使委托方获取最大的整体利益。

(6)超前。对税务咨询涉及的各种因素，要充分认识其特性和变化规律，以及各种因素之间的相互关系、相互影响，掌握一个因素变化对其他因素变化的必然影响。

(三)税务咨询的操作规范

1. 制定咨询计划

咨询双方达成协议后，受托方组建项目组，指派项目负责人，制定咨询计划，落实工作任务，做出工时预算、费用预算、工作程序、进度等安排。如需要外聘专家、需要其他单位协助、需要多个中介机构联合咨询的，应该提前安排。

2. 收集信息资料

受理方对委托方进行全面考察，对委托事项进行细致的了解，全面收集与咨询项目相关的委托方生产经营资料、财务核算资料、税务资料、政策资料，收集与咨询项目相关的市场信息资料、社会反映资料。战略性咨询还应收集国内外相关的政治经济形势、环境变化、社会反映等各种资料。

3. 论证咨询结论

项目组内部对调查结果做进一步系统分析，全面分析所掌握的信息与委托咨询事项的关系，与委托方要求的咨询目标之间的关系，与现行税收政策、制度的关系，形成咨询建议，必要时邀请业内专业人士、税务官员等专家召开论证座谈会。保证向委托方提交一份高质量的税务咨询报告。

4. 后续跟踪服务

受托方必须委派咨询人员，对委托方实施咨询报告的过程提供全程指导服务。在委托方接受税务部门检查时，咨询人员要做好咨询事项的沟通和解释工作。

思考题

1. 税务行政处罚应遵循的原则有哪些？
2. 税务行政处罚实施主体是什么？处罚的种类有哪几种？
3. 什么是税务行政复议与税务行政诉讼？两者之间有什么区别？
4. 简述税务行政复议的形式与内容。
5. 什么是税务代理？其有哪些特征？
6. 税务代理的业务范围包括哪些？
7. 简述税务代理的法律关系。
8. 简述税务咨询的形式与内容。
9. 简述税务咨询的业务流程。

参考文献

1. 陈娟、赵巧芝、李云燕编著:《税收理论与实务》,清华大学出版社 2010 年版。
2. 高萍主编:《中国税制》,立信会计出版社 2009 年版。
3. 吴旭东主编:《中国税制》(第二版),中国人民大学出版社 2009 年版。
4. 安仲文、李静敏主编:《税收管理》,东北财经大学出版社 2010 年版。
5. 谷成编著:《中国税制》,清华大学出版社 2010 年版。
6. 马海涛、白彦峰主编:《纳税评估》,经济科学出版社 2010 年版。
7. 於鼎丞、魏朗、高艳容编著:《中国税制》(第四版),暨南大学出版社 2010 年版。
8. 朱为群编著:《中国税制教程》,上海财经大学出版社 2003 年版。
9. 华忠主编:《税收理论与实务》,武汉理工大学出版社 2010 年版。
10. 胡怡建编著:《税收学》(第三版),上海财经大学出版社 2011 年版。
11. 杨斌主编:《税收学》(第二版),科学出版社 2011 年版。
12. 陈少英编著:《税法学教程》(第二版),北京大学出版社 2011 年版。
13. 董根泰主编:《税务管理》,清华大学出版社 2011 年版。
14. 上海国家会计学院主编:《税收政策与税收筹划》,经济科学出版社 2011 年版。
15. 刘爱明等主编:《税收理论与实务》,清华大学出版社 2011 年版。
16. 赵迎春主编:《中国税制》,立信会计出版社 2011 年版。
17. 殷强、冯瑞菊主编:《中国税制》,清华大学出版社 2011 年版。
18. 杜莉、徐晔主编:《中国税制》(第四版),复旦大学出版社 2011 年版。
19. 王玮编著:《税收学原理》(第二版),清华大学出版社 2012 年版。
20. 刘颖主编:《中国税制》(第二版),电子工业出版社 2012 年版。
21. 刘小兵、蒋洪主编:《公共经济学(财政学)》(第三版),高等教育出版社 2012 年版。
22. 王乔、姚林香主编:《中国税制》,经济科学出版社 2012 年版。
23. 张莹主编:《税收理论与实务》(第二版),中国人民大学出版社 2012 年版。
24. 李海波、刘学华主编:《中国税制》(第四版),立信会计出版社 2012 年版。
25. 李国淮、韦宁卫主编:《中国税制》(修订版),经济科学出版社 2012 年版。

26. 林瑞斌、吴俊龙主编:《中国税制》(第二版),格致出版社 2013 年版。
27. 全国人大编:《中华人民共和国税收征收管理法》(修正版),法律出版社 2013 年版。
28. 贺飞跃主编:《税收理论与实务》,经济科学出版社 2013 年版。
29. 王韬、陈平路编著:《税收理论与实务》(第二版),科学出版社 2013 年版。
30. 韦素华主编:《税收理论与实务》(第二版),上海交通大学出版社 2013 年版。
31. 杨冬梅编著:《税收理论与实务》(第二版),对外经贸大学出版社 2013 年版。
32. 郑勆主编:《税收理论与实务》(第二版),西南财经大学出版社 2013 年版。
33. 马海涛主编:《中国税制》(第六版),中国人民大学出版社 2014 年版。
34. 中国注册会计师协会编:《税法》,经济科学出版社 2014 年版。
35. 盖地主编:《中国税制》,中国人民大学出版社 2014 年版。
36. 蔡昌、李为人著:《税收筹划理论与实务》,中国财政经济出版社 2014 年版。
37. 杨虹主编:《中国税制》(第三版),中国人民大学出版社 2014 年版。
38. 王冬梅主编:《税收理论与实务》(第三版),北京交通大学出版社 2014 年版。
39. 崔君平、徐振华主编:《税法新编》,清华大学出版社 2014 年版。